普通高等教育“十三五”规划教材
全国高等院校规划教材

医学信息学

● 主编　赵　越

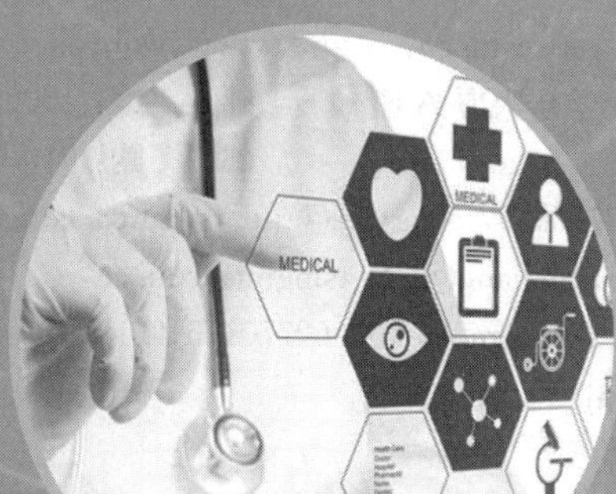

清華大學出版社
北　京

内容简介

本教材结合了大量的实例，全面、系统地讲解了医学信息学的理论知识及其在医学领域的应用，主要内容包括生物医学信息学概论、医学信息标准化、数据库与信息系统、医院信息系统、医学图像信息系统、实验室信息系统、护理信息系统、社区卫生信息系统、区域卫生信息平台、电子病历、医学数据获取与医学信号处理、临床决策支持系统、远程医疗等。本教材力求理论与实例结合，深入浅出，循序渐进，使读者全面了解医学信息学技术，提高分析问题、解决问题的能力。

本教材可作为高等院校相关专业本科生和研究生的学习用书，也可作为广大科研人员、学者的参考用书。

图书在版编目（CIP）数据

医学信息学/赵越主编. --北京：清华大学出版社，2016（2022.1 重印）
（普通高等教育“十三五”规划教材·全国高等院校规划教材）
ISBN 978-7-302-37975-1

Ⅰ. ①医… Ⅱ. ①赵… Ⅲ. ①医学信息—高等学校—教材 Ⅳ. ①R-0

中国版本图书馆 CIP 数据核字(2014)第 209488 号

责任编辑：罗　健
封面设计：嘉玮伟业
责任校对：赵丽敏
责任印制：沈　露

出版发行：清华大学出版社
网　址：http://www.tup.com.cn，http://www.wqbook.com
地　址：北京清华大学学研大厦 A 座　　邮　编：100084
社 总 机：010-62770175　　邮　购：010-62786544
投稿与读者服务：010-62776969，c-service@tup.tsinghua.edu.cn
质量反馈：010-62772015，zhiliang@tup.tsinghua.edu.cn
课件下载：http://www.tup.com.cn,010-62770175-4134
印 装 者：三河市龙大印装有限公司
经　销：全国新华书店
开　本：185mm×260mm　　印　张：18.5　　字　数：493 千字
版　次：2016 年 3 月第 1 版　　印　次：2022 年 1 月第 7 次印刷
定　价：39.80 元

产品编号：050560-01

《医学信息学》编委会

主　编　赵　越

副主编　王之琼　徐礼胜

编　委　(以姓氏笔画为序)

王之琼　李　岭　李建华

张　陈　张静淑　赵　越

信俊昌　徐礼胜　崔笑宇

秘　书　(以姓氏笔画为序)

丁琳琳　曲璐渲

PREFACE 前言

医学信息学是一门基于信息科学、计算机科学、医学、生物学、管理学、工程学及其他应用科学的理念和方法的结合，以研究医学信息的搜集、处理、存储、检索、传输、管理和有效应用的原理与方法为基本内容的新型交叉学科。随着计算机技术的发展，数字化医疗已成为一种必然的发展趋势。云计算和大数据等新型数据库技术手段的出现，为处理医学海量数据提供了更加有效的方法，加快了数字化医疗的进程。

近年来，医学信息学在医疗研究、医学实践、医学教育、医学决策和管理方面起着越来越重要的作用，广泛应用于各种医学信息系统，如临床医疗系统、图像处理系统、公共卫生系统和决策支持系统等。目前，电子病历、电子健康档案、医学决策支持系统、生物信号采集与识别系统、医学影像信息系统等对各种医学信息资源进行整合和利用，为提高医疗卫生水平和诊断效率做出了重要贡献。医学信息学的广泛应用，在很大程度上改变了人们传统的医疗观念，还从来没有一门学科像信息科学这样广泛和深刻地影响和改变着医学的整体面貌。

这几年，我国一直在加大医疗产业的投入，努力推动数字化医疗的进程，提高全民的健康和医疗水平。随着信息新技术的发展，医学信息学领域也发生了一些新变化。国内专门介绍医学信息学的教材还比较少。作者根据医学信息学的发展情况及实际需要编写了本教材。本书内容新颖，系统性较强。书中部分内容来自于作者团队近几年的科研成果，也有一部分内容来自国内外同行的研究成果，书中还添加了大量的实际案例，对理论性较强的部分，作者绘制了大量的框图，有利于读者加深对理论、概念的理解。本书从医疗研究、医学实践、医学教育、医学决策和管理等领域的实际需求出发，突出专业特色，淡化理论推导，强化能力培养，将医学信息学与专业实践相结合，注重培养学生解决工程中的医学信息学问题的能力。

本教材共分 15 章，详尽地介绍了医学信息学的理论以及相关应用知识：第 1 章介绍生物医学信息学概论。第 2 章主要介绍医学信息标准化及其分类的一些标准。第 3 章主要介绍数据库与信息系统：首先阐述了数据库技术，接着又介绍了基于数据库技术的信息系统。第 4 章主要介绍医院信息系统：首先概述医院信息系统；其次介绍医院信息系统的主要功能与内容；再次介绍医院信息系统的设计与实现；最后介绍医院信息系统的相关案例。第 5 章主要阐述医学图像信息系统，首先介绍医学成像的基本概念和医学影像的主要类型，然后介绍医学影像的 DICOM 标准，在此基础上阐述 PACS 及 RIS 的组成、应用与发展趋势等。第 6 章主要介绍实验室信息系统，先介绍实验室系统的基本概念，然后介绍实验室信息系统的主要技术，在此基础上介绍 HIS 的质量管理体系和应用等。第 7 章主要介绍护理信息系统，主要阐述护理系统的相关概念以及移动护理信息系统的组成以及设计原理等。第 8 章主要介绍社区卫生信息系统及其结构模型和系统组成等。第 9 章介绍区域卫生信息平台，主要介绍区域卫生信息平台的总体规划和实现策略等。第 10 章主要介绍电子病历：首先概述电子病历及其功能与内容；其次介绍电子病历的设计与实现以及电子病历面临的挑战；再次介绍中医电子病历；最后介绍电子病历的一些相关案例等。第 11 章介绍医学数据获取与医学信号处理，主要介绍生物传感器的基本理论以及医学信号处理的基本方法。第 12 章主要介绍临床决策支持系统及其概念、理论基础、系统结构和特征等。第 13 章主要介绍远程医疗及其概念、组成与功能、组织管理、应用、发展趋势等。第 14 章主要介绍生物信息学的定义、研究内容、生物信息数据库及其在医学领域中的应用等。第 15 章主要展望了医学信息学的未来，介绍了医学信息学现状和挑战，并且介绍了目前医学信息学的一些研究热点。

教师可以根据本科生、研究生不同的教学要求灵活选讲本教材内容。另外，可以根据自身的教学条件，理论与实验结合，通过多媒体教学可以使学生更加深刻地理解相关理论与技术。本书理论介绍通俗易懂，也非常适合非专业人士自学使用。

本书课件可登录清华大学出版社网站（http://www.tup.com.cn）下载。

本书的出版与作者课题组多年的科研工作密不可分，再次向一道工作的同事和研究生表示感谢。同时感谢清华大学出版社罗健编辑给予我们的帮助和支持，对本书所列参考文献的作者也表示感谢。此外，感谢赵歆卓、张维和魏永涛等同学在本书的编撰过程中给予的帮助。

限于编者的水平，书中不妥和错误之处在所难免，敬请广大读者及同行批评指正。

主编

2016 年 1 月

CONTENTS 目录

第1章 生物医学信息学概论

学习目的

1. 熟悉医学信息学与生物信息学的概念，并了解其主要的研究内容。
2. 了解医学信息学的发展趋势及瓶颈。
3. 了解生物信息学的主要研究策略与热点问题。

引　言

2013年3月出版的美国《大西洋月刊》以“机器人医师”为主题，介绍了以IBM公司新近推出的超级计算机“沃森（Watson）”为代表的IT技术即将给医疗行业带来的冲击。作者明确指出，多年来信息技术对各个行业均造成了巨大的冲击，然而医疗卫生行业却一直置身事外。而今，硅谷的精英们正在向着这个最后的堡垒发起冲击。在不久的将来，计算机将帮助医师诊断、治疗，而整个卫生体系乃至于美国经济也会受到影响。

生物医学信息学（biomedical informatics）具体包括医学信息学（medical informatics）和生物信息学（bioinformatics），二者均涉及信息技术在生物医学研究以及临床医学各个方面的应用。随着计算机、互联网技术以及分子生物学，尤其是人类基因组研究的迅猛发展，生物医学信息学的重要性正日益凸显，其成果不仅为患者与医师之间的沟通提供了极大的便利，而且为医师从大量的文献和实验数据中找出规律和线索提供了强大的工具。

生物医学信息学是信息科技与生物医学深度融合的产物，具有明显的交叉学科性质。对相关专业的学生来说，有必要熟悉这一领域的理论、技术与研究前沿。

1.1 学科发展史

生物医学信息学诞生于20世纪中叶，最初被用于医疗数据的规范化管理。随着信息技术和分子生物学研究的不断突破，其形式和内容均发生了质的飞跃。

1.1.1 医学信息学发展史

医学信息学主要处理健康信息、医疗信息、护理信息、保健信息、实验信息、医学影像信息等，是涉及信息科学、计算机科学和医学的交叉学科，具体研究内容包括健康以及生物医学信息的采集、存储、检索、利用以及设备和方法的开发等，所使用的工具不仅包括计算机、互联网，还包括临床治疗、正规的医疗用语以及信息与通信系统等。

20世纪初，美国即出现了医院标准化的浪潮，最先体现在物资、设备和财务管理等方面。20世纪40年代，医学信息学随着数字计算机的发明而形成学科。1949年，德国的Gustav Wagner

图 1-1　Gustav Wagner(1918—2006)

（图 1-1）注册了第一家专业的医学信息机构。随后，法国、比利时、荷兰、波兰和美国亦先后建立了健康信息学的研究和教育机构。随着计算机技术的成熟和迅速普及，医学信息学在全球迅速发展，相继衍生出医疗计算、医疗电子数据处理、医疗自动化、临床信息管理、卫生信息管理、医疗软件工程等多个分支。20 世纪 60 年代，计算机被首次用于解决生物医学问题，并诞生了医学文献自动化检索系统（medical literature automatic retrieval system）。20 世纪 70 年代，开始出现医院信息系统。随着计算机技术的发展，至 20 世纪 80 年代中期，医学信息学逐渐从数据处理的阶段进入到以人工智能和专家系统为标志的知识处理阶段。成立于 1987 年的国际医学信息协会（International Medical Informatics Association，IMIA）已成为该领域最重要的学术机构。进入 21 世纪后，医学信息学的发展主要体现在医学知识的表达与处理、临床决策支持、公共健康信息和网络以及医学信息学的教育与培训等方面。

医学信息处理涉及各类健康信息的有效组织、管理、分析和使用。在过去，存储、集成和检索医疗和患者的信息均采用纸质文件。然而，基于纸张的信息管理系统效率低下且花费巨大，不利于患者的护理。具体的问题包括：① 传统的医疗记录可能难以辨认，因为它是手写的且内容简陋，医师很难找到所需的信息，如已做过的检查项目和结果；② 一家医疗机构的病历往往不与其他医师、实验室和医院共享。患者的资料变得支离破碎，这可能导致患者治疗的中断或延误。

在过去的几十年里，医疗信息以惊人的速度增长。目前，美国国家医学图书馆数据库一年所收集和维护的生物医学文献的规模即接近 50 万份。医师们可以通过大量的检索来理解临床试验以及其他研究的结果并辅助自己的治疗行为。另一方面，患者也可以参考最新的证据来预防疾病和接受治疗。有研究表明，患者了解其疾病并参与治疗决策，将可能取得最佳的治疗效果。此外，先进的计算机系统还可以收集、分析、协调并自动发布健康信息，使医师和公共卫生工作者能迅速和有效地应对生物恐怖主义的威胁，应付诸如炭疽、天花、禽流感等紧急疫情或突发自然灾害所导致的人员伤亡和混乱，协调健康和医疗支持系统。

近年来，医学信息学的成果已广泛应用于临床、护理、口腔、药剂、公共卫生、理疗以及生物医学研究等领域。随着新的诊断技术、药物、治疗方法和医学软件不断进入医师的日常工作，医师们必须不断学习新的知识，并将其用于患者的治疗。在临床工作中，医师们需要详细记录每个患者的健康状况和既往病史，并与患者及其家属、医院、服务商和供应商高效沟通。在过去，满足这些要求较为困难，因为系统化采集、存储、检索患者信息的标准尚未制定。而今，计算机系统的发展可以帮助医师们应对这些挑战。

1.1.2　生物信息学发展史

除医疗机构所产生的大量临床数据外，基础研究所产生的海量数据亦是生物医学信息学需要应对的难题之一。生物信息学是研究生物信息的采集、处理、存储、传播、分析和解释的一门学科，是以计算机为工具对生物信息进行储存、检索和分析的科学，也是当今生命科学和自然科学的重大前沿领域之一，同时也是 21 世纪自然科学的核心领域之一。

生物信息学的起源可以追溯至英国学者 Francis Galton（图 1-2）所创立的生物测量学（biometrics）。

20 世纪初，统计学和数学方法被用来分析生物学数据。20 世纪 80 年代中期，计算机开始被用来分析各种生物特征，包括视网膜、虹膜、人脸、指纹等，生物信息学应运而生。1981 年，美国的 Temple F. Smith 与 Michael S. Waterman 率先将数学和计算方法引入生物学研究，在生物信息学领域做出了开创性的贡献，被誉为“生物信息学之父”（图 1-3、图 1-4）。但“bioinformatics”一词则是华裔学者林华安（Hwa A. Lim）于 1987 年首创的（图 1-5）。20 世纪 90 年代之后，随着 DNA 测序、蛋白质质谱分析、分子成像等技术的不断突破，生物信息学的研究重点逐渐转向生物组学（omics）数据，主要从核酸和蛋白质序列出发，分析序列中表达的结构和功能的生物学信息。

图 1-2　Francis Galton（1822—1911）

图 1-3　Temple F. Smith（1939—　）

图 1-4　Michael S. Waterman（1942—　）

图 1-5　林华安（Hwa A. Lim）（1955—　）

1.2 学科的性质和任务

随着计算机在各个行业的应用普及，各个学科都在形成一个关于该学科信息问题的系统性知识体系。医学信息学与生物信息学均属于典型的交叉学科，既是生物医学信息化的产物，又是信息科学本身发展的必然趋势。构成医学信息学学科群的主体学科包括医学信息学、卫生信息学以及健康信息学，其支撑学科包括信息科学、管理学、医学，其分支则包括临床信息学、临床研究信息学、牙科信息学、护理信息学、兽医信息学、药学信息学、影像信息学、公共卫生信息学、麻醉医学信息学、实验医学信息学等，相关学科则包括卫生信息管理学、卫生统计学、医学信息工程学、生物医学工程学、数字医学、医学影像学、医学技术学、转化医学等。

医学是研究人类生命过程以及同疾病作斗争的一门科学，其主要目的就是揭示疾病的本质，阐明疾病发生和发展的规律，并寻找有效的防治措施，进而达到消除疾病、保障人类生命健康的目的。医学信息学是伴随着计算机技术在医学领域中的应用以及服务于医学科学研究与实践而产生的，同时也在服务于医学及其相关领域的目标活动中不断发展。因此，医学的目的在很大程度上就是医学信息学学科的目的。医学信息学的任务是通过对医学信息的有效研究与组织、管理与控制、开发与应用，从而实现医学信息（知识）的充分利用与共享，提高医学决策与管理的效率和质量。从实践的角度看，医学信息学手段与方法的应用与更新具有以下几种功能：首先是整合功能，即按照医学信息产生与发展的基本规律对医疗实践以及管理领域中的相关流程、职能进行整合；其次是辅助功能，使临床诊疗技术向现代化、智能化的方向发展，不仅能够帮医师看，还能帮医师想；第三是拓展功能，即利用医学信息的规律，增强和扩展医务人员的信息/智力功能，主要包括加强医师的感觉功能（即医学信息的提取、检测、传递等功能），拓展医师的思维功能（即医学信息的转化、存储、识别、处理和决策等）以及执行功能（即利用医学信息进行调整、转换、控制和功能管理）；第四是决策功能。各种信息管理系统在医学领域中的应用和发展，各类医学信息系统的广泛普及和使用，不仅可以帮助医务人员摆脱繁重的体力劳动，而且可以使他们从单调、重复的机械式脑力劳动中解放出来，使他们有更多的时间和精力去从事创造性的智力活动。更为重要的是，临床决策支持系统的应用将为临床工作者、患者以及健康个体提供更好的治疗和保健支持，极大地提高临床诊疗与健康管理的决策水平与质量。

生物信息学在本质上是分子生物学与信息技术的结合体，其研究材料为各种各样的生物学数据，研究工具为计算机，核心内容则是通过对 DNA 序列的统计和分析，更加深入地理解 DNA 的序列、结构、演化及其与生物功能之间的关系，其研究课题涉及分子生物学、分子进化、结构生物学、统计学和计算机科学等许多领域。生物信息学是内涵非常丰富的学科，其核心是基因组信息学，包括基因组信息的获取、处理、存储、分配和解释。基因组信息学的关键是“读懂”基因组的核苷酸顺序蕴含的意义，即全部基因在染色体上的确切位置以及各 DNA 片段的功能；在发现了新基因信息之后进行蛋白质空间结构模拟和预测，然后依据特定蛋白质的功能进行药物设计。此外，了解基因表达的调控机制也是生物信息学的重要内容，力图根据生物分子在基因调控中的作用，探索其在人类疾病的诊断、治疗中的作用。

在短短十几年间，生物信息学已经形成了基因序列比对、蛋白质比对、基因的识别与分析、分子进化、序列拼接、遗传密码研究、药物设计、生物系统、数据分析技术、生物图像分析、基因表达谱分析、代谢网络分析、基因芯片设计和蛋白质组学数据分析等多个研究方向。从技术上看，生物信息学主要涉及新算法和统计学方法研究、各类生物学数据的分析和解释，以及研制和有效利用管理数据的新工具。

1.3 学科发展趋势

在医学信息学领域，最重要的进展集中在以电子病历（electronic patient record，EPR）和医院信息系统（hospital information system，HIS）为核心的临床信息管理领域。医学信息软件及系统的开发，初步满足了医师与其他医疗保健人员以及患者对于信息和知识的需求，有助于改善患者的护理，便于医院管理者参与定制、采购、实施评估和管理，不断提高医疗质量，以其安全、高效、有效、及时等特点，促进医疗公平的实现。

伴随着医疗信息化，目前的医疗概念已从过去的住院治疗向早期预测和家庭护理方面不断拓展。在过去，患有慢性疾病（如糖尿病或充血性心力衰竭）的患者往往需要定期监测血糖水平、体重、血压等，并在家中服药。很多时候，这类患者在下一次见医师时才能咨询相关的信息，而他们的医师则常常忘记了患者的病情。因此，患者血糖或血压的变化无法被及时发现，健康状况可能恶化，而这又使医疗保健更加昂贵。

随着计算速度的不断提高、互联网技术的不断完善和移动通信技术的创新，近年来又诞生了云储存、云计算、物联网等一批新的IT技术，加上传感器技术的不断创新，这将为上述领域带来根本性的改变。先进的计算机系统将显著提高护理质量，改善用药管理和慢性病患者的自我管理，在降低人工成本的同时，显著提高患者的安全。利用新的数据库技术、网络技术和信息管理技术，研究者可以采集大量的临床数据，通过信息分析确定最佳的治疗方案和临床路径，从而显著提高医疗质量。

近年来，医疗信息网络已逐渐从医院扩展至区域乃至于国家范围。继新加坡之后，澳大利亚亦于2012年7月建成并投入使用了全国联网的医疗信息网络。美国的甲骨文（Oracle）公司最近推出了疑难病会诊信息平台，将专家、实验室以及各地的医疗机构联系在一起，打破了医疗机构的传统边界，实现了资源共享，最大限度地便利了患者。IBM公司亦推出了超级计算机“沃森”，通过集成病例记录、医学杂志上刊登的科研论文以及卫生部门掌握的数据等，帮助医师对大量的信息进行分析，并发现诊断和治疗过程中遗漏的细节。

截至2010年，我国90%以上的县级以上医院均建立了挂号收费、药品器材等医院管理信息系统，三分之一以上的医疗机构建立了电子病历系统。其应用显著改变了医院的管理风格，减少了医疗失误，为医护人员提供了实时更新的患者信息，减少了患者等待的时间，提高了护理质量。它不仅成为医院现代管理的象征，也成为医院核心竞争力之一。

20世纪80年代以来，根据其内容、风格和范围的不同，医院信息的管理和使用在我国经历了以下4个阶段：

（1）独立的门诊收费、住院收费和药房管理系统。

（2）医院的局域网络，包括住院管理、门诊收费和药物管理以及递送系统等。

（3）完整的医院信息系统。许多大医院利用网络构建了完整的信息系统，具体包括医院信息系统、医学图像存储与共享信息系统（picture archiving and communication system，PACS）、实验室信息系统（laboratory information system，LIS）、护理信息系统（nursing information system，NIS）等。

（4）远程医疗。随着IT和网络的发展，一些大型医疗机构开始研究实施数字图像（如CT、核磁共振和超声）的远程诊断。

从性质上看，前三个阶段集中在医院信息管理，而第四阶段则开始向以患者为中心的理念发展。

在生物信息学方面，得益于DNA克隆及测序技术的革命，人类基因组计划（human genome project）已于2006年正式完成，而针对大量其他物种的DNA测序工作亦进展迅速。随之而来的是各种生物组学数据的海量涌现。这些数据为从分子水平解读生命活动与疾病现象提供了素材。近年来，一些企业已经能够以可接受的价格为个人绘制基因图谱。尽管目前研究者尚不清楚基因如何影响身体的各个方面，但他们已经清楚某些特定基因将引发心脏病和乳腺癌之类的疾病。可以预期，人类将很快进入个性化医疗的阶段。也就是说，医师将根据患者的基因特征来选择治疗方式。

以高通量DNA测序、生物芯片、质谱、双向电泳等为代表的组学极大地提高了实验数据的产量，并对实验设计产生了显著的影响。通过对各种细胞、组织乃至于整个生物体的功能状态进行测量，组学技术能够产生从基因序列到蛋白质表达以及代谢模式等多个层次的大量数据，这也是近年来生物医学海量实验数据产生的原因。以我国的华大基因科技有限公司为例，在“无所不测”的思想指导下，这一全球最大的测序中心一天即可产生3 Tb以上的序列数据。目前，存储于各种公共数据库的基因、蛋白质、转录物、代谢物等生物数据种类繁多，数量巨大。

解读DNA序列数据、生物芯片数据、质谱数据等需要大规模的并行计算。由于这些数据来自不同的生物学层次，整合各种数据来回答生物学问题将涉及序列拼接和预测、模式识别、多尺度建模以及动态模拟等复杂计算问题，因此，计算生物学（computational biology）的概念应运而生。反过来，生物数据对于数据结构、算法、数据存储、计算量、计算结果可视化等研究的需求亦推动了计算机科学的发展。

曾几何时，数据是人类用于识别环境的计数工具，对其精确性的关注似乎仅限于科学研究领域。进入信息化时代后，每个人都明显地感受到与信息相关的数据无处不在。在人类不断地产生各种数据的同时，数据也在极大地影响着人类。在数据的发展历程中有过两次革命：第一次是在近代科学诞生之时，实现了数据与科学研究的融合，数据在科学研究中的基础地位得以确立。对研究过程和结果的精确化诉求已成为近代科学的基本特征之一。在以数据为依据的研究范式（paradigm）中，数据的可靠性和准确性代表了研究的精确性，人们甚至将以数据为依据的实证研究作为界定“科学”和“伪科学”的标准。随着科学和技术的发展，数据的形式和内涵也在不断地变化和发展。除观测数据、实验数据、理论数据、统计数据、模拟数据外，图、表、文字等也被纳入数据行列，形成了结构化数据和非结构化数据的多元化数据形式。信息技术的发展也从数据匮乏向“数据丰富，理论匮乏”的方向转变，数据产生的速度和规模急剧扩大；数据中蕴含的信息也远远超出了其工具性和依据性的特征，形成了可以从中挖掘出新知识的大数据（big data）。与统计数据相比，大数据所强调的是全部样本；与科学数据的精确性相比，大数据则允许存在一定范围的不准确性；与科学范式的因果关系相比，大数据则通过关联性寻求自然和社会的变化规律。因此，大数据已引发了第二次数据革命，它不仅将改变科学研究的范式，实现研究的定量化，也将促使相关的领域发生巨大的变革。

显然，人类在如何回答生物学问题方面已进入了一个全新的时代，即大生物学时代，对健康和疾病相关的生命现象进行更具系统性的整体测量和系统分析。在研究中，用计算机软件对通过生物芯片、大规模测序、蛋白质谱、生物成像等手段获取的密集型数据进行处理，所产生的信息/知识将存储在计算机中。研究者仅需在后台利用数据管理和统计的方法对这些数据进行处理、分析，获取知识，形成以大数据为基础的密集型科学。由数据驱动（data-driven）的研究范式已成为传统的假说驱动（hypothesis-driven）的研究方法的有益补充，科学研究的范式也从还原主义（简化）向复杂系统转变。

上述发展已为医学研究的许多领域带来了根本的变化。在过去，研究者通常采取假说驱动的策略，即事先提出某种经过推敲的问题或假说，之后再通过实验来验证。而组学研究的策略则无须事先提出问题，而是通过组学技术直接采集基因组或蛋白质组数据，之后通过分析来提出某种理论。这种研究策略的转变有利于发现未知的病理生理学机制以及明确生物体对药物或营养物的反应。值得一提的是，生物信息学的研究结果往往仅具有预测的性质，有赖于实验的验证，这也促成了系统生物学（system biology）学科的诞生。此外，由于大多数医学实验具有孤立、片面等缺点，对其结果的解读易于失之偏颇，而通过计算机分析寻找规律，则容易因为数据不完整而造成偏倚与混淆。因此，生物信息学研究的最终答案不能从计算机得到，还得靠生物学自身从数学的新思路来获得本质性的驱动力。结合已有的生物学理论来判断数据的支持度（即理论驱动，theory-driven）将更为合理。

在过去30年中，信息技术在许多领域里已完成了从辅佐向引领角色的过渡和转换。随着人类社会对IT技术和互联网的依赖不断加深，以及对生命现象复杂性认识的逐渐清晰，医学生物信息学的快速发展已是大势所趋，及时获取、处理并应用数据，将彻底改变医疗卫生事业乃至于国民经济的面貌。在美国，医疗支出已占其国内GDP的六分之一，而这一比例还在增加。医疗正在消耗大量的工资收入、企业利润以及政府资源。在未来几年里，我国的医疗保健支出亦将大幅增长，上升至国内GDP的7%。因此，升级电子病历、建立区域乃至于全国范围的卫生信息网络已成为一个国家目标。

目前这一领域仍然存在以下问题：

(1) 缺乏标准化以及互操作性。医院信息涉及医疗、教育、医学科研、人才、资金、物资等，而统一的名称、概念、分类和代码是信息交换的前提。目前的困难是缺乏统一的标准。不同的医院对疾病分类、医疗术语、药品名称、岗位名称、设备、化验和检查的代码不尽相同。对同一种症状，不同医院的定义、描述和处理也有所不同。由于缺乏统一、权威的医院标准化词典，医疗机构在开发HIS过程中浪费了大量的人力、资金、物力和时间。其次，标准和用户词典的差异也使得单位之间不能共享信息。尽管信息标准（如HL7等）有助于增强不同医院系统之间的互操作性，然而大多数医院仍未考虑这一问题。此外，正在改革中的医疗保险制度所涉及的不同层次的医院以及相关机构（如保险公司、金融机构、社区等）均需要共享患者信息，而目前的信息标准化并不能满足上述需要。因此，今后的开发应尽量遵守卫生信息标准化的原则，将国际标准和国家标准的制定有机地结合起来。

在互操作性方面，目前在大多数医疗机构运行的医院管理信息系统（hospital management information system，HMIS）无法分享影像诊断信息。由于采用不同厂家的标准和格式，放射科信息系统（radiology information system，RIS）、实验室信息系统以及医学图像存档和通信系统等在许多大医院中仍然是独立运行的。因此，制定更完善的临床和管理信息的管理和交换的一致性标准以增强互操作性已成为利用与完善HIS的瓶颈。

为了共享医疗信息，提高远程医疗以及医院的工作效率，延伸医疗服务，优化工作程序，HMIS（包括电子病历）将发展成以患者为中心的独立的信息系统，将实现一体化。此外，HIS将转向支持卫生保健专业人员、患者以及消费者，以新的架构和强大的扩展功能建成区域卫生信息系统。

(2) 软件系统缺乏统一架构。20世纪90年代以来，各级卫生行政部门、部分医院和软件开发公司为开发HIS投入了巨大的人力和资金。然而，由于缺乏整体设计和规划，对各相关部门的工作流程及语言标准缺乏研究，造成了各异的技术平台，软件开发缺乏标准。此外，许多开发人员并不专门从事HIS的开发，不熟悉医院管理和工作流程，或者仅考虑局部的问题。软件公司大多考虑当前的利益，缺乏长期投资计划，仅开发了一些简单的系统软件包，严重地制约了HIS的发展。另一方面，由于IT基础设施差且缺乏经验，支离破碎而局部重复的系统，不同的软件系统之间的整合不良，亦导致了“信息孤岛”的出现，妨碍了数据共享和医院之间的信息交流。为使临床服务和医院管理从 IT 系统中获益，有必要制定统一的软件架构。在软件开发的过程中，需要医师的深度参与，通过严格的项目管理以及工作流程设计，最终满足用户的需求。

(3) 医院管理模式不合理。HIS 的构建对于医院管理模式亦有重大的影响。目前许多发达国家的医院管理者拥有工商管理硕士文凭，而国内许多医院的院长则是最优秀的医学专家，后者往往并不熟悉现代管理知识。在医院的管理工作中，他们无法克服不科学和不合理的管理模式。由于不同医院的工作流程和情况差别很大，为了满足医院管理的需要，开发商不得不根据实际情况开发出定制性强的软件，无意中造成了信息交流和共享的障碍。

从 2008 年起，中国和美国开展了跨国公共健康信息学合作，共同探讨该领域即将发生的变革以及应对的策略，探讨跨国网络以及各种数据收集、整合的方法和技术，这项合作为两国的相关机构和从业人员提供了大量有用的信息，并为今后的研究和教育提供支持。

展望未来，HIS 系统的开发势必从单一机构的信息系统向院际联网、区域医疗网络乃至于国家或国际医疗信息系统发展。在软件开发方面，将从定制式开发向主动开发和经营转型。从开发思路上看，将越来越多地强调以患者为中心的理念。在未来十年内，医学信息学将大力支持开放源码的方式，接受临床研究的 eSource（电子信息），发展和实施连续性标准化，制订出衔接的技术标准，开发广泛使用的电子健康记录系统。通过开放获取、开放数据、开放沟通和开源软件的方式促进具有透明度的研究的开展，并显著改善电子健康记录和电子数据采集之间的互操作性。

在教育和培训方面，为了应对信息化的发展趋势，各类医院都在加大投资力度，进行数字化建设，这一领域的年增长率已达近 30%。然而，处于起步阶段的许多医疗机构使用软件的能力依然有限，软件开发商普遍缺乏医疗知识，臻于完善的 HIS 产品尚不存在。因此，尽快培养大量的软件开发人员，强化医疗信息化及医院管理，开展高层次教育和培训十分必要。目前，中国医药信息学会（China Medical Informatics Association，CMIA）、中国医院信息管理协会（China Hospital Information Management Association，CHIMA）等机构均在推动这方面的工作。

随着临床和研究数据的迅速积累，对海量信息的挖掘工作也越来越重要。近年来，机器学习、人工智能等概念和技术不断被引入健康和医疗领域。结合算法的改进，有意义的研究结果将被及时用于识别和优化临床路径、开发决策支持系统以及下一代的医疗技术，最终实现个性化治疗。对于整个医疗体系而言，数据革命所提高的效率还可以节省大量的经费。在超级计算机的帮助下，未来每一名医师都可以领导一个由初级和中级医务工作者组成的大团队，后者将在智能工具的帮助下从事普通的工作，而医师则可以专注于复杂的事情。

在过去的十几年中，生物学数据增长惊人（图 1-6）。然而，许多研究者认识到“数据并非知识”。海量的生物学数据需要依靠信息学手段来解读，而大多数生命现象均属于复杂问题，传统分析方法的局限性已日趋明显，而生物信息学将是解决复杂生物学问题的钥匙。

随着人类基因组测序的完成和最近出现的生物组学研究的兴起，经典的遗传学（genetics）已同基因组学（genomics）、生物统计学（biostatistics）以及生物信息学（bioinformatics）融为一体。各种开源或商业化的软件被用于存储、分析以及解读基因组、转录组、蛋白质组以及代谢组学数据。主要的分析步骤包括数据存储、采集、预处理、标准化等，随后识别差异表达的基因，对其功能进行注释，对分子通路进行预测，并从蛋白质-蛋白质的相互作用网络的角度来解读生物学现象或疾病过程。

需要指出的是，生物信息学还不是一个足以乐观的领域。究其原因，由于它是基于分子生物学与多个学科交叉形成的新学科，目前仍表现为各种学科数据的简单堆砌，相互之间的联系并不

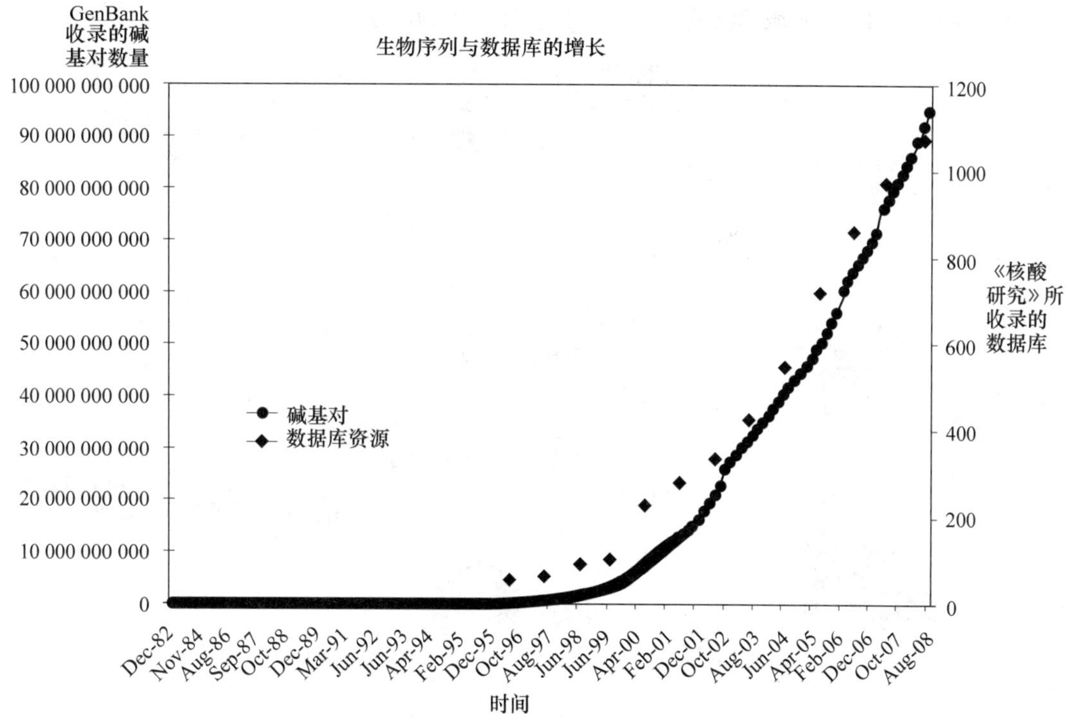

图 1-6 GenBank 收录的碱基数量（自 1982 年以来，增长显著）

是特别紧密。在处理大规模数据方面，尚无行之有效的一般性方法，而大数据内在的生成机制也没有完全明了。基于早期分子生物学、生物物理学和生物化学的成就，期望从分子层次解释人类的所有行为和功能以及致病原因，从本质上讲，这是希望将生命的奥秘还原成孤立的基因序列或单个蛋白质的功能，而甚少强调基因序列或蛋白质组作为一个整体在生命体中的调控作用，这使得生物信息学研究在短期内很难取得突破性成果。最终的答案将无法从计算机科学中得到，还得靠生物学自身从数学的新思路来获得本质性的驱动力。

信息学科是东北大学继钢铁冶金之后重点建设的又一学科。20 世纪 90 年代，由东北大学衍生的东大阿尔派、东软医疗等企业即开始涉足医疗软件的开发，先后为欧、美、日、韩、东南亚、中东、非洲等多个国家和地区开发了多种医疗信息系统。2010 年，东软医疗系统有限公司又推出了熙康健康信息平台，通过整合健康物联网、健康云平台和优秀医疗资源，纵向整合区域医疗中心和基层医疗机构的服务资源，为个人和家庭提供包括慢性病预防生态系统在内的信息服务。作为创新点，该平台采用一体化健康监测设备，通过互联网将区域医疗中心、基层卫生服务机构的医疗保健服务与个人和家庭的动态健康管理以及医疗监控与管理部门的数据档案系统进行无缝链接，使优质的医疗资源向基层、家庭和个人延伸，为个人与家庭打造及时便捷的健康服务模式，同时为肩负医疗保障任务的医院与卫生主管部门构建科学系统的网络管理平台（图 1-7）。

2005 年 8 月，东北大学与荷兰埃因霍温科技大学联合建立了中荷生物医学与信息工程学院，后者在荷兰飞利浦公司和东软医疗系统有限公司的支持下，设立了生物医学信息学专业，在医疗 IT、生物信息学等领域开展了一系列的研究。2011 年，东北大学制订了“IT-BT”的战略规划，计划借助其在信息技术（information technology，IT）方面的长期积淀，充分开发在生物科技（biotechnology，BT）领域的潜能，实现信息科技与生物医学的深度融合。

图 1-7　东软熙康计划的架构

在基础研究方面，东北大学信息学院的杨晓春课题组最近提出了一种可以得到完全解的生物序列局部比对算法 ALAE（advanced local alignment with efficiency）。与经典的 Smith-Waterman、FASTA、BLAST 等算法相比，该算法在准确性和速度方面均有显著的提高，对基因和蛋白质功能、物种进化等研究将有重要的应用价值。东北大学中荷生物医学与信息工程学院的学者一方面侧重于对各种算法进行改进，另一方面对基因与蛋白质序列、代谢网络以及疾病表型数据进行挖掘。该学院的 Peter Hilbert 课题组于近期提出了一种挖掘最大常见子图（maximal frequent subgraphs）的算法，能够从 KEGG 数据库收集的不同物种的代谢通路中高效发现进化保守的代谢途径。毋庸置疑，组学科技将显著改变传统的具有简化及还原论性质的实验模型，更加注重揭示隐藏在人类健康与疾病现象背后、更具复杂性和动态特点的分子网络。最近，该学院的李岭提出了“从 DNA 到中医”的创新学说，其内容涵盖了从生命现象最底层的基因到抽象而宏观的疾病证候，为从组学的角度揭示基因网络、明确中医基本理论的实质以及创新药物找到了关键的线索，中医理论或许能够为生物组学数据的挖掘提供合理的理论框架。

1.4　学生学习本课程要注意的问题和学习方法介绍

在本课程的学习过程中，学生们应注意以下几个方面：

（1）注重学习相关的理论：学生应结合具体章节的内容，对涉及的计算机技术、临床诊疗流程、医学影像分析以及生物学理论等进行更为深入的学习。

（2）理论学习与练习并重：在每章的后面，编者都提供了一些练习题。这些习题将有助于学生领会和掌握其中的主要内容。

(3) 掌握两到三种常用的编程语言：尽管互联网上存在大量的开源软件，但掌握数据库设计与开发、网页设计、字符串处理经常涉及的几种编程语言，对理解和解决实际问题还是非常有必要的。

(4) 在实践中发现问题，并将学到的知识应用于实际：到医院和实验室现场进行调查，了解实际情况，在实践中发现问题，并结合理论尝试解决这些问题，这对于学生的成长将大有裨益。

本章小结

生物医学信息学是信息技术同生物医学深度融合的产物。随着计算机、互联网技术以及分子生物学（尤其是人类基因组研究）的不断突破，其在临床信息沟通、文献检索以及实验数据解读方面的重要性正日益凸显。

由于其研究对象的特殊性质，目前生物医学信息学尚待解决的技术问题包括医疗信息数据的标准化及互操作性、软件架构的统一以及生物组学数据的整理、挖掘与解读等。

课后习题

1. 医学信息学现阶段所面临的主要挑战有哪些？
2. 何谓假说驱动、数据驱动以及理论驱动？三者的优、缺点各是什么？

第2章 医学信息标准化

学习目的

1. 了解标准、标准化、分类及编码的基本概念。
2. 掌握医学信息学常用分类标准。

引 言

随着国内外医学信息学研究的不断深入，特别是医疗卫生信息化进程的加快，生物医学信息的处理、存储和传输的标准及其标准化建设的重要性日益凸显。医学信息标准化的建设是医疗卫生保障体系建设的重要基础和技术支撑。

2.1 标准与标准化

在科学领域中，医学是专用名词最多、最深奥、最难以统一规范的领域之一，却又是与人类生命、健康关系最密切的领域之一。随着医疗卫生信息化的进展，传统手工操作时代"非标准化"的矛盾日益突出。远程医疗、医疗保险、社区卫生、区域卫生的发展，要求医学信息必须跨部门和地区进行交互，这更需要标准化。因此，标准化成为医疗卫生信息化的首要任务。

2.1.1 标准

标准的定义

国家标准 GB/T 20000.1—2002 给"标准"下的定义："为了在一定的范围内获得最佳秩序，经协商一致制定并由公认机构批准，共同使用和重复使用的一种规范化文件。"在此定义后有一条附注："标准宜以科学、技术和经验的综合成果为基础，以促进最佳共同效益为目的。"

因此，标准应具有如下一些特性：第一，它是一种规范化文件。第二，具有共同使用和重复使用的性质。第三，文件的制定必须有一定程序，经协商一致，并由公认机构批准，而这"公认机构"是负责为公共和常用事物的活动及结果制定和提供规则、指导原则的。最后，制定标准的目的是为了在"一定范围"内获得最佳秩序。

标准（standard）指获得一致同意的，并由公认权威机构（如国际标准化组织，International Organization for Standardization，ISO；国际电子技术委员会，International Electrotechnical Commission，IEC）认可的文件。这个权威机构负责为公共和常用事物的活动及结果制定规则及指导原则，其宗旨是使应用该标准的环境达到最佳的有序状态。

2.1.2 标准化

1. 标准化的定义 国家标准 GB/T 20000.1—2002，采用了国际标准化组织（ISO）的定义：

“标准化是为了在一定范围内获得最佳秩序，对现实问题或潜在问题制定共同使用和重复使用的行为规范的活动。”

在“标准”这一名词后加上“化”，则转化为动词，表示转变为一种性质、状态或活动。因此，标准化首先应是制定和实施某一规范的活动；其次，该规范的内容涉及当前的现实问题或将显露的潜在问题；最后，制定该规范的目的是为了在一定范围内达到最佳秩序。

2. 标准化的特征 根据标准化的定义，标准化具有如下特性。

1）明确的域（domain）：即范围。某一标准一定是针对和适应某一域的需求。域的分界必须清晰，内容必须明确。

就是说，域的边界必须清晰到能够明确判定什么是属于该域的，什么是不属于该域的。例如，研究药品的标准化问题，首先要确定是否包括中药、原料药、试剂、医院制剂等。域的定义与应用有关。

2）惟一性与完整性：所谓的“惟一性”，指在标准化的体系中，无论是一个对象，或是一组对象，应该有，而且只能有一个确定的代码与之对应。

所谓完整性，就是在某一个“域”内的标准化体系应涵盖它所有的对象。由于对事物的理解总是处在不断深化过程中，事物也总是在发展变化中，所以，标准化系统也总是要不断地修订和完善。

信息编码的完整性往往用设置“收容组”编码来保证。“收容组”指在相应位置设置一个其他类的特殊编码，当客观事物出现了没有对应编码的情况时，可以将其归于相应类别的其他类编码。

3）权威性：标准必须在一个宽广的范围内被认可和执行才有意义，而一个标准的诸多内容不可能在这样宽广范围内被所有的用户完全认同和接受，因此必须由权威部门制定和颁布，并带有明确的约束性，甚至是强制性。因此权威性是标准化天生的特质。

西方发达国家中许多标准往往是由一家或几家技术先进的公司率先发起制定和使用，作为企业内标准，然后被其他公司所仿效与遵循，最终成为行业标准直至国家、国际标准，这在高新技术产业中是相当普遍的。

3. 元数据与数据元 讨论信息标准化，必须先了解两个基本概念：元数据和数据元，它们是信息表达和信息标准化的基础。

1）元数据：关于数据的数据。

元数据是对信息资源的规范化描述，它是按照一定标准，从信息资源中抽取相应的特征组成的一个特征元素集合。这种规范化描述可以准确完备地说明信息资源的各项特征。不同类型的数据资源可能会有不同的元数据标准。

元数据标准从数据结构、格式、语义、语法、功能等方面来制定，促使了数据的规范化、标准化，提高了数据库的建库量。

元数据为信息的管理和获取提供了一种实际而简便的方法。通过元数据，人们能够对信息资源进行详细、深入地了解，包括信息资源的格式、质量、处理方法和获取方法等各方面的细节。元数据标准可适用于资料共享、数据发布、数据集编目、数据交换、网络查询服务等，也是数据集元数据整理、建库、汇编、发布的标准格式。元数据标准的制定是为提高数据库建库质量，使数据加工达到规范化、标准化，促进科学数据的标准化，加强数据交流与共享。

2）数据元：数据元又称数据元素，是用一组属性描述定义、标识、表示以及允许值的数据单元。在一定的语境下被认为是不可再分的最小数据单元。通常用于构建一个语义正确、独立且无歧义的特定概念语义的信息单元。

数据元 {数据元概念 {对象类（客观世界事物的集合）; 特性（对象类共同具有的特征）}; 表示（描述数据被表示方式）}

图 2-1 数据元构成图

数据元一般由三部分组成（图 2-1）：

（1）对象类：思想、概念或真实世界中事物的集合，它们具有清晰的边界和含义，其特征和行为遵循同样的规则。对象类是人们希望研究、搜集和存储它们的相关数据的事物，比如汽车、人、房屋、订单等。

（2）特性：对象类中的所有成员共同具有的一个有别于其他数据元的显著特征。特性是人们用来区分和描述对象的一种手段。特性的例子包括颜色、性别、年龄、收入、地址等。

（3）表示：它描述了数据被表达的方式。表示与数据元的值域关系密切。一个数据元的值域是数据元的所有允许值的集合。例如，对于“个人所得税金额”这个数据元，它的值域可以是一系列非负整数（带有货币单位），这是一种非枚举型的值域。而“个人所得税比率”对收入进行分段划分，并给每一段赋予一个比率，它的值域就是这些比率的集合。此时称它的值域为枚举型值域。

如果脱离值域，“个人所得税”实际上是一个数据元概念，即一个对象类与特性的组合。因此，一个数据元概念是由一个对象类和一个特性组成，一个数据元是由一个数据元概念和一个表示组成。

2.1.3 标准化发展历程

1. 古代的标准化 早在远古时代，人类就表现出无主观意识的标准化行为，例如世界各地出土的石器时代的石刀、石斧形态都惊人地相似，这是人们在长期生产实践中，共同探索、模仿所形成的一些约定俗成的概念和规范。

在漫长的进化过程中，当人类产生了语言，创造了文字，则标志着人类能主观地统一、规范事务和概念，体现了人类初期有意识的、朴素的标准化活动。

古代标准化典范有古罗马战车的建造者，他们设置车轴的长度基于两匹马的宽度，这轴长便成为开发道路的标准，也是制造战车乃至马车、客车轮子距离的标准，现在标准铁路轨道规范正是这种古老标准的延伸。

我国古代秦始皇统一中国后，先后颁布政令，对度、量、衡、文字、货币、道路等进行全国范围的、空前的标准化，“车同轨，书同文”成为古代世界标准化的杰出典范。而北宋时代毕昇于公元 1041—1048 年发明的活字印刷术则孕育了近代标准化的原理和方法，成为人类文明的光辉典范。

2. 近代工业标准化 随着 18 世纪末英国发生的工业革命以来，大机器生产方式促使了工业标准化飞速发展。典型范例有 1789 年伊莱·惠特尼发明的工序生产方法，他设计了可通用互换零件组装步枪，被誉为“标准化之父”。此后层出不穷的标准深入到各个领域，成为社会有序化的支柱之一。1959 年，ISO 组织（International Organization for Standardization）决议将每年 10 月 14 日定为“国际标准日”。

3. 信息时代标准化 当人类进入信息化时代，标准化变得尤为重要和紧迫。ISO、IEC（International Electrotechnical Commission，国际电工委员会）等国际标准化组织逐步完善信息技术标准化体系，涉及信息处理、软件与软件工程、数据交换与通信网络技术、信息安全等各个方面，极大地促进了信息化的发展。

早期医院信息管理局限在单个部门，以单机版为主，例如检验结果数据处理、收费处的划价收费等，对标准化的需求不显著。即便是整个医院的信息管理系统，其标准化也是粗糙和不规范的。

随着医疗卫生信息化的深入发展，医院的信息管理必须集成来自不同厂家的不同应用软件，以实现全院的信息交互和共享。医疗保险、区域卫生信息管理、公共卫生平台则要求信息在不同医院之间，进而在一个城市、一个省，甚至全国实现共享。这时，数据、通信、接口等一系列信息标准化的问题就成为当务之急。

2.1.4 信息标准化

狭义的信息标准化指信息表达上的标准化，是在一定范围内人们能共同使用的对某类、某些、某个客体抽象的描述与表达。医学信息的标准化特指信息标准化在医学领域的具体应用。语言文字可能是人类最早实现的标准化，并且连续几千年持续不断努力维护其高水准的标准化程度的实例。

计算机广泛引入信息处理技术以来，信息标准化的表达方式常常用数字、字符等抽象符号表达，这是因为计算机处理这些抽象符号比处理其他表达方式的信息，如语言、文字、图形、图像更节省、更快捷、更方便。

广义的信息标准化指对整个信息的处理，包括信息传递与通信、数据流程、信息处理技术与方法、信息处理设备等。

1. 信息的表达 信息表的类标准是信息标准化的基础，也是最常见的，像分类编码类，即名称和内涵的标准化、代码化。下面提到的ICD-10（International Classification of Diseases，国际疾病分类）、SNOMED（the systematized nomenclature of human and veterinary medicine）等均属于此类。

2. 信息的交换 信息的交换是要解决不同的系统之间或不同的部门、企业之间信息共享的问题。信息交换的标准往往比信息的表达要复杂。信息交换标准更注意信息的格式，而忽略信息的内容。从信息交换的角度来看，应同时包括信息表达的标准化和信息内容的可相互理解性。这多少有一点像语言学习中的句法与词法的关系。

因为远程医疗和区域卫生信息系统日益流行，所以信息交换标准也变得越来越重要。HL7（health level 7）、XML（extensible markup language）和DICOM（digital imaging and communication in medicine）是卫生信息交换类标准中常见的典型例子。

HL7是一整套网络信息交换标准中专门用于医疗卫生信息交换的标准，是用户层第七层通信协议。HL7主要是规定了当一个事件发生时，相应的信息应该用什么样的格式通知需要信息的一方。

XML是更为广泛的一个信息交换标准，是extensible markup language（可扩展标记语言）的缩写，是W3C（World Wide Web Consortium）组织于1998年2月发布的标准。W3C组织制定XML标准的初衷是，定义一种互联网上交换数据的标准，是国际互联网上数据交换标准语言，有取代HTML的趋势。

DICOM即医学数字成像和通信，它是医学影像的表达方式（存储）和信息变换的标准。

3. 信息的处理与流程 还有许多标准是规范信息处理流程的，这一类标准的制定常常对信息系统的开发与推广有着十分重要的意义。众所周知，我国财务电算化是信息化产业最为成功的领域之一，其根本原因就是财务管理信息处理流程的规范化和标准化。另一个正面的例子是我国解放军（在美国是VA系统）医院能在短短的两三年内成功地统一使用同一个医院信息系统产品，最重要的，就是部队有足够的权威统一制定和推行信息处理与流程的标准。

诊断相关组（diagnosis related grouping，DRG），描述由某医院治疗的患者的类型，虽然是用代码来区别相关的疾病组，实际上，其本质是规定了一套信息处理的流程、逻辑与标准。

2.2 分类与编码

分类和编码是信息标准化的主要方法之一。分类是某一领域内概念的序化和原理的序化。编码是指定一个对象或事物的类别或者类别集合的过程。

2.2.1 基本概念

1. 分类 分类（classification）是为了某一目的，依据某一原理，采取一种分类准则，将依从这一准则的、具有共同属性和特征的信息归并在一起，并依从这一准则有序地排列。

分类的准则首先取决于某一领域的应用目的，然后依从于这一目的，根据某一概念分类，再将这些类别依照属性关系有序排列，所谓属性关系表现为甲包含了乙和丙，即乙或丙是甲的一种。同时这种概念的序化系统，或明确或潜在地反映了其中包含某种原理的有序化。

2. 编码 编码（coding）指定一个对象或事物的类别（如多轴分类）或者类别集合的过程。类别通常是用代码来表示的，即将一个表示对象或事物信息的某种符号体系（文字）转换成便于人或计算机识别和处理的另一种符号体系（代码）的过程。

2.2.2 分类与编码的基本原则

在对信息进行分类和编码时应遵循以下原则：

1）科学性：要以当代先进的医学科学水平为基准，分类目的有科学依据，分类轴心要体现对象的本质特性，编码有科学意义。

2）系统性：分类的对象必须按照其内在的特性和规律进行排序，并形成一个科学严谨、结构合理、层次分明的分类体系。

3）准确性：分类的类目应独立明确，相互排斥，互不包括。类目下的亚目，从属关系清楚、层次分明。代码确切有序，不要随意空码、跳码。

4）惟一性：应确定统一的代码元素集，严格做到一码一义，避免一码多义或一义多码，使整个分类编码系统井然有序，精确无误。

5）冗余性：一个分类编码系统除了应包括现有的所有对象外，还应预留一定的空项，以适应发展中不断涌现出来的新对象。这些预留的空项又必须依据分类编码原理和内在属性关系而定，新的对象将根据与原有对象的属性关系填充到相应的预留空项中，而不是简单堆放在原系统之后。

6）结构化：代码与对象的特性以及内涵应有结构化的对应关系，代码的不同位置标识了对象的特性以及它与周围的层次关系。

7）实用性：分类和代码都要有实用价值，符合实际需要。它不能过于简单而失去准确性，又不能过于烦琐而应用困难。

8）可操作性：分类编码应力求简单明了，易于学习掌握，同时要便于计算机输入。

2.2.3 分类与编码的方法

1. 分类的方法 数据分类的基本方法有三种：线分类法、面分类法、混合分类法。

1）线分类法：所谓线分类法（表 2-1），是依据某一属性或特征，逐层分解展开，形成分类体系，例如 ICD 分类法。线分类法又称树型分类编码，是最常使用的一种编码方法。树型编码是将客体逐层细化的编码方法。每一个子层的细化只与其上一层有关，而与其他主层无关，就像一棵倒长的树，由树根、树干、树杈直至树叶组成。

线分类法的优点：层次性好，能较好地反映类目之间的逻辑关系；实用方便，既符合手工处理信息的传统习惯，又便于电子计算机处理信息。

线分类法的缺点：结构弹性较差，分类结构一经确定，不易改动；效率较低，当分类层次较多时，代码位数较长。

表 2-1 线分类法示图

代码	类型名称	代码	类型名称
68	医疗器械	…	……
6830	医用 X 射线设备	683020	X 射线断层诊断设备
683010	通用 X 射线诊断设备	68302001	直线轨迹断层 X 射线机
68301001	便携式 X 射线诊断机	68302002	多轨迹断层 X 射线机
68301002	便携式交直流两用 X 射线诊断机	…	……

2）面分类法：所谓面分类法，是将所选定的分类对象的若干属性或特征视为若干个“面”，每个“面”中又可分成彼此独立的若干个类目。使用时，可根据需要将这些“面”中的类目组合在一起，形成一个复合类目。例如在医院财务统计中，收费项目的“面”包括了住院费、药品费、手术费、检查费等类目；付费方式的“面”中包含了医疗保险、公费、自费等类目。这两个方面类目组合，就形成复合类目，如全年“医疗保险患者的药品总费用”、“自费患者的检查总费用”……从而为院长的“合理收费”提供统计依据。

面分类法的优点：具有较大的弹性，一个“面”内类目的改变，不会影响其他的“面”；适应性强，可根据需要组成任何类目，同时也便于机器处理信息；易于添加和修改类目。

面分类法的缺点：不能充分利用容量，可组配的类目很多，但有时实际应用的类目不多；难于手工处理信息。

3）混合分类法：混合分类法是将线分类法和面分类法组合使用，以其中一种分类法为主，另一种做补充的信息分类方法。例如药品的分类法就是混合分类法。

2. 编码的方法

1）数字编码（number code）：将一个未用过的数字给予一个新类别，编定此种类别的数字只能用于特定的类别。常用于病历号的编码。

2）助记编码（mnemonic code）：由一个或多个和类别有关的字符组成，这种代码编码容易，用户易于记忆，使用方便。例如使用英文词汇的首字母组合作为代码：

CHD（congenital heart disease）表示先天性心脏病；EEG（electro-encephalogram）表示脑电图。

3）阶层编码（hierarchical code）：对每个附加层次的细节进行延伸。阶层码在相关细节的层次和在相关的母阶层产生信息。例如，ICD-10。

4）并排码（juxtaposition code）：是由区段（segment）所组成的合成码，每个区段提供相关类别的特征。例如，ICPC（International Classification of Primary Care）分类系统中，“N”表示神经系统疾病。

5）组合码（combination code）：根据排序原则将不同的类别进行编码，并组合成一个编码的分类系统。例如供应室的器械包分类。

6）加值码（value addition code）：利用二进制法来加总代表不同的分类码。

2.3 医学信息标准

医学信息标准主要包括医学信息的标准、医学信息交换的标准、医学信息处理与流程的标准等。

2.3.1 建立医学信息标准的艰巨性

医学信息因其具有种类繁多、数量庞大、量化困难等特点，所以要做到真正的医学信息标准化是一项十分艰巨的任务。

1）医学信息面广量大，种类繁多，包括数值、文字、图像、声音、气味等，各种类的信息表示内容不一，表达形式不一，难以标准化。

2）患者信息数量庞大，而且十分复杂细致，个性突出，共性和可重复性差，加之患者流动频繁、病情多变，形成极为复杂的海量信息。

3）医学信息量化困难，它不同于工程信息，各变量的相互关系及变化规律难以用数学语言表达。例如头痛的性质和程度会因患者的个性特质、痛域高低不同而表达不一。

4）自然语言标准化的困难。病历中的病史、病程记录、病情讨论分析多采用自然语言，常因医师的学术水平、文化素养、书写习惯而迥然不同，自然语言标准化是全球共同的难题。

5）共享性突出。复诊、转诊、会诊需要共享同一患者信息；电子病历需要共享不同专业和医师的信息；社区医疗、区域医疗则要共享不同地域的信息。范围越大，标准化难度越大。

因此医学信息的标准化是一项十分艰巨的任务。

2.3.2 医学信息标准的类型

医学信息标准是一个宽泛的范畴，类型也有多种，主要种类如下：医学信息的标准、医学信息交换的标准、医学信息处理与流程的标准和医学信息应用软件和硬件的标准。

1）医学信息的标准。医学信息的标准主要指信息表达类标准，是标准化的基础，它更注重信息本身的内容，它分门别类地定义各个医学专有名词的代码，形成医学分类系统或医学词汇表，例如在2.4节介绍的ICD、SNOMED等。

2）医学信息交换的标准。信息交换标准的目的就是解决不同系统之间数据能以准确、精细、完整的方式进行交互和通信，为此，双方所传输的信息的语法和语义必须一致，才能“读懂”和“交流”。信息交换标准比信息表达类标准要复杂，因为更加需要注意信息交换时的格式和规则。例如在2.4节介绍的HL7、DICOM等。

3）医学信息处理与流程的标准。医学信息处理与流程的标准对于医学信息系统的开发与推广应用有十分重要的意义，它规范了一个系统或不同系统之间信息的处理流程。

4）医学信息硬件与软件的标准。医学软件的标准大致包括以下三大方面：一是软件产品的标准；二是生产和管理软件工程的标准；三是软件开发环境的标准。这中间又以医学信息软件产品的标准最为困难。

医学信息软件种类繁多，这里以我国应用最广泛的医学信息软件“医院信息系统”（HIS）为例予以说明。卫生部曾于1997年颁布《医院信息系统软件基本功能规范》，对HIS的标准化、规范化起了重要指导作用；卫生部于2002年又重新修订颁发了《医院信息系统基本功能规范》，该规范强调了标准化是信息化的基础，并将HIS中数据、数据库、数据字典编码标准化作为一个独立章节予以阐述，突出了标准化在医院信息化建设中的重要地位。

硬件的标准化范围很广，例如计算机的标准化、网络布线的标准化、网络设备的标准化、存储设备的标准化以及原材料的标准化等。医学信息硬件与一般信息硬件相同，是医疗卫生信息系统建设的基础保障。

2.4 医学信息学常用分类标准

医学信息的标准是医学信息标准化的基础，本节介绍国际主要的几个标准：ICD、SNOMED、DRG、UMLS、ICPC、RCC、LDINC、MeSH。

2.4.1 国际疾病分类 ICD

1. ICD 概述 国际疾病分类（International Classification of Diseases，ICD），是根据疾病的某些特征，按照规则将疾病进行分类，并用编码的方法来表示的系统。目前全世界通用的是第十次修订本《疾病和有关健康问题的国际统计分类》，并被通称为 ICD-10。

2. ICD 发展简史 ICD 已有近 120 年发展历史，最初仅用于对死亡原因的统计，1893 年国际统计研究所专门学会提出了一个分类方案《国际死亡原因编目》，并于 1900 年出版 ICD 第 1 版，列出 192 种疾病，以后基本上每 10 年修订一次。1940 年第 6 次修订版由世界卫生组织（World Health Organization，WHO）承担，首次引入了疾病分类，并强调继续保持按病因分类的哲学思想。1975 年出了第 9 次修改版，即全世界广泛使用的 ICD-9。1992 年出了第 10 次修改版本 ICD-10，共列出了 14 400 种疾病种类，更名为《疾病和有关健康问题的国际统计分类》。

我国卫生部早在 1987 年就发布文件，要求医院采用 ICD-9 作为疾病分类统计报告标准，并于 1993 年由国家技术监督局发布《疾病分类与代码》的国家标准，将 ICD-9 完全等同于国家标准。北京协和医院世界卫生组织疾病分类合作中心负责有关疾病分类的中文事宜，并协助卫生行政部门收集控制疾病分类资料的质量。

3. ICD 分类原理与方法 ICD 分类依据疾病的四个主要特性，即病因、部位、病理和临床表现（包括症状、体征、分期、分型、性别、年龄、急慢性、发病时间等），每一特性构成了一个分类标准，形成一个分类轴心，因此 ICD 是一个多轴心的分类系统。

ICD 的主要分类编码方法如下所述：分类有三个层次，首先是类目，类目下分亚目，亚目下分细目。通常同一个层次的分类都是围绕疾病的一个特性，即围绕一个轴心展开的（个别情况有两个轴心）。

1）类目：三位数编码，包括一个字母和两位数字。例如，S80 表示小腿浅表损伤，S81 表示小腿开放性损伤，S82 表示小腿骨折。

2）亚目：四位数编码，包括一个字母、三位数字和一个小数点。例如，S82.0 表示髌骨骨折。

3）细目：五位数编码，包括一个字母、四位数字和一个小数点，它提供一个与四位数分类轴心不同的新的轴心分类，其特异性更强，例如 S82.01 表示髌骨开放性骨折。

ICD 索引排列是按汉语拼音-英文字母顺序排列，并分不同层次。第一层次是主导词，其下可包括若干个修饰词，并依据它们与主导词的关系逐层依序排列，下一层均继承了上一层的内容，并以“-”作为分层标示，例如：

主导词　　　　病
-1级主导词　　-肺
--2级主导词　 --阻塞性
---3级主导词　---伴有
----4级主导词 ----急性
-----5级主导词 -----加重

这个索引最后的诊断即为阻塞性肺病伴有急性加重。

4. ICD的应用与意义　由于ICD-10在ICD-9基础上，极大地增加了疾病分类数量和详细程度，适用于流行疾病及健康评估需求，编码方式也更加科学实用，所以在全世界得到广泛应用。但是将ICD直接作为临床诊断则明显不足，因为它临床表达能力有限，无法准确、全面地记录疾病的解剖位置、严重程度及临床表现等。这也是为什么诸如《内科学》等教科书的诊断没有采用ICD的缘由。WHO建议，不同国家和地区按照应用目的与水平的不同，可以对ICD自行扩展。

ICD-9-CM（clinical modification）是美国国家健康统计中心对ICD-9的临床修订版，将原有编码由3码扩展到5码，从而由原先1300个代码增加到17 000个，更适合临床的需要，它已作为美国国内疾病统计及医疗保险支付的疾病代码标准。中国台湾地区健保局也将ICD-9-CM作为保险支付的疾病代码标准，并为中国台湾地区大多数医院所使用。

ICD的意义是举世公认的。首先它的标准化和共享性使得疾病名称标准化、格式化，这是电子病历等临床信息系统的应用基础，也是国内外医疗卫生统计和国际交流的基础。ICD也是医院医疗和行政管理的基础，有助于准确了解各病种的诊疗人数、医疗质量、费用支出。

2.4.2　人类与兽类医学系统术语SNOMED

1. SNOMED概述　人类与兽类医学系统术语（the systematized nomenclature of human and veterinary medicine，SNOMED）1975年出了第一版，1979年发行的修订版"SNOMED International"被称之为"SNOMED国际版"，其3.0版的词条数目达到132 641条，并使用poct-coordina-tion方式，允许使用者自己灵活地应用多轴组合的方式，用以描述和表达复杂的临床症状和诊断。

SNOMED已被翻译成13种语言，中国1997年出版了《国际医学规范术语全集》(精选本)，含有12 000余词条，由李恩生教授主译。现在，SNOMED 3.4版的中文电子版已由中国卫生部医院管理研究所组织出版。

2. SNOMED的结构

1）SNOMED 3.2版将全部术语分入11个独立的系统模块（module）中，即11个分类轴中，如表2-2所示。

表2-2　SNOMED国际版的术语模块

指示符	模块中文名称	模块（轴）	内容
T	局部解剖学	topography	人、兽解剖学术语
M	形态学	morphology	人体结构变化术语
F	功能	function	身体正常和畸形的功能
L	活有机体	living organisms	完整的动、植物学分类
C	化学制品、药物和生物制品	chemicals，drugs and biological products	药物目录及化学和植物制品

续表

指示符	模块中文名称	模块（轴）	内容
A	物理因素、力和活动	physical agents, forces and activities	与疾病和创伤有关的器具和活动目录
J	职业	occupations	国际劳工局（ILO）的职业目录
S	社会环境	social context	与医学相关的社会条件和亲属构成
D	疾病/诊断	diseases/diagnoses	人、兽医学中的疾病和诊断目录
P	操作	procedure	有关管理、治疗和诊断操作的目录
G	关联词/修饰词	general linkage/modifiers	用于各模块中术语的连接词、描述符及限定词

2）在每一模块中，术语按照它们的自然层次排列，并被分配一个 5 位或 6 位由字母和数字组成的代码。代码不仅与术语一一对应，更主要是本身带有一个它所标示术语的内在信息组，并提供了术语在模块所处的位置及它的上下关系，如图 2-2 所示。

图 2-2 SNOMED 术语集示意图

3）通过使用G（关键词/修饰词）模块，一些术语可以与另一些术语连接，以利于表达复杂内容或疾病现象，即将术语代码作为基本单元，加上G模块的关联/修饰词构成复合词，这样就为计算机应用处理提供了可能。

例如肺结核（D-14800）疾病诊断可以用下列代码为单元组合编制而成：

T（解剖）＋M（形态学）＋L（活有机体）＋F（功能）＝D（疾病/诊断）

肺＋肉芽肿＋结核分枝杆菌＋发热＝肺结核

T-2800＋M-44060＋L-21801＋F-03003＝D-14800

（4）词条的索引排列是按照编码顺序。例如在T（局部解剖学）中：

T-00000　皮肤系统

T-01000　皮肤

T-01200　真皮

T-01220　真皮乳头

T-01221　网状真皮

3. SNOMED的意义和应用　SNOMED可以说是当今最完整、最富于表达能力、最具弹性的医学词汇系统，它具有下述明显的特点和优势。

1）广泛性与全面性：SNOMED几乎涉及医学信息各个领域。其第三版包含了320 000多个医学名词及代码，具有最广覆盖面，是当今最庞大的医学术语集。

2）科学性与严谨性：在SNOMED庞大体系中，分类科学，层次明确，结构严谨，简便适用。每一术语均依据自身特有的医学知识原理安排在确定的位置上，且任何一个概念只出现一次，避免了编码重复，维护了计算机处理时的惟一性。

3）开放性与灵活性：SNOMED的术语编码拥有其医学知识表达的许多特性，又具有开放式的数据结构，允许使用者用Post-coordination的方式，灵活进行搭配、组装，以表达更为复杂的概念和关系，乃至合成新的术语。

4）兼容性和关联性：SNOMED容纳了多个国际著名的医学分类系统，如国际疾病分类系统（ICD-9和ICD-10）、职业国际标准分类（International Standard Classification of Occupation，ISCO）、北美护理诊断学会（North American Nursing Diagnosis Association，NANDA）的护理诊断分类等。

SNOMED不仅包括上述这些系统的词汇，更卓越的是在自己系统相应章节中加上与其他医学分类系统有关的参考编码，这样将有利于通过层次结构进行交叉查询和转换。例如将ICD-9、ICD-10编码加在“疾病、诊断（D-）”模块中。

5）丰富的临床信息表达力：SNOMED丰富的临床信息表达力，使临床信息标准化相对统一在一个标准框架下，使它可以直接应用于临床信息表达。

2.4.3　诊断相关组DRG

1. DRG概念　诊断相关组（diagnosis related group，DRG）是美国以住院患者医疗费用及住院天数作为主要影响因素的疾病群代码系统，专门用于美国医疗保险预付款制度的分类编码标准。世界上已有许多国家引进和修改DRG编码以适合本国的需要。

DRG由耶鲁大学1970年为美国医疗保险开发，由美国卫生保健财务管理署1983年公布，并不断修改出版，2001年发布了IG-DRG。

2. DRG分类原理及方法　DRG将临床处置类似、资源消耗相近的病例进行归类，其目的是提供一个对住院患者进行分类的、数量较少的编码系统。DRG分类方法还考虑了下列主要因素：①患者的主要诊断和有无并发症或伴随疾病（最多可考虑4个并发症或伴随疾病）；②实施的治疗过程；③患者的年龄；④患者的性别；⑤患者出院状况。这样，共将患者分入大约467个诊断相关组。

3. DRG分类的应用与意义 DRG作为一个特定的病种分组标准，首先被应用于美国现行的医疗保险预付款制度。医疗保险方不是按照患者住院的实际花费支付费用，而是按照患者所归类的DRG组（即对应DRG不同编码）予以支付。而这个具体DRG分组已充分考虑了患者的年龄、性别、诊断、治疗、并发症、伴发病诸因素。

将DRG应用于医疗保险预付款制度是当今全球最科学和先进的支付方式之一，它废弃了传统的按项目付费方式，采用统一的疾病诊断分类定额支付方式，从而促进了医疗资源利用的标准化，激励医院加强医疗质量的管理，迫使医院为获得利润而提高自身医疗技术、降低医疗费用、缩短住院天数，有利于国家医疗保险制度的运行和优化。美国实行DRG五年（1982—1987年）后，65岁以上老人平均住院天数由10.2天缩短为8.9天，住院率每一年下降2.5%。

我国医疗保险费用大都采用按照项目付费的方法，这不利于控制医疗费用上涨，也不利于医院提高自身的医疗质量和管理水平。DRG是我们可以借鉴的一种疾病分类标准，例如北京大学医院管理研究中心受主管部门委托，进行了本土化的DRG研究，并自2008年底在北京部分医疗保险定点机构试用DRG管理基本医疗保险基金。

2.4.4 一体化医学语言系统UMLS

1. UMLS概述 UMLS（unified medical language system）是美国国立医学图书馆自1986年起研究和开发的一体化医学语言系统。研发UMLS的目的是构建一个整合生物医学概念、术语、词汇及其等级范畴的集成系统，以便解决因各系统的差异性和信息资源的分散性所造成的检索困难。

UMLS由以下四个部分组成，它们相互联系成一个统一的整体。

1）超级叙词表：超级叙词表（metathesaurus）是生物医学的概念、术语、词汇及其含义、等级范畴的集成。它提供了MeSH、ICD-9-CM、SNOMED、CPT4和其他编码系统之间的交叉参照。

2）语义网络：语义网络（semantic network）是为建立概念、术语间相互关系而设计的，它为超级叙词表中的所有概念标明了类别和语义类型。

3）专家词典：专家词典（specialist lexicon）为英语词汇数据库及其配套程序。

4）信息源图谱：信息源图谱（information sources map）是一个有关各种生物医学数据库的范围、位置、词表、语法及获取条件的信息。

2. UMLS应用与意义 UMLS跨越了多种不同的医学信息标准，搭建了一个统一的医学语言平台，提供了标准和其他数据和知识资源之间的交叉参照，从而将不同医学词汇系统整合为一。这样，医学工作者和研究者就能很轻易地跨越病案、文献、数据库之间的屏障，从繁杂庞大的医学数据中提取所需的信息，而避免不同标准系统中类似概念不同表达带来的困惑和困难。UMLS的重要意义还在于为医学上自然语言的结构化及电子病历的实现提供了新的途径。UMLS本身不是标准，但提供了标准和其他数据以及知识资源之间的交叉参照，它能帮助解决许多医学信息交换中的难题，因此有极高的使用价值。

2.4.5 国际社区医疗分类ICPC

国际社区医疗分类（International Classification of Primary Care，ICPC）是由世界全科医师/家庭医师国立学院、大学、学会组织（the World Organization of National Colleges，Academies and

Academic Associations of General Practitioners/Family Physicians，WONCA）提出的分类法，它比ICD-9更全面和细化，不仅含有诊断编码，而且含有就诊原因、治疗原因和实验结果代码。

ICPC是两轴系统：第一个轴主要是面向机体各器官或系统的字母编码（表2-3）；第二个轴是医疗组成部分编码。组分编码有7种类型的数据（表2-4），由两个数字组成，如肺炎用R81编码，其中R是第一轴，表示解剖部位-呼吸道，81是第二轴，表示诊断组分编码。

表2-3　ICPC第一轴向编码情况

代码	器官系统（body system）	代码	器官系统（body system）
A	通用的和非特指的	R	呼吸
B	血液	S	皮肤
D	消化	T	内分泌和代谢
F	眼	U	泌尿
H	耳	W	妊娠与计划生育
K	循环	X	女性生殖系统
L	肌-骨骼	Y	男性生殖系统
N	神经	Z	社会问题
P	心理		

表2-4　ICPC第二轴向编码情况

代码	医疗组成部分（component）	代码	医疗组成部分（component）
1-29	症状和主诉	62	管理
30-49	诊断性普查和预防	63-69	其他
50-59	治疗和药物处理	70-99	诊断
61-61	化验结果		

ICPC可用于根据SOAP准则来组织结构化的社区医疗病历，其中S（subjective）表示主观信息，如症状；O（objective）表示客观信息，如体征；A（assessment）表示诊断、评估，如疾病；P（plan）表示诊疗计划，如药物、手术。SOAP形式是大多数国家（包括我国）病历书写的程式，所以ICPC可用于社区电子病历的开发。

2.4.6　Read临床代码

Read临床代码（read clinical codes，RCC），由英国全科医师Jams Read于20世纪80年代初个人开发，1990年为英国国家医疗保健部采用和进一步开发。RCC计划覆盖医疗卫生领域的所有范围。

RCC使用5位字母数字代码。每一代码代表一个临床概念和相关的“首选术语”。每一个代码可以与多个日常用语中使用的同义词、首字母缩写词、人名、简缩词等连接起来，并且这些概念以分级的结构顺序排列，每一层面的下一级表示更细分化的概念。RCC与ICD-9等广泛使用的一些分类法相兼容。

RCC的上述特点使它可能覆盖病历中的所有术语，从而为电子病历开发打下基础。

2.4.7　检测报告逻辑命名与编码系统LOINC

LOINC（logical observation，identifier，name and code）是由美国印第安纳大学和犹他大学开发的关于临床实验室检验报告、项目标识、名称、代码的标准。LOINC 2.01版大约含有28 000个字词，是美国目前实验室检验、检查编码系统的主流，该标准现在由HL7标准组织维护。

2.4.8 医学主题词表MeSH

医学主题词表（medical subject heading，MeSH）是由美国国立医学图书馆（National Library of Medicine，NLM）开发和维护的，是一套专门为医学文献分类所设计的树状词汇系统，所有列在MEDLIN医学文献资料库中的几百万篇生物医学论文皆用MeSH分门别类存储以供检索。MeSH是一体化医学语言系统（UMLS）的基础，为医学上描述性自然语言的结构化以及电子病历的实现提供了新的途径。

1. MeSH的组成

1）字顺表：字顺表（alphabetic list）指主题词按字母顺序排列，每个主题词下标有树状结构号、历史注释和参照系统等。

2）树状结构表：树状结构表（tree structure）的本质为主题分类表，它将全部主题词按照每个词的词义范围及学科属性，分别归入15个大类之中，用从A到N，加上Z共有15个字母表示。每个大类下又可划分出下属的一级类目，一级类目还可划分下属的二级类目，类似这种分级类目最多可达九级。

3）主题词变更表：主题词表是用来标引医学文献的，由于医学文献反映了医学的发展与进步，因而词表具有动态性的特征。NLM每年都要给词表增加一些新主题词，同时删掉一些文献量萎缩、不常使用的旧主题词。主题词（heading）变更表被用来反映主题词的增删情况。

4）副主题词：副主题词（subheading）是用于对主题词进一步限定的词，也叫限定词（qualifier）。MeSH词表也对副主题词的数目、组配范畴和使用规则做了严格的规定。

2. MeSH词条类型

目前，MeSH收录的词有主题词和款目词两类。

1）主题词：主题词（heading）也称叙词（descriptor），用于文献的标引和检索，包括主要主题词、地理主题词、特征词、出版类型词等。

2）款目词：款目词（entry term）是收入MeSH中的主题词的部分同义词或近义词。

2.5 医学信息交换标准

信息交换的标准是解决不同系统之间、不同部门之间信息共享的基础，下面将介绍当前世界上最重要的几个医学信息交换标准（HL7、DICOM等）。

2.5.1 HL7

1. 概述 HL7（health level 7）是一种医疗卫生信息交换标准，它是基于开放式系统互联（open system interconnection，OSI）通信模式第七层（应用层）的医学信息交换协议。HL7标准是一个系列标准，它提供了支持临床医护和医疗保健服务（管理、传递和评估）的数据交换、数据管理和集成的标准。

2. HL7的组成

1）消息（message）：消息是数据在系统之间交换的基本单元，它由一组有规定次序的段组成。HL7定义了一组消息类型来表达各个消息的应用类别，用三个大写字母表示。每个事件对应一个消息，如患者入院对应 ADT _ A01 消息。

2）区段（segment）：HL7 标准对每一种消息类型都定义了相应的区段，每个区段都有一个区段名，用来标识惟一一个区段，通常放在段首，用三个大写字母表示。如一个 ADT 消息可以由下列区段组成：消息头 MSH、事件类型 EVN、患者基本信息 PID、患者就诊信息 PVI。实际应用中按照 HL7 标准，有些消息段是必选的，有些是可选的，有些只能出现一次，有些可以重复多次。

3）字段（field）：字段是一串字符串，为消息的最小组成单位。字段必须定义其在段中的位置、长度、数据类型（data type，55 种）、选择类型、重复性（repetition）等。

4）消息分隔符（delimiter）：消息分隔符是在消息构成中，用于分隔各消息组成的一些特殊的字符。

5）触发事件（trigger event）：触发事件指现实中发生的事件，将产生系统之间数据流动的需求。例如，患者的入院、出院、转院，在 HL7 中对应 ADT 事件。

6）表（table）：表分为 HL7 标准表和用户自定义表，其中 HL7 标准表为 HL7 规定必须使用的表，用户自定义表为 HL7 推荐使用表。

3. HL7 的功能 HL7 标准是一系列标准，涉及信息交换（message interchange）、软件组件（software component）、文档与记录架构（document and record architecture）、医学逻辑（medical logic）。其包括概念标准（如 HL7 RIM）、文档标准（如 HL7 CDA）、应用标准［如 HL7 CCOW（clinical context object workgroup）］、知识表达的标准（Arden 语法）、XML 文档结构标准、电子病历标准、词汇术语标准等。

4. HL7 的功能模块及工作流程 HL7 包括 5 个功能模块：① 发送/接收模块（send/receive module）：支持 TCP/IP 通信协议，可发送和接收医疗卫生信息，信息格式为符合 HL7 标准的字符串。② 转换模块（adaptor module）：实现字符串数据与 XML 格式之间的相互转换，对信息格式进行检查验证，保证发送/接收信息的正确完整。③ 应用接口模块（API module）：提供符合 HL7 标准的应用接口，发送方可调用接口函数，按 HL7 标准格式填写参数，向接收方发送数据。④ 资源模块（resource module）：支持各种实际应用的 HL7 医疗信息事件，如入院、检查、医嘱等。⑤ 对照模块（mapping module）：提供翻译对照功能，可以按照医疗卫生应用系统进行定制。

HL7 及各模块在两个不同医疗卫生应用系统之间进行医疗信息传输的工作流程如图 2-3 所示。

5. HL7 应用及发展 医院内部不同公司开发的系统间互联常采用直接打开数据库读写数据表的方法，这种方法简捷方便，但很不安全，一旦产生错误将难以修复，甚至会造成系统瘫痪。HL7 是将相互割断的各个系统通过消息交换的方式互联，保持各个系统独立性，易于维护升级，也就提高了整个 HIS 的安全性和稳定性。

HL7 目前已有 2200 多个会员，全世界已有几十个国家（包括中国及中国台湾地区）数千家医疗卫生机构应用 HL7。

HL7 发展迅速，2000 年底 HL7 2.4 版被批准为 ANSI 标准，2002 年通过的 HL7 V3.0 版采用全新的物件导向（object-oriented）的开发方式，并支援 CORBA（common object request broker architecture）及 DCOM（distributed component object model）的物件存取及共享模式。HL7 V3.0 版还直接支持可扩展的标记语言（extensible markup language，XML）格式，以利在广域网和局域网的环境中交换信息。虽然 HL7 并不特别限制对词汇和代码的选择，但是 HL7 正式推荐 LOINC 和 SNOMED 作为词汇和代码的首选。新版 HL7 还开发了临床文档结构（clinical document architecture，CDA），即电子病历结构标准，为解决电子病历实现的难题提供了良好的解决方法，因此 HL7 将在医学信息的发展中发挥重大作用。

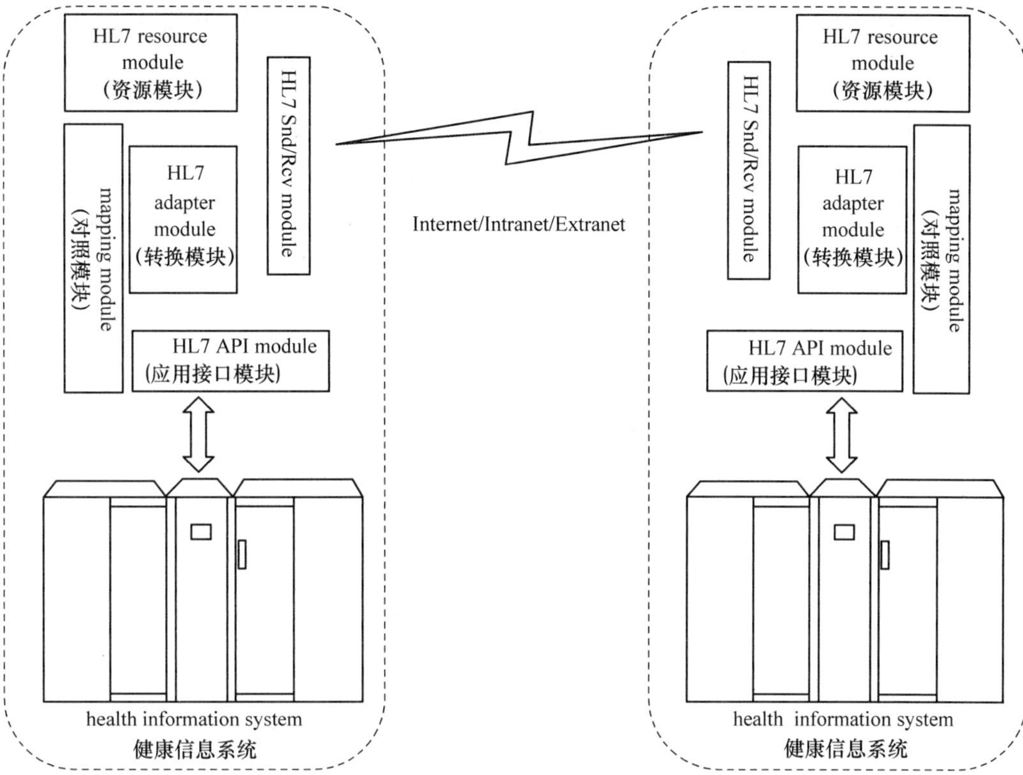

图 2-3 HL7 医疗信息交换流程图

2.5.2 DICOM

医学数字成像和通信标准（Digital Imaging and Communications in Medicine，DICOM）是由美国放射学会（American College of Radiology，ACR）和国家电子制造商协会（National Electrical Manufactures Association，NEMA）为主制定的一个专门用于数字化医学影像传输、显示和存储的标准。

该标准于 1985 年公布了 1.0 版，经不断创新和完善，至 2000 年推出了 DICOM 3.0 版，内容包含 15 个部分。功能从点对点的通信标准，扩充到开放式互联 OSI，以及 TCP/IP 等计算机网络的工业标准，支持各式各样的医疗影像仪器设备。

DICOM 推动了不同厂家、不同设备、不同型号之间的开放式医疗数字影像的传输与交换、促进了医学图像存储与传输系统（PACS）的发展并与医院其他信息系的整合，允许所产生的信息能广泛地经由不同设备来访问和共享。

本章小结

标准化是为了在一定范围内获得最佳秩序，对现实问题或潜在问题制定共同使用和重复使用的行为规范的活动。医学信息的标准化特指信息标准化在医学领域的具体应用。语言文字可能是人类最早实现标准化，并且连续几千年持续不断努力维护其高水准标准化程度的实例。

医学信息学常用分类标准主要有：国际疾病分类（ICD）、人类与兽类医学系统术语

(SNOMED)、诊断相关组（DRG）、一体化医学语言系统（UMLS）、国际社区医疗分类(ICPC)、Read临床代码（RCC）、检测报告逻辑命名与编码系统（LOINC）、医学主题主题词表(MeSH)。

重要的医学信息交换的标准：HL7、DICOM等。

课后习题

1. 什么是标准?
2. 简述分类与编码的基本原则。
3. 简述国际疾病分类的分类方法及应用。
4. 什么是HL7?

第3章 数据库与信息系统

学习目的

1. 熟练掌握数据库技术中的数据与数据管理，数据模型及类型，数据库系统与数据库管理系统的区别，熟悉数据库应用的开发流程。

2. 掌握信息与信息系统的发展及进化过程、类型以及开发方法。

引 言

随着医院信息化的发展，电子病历和病案的大量应用，医疗设备和仪器的数字化，患者的病史、诊断、检验和治疗的临床信息等都已经以电子形式进行了存储。数据库技术在数据的管理中发挥着非常重要的作用，是构成医院信息系统的核心技术平台之一。医院数据库中存放着医院所有的公共信息资源，是医院信息流的中心环节，是医院中各种信息系统和决策支持系统得以正常工作的基础。而信息系统则是基于数据库技术，为用户提供各种信息检索与分析服务平台。

3.1 数据库技术

随着人们对数据处理要求的不断提高，基于计算机技术的数据管理技术也不断改进。数据库技术是近年来计算机学科发展最快和应用领域最广的技术之一，是计算机信息系统与应用系统的核心技术和重要基础。

3.1.1 数据与数据管理

数据（data）是描述事物的符号记录，是数据库中存储的基本对象，也是数据库管理系统处理的基本对象。主要包括数字、文字、符号、图形、图像、声音、视频等多种表现形式。数据不等同于数字，数字只是一种最简单的数据，是对数据的一种传统和狭义的理解。虽然数据有多种表现形式，但都可以经过数字化处理后存入计算机，在计算机中存储和处理的数据均是以二进制的形式存在的。

信息（information）是现实世界事物的存在状态或运动方式的反映，是经过处理的、能够反映现实世界状态及物理特性的数据。信息是数据的内涵，也是对数据的语义解释。数据和信息之间存在着十分密切的关系。一方面，信息是一种特殊形式的数据；另一方面，数据又是信息的符号表示，是信息的现实载体。因此，很多任务都可以概括为处理数据→获取信息→指导工作的过程。

数据处理（data processing）是对数据的采集、存储、检索、加工、变换和传输。数据是对事实、概念或指令的一种表达形式，可由人工或自动化装置进行处理。数据的形式可以是数字、文字、图形或声音等。数据经过解释并赋予一定的意义之后，便成为信息。数据处理的基本目的是从大量的、可能是杂乱无章的、难以理解的数据中抽取并推导出有价值、有意义的数据。数据处理是系统工程和自动控制的基本环节。数据处理贯穿于社会生产和社会生活的各个领域。数据处理技术的发展及其应用的广度和深度，极大地影响着人类社会发展的进程。数据处理的目的是将大量的、杂乱无章的、难以理解的数据转换成有价值的、可以理解的信息的过程，即数据＋数据处理＝信息。

根据处理设备的结构方式、工作方式以及数据的时间、空间分布方式的不同，数据处理有不同的方式。不同的处理方式要求不同的硬件和软件支持。每种处理方式都有自己的特点，应当根据应用问题的实际环境选择合适的处理方式。数据处理主要有四种分类方式：① 根据处理设备的结构方式区分，有联机处理方式和脱机处理方式。② 根据数据处理时间的分配方式区分，有批处理方式、分时处理方式和实时处理方式。③ 根据数据处理空间的分布方式区分，有集中式处理方式和分布式处理方式。④ 根据计算机中央处理器的工作方式区分，有单道作业处理方式、多道作业处理方式和交互式处理方式。

数据指数字、符号、字母和各种文字的集合。数据处理涉及的加工处理比一般的算术运算要广泛得多。

计算机数据处理主要包括 8 个方面：

1）数据采集：采集所需的信息。

2）数据转换：把信息转换成机器能够接收的形式。

3）数据分组：指定编码，按有关信息进行有效的分组。

4）数据组织：整理数据，以便进行处理。

5）数据计算：进行各种算术和逻辑运算，以便得到进一步的信息。

6）数据存储：将原始数据或计算的结果保存起来，供以后使用。

7）数据检索：按用户的要求找出有用的信息。

8）数据排序：把数据按一定要求排成次序。

数据处理系统已广泛地用于各种企业和事业单位，内容涉及薪金支付、票据收发、信贷和库存管理、生产调度、计划管理、销售分析等。它能产生操作报告、金融分析报告和统计报告等。数据处理技术涉及文卷系统、数据库管理系统、分布式数据处理系统等方面的技术。

在数据处理中，最重要的核心问题是数据管理（data management），它是对数据进行组织、分类、编码、存储、检索、维护和应用的过程。

数据管理是利用计算机硬件和软件技术对数据进行有效的收集、存储、处理和应用的过程。其目的在于充分有效地发挥数据的作用。实现数据有效管理的关键是数据组织。随着计算机技术的发展，数据管理经历了人工管理、文件系统、数据库系统三个发展阶段。在数据库系统中所建立的数据结构，更充分地描述了数据间的内在联系，便于数据修改、更新与扩充，同时保证了数据的独立性、可靠性、安全性与完整性，减少了数据冗余，提高了数据共享程度及数据管理效率。

3.1.2 数据管理技术发展历程

随着计算机硬件和软件的发展，应用中的数据管理需求逐步发生转变，相应地，数据管理技术的发展也经历了人工管理、文件系统和数据库系统三个主要阶段。

1）人工管理阶段（20 世纪 50 年代中期以前）：此时的计算机主要用于科学计算，对数据保存的需求尚不迫切。在硬件方面，可用的外存只有卡片、纸带和磁带，而没有磁盘等直接存取设备，存储量非常小。在软件方面，可用的编程语言只有汇编语言，没有操作系统和管理数据的软件，应用程序不仅需要考虑数据的逻辑结构，还要考虑数据的存储结构、存取方法和输入、输出方式，程序对数据的依赖程度非常强，如果数据的类型、格式或输入、输出方式等逻辑结构或物理结构发生变化，应用程序也需要做出相应的修改。

2）文件系统阶段（20世纪50年代后期至60年代中期）：此时的计算机已不仅仅局限于科学计算，还大量地应用于信息管理。该阶段是利用计算机进行数据管理的初始阶段，已经出现了对大量数据进行存储、检索和维护的需求。在硬件方面，有了磁盘、磁鼓等直接存储设备，数据已可以长期保存在磁盘上。在软件方面，出现了高级语言和操作系统。并且在操作系统中有了专门管理数据的软件，称为文件管理系统。

3）数据库系统阶段（20世纪60年代后期开始）：此时的计算机已经广泛的应用于规模更加庞大，且数量急剧增长的信息管理。在硬件方面，出现了大容量磁盘，使计算机联机存取大量数据成为可能；同时，计算机硬件的价格逐渐下降，而软件的价格却逐渐上升，系统软件的开发和维护成本逐渐增加。基于文件系统的数据管理方法已无法满足应用系统开发中的多用户、多应用程序共享数据的需求，出现了统一管理数据的专门软件系统，即数据库管理系统（database management system，DBMS）。数据库管理系统的出现与完善，将程序员从数据管理编程的琐碎工作中解脱出来，不需要考虑数据改动造成的不一致，也不用担心应用功能的扩充是否会导致程序重写或者数据结构的变动。

数据管理技术发展的三个阶段是数据库技术从无到有的发展过程，如果说从人工管理到文件系统，是计算机开始应用于数据的实质进步，那么从文件系统到数据库系统，标志着数据管理技术质的飞跃。20世纪80年代后，不仅在大、中型计算机上实现并应用了数据管理的数据库技术，如Orcal、DB2、Sybase、Informix等，在微型计算机上也可使用数据库管理软件，如常见的Access、MS-SQL Server、FoxPro等软件，数据库技术得到了广泛应用和普及。三个阶段各自的特点如表3-1所示。

表3-1　数据管理三个阶段的对比

人工管理	文件系统	数据库系统
数据不保存在机器中	数据可长期保存在磁盘上	数据结构化
没有管理数据的软件	文件系统管理数据	数据由DBMS统一控制
数据无共享	数据共享性差，冗余大	高共享，低冗余
数据不具有独立性	数据独立性差	数据独立性高

3.1.3　数据库的数据模型

数据模型（data model）是对客观事物特征的数据抽象，是严格定义的一组概念的集合，反映了事物与事物之间的联系。按照应用层次的不同，可以将数据模型分成概念数据模型、逻辑数据模型和物理数据模型三类。

1. 概念数据模型（conceptual data model）　简称概念模型，有时也称之为信息模型，是面向数据库用户的观点或认识的现实世界的模型，主要用来描述世界的概念化结构，是一种用户容易理解的、对现实世界特征的数据抽象描述，是数据库设计员与用户之间进行交流的语言。应该满足三个方面的要求：①能够比较真实地模拟现实世界；②容易为人所理解；③便于计算机实现。

2. 逻辑数据模型（logical data model）　简称逻辑模型，有时也称之为结构模型，是用户从数据库中看到的模型，是具体的数据库管理系统所支持的数据模型，如层次数据模型、网状数据模型、关系数据模型和面向对象数据模型等。因此，该模型既要面向用户，又要面向系统，主要用于数据库管理系统的实现。逻辑数据模型也是一种图形化的展现方式，一般采用面向对象的设计方法，有效组织来源多样的各种业务数据，使用统一的逻辑语言描述业务。借助相对抽象、逻辑统一且结构稳健的结构，实现数据仓库系统所要求的数据存储目标，支持大量的分析应用，是实现业务智能的重要基础，同时也是数据管理分析的工具和交流的有效手段。

对于企业，逻辑数据模型就是企业基础数据的一部分，它是企业数据资产的全面的、准确的描述，是数据整合的核心或目的。数据整合就是将不同来源的数据整合到一个统一定义、统一形式的逻辑数据模型中。

3. 物理数据模型（physical data model） 简称物理模型，是面向计算机物理表示的模型，描述了数据在储存介质上的组织结构，它不但与具体的数据库管理系统有关，而且还与使用的操作系统和计算机硬件有关，是物理层次的模型。每一种逻辑数据模型在实现时都有对应的物理数据模型。数据库管理系统为了保证数据的独立性与可移植性，大部分物理数据模型的实现工作由系统自动完成，而数据库应用的设计者只需要设计索引、聚集等特殊结构。

物理数据模型，提供了系统初始设计所需要的基础元素，以及相关元素之间的关系。即用于存储结构和访问机制的更高层描述，描述数据是如何在计算机中存储的，如何表达记录结构、记录顺序和访问路径等信息。使用物理数据模型，可以在系统层实现数据库。数据库的物理设计阶段必须在此基础上进行详细的后台设计，包括数据库的存储过程、操作、触发、视图和索引表等；至 2013 年，还没有太多的物理数据模型，最常用的物理数据模型分为统一模型和框架存储模型。具有如下功能：

1）可以将数据库的物理设计结果从一种数据库移植到另一种数据库；

2）可以通过反向工程将已经存在的数据库物理结构重新生成物理模型或概念模型；

3）可以定制生成标准的模型报告；

4）可以转换为 OOM（object-oriented method）；

5）多种数据库的详细物理设计（涵盖常用的各种数据库的 DBMS），并生成数据库对象的 .sql 脚本。

3.1.4 数据库的类型

逻辑数据模型决定了数据库管理系统的实现形式，因而按照逻辑数据模型的不同，可以将数据库划分为层次数据库、网状数据库、关系数据库、面向对象数据库、XML 数据库和 NoSQL 数据库等几大类，下面分别加以介绍。

1. 层次数据库 层次数据库是一种以层次数据模型为基础的数据库。在层次数据模型中，采用树形结构模型来描述和表示现实世界中的实体及其相互之间的联系。在树形结构中，每一个节点表示一个记录，而各个节点之间的连线表示各个记录之间的关联。这种关联在层次模型中的双亲节点（上层节点）和子女节点（下层节点）之间只能是一对一和一对多的关系。每个记录用于描述实体集中的一个实体，它可以包含若干字段，用于描述实体的属性。在现实世界中，许多实体之间的联系本来就存在一定的层次关系。因此，使用层次模型描述现实世界中的数据关系是比较自然也比较直观的，并且易于理解和表示。

层次数据库的主要优点包括：① 数据存取方便，且存取速度快；② 数据结构清晰，便于理解；③ 数据修改和数据库扩展容易实现；④ 检索关键属性十分方便。主要缺点包括：① 结构呆板，缺乏灵活性；② 同一属性数据要存储多次，数据冗余大（如公共边）；③ 不适合拓扑空间数据的组织。

2. 网状数据库 网状数据库是一种以网状数据模型为基础的数据库。在网状数据模型中，采用图模型来描述和表示现实世界中的实体及其相互之间的联系。在网状结构中，每个节点表示一个记录，而各个节点之间的连线表示的是各个记录之间的关联。这种关联在网状模型中的双亲节点（上层节点）和子女节点（下层节点）之间可以是多对多的关系。此时，一个上层节点可以有多个下层的子女节点，而一个下层节点也可以有多个上层的双亲节点。每个记录用于描述实体，它可以包含若干字段，用于描述实体的属性。与层次数据模型相比，网状数据模型的结构更加灵活，表达的关系也更加丰富，但是同时也带来了处理上的复杂性。

网状数据库的主要优点包括：① 能明确而方便地表示数据间的复杂关系；② 数据冗余小。主要缺点包括：① 网状结构复杂，增加了用户查询和定位的困难；② 需要存储数据间联系的指针，使得数据量增大；③ 数据的修改不方便（指针必须修改）。

3. 关系型数据库 关系型数据库是一种以关系数据模型为基础的数据库。在关系数据模型中，采用一系列由行和列组成的二维表（关系）来描述和表示现实世界中的实体及其相互之间的联系。一个关系可以用来描述一个实体及其属性，也用来描述实体之间的联系。每张关系表内部的各数据项之间可以存在一些关联关系，不同关系表的数据项之间也可以存在一定的关联关系。在关系数据模型中，一个关系就是一个二维表（但不是任意一个二维表都能表示一个关系），二维表名就是关系名。二维表中的每一行称为一个记录或元组；二维表中的每一列称为一个字段或属性；属性的取值范围称为域。

关系型数据库的主要优点包括：① 建立在严格的数学概念基础之上，有关系代数作为语言模型，有关系理论作为理论基础；② 模型概念单一、规范化，数据结构简单、清晰，易懂易用；③ 存取路径对用户透明，具有更高的数据独立性和更好的安全性，也便于维护，简化了程序员的工作，提高了开发的效率。主要缺点包括：① 路径透明也导致了查询效率相对较低；② 为了提高性能，需要进行查询优化，增加了编程难度。

4. 面向对象数据库 面向对象数据库是一种以面向对象数据模型为基础的数据库。在面向对象数据模型中，全面支持对象、复合对象、封装、类、继承、重载、滞后联编、多态性等面向对象技术中的基本概念。利用类的概念来描述复杂的对象，利用对象中封装的状态和方法来模拟对象的基本属性和复杂行为，利用继承性来实现对象结构和方法的重用。面向对象数据库是类的集合，一组类可以形成一个类层次。一个面向对象数据库可能有多个类层次。在一个类层次中，一个类继承其所有超类的全部属性、方法和消息。可以说，面向对象数据库是面向对象技术与数据库技术结合的产物。面向对象数据库的来源主要分为两大类：① 扩充关系数据模型的对象关系数据库；② 在面向对象语言中嵌入数据库功能或者从底层直接开发并实现的面向对象数据库系统。

面向对象数据库的优点主要包括：① 具有表示和构造复杂对象的能力；② 封装和信息隐藏提供的模块化机制；③ 封装、继承和类层次提供的软件重用机制；④ 通过滞后联编（late binding）等概念得到系统扩充能力。主要缺点包括：① 缺乏通用数据模型；② 缺乏理论基础；③ 缺乏友好的用户界面与环境；④ 缺乏有力的查询优化技术。

5. XML数据库 XML数据库是一种以XML数据模型为基础的数据库。在XML数据模型中，以节点（元素、属性、备注等）和节点间的相互关系为基础来描述和表示现实世界中的实体及其相互之间的联系。同时，通过对节点（元素、属性、备注等）的标记进行相关操作来实现对数据的操作。XML数据库主要有三种类型：① 在原有数据库系统上扩充对XML数据的处理功能，使之能适应 XML 数据存储和查询需要的能处理 XML 的数据库（XML enabled database，XEDB）。② 以 XML 文档作为基本的逻辑存储单位，以自然的方式处理 XML 数据，并且针对 XML 的数据存储和查询特点设计专门的数据模型和处理方法的纯 XML 数据库（native XML database，NXD）。③ 综合上述两种 XML 数据库特点的混合 XML 数据库（hybrid XML database，HXD）。

XML 数据库的优点主要包括：① 能够有效管理半结构化数据；② 提供了对标签名称的操作，也提供了对路径的操作；③ 能够清晰表达数据的层次特征，便于对层次化的数据进行操作。主要缺点包括：① 数据冗余度高，不仅占用大量的磁盘空间，还会给操作文件带来困难；② 数据访问速度不高，检索效率低下；③ 对 XML 数据的插入、删除和更新等操作的支持不够完善。

6. NoSQL 数据库 NoSQL 数据库是非关系型的、分布式的、开源的和水平可扩展的新一代数据库系统，放弃了关系模型和 SQL 语言，具有模式自由、支持简易复制、简单的 API、最终的一致性（非 ACID）和大容量数据等特点。NoSQL 数据库采用的数据模型主要包括：① Key-Value 键值对数据模型；② Document 数据模型；③ Column 数据模型。典型的 NoSQL 数据库主要包括：① Google Bigtable，是一个稀疏的、分布式的、持久化存储的多维排序 Map。不支持类似关联这样高级的 SQL 操作，取而代之的是多级映射的数据结构，并支持大规模数据处理、高容错性和自我管理等特性，提供 PB 级的存储能力，使用结构化的文件来存储数据，整个集群每秒可处理数百万的读写操作。② Apache Cassandra，是一套开源大规模分布式 Key-Value 存储系统，是一个混合型的非关系的数据库。由一堆数据库节点共同构成一个分布式网络服务，对 Cassandra 的一个写操作，会被复制到其他节点上去，对 Cassandra 的读操作，也会被路由到某个节点上面去读取。③ Apache Hbase，是一个高可靠性、高性能、面向列、可伸缩的分布式存储系统，通过 Google Bigtable 的开源实现。④ MongoDB，是一个介于关系数据库和 NoSQL 数据库之间的产品，是 NoSQL 数据库当中功能最丰富、最像关系数据库的产品。⑤ CouchDB，是用 Erlang 开发的面向文档的数据库系统。CouchDB 不是一个传统的关系数据库，而是面向文档的数据库，其数据存储方式有点类似 lucene 的 index 文件格式，CouchDB 最大的意义在于它是一个面向 Web 应用的新一代存储系统，事实上，CouchDB 的广告语就是：下一代的 Web 应用存储系统。此外，还有 Neo4j、Redis、MemcacheDB 和 Project Voldemort 等。

NoSQL 数据库的主要优点包括：① 系统的动态可扩展性好；② 操作逻辑简单，具有快速的读写能力；③ 开源软件，使用成本低廉。主要缺点包括：① 不提供 SQL，增加了系统的开发和维护成本；② 提供的功能有限，不支持事务等功能；③ 处于起步阶段，产品成熟度不高。

3.1.5 数据库系统与数据库管理系统

数据库系统（database system，DBS）是引入了数据库的计算机系统，是计算机软硬件和数据资源共同组成的系统，目的是为了实现有组织地、动态地存储大量关联数据，以方便多用户对数据进行访问。数据库系统一般由数据库、数据库管理系统、应用程序和用户几个部分组成。按照数据库服务器的部署方式，可以将数据库系统分为单用户结构、主从式结构、分布式结构、客户/服务器、浏览器/应用服务器/数据库服务器等几个体系结构。

1）单用户数据库系统：应用程序、数据库管理系统、数据都安装在一台计算机上，为一个用户独占，不同机器之间不能共享数据，是最简单的数据库系统。

2）主从式数据库系统：应用程序、数据库管理系统和数据都集中存放在一个主机上，所有处理任务都由该主机来完成，多个用户通过该主机的不同终端并发访问数据库，共享数据资源，多用于基于大型机的系统。

3）分布式数据库系统：数据库中的数据逻辑上是一个整体，物理上却分布于网络中的不同计算节点上，每个节点都可以独立处理本地数据库中的数据，执行局部应用；也可以同时存取和处理多个异地数据库中的数据，执行全局应用。

4）客户机/服务器数据库系统：网络中的一台或多台计算机专门用于执行数据库管理系统功能，称为数据库服务器。用户使用客户端向数据库服务器发送请求，数据库服务器处理后将结果返回。该结构能显著减少网络中的数据传输量，从而提高系统性能。

5）浏览器/应用服务器/数据库服务器：用户通过浏览器访问后台的应用服务器和数据库服务器，而应用服务器和数据库服务器紧密联系，可以使数据库应用系统获得更高的性能，在部署上也可具有更大的灵活性和可扩充性。

对数据库系统的基本要求：① 能够保证数据的独立性。数据和程序相互独立有利于加快软件开发速度，节省开发费用。② 冗余数据少，数据共享程度高。③ 系统的用户接口简单，用户容易掌握，使用方便。④ 能够确保系统运行可靠，出现故障时能迅速排除；能够保护数据不受非受权者访问或破坏；能够防止错误数据的产生，一旦产生也能及时发现。⑤ 有重新组织数据的能力，能改变数据的存储结构或数据存储位置，以适应用户操作特性的变化，改善由于频繁插入、删除操作造成的数据组织零乱和时空性能变坏的状况。⑥ 具有可修改性和可扩充性。⑦ 能够充分描述数据间的内在联系。

数据库系统一般由 4 个部分组成：

1）数据库（database，DB）：指长期存储在计算机内的、有组织、可共享的数据的集合。数据库中的数据按一定的数学模型组织、描述和存储，具有较小的冗余、较高的数据独立性和易扩展性，并可为各种用户共享。

2）硬件：构成计算机系统的各种物理设备，包括存储所需的外部设备。硬件的配置应满足整个数据库系统的需要。

3）软件：包括操作系统、数据库管理系统及应用程序。数据库管理系统（database management system，DBMS）是数据库系统的核心软件，在操作系统的支持下工作，它是解决科学地组织和存储数据以及高效获取和维护数据问题的系统软件。其主要功能包括：数据定义功能、数据操纵功能、数据库的运行管理和数据库的建立与维护。

4）人员：主要有 4 类。第一类为系统分析员和数据库设计人员：系统分析员负责应用系统的需求分析和规范说明，他们和用户及数据库管理员一起确定系统的硬件配置，并参与数据库系统的概要设计。数据库设计人员负责数据库中数据的确定、数据库各级模式的设计。第二类为应用程序员，负责编写使用数据库的应用程序。这些应用程序可对数据进行检索、建立、删除或修改。第三类为最终用户，他们利用系统的接口或查询语言访问数据库。第四类用户是数据库管理员（data base administrator，DBA），负责数据库的总体信息控制。DBA 的具体职责包括：具体数据库中的信息内容和结构，决定数据库的存储结构和存取策略，定义数据库的安全性要求和完整性约束条件，监控数据库的使用和运行，负责数据库的性能改进、数据库的重组和重构，以提高系统的性能。

数据库管理系统是定义、建立、管理、使用和维护数据库的大型软件，不仅实现了数据库的统一管理和控制，还保证了数据库的安全性和完整性。同时，它还提供数据定义语言（data definition language，DDL）与数据操作语言（data manipulation language，DML），以便用户定义数据库的模式结构与权限约束，以及实现数据的追加和删除等功能。概括来说，数据库管理系统的功能主要包括：

1）数据定义：DBMS提供数据定义语言，用于建立、修改数据库的结构，用户可以自由定义数据库的模式结构、完整性约束和保密限制等。

2）数据操作：DBMS提供数据操作语言，用户可通过操作语言实现对数据的插入、删除、更新和查询等操作。

3）数据库运行管理：DBMS提供运行控制和管理功能，保证数据库系统的正常运行。主要功能包括：多用户环境下的并发控制、安全性检查和存取限制控制、完整性检查和执行、运行日志的组织管理、事务的管理和自动恢复等。

4）数据组织、存储与管理：DBMS提供分类组织、存储和管理各种数据的功能。决定以何种文件结构和存取方式组织数据，以及如何实现数据之间的联系，进而提高存储空间的利用率和数据的存取效率。

5）数据库的保护：DBMS提供数据库的恢复、数据库的并发控制、数据库的完整性控制、数据库安全性控制功能，实现对数据库中数据的保护。此外，还提供系统缓冲区管理及数据存储的某些自适应调节机制等功能。

6）数据库的维护：DBMS提供数据的载入、转换、转储，数据库的重组和重构，以及系统性能监控等功能。

7）通信：DBMS具有与操作系统的在线处理、分时系统及远程作业输入的相关接口，负责处理数据的传送。基于网络的数据库系统，还应该包括DBMS与网络中其他软件系统的通信功能以及数据库之间的互操作功能。

根据处理对象的不同，数据库管理系统的层次结构由高级到低级依次为应用层、语言翻译处理层、数据存取层、数据存储层、操作系统。应用层是DBMS与终端用户和应用程序的界面层，处理的对象是各种各样的数据库应用。语言翻译处理层是对数据库语言的各类语句进行语法分析、视图转换、授权检查、完整性检查等。数据存取层处理的对象是单个元组，它将上层的集合操作转换为单记录操作。数据存储层处理的对象是数据页和系统缓冲区。操作系统是DBMS的基础。操作系统提供的存取原语和基本的存取方法，通常作为与DBMS存储层的接口。

数据库管理系统的技术特点如下：

1）采用复杂的数据模型表示数据结构，数据冗余小，易扩充，实现了数据共享。

2）具有较高的数据和程序独立性，数据库的独立性有物理独立性和逻辑独立性。

3）数据库系统为用户提供了方便的用户接口。

4）数据库系统提供4个方面的数据控制功能，分别是并发控制、恢复、完整性和安全性。数据库中各个应用程序所使用的数据由数据库系统统一规定，按照一定的数据模型组织和建立，由系统统一管理和集中控制。

5）增加了系统的灵活性。

3.1.6 数据库应用开发流程

数据库应用系统的开发是一项软件工程。为了实现一个好的数据库应用系统，需要认真细致地做好调研、设计、实施和运行维护等各个阶段的工作。概括来说，数据库应用系统的开发流程可分为系统规划、需求分析、概念设计、逻辑设计、物理设计、系统编码及调试和系统运行及维护7个阶段，各阶段间相互联接，而且常常需要回溯修正。

1. 系统规划阶段 系统规划的任务是分析应用系统开发的必要性和可行性。在收集整理相关资料的基础上，分析应用系统与周边系统的关系，对应用系统的规模、地位和作用进行全面的分析和论证；明确应用系统的基本功能，划分数据库支持的范围，分析数据来源、采集方式和采集范围，研究数据结构的特点，估算数据量大小，确立数据处理的基本要求和业务的规范标准；规划人力资源调配，对系统开发维护人员的业务水平提出要求，对用户和操作员的素质做出评估；拟定设备配置方案，论证计算机、网络和其他设备在时间、空间两方面的处理能力，既满足应用需求，又留有余量，选择合适的OS、DBMS和其他辅助软件，设备配置方案要在使用要求、系统性能、购置成本和维护代价各方面综合权衡；对系统的开发、运行、维护的成本做出估算；预测系统效益的期望值；拟订开发进度计划，还要对现行工作模式如何向新系统过渡做出具体安排；最后，写出详尽的可行性分析报告和数据库应用系统规划书，以此作为系统后续开发工作的总纲。

2. 需求分析阶段 需求分析的任务是分析系统用户的实际应用需求，了解用户业务状况，根据用户的实际需求给出恰当设计。需求分析阶段的重点是调查、收集与分析用户在数据管理中的信息、处理、安全性与完整性要求。并用数据字典和数据流图描述出用户的数据需求和数据处理过程的要求。需求分析的过程大致可分成三步：①需求信息的收集：系统需求信息的收集工作一般以机构设置和业务活动为主线，从高层、中层到低层逐步展开。②需求信息的分析整理：对收集到的信息进行分析、整理工作。用数据流图（data flow diagram，DFD）详细地描述业务流程及业务中的数据联系；用数据字典（data dictionary，DD）详细地描述系统中的全部数据。③需求信息的评审：开发过程中的每一个阶段都要经过评审，确认任务是否全部完成，以便避免或纠正工作中出现的错误和疏漏。评审过程中，需要聘请外部专家参与评审过程，从而保证评审的质量和客观性。评审可能导致开发过程回溯，甚至会反复多次。但是，一定要达到全部预期目标才能让需求分析阶段的工作暂告一个段落。最后，将分析的成果进行总结形成系统的需求说明书，并附以详尽的数据流图和数据字典。

3. 概念设计阶段 概念模型设计的任务是在需求分析结果的基础上，对用户的需求进行综合、归纳与抽象，形成一个数据库的概念模型，并给出描述。概念模型不依赖于任何具体的计算机系统，反映了系统信息需求的概念结构。例如，在采用关系型数据库时建立实体-关系图（entity-relationship diagram，ERD），即E-R图，或者在采用面向对象的数据库时建立对象的类图（class diagram，CD）。

下面，以关系模型为例介绍概念模型设计的过程：①设计局部概念模型：主要任务包括确定局部概念模型的范围、定义实体、定义联系、确定属性以及逐一画出所有的局部ER图，并附以相应的说明文件。②设计全局概念模型：主要任务包括确定公共实体类型、合并局部ER图、消除不一致因素、优化全局ER图以及画出全局ER图，并附以相应的说明文件。③概念模型的评审：主要包括用户评审和开发人员评审两个部分。

4. 逻辑设计阶段 逻辑设计的任务是将概念模型转换为计算机中DBMS所支持的数据模型，如关系模型或对象模型等。例如，当采用的是关系型数据库时，便要在逻辑设计阶段将以E-R图描述的概念模型转换成关系数据模型，也就是要将实体、实体的属性和实体之间的关联转化成关系模式。定义出符合标准化命名要求的数据库表和字段，再根据用户的处理要求和安全性考虑，建立出必要的视图（view）。除此之外，还应该预先考虑到系统的可扩展性，分析出哪些字段将来可能会发生变更。当然，为了进一步提高数据库应用的性能，还要进行数据结构的优化设计工作。

逻辑设计的过程如下：①设计模式与子模式：根据概念模式、用户需求、约束条件和DBMS特性，经过初始关系模式建立、规范化处理、模式评价和修正模式的多次迭代和修正，确定最终模式和子模式。② 编写应用程序设计指南：根据设计好的模式、子模式和实际应用需求，规划应用系统架构，描述应用系统的数据存取和处理功能，设计系统的逻辑接口。③ 编写物理设计指南：根据设计好的模式、子模式和实际应用需求，归纳物理设计阶段所需的一些重要数据。例如，数据库容量、应用处理频率、操作顺序、响应速度等。

5. 物理设计阶段 物理设计的任务是在逻辑数据模型的基础上，为应用系统选取一个最合适的物理结构，包括物理数据库结构、存储记录格式、存储记录位置分配及访问方法等。

物理设计过程如下所述：① 存储记录结构设计：分析数据的存储要求和实际应用需求，设计数据存储记录格式。② 存储空间分配：将存储记录整体合理地分配在物理存储区域。存储空间分配有两个原则：存取频度高的数据尽量安排在快速、随机设备上，存取频度低的数据则安排在速度较慢的设备上；相互依赖性强的数据尽量存储在同一台设备上，且尽量安排在邻近的存储空间上。③ 访问方法设计：一个访问方法包括存储结构和检索机构两部分。存储结构限定了访问存储记录时可以使用的访问路径；检索机构定义了每个应用实际使用的访问路径。④ 物理设计性能评价：在物理设计过程中，要对应用系统的整体性能进行评价。性能评价包括时间、空间、效率、开销等各个方面。

6. 系统编码及调试阶段 系统编码及调试的任务是建立数据库并编制系统应用程序代码，先进行系统的初步调试，再进行系统的联合调试。系统通过联合调试后，进行数据库应用系统的试运行。

系统调试的过程如下：① 建立数据库结构：根据逻辑设计和物理设计结果，建立数据库结构。② 调试准备：数据库结构建立后，装入实验数据，使数据库进入调试运行阶段。③ 调试运行：试运行应用程序，对相关功能进行调试与测试。④ 系统运行准备：装入实际初始数据，为系统运行提供数据，制定数据库的重新组织方案、故障恢复规范和安全规范。

7. 系统运行及维护阶段

数据库应用系统经过系统调试和成功试运行后，即可开始投入正式运行。在数据库系统运行过程中，需要继续对它进行评价、调整与修改。主要工作包括：数据库性能监视、分析和改进，数据库备份和恢复，数据库安全性和完整性控制以及数据库结构的重新构造等工作，使得应用系统能为用户更好地提供服务。

数据库正式投入运行后，运行维护阶段的主要工作是：① 维护数据库的安全性与完整性。按照制定的安全规范和故障恢复规范，在系统出现安全问题时，及时调整授权和更改密码；及时发现系统运行时出现的错误，迅速修改，确保系统正常运行。把数据库的备份和转储作为日常的工作，一旦发生故障，立即使用数据库的最新备份予以恢复。② 监察系统的性能。运用DBMS提供的性能监察与分析工具，时刻监控系统运行情况。当数据库的存储空间或响应时间等性能下降时，立即进行分析研究，找出原因，及时采取措施改进。③ 扩充系统的功能。在维持原有系统功能和性能的基础上，适应环境和需求的变化，采纳用户的合理意见，对原有系统进行扩充，增加新的功能。

3.2 信息系统

信息、物质和能源是人类社会发展的三大资源，人类在开发利用物质和能源上已经取得了巨大的成功。随着以计算机技术、通信技术、网络技术为代表的现代信息技术的飞速发展，人们越来越重视信息技术对传统产业的改造以及对信息资源的开发和利用，信息系统在管理应用中的应用水平日趋提高。

3.2.1 信息与信息系统

如前所述，信息是对现实世界事物的存在方式或运动状态的反映。它是人与客观世界之间的一种媒介，对管理和决策产生直接的影响。信息具有如下主要特征：① 事实性。事实是信息的中心价值，不符合事实的信息不仅没有价值，价值还很可能为负。② 时效性。信息是有时效的，过时的信息将没有价值。时间间隔越短，使用信息越及时，使用程度越高，时效性越强。③ 不完全性。信息的完全程度与人们认识事物的程度有关，得到的信息不可能反映事物的全部状态。④ 等级性。管理系统是分等级的，处在不同级别的管理者有不同的职责，处理的决策类型不同，需要的信息也不同。⑤ 变换性。信息是可变换的，可以由不同方法和不同载体来载荷，这在多媒体时代尤为重要。⑥ 价值性。信息是经过加工的数据，是一种资源，因而是有价值的。信息的使用价值必须经过转换才能得到，价值也随着时间的推移而下降，转换必须及时。

信息的分类情况如下所述：按社会性分类，可分为社会信息（人文信息）和自然信息（非人类信息）；按空间状态分类，可分为宏观信息（如国家的信息）、中观信息（如行业信息）、微观信息（如企业信息）；按信源类型分类，可分为内源性信息和外源性信息；按价值分类，可分为有用信息、无害信息和有害信息；按时间性分类，可分为历史信息、现实信息、预测信息；按载体分类，可分为文字信息、声像信息和实物信息。

信息的有效沟通的几个方面：

1）提高双方相互信任的程度。

2）运用通俗语言。

3）及时获得反馈。

4）进行必要的重复。

5）克服不良行为。

信息的层次：从哲学的角度说，信息是事物运动的存在或表达形式，是一切物质的普遍属性，实际上包括了一切物质运动的表征。

1. 本体论层次的信息 在最一般的意义上，亦即没有任何约束条件，我们可以将信息定义为事物存在的方式和运动状态的表现形式。这里的“事物”泛指存在于人类社会、思维活动和自然界中一切可能的对象。“存在方式”指事物的内部结构和外部联系。“运动状态”则是指事物运动在时间和空间上所展示的特征、态势和规律。

2. 认识论层次的信息 主体所感知或表述的事物存在的方式和运动状态。主体所感知的是外部世界向主体输入的信息，主体所表述的则是主体向外部世界输出的信息。在本体论层次上，信息的存在不以主体的存在为前提，即使根本不存在主体，信息也仍然存在。在认识论层次上则不同，没有主体，就不能认识信息，也就没有认识论层次上的信息。

信息系统（information system，IS）可以看作是由计算机硬件、网络和通信设备、计算机软件、信息资源、用户和规章制度共同组成的、以处理信息流为目的的人机一体化系统。下面分别介绍信息的输入、处理、输出和反馈。

1）输入：在信息系统中，输入是获取和收集原始数据的活动。它既可以是一个手工过程，也可以是一个自动过程。然而不管输入的途径是什么，要获得理想的输出，精确的输入是非常关键的。同时，系统的输入有许多种形式，其类型由系统的输出类型决定的。

2）处理：在信息系统中，处理是将数据转换或变换为有用的输出的过程。处理既包括数据的计算、比较、替换操作，还包括数据的存储操作。处理既可以手工完成，也可以由计算机辅助完成。

3）输出：在信息系统中，输出是指生成的、以文档和报告的形式出现的、有用的信息。在某些情况下，一个系统的输出能用作另一个系统的输入。同时，输出有各种不同的方式。既可以是打印机和显示屏幕等常用输出设备，也可以是手工书写的报告和文档等。

4）反馈：在信息系统中，反馈是一种用来改变输入或处理的输出。反馈对管理人员和决策者也很重要，反馈回来的误差或问题可以用来修正输入数据，或者改变某个过程。除了反馈方式，计算机系统还能够通过预测未来事件来防止问题的出现，称为前馈。

信息系统是一门新兴科学，其主要任务是最大限度地利用现代计算机及网络通信技术加强企业的信息管理，通过对企业拥有的人力、物力、财力、设备、技术等资源的调查了解，建立正确的数据，加工处理并编制成各种信息资料及时提供给管理人员，以便进行正确的决策，不断提高企业的管理水平和经济效益。企业的计算机网络已成为企业进行技术改造及提高企业管理水平的重要手段。

随着我国与世界信息高速公路的接轨，企业通过计算机网络获得信息必将为企业带来巨大的经济效益和社会效益，企业的办公及管理都将朝着高效、快速、无纸化的方向发展。管理信息系统（management information system，MIS）通常用于系统决策，例如，可以利用MIS系统找出迫切需要解决的问题并将信息及时反馈给上层管理人员，使他们了解当前工作发展的进展或不足。换句话说，MIS系统的最终目的是使管理人员及时了解公司现状，把握将来的发展路径。

信息系统不仅是一个技术系统，而且是一个社会系统，其原因如下：

1）信息系统的发展是伴随着计算机技术的发展而展开的，之所以有MIS的产生，计算机技术是它得以存在的基础，计算机技术的发展直接推动了MIS从低级、低效发展到了高级、高效。其次，信息系统作为一个基于计算机的系统，其数据分析、软件开发等都需要技术的支持，同时，对于信息系统的开发和使用都需要专业的人来做，因此，信息系统是一个技术系统。

2）信息系统是社会系统的抽象表达，社会系统的各个实体之间通过信息发生相互作用，而把这些实体抽象成为信息系统里的节点，将不可见的信息具体化，进行分类、检索和储存，提高信息的质量，就可以提高实体之间交流和相互作用的效率。任何一个实际有效的信息系统都是一个社会系统的映像，信息系统的运作可以提高社会系统的运作效率，它实际上也是社会系统的一部分，是社会系统高度发达的产物。

信息系统有五个基本功能：输入、存储、处理、输出和控制。

1）输入功能：信息系统的输入功能决定于系统所要达到的目的及系统的能力和信息环境的许可。

2）存储功能：存储功能指系统存储各种信息资料和数据的能力。

3）处理功能：基于数据仓库技术的联机分析处理（online analytical processing，OLAP）和数据挖掘（data mining，DM）功能。

4）输出功能：信息系统的各种功能都是为了保证最终实现最佳的输出功能。

5）控制功能：对构成系统的各种信息处理设备进行控制和管理，通过各种程序对整个信息加工、处理、传输、输出等环节进行控制。

信息系统的技术特点是涉及的数量大，数据一般存放在辅助存储器中，内存中设置缓冲区，只暂时存储当前要处理的一小部分数据。绝大部分数据是持久数据，即不随程序运行的结束而消失，长期保留在计算机系统中。这些持久数据为多个应用程序所共享，甚至在一个单位或更大范围内共享。除具有数据采集、传输、存储和管理等基本功能外，还可以向用户提供信息检索、统计报表、事务处理、分析、控制、预测、决策、报警、提示等信息服务。完善的信息系统具有以下四个标准：确定的信息需求、信息的可采集与可加工、可以通过程序为管理人员提供信息、可以对信息进行管理。统一规划的数据库是信息系统成熟的重要标志，它象征着信息系统是软件工程的产物。通过信息系统实现信息增值，用数学模型进行统计分析，从而实现辅助决策。信息系统是发展变化的，信息系统有生命周期。

信息系统的开发必须具有一定的科学管理工作基础。只有在合理的管理体制、完善的规章制度、稳定的生产秩序、科学的管理方法和准确的原始数据的基础上，才能进行信息系统的开发。因此，为适应信息系统的开发需求，企业管理工作必须逐步完善以下工作：管理工作的程序化，各部门都有相应的作业流程；管理业务的标准化，各部门都有相应的作业规范；报表文件的统一化，有固定的内容、周期、格式；数据资料的完善化和代码化。

3.2.2 信息系统的发展历程

信息系统演变经历了集中数据处理、面向管理的数据处理、分布式终端用户计算和交互网络四个阶段。直到第四个阶段，信息系统才实现它的全部功能，形成一个完整和协调的信息系统。

1. 集中数据处理 第一台用于商业目的的计算机是在1954年安装的，它标志着信息系统的开始。直到20世纪60年代中期，信息系统仅用于处理工资、账单等数据，应用范围很窄。集中数据处理的标志是批处理（batch processing），即先将数据存储起来，再统一处理。集中数据处理在产生月度会计报表方面有很好的能力，但是不能提供组织当前活动的信息。直到第二阶段才开始实时处理（real-time processing），即事件发生时允许数据进行连续的更新。

2. 面向管理的数据处理 在1965—1979年间，集中式的数据处理扩展到能为管理和作业活动提供辅助信息，建立了分离的信息系统部门，远程终端也引入到系统中。不仅财务部门的管理者涉及到信息控制问题，采购、人事、市场、工程、研究与开发、生产作业等其他部门的管理者也涉及这个问题。因此，信息系统被专门设计成能供不同职能部门的管理者使用的系统，以便其做出更好的决策。

3. 分布式终端用户计算 信息系统的下一个重大突破是分布式信息控制。集中式的数据处理迅速地被分布式系统所取代，即部分或全部的计算机的逻辑功能在中央主计算机之外实现。在第三阶段，管理者变成了终端用户，个人计算机变得非常普及。

4. 交互网络 信息系统的第四阶段或目前阶段则高度依赖于通信软件以实现系统目标。此时，系统重点是建立和实现终端用户间的联络。借助于交互网络，管理者的计算机可以与其他计算机进行通信联系，从而形成了电子邮件、电视会议和企业间的互联等。电子邮件可以减少管理者对电话和传统邮递业务的需求；电视会议可以大大减少外出旅行，彼此相隔几千千米的人也可以开小组会议；远程通信可以使工作人员（包括管理者）通过个人计算机在家里工作并且与办公室保持联系；网络还可以使管理者更密切地关注下属的工作。

3.2.3 信息系统的进化过程

信息系统专家诺兰（Richard L. Nolan）通过对200多个公司、部门发展信息系统的实践和经验的总结，提出了著名的信息系统进化模型，即诺兰模型，将信息系统的发展划分为初始阶段、扩展阶段、控制阶段、统一阶段、数据管理阶段、成熟阶段六个阶段，实现从数据处理到智能处理的转变。

1. 初始阶段 计算机刚进入企业，且只作为办公设备使用，基于计算机的应用非常少，通常只用来完成一些报表统计工作，甚至大多数时候被当作打字机使用。该阶段，企业基本不了解计算机，更不清楚IT技术可以为企业带来哪些好处，解决哪些问题；IT的需求只被作为简单的办公设施改善需求来对待，计算机的采购量少，且只有少数人使用。

2. 扩展阶段 企业对计算机有了一定了解，想利用计算机解决工作中的问题，IT 应用需求开始增加，企业对 IT 应用产生了兴趣，对开发软件热情高涨，IT 建设投入大幅度增加。该阶段，很容易出现盲目购机、盲目定制开发软件的现象，缺少整体计划和规划，IT 应用的水平不高，整体效用无法凸显。

3. 控制阶段 盲目购机、盲目定制开发软件之后，管理者意识到计算机的使用超出了控制范围，IT 投资增长快，但效益不理想，于是开始从整体上控制计算机信息系统的发展，该阶段，企业 IT 建设更加务实，对 IT 的利用有了更明确的认识和目标；一些职能部门内部实现了网络化。信息系统呈现单点、分散的特点，系统和资源利用率仍然不高。

4. 统一阶段 在增强控制的基础上，企业开始重新进行规划设计，建立基础数据库，并建成统一的信息系统。企业的 IT 建设开始由分散和单点发展到成体系。该阶段，企业 IT 主管开始把企业内部不同的 IT 机构和系统整合到一个统一系统中进行管理，使人、财、物等资源信息能够在企业集成共享，更有效地利用现有的 IT 系统和资源。不过，这样的集成所花费的成本会更高、时间更长，而且系统也更不稳定。

5. 数据管理阶段 企业高层意识到信息战略的重要，信息已经成为企业的重要资源，企业的信息化建设也真正进入到数据处理阶段。该阶段，企业开始选定统一的数据库平台、数据管理体系和信息管理平台。统一的数据管理和使用，使得各部门和各系统基本实现了资源整合和信息共享。IT 系统的规划及资源的利用更加高效。

6. 成熟阶段 经过逐阶段的发展和进化，信息系统已经可以满足企业各个层次的需求，从简单的事务处理到提供高效管理的决策帮助。企业真正把 IT 系统同管理过程结合起来，将组织内部和外部的资源充分整合，显著地提升了企业的竞争力和发展潜力。

3.2.4 信息系统的类型

根据信息系统的发展和系统特点，信息系统可分为数据处理系统（data processing system，DPS）、管理信息系统（management information system，MIS）、决策支持系统（decision sustainment system，DSS）、专家系统（expert system，ES）和办公自动化系统（office automation，OA）五种类型。其中，数据处理系统是运用计算机处理信息而构成的系统，主要功能是将输入的数据信息进行加工整理，计算各种分析指标，将信息转换为人们易于接受的形式，并将处理后的信息进行有序存储，随时通过外部设备提供给信息使用者；管理信息系统是以人为主导，利用计算机硬件、软件和通信设备以及其他办公设备，进行信息收集、传输、加工、储存、更新和维护，以提高企业战略竞争优势、效益和效率为目的，支持企业高层决策、中层控制、基层运作的集成化人机系统；决策支持系统是辅助决策者通过数据、模型和知识，以人机交互方式进行半结构化或非结构化决策的计算机应用系统，是管理信息系统向更高一级发展而产生的先进信息管理系统；专家系统是内部含有大量的、某个领域内的专家水平知识与经验的智能计算机程序系统，能够利用人类专家的知识和解决问题的方法来处理该领域问题；办公自动化系统是采用 Internet/Intranet 技术，基于工作流的概念，利用计算机技术手段提高办公的效率，进而实现办公自动化处理的系统。

3.2.5 信息系统的开发方法

信息系统的开发是一项十分艰巨的工作，需要投入大量的人力、物力和财力，还需要大量的开发时间。完善的信息系统具有以下四个标准：确定的信息需求，信息的可采集与可加工，可以通过程序为管理人员提供信息，可以对信息进行管理。具有统一规划的数据库是信息系统成熟的重要标志。为了实现系统目标，除了计算机硬件技术、计算机软件技术、计算机网络技术和数据库技术以及规范化的系统管理等因素外，开发方法也起着很重要的作用。常用的信息系统开发方法包括结构化方法（structured method）、原型法（prototyping method）和面向对象方法（object-oriented method）。

1. 结构化方法 结构化方法是应用最为广泛的一种开发方法。该方法把整个系统的开发过程划分为若干阶段，然后一步一步地依次进行，前一阶段是后一阶段的工作依据；每个阶段又划分详细的工作步骤，顺序作业。每个阶段和步骤都有明确详尽的文档编制要求，各个阶段和各个步骤的向下转移都是通过建立各自的软件文档和对关键阶段和步骤进行审核及控制实现的。

结构化方法具有如下特点：① 遵循用户至上原则；② 严格区分工作阶段，每个阶段有明确的任务和取得的成果；③ 强调系统开发过程的整体性和全局性；④ 系统开发过程工程化，文档资料标准化。结构化方法的优点是理论基础严密，在系统建立之前就已经充分了解和理解了用户需求；缺点是开发周期长，文档、设计说明烦琐，工作效率低。

2. 原型法 原型法的基本思想与结构化方法完全不同，原型法认为在很难一下子全面准确地提出用户需求的情况下，不要求一定要先对系统做详细的调查与分析，而是本着开发人员对用户需求的初步理解，先快速开发一个原型系统，然后通过反复修改来实现用户的最终需求。

原型应具备以下特点：① 实际可行；② 具有最终系统的基本特征；③ 构造方便、快速，造价低。原型法的特点是对用户的需求动态响应，逐步纳入，系统分析、设计与实现都是随着对一个工作模型的不断修改完成的，相互之间并无明显界限，也没有明确分工，系统开发计划是一个反复修改的过程，适用于用户需求开始时定义不清、管理决策方法结构化程度不高的系统。此开发方法更易被用户接受，但如果用户配合不好，盲目修改，就会拖延开发过程。

原型法还可以进一步划分为抛弃型原型（throw-it-away prototype）和进化型原型（evolutionary prototype）。抛弃型原型在系统真正实现以后就放弃不用了；进化型原型则从目标系统的一个或几个基本的需求出发，通过修改和追加功能的过程来逐渐丰富功能，逐步演化成最终的系统。

3. 面向对象方法 随着应用系统日益复杂庞大和面向对象程序设计语言日益成熟，面向对象的系统开发方法以直观、方便的优点获得了广泛的应用。

面向对象方法的基本思想包括：① 客观事物是由对象组成的，对象是对原事物的抽象；② 对象由属性和操作组成，属性反映了对象的数据信息特征，操作是指改变对象属性状态的各种方式；③ 对象之间的联系通过消息传递机制实现，消息传递的方式是通过消息传递模式和方法所定义的操作过程来完成的；④ 对象可以按属性来归类，借助类的层次结构，子类可以通过继承机制获得其父类的特性；⑤ 对象具有封装的特性，一个对象就构成一个严格模块化的实体，在系统开发中可被共享和重复引用，达到软件（程序和模块）复用的目的。

面向对象的信息系统开发，其关键点是能否建立一个全面、合理、统一的模型，它既能反映问题域，也能被计算机系统求解域所接受。面向对象开发主要包括分析、设计和实现三个阶段，虽然三个阶段的界限并非十分明确，但对信息系统开发阶段进行划分还是必要的。

本章小结

本章主要介绍了数据库技术，包括数据与数据管理的基本概念，数据管理技术的发展历程，数据库的数据模型和类型等，以及数据库应用开发流程，另外，还介绍了信息系统的基本概念，包括其发展进化过程、类型以及开发方法等。

课后习题

1. 什么是数据、信息和数据处理？
2. 简述数据管理的三个发展阶段及各个阶段的对比。
3. 简述关系型数据库的优、缺点。
4. 简述数据库系统的开发流程。
5. 简述信息系统及其开发方法。

第4章 医院信息系统

学习目的

1. 熟练掌握医院信息系统的概念、设备和仪器等，以及医院信息系统的功能与内容。
2. 掌握医院信息系统的设计与实现。

引　言

随着医院现代化水平的逐步提高，越来越多的医院实行了计算机网络化管理，医院信息系统（hospital information system，HIS）的发展经历了范围不断拓展、内涵不断深化、技术不断更新和投入不断增大的过程。目前，医院信息系统已经成为医院管理的必要设施，是提高医疗卫生服务能力和水平的重要手段之一。

4.1 医院信息系统概述

现代信息技术正在使人类的生活方式发生革命性变化，医院信息化是现代社会发展的必然趋势，推进医院信息系统建设才能使医院赶上时代发展的潮流；同时，随着医学科技快速发展和医疗设备不断更新，医院管理更加复杂，对医院管理的科学性要求越来越高，加快医院信息化建设步伐是现代医院管理的发展要求；国家医疗体制和医疗保险制度改革政策与措施的推行，对医院运行模式与管理提出了新的要求，医院必须采用信息化手段才能满足改革的要求，这是历史发展的必然和新的发展机遇。医院信息化建设是医疗保险制度发展与卫生改革的必然要求。

医院信息化指医院以业务流程优化重组为基础，在一定的深度和广度上利用计算机技术、网络和通信技术及数据库技术，控制和集成化地管理医疗、护理、财务、药品、物资及研究、教学等活动中的所有信息，实现医院内、外部的信息共享和有效利用，提高医院的管理水平与综合发展实力的过程。

4.1.1 概论

医院信息系统是在医院管理和医疗活动中进行信息管理和联机操作的计算机应用系统，是现代化医院必不可少的基础设施与技术支撑。医院信息系统属于企业信息系统中最为复杂的一类，这是由医院本身的目标、任务和性质决定的。它不仅要同其他所有管理信息系统（management information system，MIS）一样追踪、管理伴随人流、财流、物流所产生的信息，从而提高整个系统的运行效率，而且还支持以患者医疗信息记录为中心的整个医疗、教学、科研活动，覆盖医院管理的各个部门及患者诊疗过程的各个环节，从而为医院提供全方位的信息服务。

医疗行业的信息化建设关系国计民生，与人民的日常生活密切相关，有着巨大需求。医疗卫生行业作为一个面向大众提供服务的行业，与银行业、电信行业相比，信息化程度相对落后。随着人们生命质量的进一步提高，对健康生活的渴望也愈加强烈，这些都要求医疗的信息化程度相应提升。医院信息化实现了内部管理统一化、员工工作高效化和部门间协作关系简单化，住院患者费用一日清单化，费用结算快速准确，部门收益情况清晰透明，医师所用诊疗信息全部电子化，患者所有治疗信息可以查询等。医院信息化解决患者挂号、划价、收费排队时间长的问题。

从20世纪60年代初，美国就开始了医院信息系统的研究。随着计算机技术的高速发展，20世纪70年代，美国在这方面的研究已经进入大发展时期。1985年美国医院数据处理工作调查表明：25%的医院有了医院信息系统，10%的医院有计算机全面管理的医院信息系统。日本的医院信息系统开发和应用从20世纪70年代初开始。欧洲发展医院信息系统大多数是20世纪70年代中期和80年代开始。目前，欧洲战略卫生信息网络（strategic health information network for Europe，SHINE）工程已经开始，英、法、意、德的许多公司都参与了这项工程。总结发达国家医院信息系统的发展状况，得出医院信息系统在国际上的发展趋势，即业务流程覆盖全院、集成化、数字化、临床业务健全、外部接口完善、应用软件更加个性化和专业化。

我国医院信息系统的发展大体上经历了三个阶段：

1. 独立应用阶段 早期医院信息系统多为单机系统，各科室分散应用，简单地实现以计算机操作取代人工操作的功能，不能实现信息的共享和交换。如患者信息管理、药品、器械、库房的管理等。这些独立的计算机化的小规模管理方式将医院的管理信息分割成一个个信息“孤岛”。

2. 部门级或方面级的应用阶段 在这个阶段提出了“电子化医院”的概念，出现了基于Novell局域网和Foxbase/Foxpro数据库的部门级应用系统，提供面向事务的电子化处理手段和信息的有限共享。如收费系统、药品从药库到药房的一体化管理、检验信息的采集与管理、以病案为中心的患者登记、疾病分类、医疗统计管理等。这一阶段的特征是，在一个局部系统内部存在多方面应用，它们之间的信息可以共享，但局部系统与局部系统之间不能完善地集成。例如，在病房与检验部门之间、检验系统与收费系统之间不能有效地交换信息。

3. 目前正在发展的阶段 目前正在发展的医院信息系统是较为完整的、集成的医院信息系统。这一阶段的主要特征是，从医院总体上把握信息系统的功能，围绕患者在医院活动的各个环节构造系统的整体框架结构，各系统之间信息高度共享。

现阶段医院信息系统应用存在以下一些问题和不足：缺乏统一规划，系统建设重复，相互间缺少协调和数据共享。各种应用系统各自为政，资源不能共享，造成浪费。应用层次低，主要停留在与财务相关的业务上，一般解决门诊收费、住院结算、药房和药库管理费用等问题，并未从全局提供信息解决方案的思路。采用的技术和体系混乱，各个应用系统采用各自的网络系统、工作站系统、数据库系统和开发工具，难以实现对数据和操作的规范要求，缺乏统一管理，安全性差。在数据库的使用、系统的管理和维护等方面缺少安全性考虑。

总之，医院信息系统不是一个简单的软件，它融合了医院的管理思想、各部门的业务经验，以及对计算机技术的恰当运用。一个完善的医院信息系统一定包含着对医院业务的深刻认识和理解，而这种认识是在长期的开发和应用中不断深化的。

4.1.2 相关概念

医院（hospital）是群众或特定的人群治病、防病的场所，备有一定数量的病床设施、相应的医务人员和必要的设备，通过医务人员的集体协作达到对住院或门诊患者实施科学的、正确的诊疗目的的医疗事业机构。

信息系统（information system，IS）是以提供信息服务为主要目的的数据密集型、人机交互的计算机应用系统。信息系统具有涉及数据量大、数据持久性强、数据共享性强和数据管理要求高的特点。

医院信息系统指利用计算机软硬件技术和网络通信技术等现代化手段，对医院及其所属各部门的人流、物流和财流进行综合管理，对在医疗活动各阶段中产生的数据进行采集、存储、处理、提取、传输和汇总，并加工生成各种信息，从而为医院的整体运行提供全面的、自动化的管理及各种服务的信息系统。

医院信息系统是实现医院各类信息的收集、存储、传输、加工和综合利用的人-机系统（man machine system）。医院信息系统是软件系统，也是应用软件系统，它一定是在计算机网络环境下运行的应用软件系统。把医院产生的各种信息输入计算机网络系统，由计算机完成信息的存储（storage）、处理（processing）、输入（input）和输出（output），在医院内形成信息共享，以提高医院工作的质量及工作效率。

医院信息系统可以应用于医院的医疗管理、经济管理等各个方面，牵涉的信息种类十分庞杂，它不仅融合了医院的管理思想和业务经验，而且是医院当前运作方式和业务流程的具体体现，它的实施技术和手段应与当前快速发展的信息技术密切相关，更是当前信息技术发展的具体体现，也是一个完整的基于数据库的系统。

信息获取和利用：利用计算机和网络通信设备收集、存储、传递、分析、处理包括临床和管理的所有信息。

原始数据和信息的收集主要来自一线科室，如收费窗口、库房、医师工作站、医技科室等。数据采集的核心问题是准确、便捷、及时和完整，数据只有在一线采集，才能保证数据的实时性和真实性。只有采集的原始数据和信息真实、正确，系统的处理结果才能正确。

信息的存储和共享：任何人（授权者）在任何时候和任何地方都可以对任何内容（许可）获取及时、准确的信息。

医院的数据资料是非常宝贵的，是医院的财富。医院宝贵的数据资料对当前治疗和今后的治疗有重大价值，它对医疗、管理、科研和教学都有重要价值，所以医院信息系统应该具备完善的信息存储和共享的功能、措施和制度，以便医院宝贵的数据资源能够得到很好的利用。

一般来说，一个完整的医院信息系统应该具备独立的服务器（server）和客户端（client），客户端向服务器发出请求，服务器按照一定的调度策略完成请求并返回结果。服务器端可以通过网络向一个或者多个客户端提供服务，客户端负责实现用户接口功能。服务器端的数据库服务器主要提供数据存储功能，也可通过触发器和存储过程提供部分应用逻辑。客户机提供用户界面并直接采用SQL（structured query language，SQL）语句的方式向数据库服务器发出数据请求，数据库服务器响应客户端的请求，执行客户端发出的SQL语句，并将执行结果返回给客户端。出于系统安全性考虑，往往另外配备有备份服务器。

除此之外，还需要有面向对象的数据库应用系统开发工具，例如PowerBuilder等。利用这些开发工具就可以开发功能强大的、运行在多个平台的、能够操作多个数据库的应用系统。以PowerBuilder为例，PowerBuilder能从大多数流行的关系型数据库管理系统（relationship database manage system，RDBMS）中存取数据，并且可以很容易地开发出功能强大的图形界面的访问服务器数据库的应用程序。PowerBuilder正在成为客户端/服务器（client/server）应用开发的标准。相对于其他客户端/服务器开发环境，PowerBuilder使开发人员的工作更快、成本更低、质量更高、功能更强。PowerBuilder是一种数据库的前端开发工具，PowerBuilder支持应用程序同时访问多种数据库，其中既包括 Oracle、Sybase 等大型数据库，又包括 Foxpro 等支持开放式数据库互连（open database connectivity，ODBC）的小型数据库。PowerBuilder 是完全可视化的数据库开发工具，它通过提供大量的控件，使开发者更容易掌握数据库的开发，大大加快了项目的开发速度。

4.2 医院信息系统的功能与内容

医院管理信息系统（hospital management information system，HMIS）的主要目标是支持医院的行政管理与事务处理业务，减轻事务处理人员劳动强度，辅助医院管理，辅助高层领导决策，提高医院工作效率，从而使医院能够以少的投入获得更好的社会效益与经济效益，像财务管理系统、人事管理系统、住院患者管理系统、药品库存管理系统等均属于医院管理信息系统的范围。

临床信息系统（clinical information system，CIS）的主要目标是支持医院医护人员的临床活动，收集和处理患者的临床医疗信息，丰富和积累临床医学知识，并提供临床咨询、辅助诊疗、辅助临床决策，提高医护人员工作效率和诊疗质量，为患者提供更多、更快、更好的服务，像医嘱处理系统、患者床边系统、重症监护系统、移动输液系统、合理用药监测系统、医师工作站系统、实验室检验信息系统、药物咨询系统等均属于临床信息系统的范围。

在本节中，先介绍医院信息系统的构造和系统结构，接着介绍医院信息系统的功能，最后，介绍医院信息系统的组成。

4.2.1 构造与系统结构

成熟的医院信息系统是适合各种类型医院使用的医院计算机网络管理信息系统，具备完整的信息录入、修改、删除、查询、统计、打印、备份、恢复的功能和通用性、实用性、易学易用、安全性、可扩展性的特点。医院信息系统的目标是支持医院各科室的事务处理，为管理者提供决策依据；为医师技术交流提供方便渠道，并支持医护工作者临床业务，处理患者的临床医疗信息，辅助诊疗；实现信息资源共享，堵截财物流失，提高医院整体效率。实现患者入院全过程的动态管理，实现患者信息全院流通，实现网络信息共享，实现计算机划价、收费、发药、对药和药品价格的动态管理，防止药品、药款的大量流失，实现对病床的网络化管理，动态考察医院临床各科室的工作业绩，对患者费用管理增加透明度，解决出院患者查费难的问题，杜绝住院患者逃费、漏费等现象，从而使医院的各个部门有机地结合起来，提高医院的工作效率，健全医院的管理制度，避免医院药品和资金的大量浪费，并且对医院的信息进行更合理、更有效的管理。

医院信息管理系统作为整个医疗信息系统的基础，必须在高起点、全方位、智能化、网络化的原则指导下建立起来。过去那种小规模、低起点、单元化的应用已经不能满足医院建设的要求，建立“智能医院”概念上的医院信息系统势在必行。一个完备的医院信息系统应具备以下几点：

(1) 医院信息系统应采用模块化开放式的设计，满足以不同模式进行管理的医院的需求，全面充分利用医院信息资源，实时准确地反映各项数据，量化并完善管理制度，使医院职工积极性充分发挥，提高医院的整体素质和等级。

(2) 医院信息系统必须坚持既符合国家和有关管理部门的政令、法规的原则，又保证医院的灵活管理，使各种不同状况的医院的需求都能得到满足。特别是在有关改革政策不断出台的情况下，软件仍然可以做到及时升级、修改以满足新的需求。

(3) 医院信息系统的设计尽量保证以少量的投入获得最大的回报。在功能上，按最复杂的设计，价格上按普遍能承受的水平设计，应具有较高的性能价格比。统一网络资源建设，建立统一的全院网络平台；统一数据库平台和系统开发工具；统一规划，分步实施。根据医院规模的大小、现有医院信息系统的应用水平以及地区网络应用的发展程度，制定符合自身情况的发展步骤，分步实施。

（4）为医院和医疗保险改革配套，提供完善的服务。成熟的医院信息系统应预先设置相关的接口模块，只要当地医院有需求，即可和相关部门（如劳动与社会保障局）等进行连接。

（5）成熟的医院信息系统除具有通常的门诊住院收费、药品库房、财务查询等基本功能外，还应具有完备的功能模块供医院选择，如人事、工资、物资、设备管理等内容，满足医院发展的需要。

总之，就每个具体的医院而言，医院管理信息化是一项长期的系统工程，必须根据医院的具体条件和要求，遵循统一规划、分步实施的原则，采取网络统一布局、系统分步实施的策略来进行。医院管理层必须把信息化建设作为一项关系到医院长远发展的战略决策来对待。

医院信息系统是以信息标准化和数据库技术为基础的，也就是说医院信息系统是一个典型的数据库应用。任何数据库应用都可以概括为用户界面、商业逻辑和数据访问这三种基本任务，即可划分为用户界面层（client layer）、逻辑层（logic layer）和数据层（data layer）。

用户界面层是人机接口，用户和应用程序的交流在该层完成。通过界面层，用户可完成获取数据、输入数据、修改数据、删除数据等一系列操作。界面层也包含了一定的安全机制，用户根据授权范围，可控制数据和机密信息。但是检查的内容也只限于数据的形式和取值的范围，不包括有关业务本身的处理。为使用户能直观地进行操作，界面层一般要使用图形用户接口（graphics user interface，GUI），操作简单，易学易用。在变更用户接口时，只需改写控制和数据检查程序，而不影响其他两层。图形界面的结构是不固定的，这便于以后能灵活地进行变更。例如，在一个窗口中不是放入几个功能按钮，而是按功能分割窗口，以便使每个窗口的功能简洁明了。在这层的程序开发中主要使用可视化编程工具。

逻辑层是界面层和数据层的桥梁，它响应界面层的用户请求，执行任务并从数据层提取数据，然后将必要的数据传送给界面层，从而实现界面层与数据层之间的交互。逻辑层相当于应用的本体，它是将具体的业务处理编入程序中。例如，在制作订购合同时要计算合同金额，打印订购合同，而处理所需的数据则要从界面层或数据层取得。界面层和逻辑层之间的数据交换方式要尽可能简洁。例如，用户检索数据时，要设法将有关检索要求的信息一次传送给逻辑层，而由逻辑层处理过的检索结果数据也一次传送给界面层。在应用设计中，一定要避免进行一次业务处理，在界面层和逻辑层间多进行几次数据交换的设计。通常，在逻辑层中包含有：确认用户对应用和数据库存取权限以及记录系统处理日志的功能。这层程序多半是用可视化编程工具开发的，也有用COBOL和C语言开发的。

数据层一般用于实现数据存取和操作管理工作。它响应逻辑层的请求，产生数据请求结果，然后逻辑层对此结果进行有针对性的处理。数据层就是数据库管理系统（data base management system，DBMS），负责管理数据库的数据读写。数据库管理系统必须能迅速执行大量数据的更新和检索。现在的主流是关系数据库管理系统。因此，一般从功能层传送到数据层的要求大都使用结构化查询语言SQL语言。

图4-1是一个具有三层体系结构的医院信息管理系统结构示意图。第一层为数据层，是由数据库管理节点组成。第二层为逻辑层，也叫中间层，它的主要任务是处理商业逻辑或与应用有关的计算。中间层既是第一层的客户端（client），也是第三层的服务器端（server），因此，图4-1所示的三层医院信息管理系统也可以说具有两对客户端/服务器（client/server）。第三层是用户界面层，负责完成与用户之间的交互和计算。它的设计要求具有高效易用的用户界面，以及在系统中能够方便连

通。系统中可有多种客户端，供不同身份的用户使用，而它们必须仅能共用同一个中间逻辑层。中间逻辑层通常包含多个部件，各负责提供各自特定的服务，例如搜索、事件处理等。在这些部件之中，则含有商业对象以及具体处理程序逻辑法则，并向第一层提取数据或调用运算。

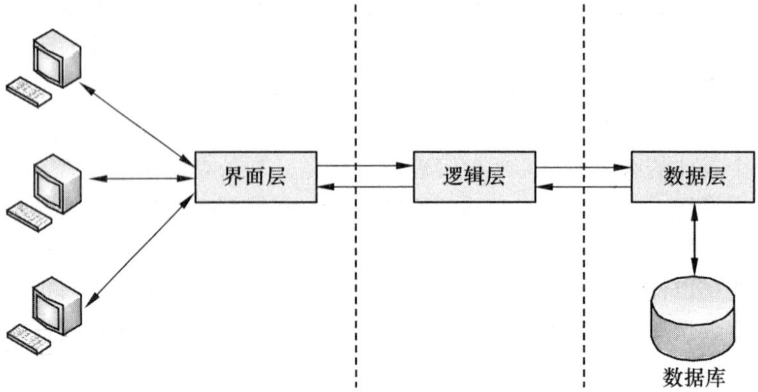

图 4-1　三层医院信息系统结构

4.2.2　功能

针对医院的具体需求情况，根据使用要求、实现成本、未来发展、总预算投资等多种因素，从而确定医院信息系统要完成的所有功能。完备的医院信息系统应尽量满足下列要求：

1）系统的开放性和标准性：系统要符合国际通用的工业标准，具有网络的开放性与透明性，支持各种标准协议、传输方式和传输接口。

2）系统的稳定性和可靠性：整个网络系统要可靠地不间断工作，以确保该医院信息系统能够安全与稳定地运行。

3）系统的安全性和可管理性：整个系统既要保证信息资源的充分共享，又要保证系统的安全和数据隔离，除了可以采用操作系统级和应用系统级双重用户管理和权限管理的方法之外，网络管理还可以采用先进的网管系统，以确保对整个网络的实时监控，利用防火墙技术最大限度地保护网络系统安全，确保系统不被非法入侵。

4）系统的灵活性和扩充性：网络布局的模块化、拓扑结构的先进化，既可以保证系统的灵活性，又使系统可以方便地进行扩充，每一个模块之间保持相对的独立性和灵活性，功能增减方便，尽量减少单个模块扩充时对其他模块的影响。

5）系统的实用性和经济性：要兼顾目前的需求和今后较长时期内的发展需求，使系统具有良好的扩展性，确保网络扩充时在结构上不做或少做改动，使原有投资得以继续发挥效益，降低成本，避免重复投资。

6）系统的易维护性和方便性：由于技术的发展和用户的实际需求、规模会发生不断变化，系统经常需要增、减、改，模块化网络系统结构和灵活的应用系统接口可保证用户方便地对系统进行维护。一个好的管理系统应该给用户一个直观方便的交互式用户界面，这样才能使系统充分发挥作用。基于图形化界面的医院信息系统，使得无论是网络管理，还是用户操作都简单易用，提高了系统的方便性和易维护性。

在满足上述要求的前提下，一个良好的医院信息系统还应该具备以下几个功能：首先，医院信息系统能够使整个医院的信息彻底数字化，改变传统的依靠文件、胶片等发送信息的传递方式，实现无纸化办公、无胶片化办公，起到降低管理费用、机构减员增效的作用；其次，医院信息系统能够加快信息流通速度，方便医院与医院之间、医院与患者之间的信息共享，提高医院整体的运行效率；再次，医院信息系统有利于医院决策层及时、准确地把握医院的营运状况和发展趋势，及时调整经营策略，合理制定医院的发展计划；最后，医院信息系统可以借助于IC卡，实现挂号、看病、付费等功能，并可与医保结合，真正实现“一卡通”，真正达到方便患者就医的目的。

4.2.3 组成

医院信息系统涉及医院的方方面面，涵盖患者就诊的各个环节。一个实用的医院信息系统应该功能完善，并可满足目前大多数医院的实际使用。一般来说，一个医院信息系统大体由六个子系统组成，它们分别是门诊管理子系统、药品管理子系统、住院管理子系统、人力资源管理子系统、后勤管理子系统和系统管理子系统。各个子系统具备各自特殊的功能而又相互依存，都在医院信息系统中扮演各自重要的角色，该医院信息系统的总体功能结构如图4-2所示。下面简要介绍各个子系统的主要功能：

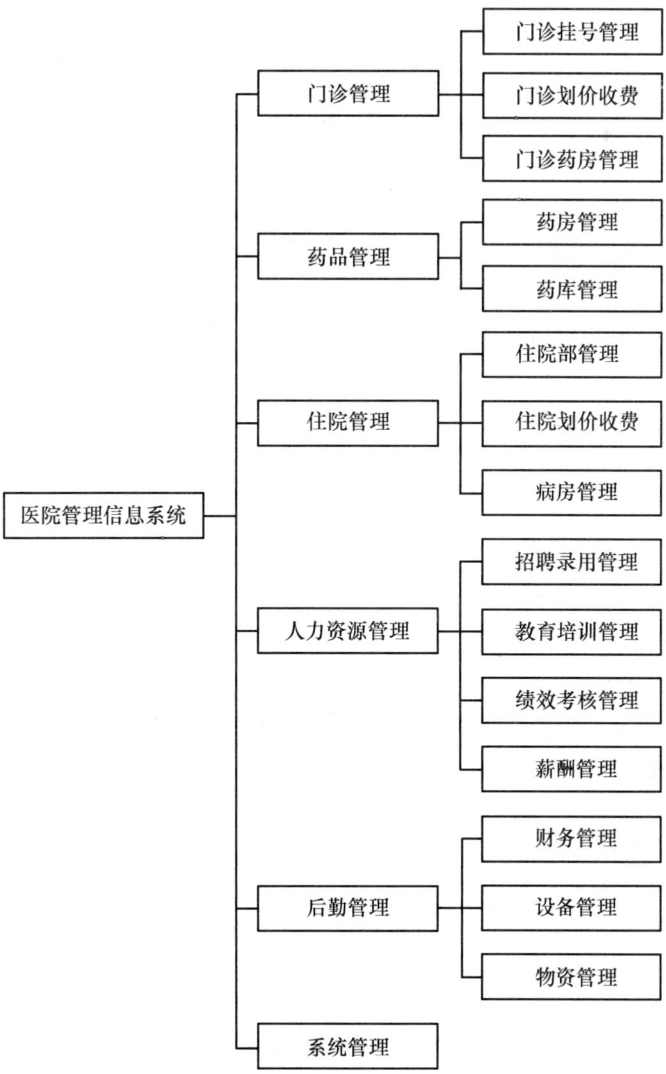

图4-2 医院信息系统总体功能模块图

1）门诊管理子系统：门诊管理子系统由门诊挂号管理、门诊划价收费、门诊药房管理组成。

2）药品管理子系统：药品管理子系统主要包括药房管理子系统和药库管理子系统。药品流通是医院日常工作必不可少的环节，贯穿了医院的整个业务流程。药品管理子系统的主要功能是提供医院正常运营所需的全部药品信息，能够进行医院所用药品的进、销、存的统计。

3）住院管理子系统：住院管理子系统是医院信息系统的重要组成部分，主要由住院处管理、住院划价收费、病房管理组成，它们相互联系，协同工作，为患者提供优质快捷的服务，提高了医务人员的工作效率。

4）人力资源管理子系统：人力资源管理子系统实现人事业务规范化管理，主要包括招聘录用管理、教育培训管理、绩效考核管理和薪酬管理。

5）后勤管理子系统：后勤管理子系统实现医院后勤规范化管理，主要包括财务管理、设备管理和物资管理等。

6）系统管理子系统：系统管理子系统主要为系统管理员提供管理系统的功能，并为以后系统的扩展提供一定的接口。

4.3 医院信息系统的设计与实现

在 4.2.3 节中简要介绍了医院信息系统的主要组成部分，在这一小节中，将介绍医院信息系统的设计与实现。首先，讲述医院信息系统的总体规划和主要技术手段；其次，分别详细介绍医院信息系统的每个组成部分的具体设计和实施过程；再次，分析现有的医院信息系统所面临的问题和具体的解决对策；最后，总结医院信息系统的应用领域，医院信息系统给医院的整体运营带来的效益，以及医院信息系统今后的发展方向。

4.3.1 模型的总体规划（设计、接口）

随着信息化时代的来临以及医疗卫生事业的发展，医院的信息处理量不断增加，信息之间的相互关系也不断复杂化，因此要求从医院整体信息处理的角度出发，分析全院的信息构成与联系。在全面分析的基础上，利用计算机网络、数据库、设备互联标准化、信息标准化、数据实时统计分析处理、图像数据处理等多项高新技术手段，构造全面的医院信息管理系统。此系统把医院的各种信息流有机地组合成一个高度共享的信息系统网络，使医院众多的部门、科室甚至患者可以在各自的权限范围内取得需要的信息，或输入必要的信息，实现信息的实时交流。

1）门诊管理子系统：门诊管理子系统是医院信息系统中的最重要组成部分，为门诊活动提供有效的信息服务，成为门诊医师的得力助手，同时也成为医院对门诊活动进行管理的有力工具。门诊管理子系统包括门诊挂号管理、门诊划价收费管理和门诊药房管理三个主要功能，门诊管理子系统的功能模块图如图 4-3 所示。

其中，门诊挂号管理的主要功能是对门诊患者进行挂号或者预约挂号处理，为门诊患者的后续活动以及门诊工作量统计提供信息查询服务，主要包括门诊挂号、门诊工作量统计和报表查询等功能。门诊划价收费管理：当患者在门诊医师处就诊结束，可根据医师开具的取药或检查单据到门诊进行划价并缴费。门诊划价收费的功能是根据价格表自动划价，提供划价收费、退费管理、结账处理、收据查询、费用查询、账户查询等功能。门诊药房管理子系统主要用于门诊中西药房药品管理，对药品进行科学化、规范化管理，主要包括药品入库、药品调拨、药品发放、药品库存查询、药品有效期管理等功能。

2）药品管理子系统：药品信息管理在医院信息系统中是非常重要的，药品管理子系统的各项功能给整个医院信息系统的正常运行提供了良好的保障。药品管理子系统功能模块图如图 4-4 所示。

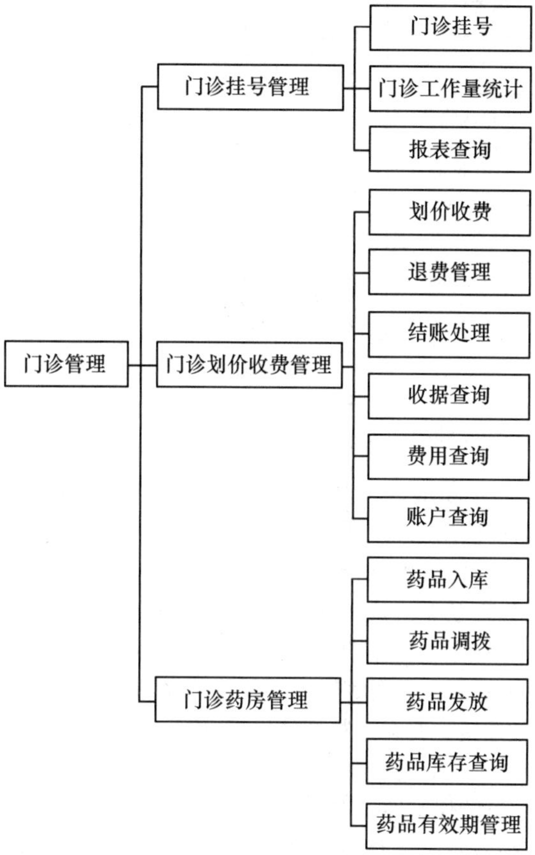

图 4-3　门诊管理子系统功能模块图

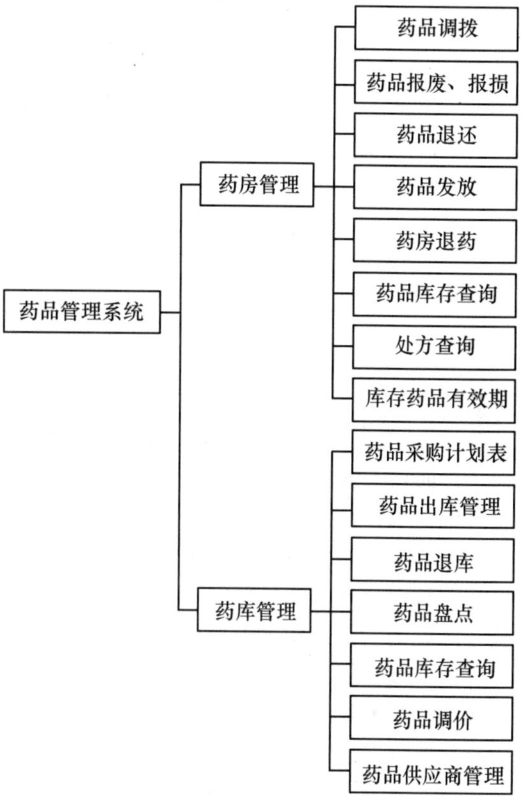

图 4-4　药品管理子系统功能模块图

药品管理子系统主要包括药房管理子系统和药库管理子系统，两个子系统之间相互合作，共同依存，保证医院信息系统的正常运行。药品管理子系统的主要功能是建立药品的进、销、存的信息，提供财务统计所需的全部数据，实现药品的入库出库、药品调拨、药品库存量查询、药品有效期、生成购药计划、退药入库、退药出库、药品调价管理。同时药品管理子系统应该能够根据医院需要对药品调价或按入库批次调价，全面实施药品总量控制，为管理人员提供科学化管理所需要的详尽准确的数据及信息。另外，药品管理子系统还应该能够提供库存信息，掌握当前高储、低储、积压、畅销药品情况；综合科室医师开药信息，有计划地制定进货计划；掌握药品生产单位、厂家情况，追踪批准文号及生产许可证等，避免伪劣药品入院；为管理人员及时提供准确、详尽的药品账目及购药资金周转情况，加速资金周转，提高周转率；统计相关部门操作人员工作量，加强岗位责任制，提高服务质量。

3）住院管理子系统：住院管理子系统是医院信息系统的重要组成部分，主要由住院部管理子系统、住院划价收费子系统、病房管理子系统组成，它们相互联系，协同工作，为患者提供优质快捷的服务，提高了医务人员的工作效率。住院管理子系统功能模块图如图 4-5 所示。

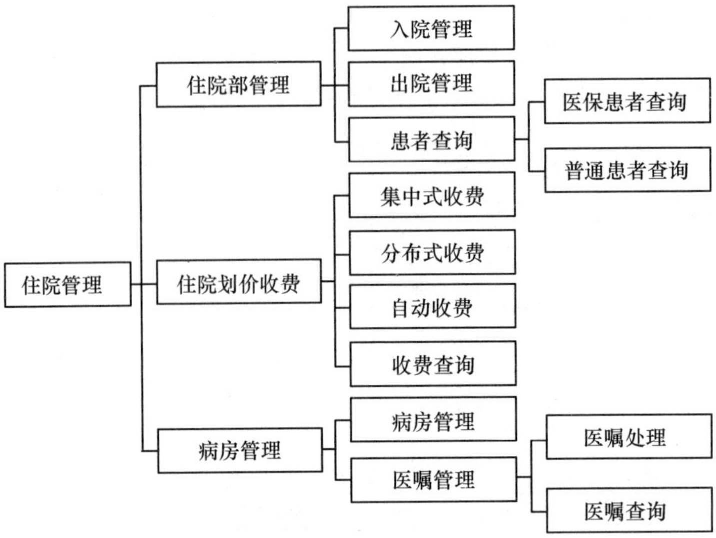

图 4-5　住院管理子系统功能模块图

4）人力资源管理子系统：随着医院现代化进程的不断推进，人力资源部门的工作量也在与日俱增，而且人事管理业务也在不断变化，很多医院目前使用的人力资源管理系统已经不能满足人事业务的需求，特别是在应对人力预测、人才评估、人力配置的需求上。这就需要建立一整套的高效、灵活、网络化的人力资源管理系统。人力资源管理子系统应实现人力资源管理的统一化、制度化，从而达到加快各部门、上下级以及行政和临床科室之间信息交换的目的，最大限度地提高整个医院的工作效率、工作质量和管理水平。因此医院的人力资源管理子系统必须满足以下要求：

（1）人力资源管理子系统要和医院信息系统有效连接，要在人员资质、职称、人员离职、新进等功能上和医院信息系统自动衔接，达到数据自动互转，同时由于医院信息管理系统是和医疗保险中心相连的，医院人力资源管理信息系统还要保证信息的保密性、安全性，避免重要信息外泄。

（2）人力资源管理子系统要和现有的医务员工绩效数据库做到有效连接，能够方便地导入和导出医务员工的绩效数据，利用这些数据进行分析、整合，完成员工绩效考核，从而指导薪资发放等一系列人事工作的开展。

（3）财务部门需要进行整个医院的成本分析，因此需要人事薪资、人力成本信息，人力资源管理子系统要和财务管理子系统做到有效连接，达到数据共享，方便财务部门进行成本分析、成本核算。

（4）人力资源管理子系统要充分体现现代人力资源管理理念，要涵盖现代人力资源管理的主要内容：招聘、选拔、绩效管理、岗位管理、培训管理等，应涉及人力资源规划、职业生涯设计等战略性和开拓性工作，充分体现现代人力资源管理理念。

（5）人力资源管理子系统要应用科学的人力资源管理工具和技术进行功能整合，人力资源管理子系统的实施不能简单地看作是一个软件的实施，而应是一个工程项目。在医院信息系统实施过程中，人力资源管理工作发挥着非常重要的作用。

（6）人力资源管理子系统要考虑医院今后发展，系统的建设要有前瞻性，在规划设计时要适当考虑医院今后的发展前景，适当留有余地，比如在模块构建时，根据医院实际情况，有的模块一时用不上，在设计时可以保留框架。

（7）人力资源管理子系统要操作简单，易于使用，人力资源管理部门的价值是通过提升员工和组织的效率来实现的。系统开发者在系统设计过程中还应与医院有关部门和人员进行协调沟通，了解各部门的需求，使系统能够满足各职能部门的管理要求，真正做到简单实用，提升医院价值，提高医务员工的工作效率。

（8）人力资源管理子系统要投入小，见效快。在开发和实际运用中，应考虑医院所能承受的人力、物力成本，尽量利用原有可利用的网络及硬件设备，控制维护费用，根据医院实际情况，在实施过程中也要考虑员工素质、原有信息化程度等各种因素，不盲目追求大而全，可以采取分步实施、逐步到位的方式，避免不必要的浪费。

人力资源管理子系统主要由招聘录用管理子系统、绩效考核管理子系统、教育培训管理子系统和薪酬管理子系统组成，功能模块图如图 4-6 所示。

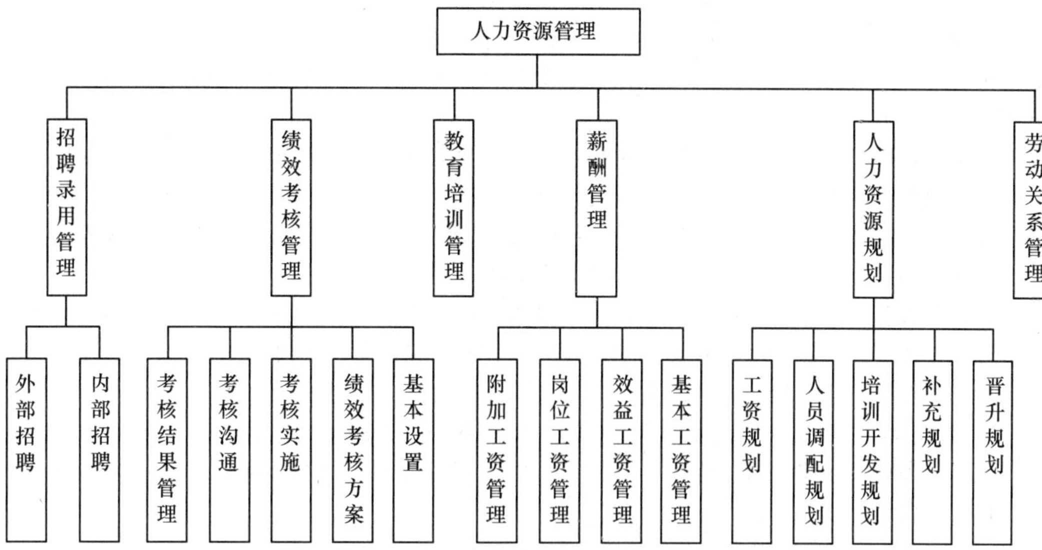

图 4-6　人力资源管理子系统功能结构图

招聘录用管理子系统：招聘与选拔是制约医院人力资源管理工作效率的瓶颈所在。如何按照医院的目标与业务要求，在人力资源规划的指导下，根据职务要求，把优秀的人才、需要的人才在合适的时候放在适宜的岗位上，是医院可持续发展的关键。根据招聘岗位的不同、人力需求数量与人员要求的不同，医院的招聘分为内部招聘和外部招聘。

教育培训管理子系统：医院间的竞争越来越多地表现为人才的竞争，培训无疑成为了医院培养高素质员工的重要途径，成为打造医院核心竞争力的重要手段。医院应该重视培训工作，并逐年加大培训投入。培训是对员工潜在能力的挖掘，员工的培训和发展也是医院应尽的责任，有效的培训可以减少医疗事故，降低用人成本，提高工作效率和经济效益。现有的培训体系主要包括新职工岗前培训；医师、技术人员的培训；护理人员的培训；中层以上管理人员的培训等。培训的具体流程主要包括按照医院需求制定培训计划、制定培训内容及具体要求、培训计划实施控制与反馈等。

绩效考核管理子系统：绩效考核可以揭示员工工作的有效性及其未来工作的潜能，从而使员工本身、组织乃至社会都受益。绩效考核是人力资源管理的重要环节，涉及员工的调任、升迁、加薪等重大决定。

薪酬管理子系统：薪酬管理一方面是激励员工卓有成效工作、达成组织目标的主要手段；另一方面，又是医院运作的主要成本之一，一旦运用不当，后果极为严重。另外，人力资源开发与管理的主要任务是吸引人才，留住人才，使人才努力地为实现组织目标而工作，而薪酬管理与完成上述任务息息相关。医院薪酬管理主要由五部分组成：基本工资、效益工资、岗位工资、附加工资、特殊贡献及特殊津贴。

人力资源规划子系统：人力资源规划是一项系统的战略工程，它以企业发展战略为指导，以全面核查现有人力资源、分析企业内外部条件为基础，以预测组织对人员的未来供需为切入点，内容包括晋升规划、补充规划、培训开发规划、人员调配规划、工资规划等。

劳动关系管理子系统：劳动关系管理是通过规范化、制度化的管理，使劳动关系双方（企业与员工）的行为得到规范，权益得到保障，维护稳定和谐的劳动关系，促使企业经营稳定运行。劳动关系管理保障了医院与员工的互择权，通过适当的流动实现生产要素的优化组合，改善了医院内部劳动关系，形成尊重、信任、合作的企业文化，创造心情舒畅的工作环境。

5）后勤管理子系统：后勤管理子系统是为了解决和保证医院在正常运转过程中所需物资和设备的正常运行、维修使用等问题而设立的。后勤管理子系统功能模块图如图 4-7 所示，主要分为以下几个组成部分：

（1）财务管理子系统：财务管理子系统是医院信息系统的重要组成部分，通过会计核算、分析、监督、预测等功能完成医院所有财务的管理，提高医院的社会效益和经济效益，促进医疗卫生事业的发展。主要功能包括对门诊收费、住院收费的各项明细信息查询；对各项财务核算工作指标的统计查询；此外，还包括一些辅助财务查询的功能。

（2）设备管理子系统：设备管理子系统主要是为解决医院正在使用和计划购进的大、中、小型设备等固定资产的管理和经济核算问题而设立的，对医疗设备的生命周期全过程进行统一管理，主要包括设备信息管理、设备生产商管理、设备库存管理等。

（3）物资管理子系统：物资管理子系统的主要任务是对医院运转过程中所需的低值易耗品的购入、领用、库存和价格等进行管理。该系统可以实现医院物资的全面科学的核算，为整个医院的经济核算提供可靠的保证。

6）系统管理子系统：系统管理子系统负责整个医院管理系统的管理和维护。系统维护子系统主要实现系统权限管理、系统表管理、门诊数据管理、人员信息管理、医药信息管理、住院数据管理、财务信息管理、项目管理及密码修改等功能，其功能模块如图 4-8 所示。

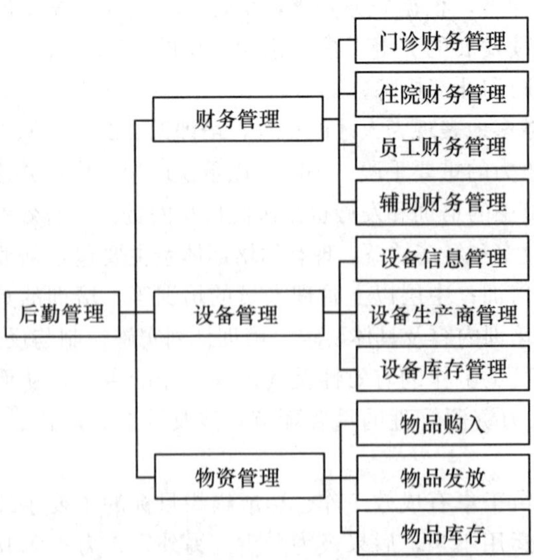

图 4-7　后勤管理子系统功能模块图

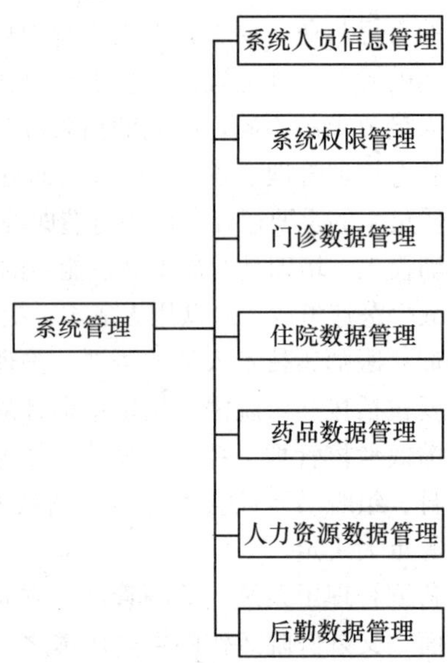

图 4-8　系统管理子系统组成图

4.3.2 主要技术

根据4.2节中的介绍，采用三层体系结构的医院信息系统，它是将数据处理的过程分为三部分：第一层是用户界面层，提供用户与系统的友好访问；第二层是应用服务器层，主要用于大批量的事务处理、事务支持、信息传递和网络通信等；第三层是数据服务器，主要负责数据信息的存储、访问及其优化等数据服务。三层体系结构增加了客户端应用程序的通用性、独立性，减少了软件配置和版本更新的难度，大大降低了客户端的负担。三层体系结构的医院信息系统用到的主要技术如下所述。

1. PowerBuilder 开发工具 PowerBuilder 是一个面向对象的数据库应用系统开发工具，是能够开发功能强大的多个数据库的应用系统。如图4-1所示，三层医院信息系统主要由数据层的数据库服务器、逻辑层的应用服务器和界面层的客户端程序组成。数据库服务器的主要工作是进行数据的管理，目前使用的数据库服务器系统主要有 Oracle、SQL 等。逻辑层的应用服务器包括用 Power Script 编写的远程数据对象 RDO（remote data object，RDO），远程对象可通过过程或函数的调用起作用，支持参数传递和返回结果，包括服务器端用以接收用户请求的特殊连接对象，即传输对象，可用 Create Transport 命令创建，还包括连接对象、远程对象代理等。界面层主要存于客户端，客户端程序通过用户界面接收用户的请求，执行相应的操作，然后将结果通过用户界面展示给用户。此外，PowerBuilder 还提供与底层数据库系统的紧密连接，开发人员可以通过使用 Power Soft 的数据库管理系统（database management system，DBMS）接口或者通过使用由 PowerBuilder 提供的专用的直接与数据库相连的接口来完成数据库的存取。

PowerBuilder 以 Power Script 为编程语言，它也是一种高级的、结构化的编程语言。Power Script 提供了一套完整的嵌入式 SQL 语句，开发人员可以像使用其他语句一样自由地使用 SQL 语句，程序操作更便捷，访问数据库能力更强。PowerBuilder 既适合初学者快速学习数据库的开发，又可以让有经验的开发人员开发出功能强大的数据库，是一种适用范围非常广的开发工具。PowerBuilder 是一个用来进行客户端/服务器开发的完全的可视化开发环境，提供直观的方式来创建应用程序的用户界面和数据库接口。在客户端/服务器结构的应用中，PowerBuilder 具有与多个数据库连接并进行检索的能力，数据库管理可使用数据库的标准操作语言——SQL 结构化查询语言进行，能从大多数流行的关系数据库管理系统（relational database management system，RDBMS）中存取数据，而不管数据存放在什么地方；各种应用程序也可以独立于关系数据库管理系统。PowerBuilder 开发环境由一系列集成的图形画板（painter）组成，应用开发人员通过简单的鼠标操作即可设计、建立、交互检验和测试客户端/服务器应用程序（application program）。

2. SQLServer 2000 关系数据库系统 SQL Server 2000 是一个多用户的关系数据库系统，它能够为复杂环境下重要商业应用提供强大有力的客户端/服务器平台。它结合 Windows NT/2000 操作系统的能力，可以提供一个安全的、可扩展的、易管理的、高性能的客户机/服务器数据库平台。SQL Server 是微软公司开发的一个关系数据库管理系统，以 Transact-SQL 作为它的数据库查询和编程语言。SQL Server 2000 是 Microsoft 的新一代基于客户端/服务器的大型关系数据库系统。测试结果表明，SQL Server 2000 能够满足大型 Web 站点和企业数据处理系统的数据存储和分析需求，是一套组件的集合，由许许多多的组件共同完成强大的功能。SQL Server 2000 的服务器环境可以是 Windows 2000、Window SNT 或者 Windows 9.X，而且还可以作为 Microsoft Access 数据库的默认引擎使用。其客户端环境可以是 Windows 2000、Windows NT、Windows 9.X 等第三方平台和 Internet 浏览器（Explorer）。SQL Server 2000 数据平台包括关系型数据库（relational database，RDB)、数据复制（data replication)、用于开发和部署可伸缩应用程序的先进的通知功能、用于数据仓库和企业范围内数据集成的数据抽取（extraction)、转换（transformation）和装载（load）功能、联机分析处理（on-line analytical processing，OLAP）功能、全面的报表解决方案，可创建、管理和发布传统的、可打印的报表和交互的、基于Web的报表服务、丰富的管理工具和为数据库引擎、数据抽取、转换和装载，即ETL过程、数据挖掘（data mining)、OLAP和报表提供与Microsoft Visual Studio集成的开发工具，以实现端到端的应用程序开发能力。SQL Server中每个主要的子系统都有自己的对象模型技术（object modeling technique，OMT）和应用程序接口（application programming interface，API)，能够将数据系统扩展到任何独特的商业环境中。SQL Server是当前市场上最庞大和最复杂的数据库管理系统之一。它为商业用户提供了稳定和高效的运行性能，是一个非常完善的数据库管理系统。SQL Server极大地简化了传统数据库管理员（database administrator，DBA）需要完成的诸如备份、维护和服务器配置的工作。SQL Server提供值得信赖的技术和功能。SQL Server在企业数据管理、开发者效率等方面取得了显著进步，更易于升级或迁移。

3. 统一建模语言UML 统一建模语言（unified modeling language，UML）是对软件系统的对象进行详述（specifying)、形象化（visualizing)、构建（constructing)、文档化（documenting）的一种语言。对于商业模块和其他非软件系统，UML规范是一个能够成功提供大而复杂模板的工程实现的集合。UML是一种标准的图形化建模语言，它是面向对象分析与设计的一种标准表示，UML不是一种可视化的程序设计语言（programming language)，而是一种可视化的建模语言；UML不是工具或者是知识库的规格说明，而是一种语言规格说明，是一种表示的标准；UML不是过程和方法，但是允许任何一种过程和方法使用它。它融入了软件工程（software engineering）领域的新思想、新方法和新技术。它的作用域不限于支持面向对象的分析与设计，还支持从需求分析开始的软件开发的全过程。

UML的目标是以面向对象图的方式来描述任何类型的系统，具有很宽的应用领域。其中最常用的是建立软件系统的模型，但它同样可以用于描述非软件领域的系统，如机械系统、企业机构或业务过程，以及处理复杂数据的信息系统、具有实时要求的工业系统或工业过程等。总之，UML是一种通用的标准建模语言，可以对任何具有静态结构和动态行为的系统进行建模。

4. 数据仓库和数据挖掘 数据仓库（data warehouse）技术应该包含数据获取（data acquisition)、数据存储（data storage)、数据访问（data access）三个关键部分。数据仓库的特征包括面向主题性、集成性、稳定性和时变性。数据仓库方案建设的目的是为前端查询和分析作基础，由于有较大的冗余，所以需要的存储也较大。数据仓库往往具有效率高、数据精确性强和数据扩展性强的特点。

数据挖掘（data mining）就是从存放在数据库、数据仓库或其他信息库中的大量的数据中获取有效的、新颖的、潜在有用的、最终可理解的模式的过程。按工作过程区分，它可以分为：数据的抽取、数据的存储和管理、数据的展现等关键技术。数据仓库和数据挖掘技术在医院信息系统中得到了广泛的应用。

5. 三层客户端/服务器结构 随着Internet成为全球信息化的基础，围绕着Internet产生了许多新的需求和应用技术。数据库系统的三层体系结构就是在这种前提下产生的。这种三层处理结构并不是简单地将数据库处理划分给客户端和数据库服务器，而是增加了一层应用服务器，通过该应用服务器执行必要的计算，负责与数据库进行交互并将结果发送给客户端。在这种结构下，前端的客户层仅仅需要负责提供独立的可移植的应用界面，即负责提供数据的表示逻辑；中间层则负责提供可共享、可控制的业务逻辑；后端的数据管理和服务层大部分情况下是作为数据库服务器使用的，主要负责数据的管理、访问和存储。

作为一种多层计算结构，Internet是对客户端/服务器结构的继承和发展，其工作模式仍然采用请求/应答（request/response）的方式，其数据库应用模式则是：在将数据存取逻辑和应用逻辑分离的基础上，将用户界面单独从应用逻辑中分离出来，将原来的客户端划分为两部分，其一是基于浏览器的Web用户界面部分，另一部分则是独立于数据存储逻辑和最终用户界面的应用层服务器，也称为中间层服务器。中间层应用服务器需要两个接口，既需要有面向Web服务器的接口，也需要有面向数据库服务器的接口。当Web服务器接收到客户访问动态数据内容后，需要与数据库进行连接的时候，就可以通过应用服务器，建立起Web服务器和数据库服务器间的连接。

4.3.3 实现（实施策略）

医院信息系统主要包括门诊管理子系统、药品管理子系统、住院管理子系统、人力资源管理子系统、后勤管理子系统和系统管理子系统等。这些子系统既是独立完整的子系统，又是相互关联、相互影响的子系统，各个子系统之间协同合作，确保整个医院信息系统的顺利运转。本小节将详细介绍以上各个子系统的具体实现。

1. 门诊管理子系统 门诊管理子系统主要用于门诊的挂号、就医、取药等的管理，主要包括门诊挂号管理、门诊划价收费管理、门诊药房管理。该子系统各项功能的具体实现如下：

1）门诊挂号管理：门诊挂号管理子系统基本功能设计主要包括以下几个方面：

（1）门诊挂号：按照门诊挂号要求填写好患者的基本信息如姓名、性别、年龄、挂号科别及挂号类型等内容后，点击“确定”，建立患者病历，可以打印挂号票据。如果是医保用户，必须先插入医保卡，然后再输入患者基本信息和患者挂号信息，如果需要查询，点击“查询”，则可以查到患者信息。为患者分配的就诊号是由计算机自动生成，且是唯一的。

（2）门诊工作量统计：可以查询和统计每日门诊量、分科室挂号量、账目汇总等。

（3）报表查询：业务查询、科室费用查询、门诊挂号科室费用统计报表、科室人次查询及挂号出诊安排查询。

门诊挂号子系统的流程图如图4-9所示，首先咨询就诊患者是否有诊疗卡，如果没有诊疗卡先发放诊疗卡，对确定就诊科室的患者进行挂号，并到相应就诊科室进行初步诊断，初步诊断确认就诊科室后继续进行后续诊断。

2）门诊划价收费管理：能够支持各种收费划价模式，包括现金支付和银行卡支付等，操作简单，响应时间快；能够实现收费划价一体制，方便患者，减轻医院划价和收费的工作强度；能够提供统一的价表管理，系统自动划价，减少人工错误的产生；能够与门诊药房子系统连接，可以直接获取药品库存信息，避免不必要的退费的产生；能够与门诊挂号管理相关联，共享患者信息；使得医院的财务管理更加透明和便捷。门诊划价收费流程图如图4-10所示，首先对于没有划价的收费单据先到相关科室进行划价，对于已经划价的单据进行门诊收费；其次，有医保卡的患者可以直接用医保卡进行缴费，对于没有医保卡的患者可以通过现金或者银行卡的方式进行缴费，缴费成功后打印缴费收据，成功缴费。

3）门诊药房管理子系统：其主要任务是窗口发药、病房发药、退药等，按照药库的管理模式对药房进行管理，如药品的入出库、盘存等，对药品消耗信息、药房库存及收支信息进行综合的统计查询。下面将详细介绍门诊药房药品入库和出库的具体功能实现过程。

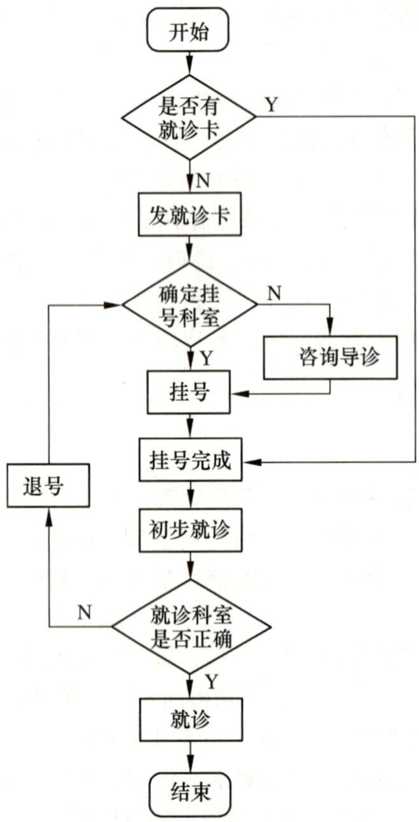

图 4-9　门诊挂号子系统流程图

（注：Y 表示是，N 表示否）

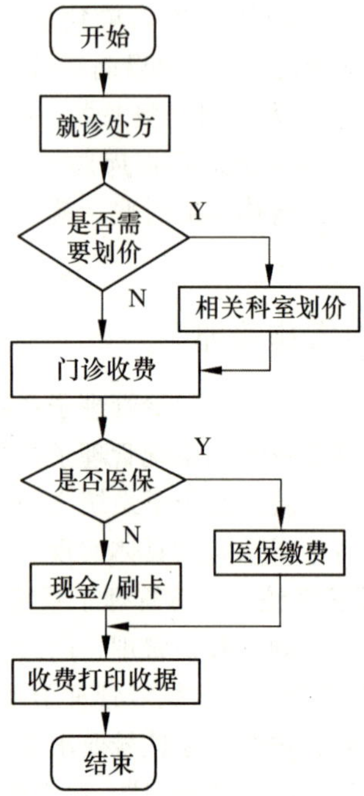

图 4-10　门诊划价收费子系统流程图

门诊药房药品入库：当药房通过库存查询功能发现某种药品的库存量小，希望进行入库操作时，使用申请入库功能，录入申请入库单，并通过计算机网络传递给药库管理系统。当药库接收到药房申请后，并依据药库库存情况形成出库单后，药房可以通过计算机网络在领药确认功能中找到相应的出库单信息，并通过该功能进行确认，一旦确认入库后，将不能再进行更改操作，同时药房、药库的库存都将发生改变。

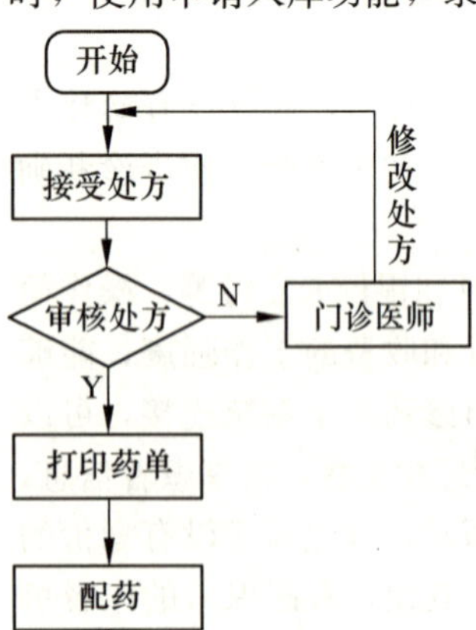

图 4-11　门诊药房发药流程图

门诊药房药品出库：处方确认是药房最主要的工作，处方分门诊处方和住院处方，门诊处方用于门诊药品管理系统的发药确认。门诊药品管理系统处方分后台计算机取药模块和前台计算机核对发药模块，处方在系统中显示，只有核对发药后才更新库存。住院处方则根据不同住院医嘱产生各种药品单，分长期药品单、临时药品单、退药单、出院处方单、毒麻药品单等。病区、医技科室、手术室等提交的各类药品单在住院药房可于系统的处方确认模块中显示，药房按处方号或药品单号确认发药，确认后自动减库存。对于已经确认发药的药品单，用户也可以进行查询。

在三层客户端/服务器结构下，门诊药房发药的具体流程如图 4-11 所示。在患者交费或刷卡的同时，系统发送一条消息到门诊药房；

门诊药房的配药人员接受待发药处方并且审核该药方，查询药品字典，依次打印数个配药单进行配药，送到指定的取药窗口；系统通过大屏幕或其他方式，通知患者药品准备完毕。患者到窗口取药，系统确定发药。

2. 药品管理子系统 医院信息系统中的药品管理子系统主要包括药房管理子系统和药库管理子系统，药品管理子系统与住院管理子系统、门诊管理子系统等互联，做到整个医院信息系统资源共享，并定期对药品、制剂进行综合测评，实现全院药品价格的中央控制。

1）药房管理子系统：药房管理子系统主要用于药房的药品信息管理、药品出入库管理、药品库存与盘点管理、药品报废和报损管理、药品有效期管理等。

在日常工作中，当药房药品短缺时，药房一般要通过药品调拨入库功能向药库申请领药，并将申请领药的药品品种和数量等信息通过计算机网络传送到药库，药库根据库存情况确定向药房发放药品的品种和数量等信息，药房查收药品后，使用领药确认功能对收到药品进行入库确认，同时自动更新药房库存数量，使其能在窗口发放。

由于某些原因需要将药房的部分药品退还药库时，药房先向药库提出退药申请，当药库通过退药功能模块录入退药单后，药房通过退药确认模块获得相关退药信息，并且把退药信息与实际操作中退还给药库的信息进行核对，核对无误后进行退药确认。确认后库存信息发生改变，增加药库的库存，缩减药房的库存。确认以后，本次退药的药品数量，收费处不能再用于划价收费。

所有药品的入库、出库、盈亏、报废和报损数据等都由计算机记录，平时可以查询各种记账单据和药品库存，定期打印各种账页和统计报表。可以通过库存查询功能来确定药品是否需要调拨入库，药品的进货、储存、销售主要是在药库和药房之间发生，之间涉及多种出入库形式。为了能更直观地理解，将其以图表的形式表达。图 4-12 给出了药品管理中的药品发放流程图。

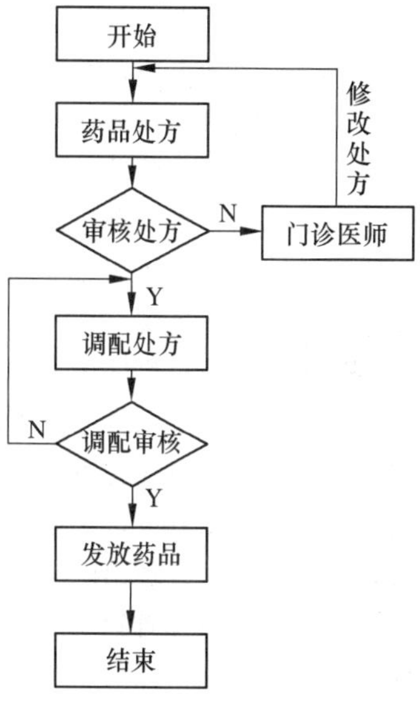

图 4-12　药房药品发放流程图

2）药库管理子系统：药库管理子系统主要用于中、西药库药品管理，建立整个医院信息系统共享的药品目录，管理药品入库、药品出库、药房退药、药品退库、药品计划、库房盘点、有效期查询、药品信息查询、统计报表等。该部分与药房管理子系统以及医院中涉及药品进出的各个科室紧密联系，使得整个医院信息系统的药品信息统一，保证药品数据的完整性。药库管理子系统主体功能设计如下：

(1) 药库管理：包括入库管理、出库管理。其中药品入库管理包括：药品库存录入、核对入库单据、核对单据查询、药品退回厂家、药品借出退还。药品出库管理包括：药房药品调拨单录入、其他部门调拨单录入、部门退药单录入、药房药品调拨、接收药房退药、药品报损、药品借出录入。

(2) 药品调整：包括药品基本信息修改、药品基本信息修改记录查询、药品调价、补打单据查询和省、市医保药品编码维护。

(3) 药品数据查询：包括单品种库存查询、药典信息查询、药品价格、生产单位查询（全部）、药品价格、生产单位查询、药品有效期查询、药品入库流水账查询、药品出库流水账查询、药品出入库总账、盘存报表查询。

图 4-13 表示药库管理子系统中药品采购验收入库流程图，首先根据临床常规需要与实际库存

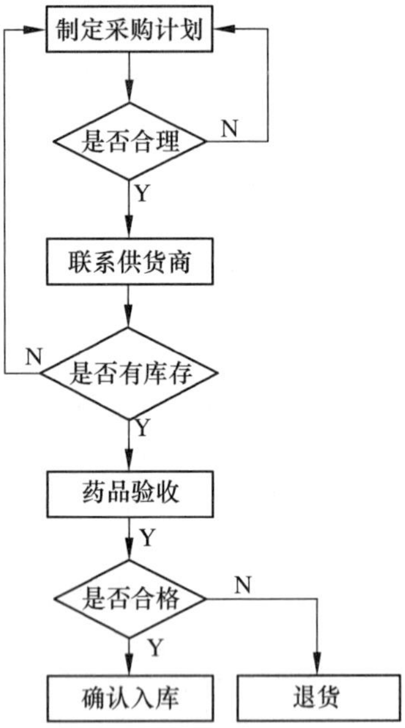

图4-13　药品采购验收入库流程图

制定药品采购计划，并讨论采购计划是否合理，对于合理的采购计划，根据审核后的药品计划与供货商联系采购事宜，不合理的采购计划重新制定；然后判断供货商的库存是否充足，如果供货商不能及时提供，则重新制定采购计划，如果供货商能够及时发货，则进行药品验收；得到药品之后，检验药品是否合格，不合格的药品不入库并退货，合格的药品分类存储入库。

3. 住院管理子系统　住院管理子系统中分为住院部管理子系统、住院划价收费管理子系统和病房管理子系统，接下来分别介绍住院管理子系统中各个子系统的组成和设计。

1）住院部管理子系统：住院管理子系统主要包括患者入院登记功能和患者出院管理的功能。入院登记是办理入院手续的第一个环节，主要功能应该包括患者基本信息录入、住院号分配及基本信息的查询与修改。住院号具有唯一性，与患者之间是一一对应的关系。住院部管理子系统能够无缝链接医保系统，支持医保患者单独结算或批量结算。对于初次入院的患者，系统需登记患者基本信息并为患者自动分配永久性住院号；对于再住院患者，则只需输入住院号，即可调出患者相关信息。预交押金的方式有现金和刷卡两种方式，并提供预交押金收据打印功能供患者费用查询，使医院信息做到透明化。出院结算功能只需输入住院号，即可自动计算出患者总费用，同时可以查询并打印各项目费用，经过审核后办理出院。

住院部患者入院登记流程如图 4-14 所示，首先，进入住院部登录页面，成功输入密码后，进入住院部管理子系统页面，选择办理入院业务，如果密码输入错误，则自动退出该系统；其次，如果患者为首次入院，填写患者基本信息和患者入院信息，即可成功入院，如果患者不是首次入院，调入患者信息后即可办理入院。

住院部管理子系统中患者的出院过程如下所述：当进入办理出院界面后，输入住院患者的住院号，然后出现对应患者的相关信息，如果不知道患者的住院号，可以利用查询功能，根据患者姓名或身份证号等关键字调出患者信息；其中出院管理提供了两种出院方式：正常结算出院与不结算欠费出院。办理出院结算时，系统提供住院费用核对功能和显示患者历次结算信息功能，统计报表部分包括患者费用查询、患者欠费余额查询、操作员汇总等功能，例如操作员或者患者要查询并打印个人的住院费用，即可调出相应信息，并实现打印功能，真正做到了患者费用的透明化，提高了医院业务处理的效率，树立了医院良好的社会形象，扩大了社会影响力。办理出院功能的实现过程如图 4-15 所示。

2）住院处划价收费子系统：住院患者的日常费用集中在住院部管理子系统办理，住院划价收费管理子系统只是一个辅助记账系统，它支持两种录入方式：集中式录入，即所有项目费用都送往住院部进行统一记账；分布式录入，即可以在病房、各医技科室及药房，按照“哪里发生，哪里记账，何时发生，何时记账”的原则即时划价录入费用，进行记账，由住院部复核。除此以外，住院处划价收费子系统还提供固定费用自动记账，可随时查阅并打印患者目前费用汇总及明细账目。

3）病房管理子系统：通过输入患者住院号，可调出患者基本信息，完成给患者分配房间床位、转换科室、出院释放床位、出院诊断和费用信息处理。下面分别说明病房管理子系统中病房管理及患者医嘱管理的具体过程及实现方式。

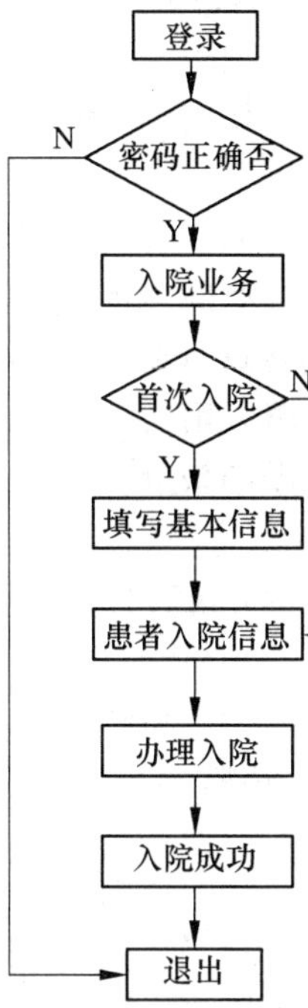

图 4-14　患者入院登记流程图

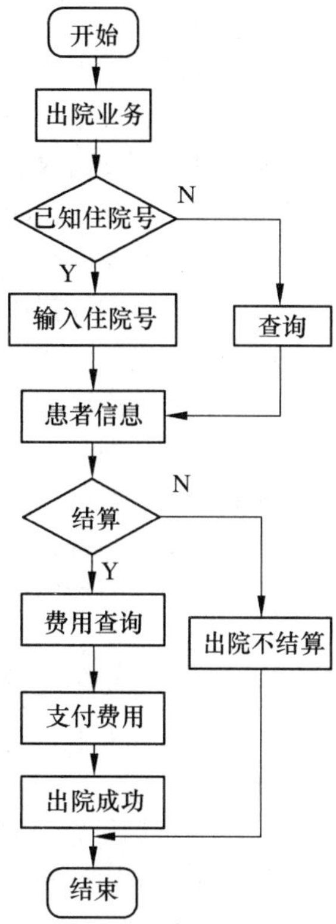

图 4-15　患者出院登记流程图

(1) 病房管理：查询和统计患者的基本信息、费用信息、欠款信息，统计医师及科室工作量；还可按科别、时间、费用项目等对在院患者的情况进行实时统计分析，为患者打印一日费用清单等，提供普通医嘱发药、急诊用药、出院带药、医技用药及退药处理，管理患者的床位、病情、护理等级、诊断、转科等基本信息。可以对患者医嘱进行处理并产生相应的执行计划。在分布式记账方式下，病房管理是患者收费的核心单元。

(2) 患者医嘱管理：患者的医嘱管理至关重要。医师针对患者下达医嘱之后，病房护士就要录入并且执行医嘱，医嘱分为长期医嘱和临时医嘱，当录入的是长期医嘱时，护士执行遗嘱时就要利用医嘱查询功能，查询患者医嘱，并执行。进入病房医嘱查询功能后，输入或选择查询条件，即可获得相应的医嘱信息，如图 4-16 所示。

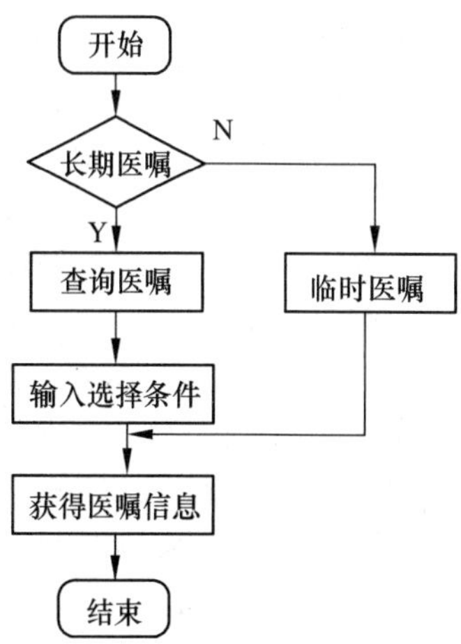

图 4-16　病房医嘱查询功能实现流程图

4. 人力资源管理子系统　人力资源管理子系统是医院信息系统的一个重要的组成部分，主要由招聘录用管理、教育培训管理、绩效考核管理和薪酬管理组成，下面分别介绍各个组成部分的具体实现。

1) 招聘录用管理：招聘工作是医院的重中之重，录用人员的好坏直接关系到医院的长远发展，因此完备的招聘录用管理子系统对医院信息管理系统来说是非常重要的。医院招聘录用管理的大体流程如下：

首先，临床各科室根据医院人力资源规划和工作数量和质量要求，制定招聘计划，人力资源部门进行审核，特别是对人员需求量、费用等项目进行严格复查，签署意见后交医院管理层审批。

其次，拟定招聘计划时，具体内容应包括：岗位、需求量、各岗位具体要求；招聘信息发布的时间、方式、渠道与范围；招募对象的来源与范围；招募方法；招聘测试的实施部门；招聘预算；招聘结束时间与新员工到位时间等项目。

再次，人力资源部门根据招聘计划所确定的招聘信息发布的时间、方式、渠道与范围落实具体的发布工作。对求职申请者进行资格审查、面试、考试。人力资源部门将符合要求的求职者名单与资料移交各临床科室，经临床科室初选后，由人力资源部门再进行复试、体检。在此过程中应严格按照工作分析阶段产生的职务说明书标准进行选拔。然后跟录用人员签订试用合同并安排合适的岗位。试用合同应详细写明试用的职位、试用期限、试用期的报酬与福利、员工在试用期的工作绩效目标与应承担的义务与责任、员工转正的条件等内容。

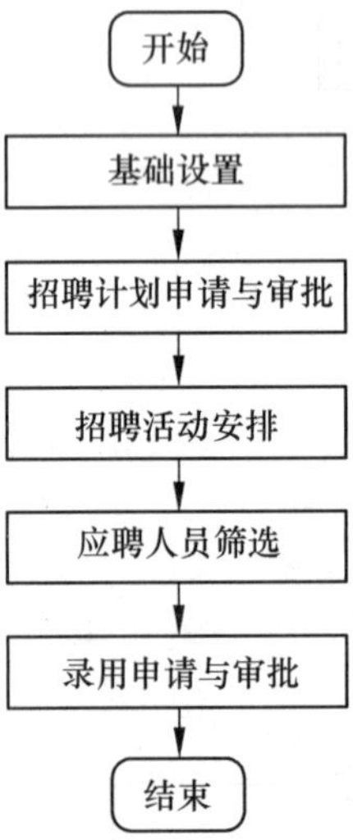

图 4-17　招聘录用管理流程图

最后，对招聘成本、录用人员数量、质量等进行评估并以报告形式向医院管理层反馈。

招聘选拔工作可以分为基础设置、招聘计划、招聘业务处理、招聘结果分析、备选人才库管理等几个主要的环节，招聘录用管理流程图如图 4-17 所示。

① 基础设置：建立各类模板，包括简历录入、通知录入（面试通知、拒绝通知、录用通知等)、计划录入、面试成绩录入等。

② 招聘计划：经审批后的招聘计划将作为招聘工作开展的依据。

③ 招聘活动安排：设置自动筛选简历的功能，过滤后的简历自动进入医院的备选人才库，同时记录面试结果，并按照结果对应聘过程进行管理。

④ 招聘结果统计分析：对招聘结果中的目标完成情况、费用使用情况以及招聘途径有效性进行记录，并完成量化报表，作为撰写招聘分析报告的依据。

⑤ 备选人才库的建立：建立了备选人才库，医院可以在需要的时候以最快的速度找到所需要的人才。

2）教育培训管理：完备的教育培训管理子系统应满足如下的要求：首先，系统将对培训工作进行梳理、收集，提出相应的要求。统一汇总至人力资源部门，人力资源部门根据培训计划统筹安排。其次，人力资源部门必须帮助员工根据自己的职业发展方向制定自己的培训科目和计划，引导员工将个人目标与组织目标协调一致。最后，采用有效的激励手段鼓励员工自我培训，这既控制了培训成本，又充分体现了人力资源管理工作的人本化，也可以制定一系列目标，鼓励员工为达成目标进行自我培训等。

教育培训管理子系统包含的主要功能有：完成员工的国内外进修申请审批、备案等；完成医务人员继续教育学分记录、完成护理人员基本培训记录、完成管理人员培训记录、与医院出资培训的人员签订培训协议书，对培训实施情况进行统计分析，如成本、效果分析等。这一模块需要的数据表有：护理人员培训需求调查表、医师培训调查表、管理人员培训计划、出国培训协议、培训人员登记表、培训评估资料等。

3）绩效考核管理：绩效考核管理是人力资源管理的核心职能之一，可以分解为方案设计、实施、结果应用和沟通四个主要层面。

①基础设置：主要包括绩效指标、考核周期、考核基本档案等的设置。

②绩效考核方案：绩效考核方案的设计通常分为个人考核和科室考核。考核方案主要包括定义方案的名称、编码、考核类型、绩效等级、方案制定人、方案制定日期、考核目的、指定方案适用的岗位（科室）、参与考核的考核人类别及权重、定义考核量表、定义量表绩效指标权重、定义方案的等级划分、定义各个指标的等级划分、定义定量指标的数据来源和计算公式等内容。考核方案设置中需要注意的是，对于指标库中的量化指标，在与医疗系统实现数据共享的基础上可以直接采集结果，进行计算。

③考核实施：在考核方案设计的基础上，针对被考核的对象，按照选择考核人员→设置定量目标→采集定量数据→实施量化表考核→关键事件记录→述职总结→生成考核结果的基本流程完成相关操作。其中数据采集可以通过设置数据的共享直接由系统完成，或者手工输入完成。最终通过设置的计算公式和权重，依据所采集的数据完成最终结果的计算。考核实施中需要注意考核实施流程和考核结果审核的流程设置。

④考核沟通：将考核结果反馈给被考核人员，接受被考核人员对考核结果的申诉，其主要目的是提供有效的沟通反馈渠道。

⑤考核结果管理：考核结果作为员工异动、薪酬、培训等的重要依据。医院可以根据分析的需要，设定不同的考核结果的分类、分项统计，并生成统计图表。

4）薪酬管理：在现有的医院信息系统中，要达到完善的薪酬管理的目标，薪酬管理子系统应该着重考虑如下几个方面的设计。

首先，可以取消院科两级承包的分配方式，效益工资的分配中积极引入目前发达国家科学的得分因数法及点数法，即根据业绩、绩效、风险度来确定效益工资的级别，从而形成比较稳定的薪酬体系。

其次，定期进行全面的市场薪酬调查，确定比较科学的薪酬标准。市场薪酬调查的目的是为了参照本地区、本行业的薪酬状况，制定和调整医院的薪酬水平与结构，使之具有市场竞争力，保证医院薪酬体系的外在公平性。薪资调查的主要内容包括：薪酬政策、薪酬水平、保险福利、薪酬增长率、组织结构与岗位设置等。因此医院的薪酬体系也必须在充分了解市场的情况下制定，每年都应根据市场情况作周密分析、调整，使医务员工和医院达到共赢，才能真正起到有效激励医务工作者的作用。

再次，规范各类津贴，合理计算，使员工总收入和绩效相关。根据绩效统筹计算，使在相同岗位上，做出相同业绩的员工，将获得相同的报酬。并制定薪酬的上限和下限，使薪酬体系在一个适当的区间内运行。

最后，医院的薪酬系统要接受成本控制，在成本许可的范围内制定薪酬系统。

5. 后勤管理子系统 行政后勤的一切活动，都是围绕着医疗活动而展开的，它包括：财务管理、设备管理、物资管理。由于行政后勤服务于医疗活动，因此，它必须要与医疗活动的信息紧密联系，并保持一致性。

以财务管理为例，对于大多数医院来说，收费的途径主要包括以下几种：挂号收费、检查收费、处方收费、住院收费、治疗手术收费、护理收费等几项。收费处一般有三个：挂号处、门诊划价收费处、住院划价收费处。将这些收费处的信息统一传输到财务处汇总后再进行存档，以便于后期进行报表处理，图4-18描述了收费的流程。

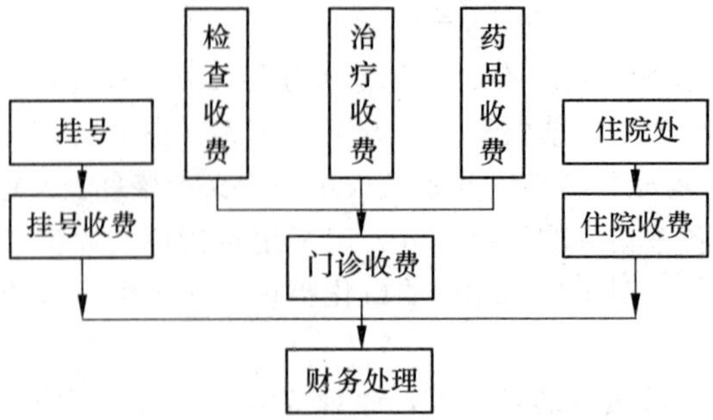

图 4-18 财务管理功能示意图

通过图 4-18 可看出，虽然医院收费的名目不同，但是账务处理的方法基本都是一致的。账务处理的主要流程一般都是从会计记账凭证开始，输入到每日账表、科目汇总表和各类明细账表，最后再从各科目汇总表汇总到总分类账进行处理。

6. 系统管理子系统 在系统管理子系统的具体实现中，为了方便操作员进行信息录入工作，系统管理员自定义的一系列信息被称为字典类别维护。例如，管理员在字典里输入信息“学历状况”，同时在字典里添加“专科”、“本科”、“硕士”和“博士”等记录，当操作员在录入信息时，只需要从选项中选择就可以了，不需要手工输入。这种功能针对那些较为固定的比较复杂的信息录入时尤为有效。系统表管理子系统管理系统相关的数据库表，实现了字典类别维护、字典维护、服务器维护、子系统报表时间维护等功能。

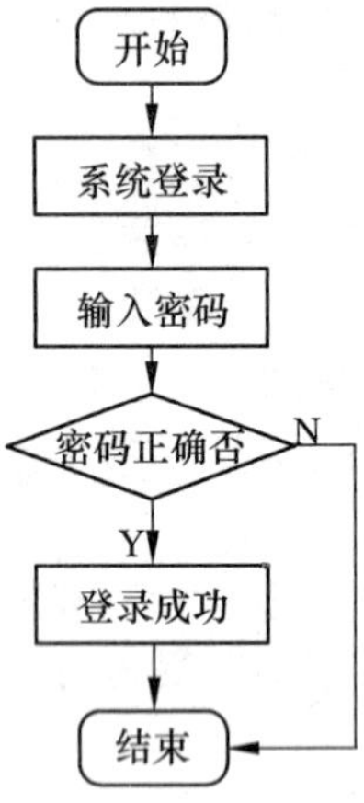

图 4-19 系统操作员登录系统流程图

医务人员相关信息的管理，主要涉及医务人员个人资料的填写和维护。系统权限管理设计采用三层管理模式：第一层称为工作站设置；第二层称为子系统服务部门设置；第三层是操作员权限设置。工作站管理通过设置合法工作站的 IP 地址，检查客户端 IP 来限制非法工作站登录系统。子系统服务部门设置主要是能够合法使用该子系统的服务部门的名称。在实现操作员登录权限管理时，可以通过设置操作员的登录状态标识，来防止同一账号重复登录的情况发生。操作员登录系统流程图如图 4-19 所示，在统一资源定位符（uniform/universal resource locator，URL），也就是网页地址之后，判断网络协议（internet protocol，IP）合法之后，进入医院信息系统登录界面，成功输入密码后，才能登录到医院信息系统中。

系统管理子系统中的药品信息管理要实现对药品信息相关数据库的管理，例如药房维护、库房维护、项目权限维护和项目操作权限维护等功能。门诊数据管理子系统具体要实现门诊系统设置维护。住院数据管理子系统实现住院部相关数据库的管理和维护。后勤数据管理子系统实现后勤管理的各个子系统相关数据库的管理和维护。

4.3.4 问题与对策

目前我国的医院信息系统发展形势良好，国家和医院对医院信息系统的投资力度也越来越大，但是现有的医院信息系统仍然存在着一些问题，不能很好地满足医院及患者的需求。不断更新和发展的医院信息系统正在努力发展自身的系统，使之能够克服现有的问题，下面对医院信息系统现存的问题和解决对策进行简要的介绍。

1）我国医院信息系统普及程度不高。目前，我国各大城市的较大医院已基本开发了自己的医院信息系统，但是相对较小的城市的一些医院、农村医院尚未开发自身的医院信息系统。针对上述问题，我们的解决对策是积极发展城镇医疗事业，推进“新农合”医疗，由相应的医疗管理部门为尚未开发医院信息系统的医院提供技术支持，使其能够尽快建立自身的医院信息系统。

2）信息标准化建设滞后。医院信息系统是一个开放系统，必须与其他信息系统交换信息，因此，对标准化程度要求很高。比如：建立城镇职工基本医疗保险体系后，患者都将持卡看病，若各医院信息系统的数据格式、病情解释、检查（验）报告格式、药品名称不一致，患者不能便利地取到药品或者做重复性的检查；保险公司也将无法准确地对患者信息进行查询、统计、审核；各医院医疗信息标准的不一致，将会影响医院之间的临床资料、影像图片、病案的交流，为远程医疗、网上会诊人为地设置障碍。特别是医院信息系统向着集成化方向发展，信息交换格式、系统平台方案、数据标准、接口标准的不规范，都会为互联网之间的信息交换带来麻烦，增加不必要的开支。因此，系统的规范和标准的制定显得日益迫切。这是一项复杂的系统性的工作，它包括国际标准、国家标准和用户自定义标准等层次。针对上述问题，可以在一定的范围内，比如某所高校的所有附属医院或者某个城市的所有医院，尽量采用统一的医院信息系统或尽量相似的医院信息系统，这样能够最大程度地做到信息共享，有利于医院信息系统的进一步发展。

3）医院信息系统后续服务难以保障。现有的医院信息系统服务难以保障，新增模块相对困难，系统的可扩展性不强，为此，可以在推广医疗政策和推广医院信息系统的同时，为今后软件的升级留有良好的接口，保证医院信息系统可以不断扩展。

4）重视程度不够。有些医院管理层思想观念滞后于现代信息化发展要求，没能充分认识到医院信息系统所带来的崭新观念和运行模式所带来的好处，因此相应的投入比较少。在发达国家，衡量一个医院是否先进的一个重要标志便是其是否拥有功能完整的医疗信息系统。例如美国，将医疗卫生总花费的2%～4%投入信息化产业，而我国则相形见绌，每年投入医疗卫生事业4000亿元，用于信息化建设的经费则只有4亿～5亿元。另外，权利、工作量、利益的再分配问题与医疗信息系统息息相关。对此，应该加大医院信息系统建设的投入力量，加快医院信息化的步伐。

5）缺乏复合型人才。人才是医院计算机应用成功的关键，医院信息系统综合了计算机技术、医院管理等方面的技术。随着计算机技术的飞速发展及其在医院各方面的普及，医院正迫切需要既熟悉计算机技术，又熟悉医院业务管理的复合型人才。由于体制、待遇、编制问题，信息化人才匮乏。信息管理技术人员在不少医院得不到重用，与IT公司相比相形见绌，使得人才大量流失，无法吸引高水平技术人员。针对上述问题，大力加强高校和医院的合作，着力培养一些复合型人才，加大人才引进力度，争取尽快培养出具有医学和信息学背景的复合型人才。

6）医院信息系统缺乏数据和系统的安全管理。现有的医院信息系统在数据库的使用、系统的管理和维护等方面缺少安全性考虑，由于软硬件故障等原因造成数据丢失甚至网络瘫痪，必将直接影响医院各项工作顺利开展，严重的不仅会造成医院经济利益的损失，也会使医院的社会效益受到影响。因此，要尽力避免这些问题的出现，在技术上采取一些行之有效的措施，确保网络安全稳定地运行，在新开发的医院信息系统中，应尽量增加对系统安全性方面的改进，使得医院信息系统安全性提高。接下来从数据安全管理和系统安全管理两方面详细说明安全管理对于医院信息系统的重要性。

（1）数据安全管理。数据的安全管理主要包括数据备份与恢复和数据检测两方面。

数据备份是当前医院信息系统数据容错措施的主要手段之一，如果数据没有进行有效的备份，医院将不能开展日常医疗工作，各种数据全部丢失，在院患者的费用将全部失去结算依据，其经济损失不可估量。因此，为保证医院管理信息系统的正常运行及数据安全，必须建立完整可靠的数据备份及恢复方案。

可以通过数据库本身所具备的定期启动和计划、任务等功能每天定时自动把主服务器的日志备份到备份服务器，并定时启动恢复命令把备份服务器数据库恢复与服务器同步。在异地可以安装一个大容量硬盘，把备份服务器已恢复的数据库备份到硬盘里。这样主要是为了保障数据的完整性，当意外发生时，每 10 分钟一次的事务日志备份能够尽可能减少数据的丢失。这些操作都将会写入系统的日志中，以便平时检查数据库的备份工作是否正常。

在数据检测方面，可以通过服务器日志管理，记录服务器每天的各种操作，主要是设备检查记录、服务器启停记录、对数据库的日常维护记录、服务器运行情况记录和用户的监控记录等。通过监控帮助网络管理人员监控当前网络的运行状态，或是完成网络故障的监测与恢复，找出系统的瓶颈所在，及时采取优化措施，对数据流量进行调整。

(2) 系统安全管理。系统安全管理主要包括外接设备的管理、系统补丁管理、网络用户管理和病毒管理等方面。

外接设备的管理方面，为防止用户任意拷贝数据、文件和安装非法程序，可以屏蔽 USB 端口。并且使用多种方法对系统做相应的限制和监控。

系统打补丁管理方面，医院目前多采用 Windows 2000/XP 作为系统平台，该系统管理方便，但是安全性不是很高，大多数病毒和黑客都是通过系统漏洞进来的，因此，要及时对系统和应用程序打上最新的补丁，新的补丁程序都能弥补这些应用程序的漏洞。

在网络用户管理方面，由于医院网络用户涉及系统管理人员、医护人员、医院管理人员等诸多使用者，因此，对于用户的安全管理也成为网络安全管理中必不可少的一部分。医院采取为用户指定登录密码，设定一对一的网络登录用户名，各个应用子系统应对各个操作员分别设立账号及口令。通过服务器权限设置，限制系统将不安全的软件或数据写入服务器。只有超级用户才能访问服务器中重要数据。

在病毒的防范措施方面，由于网络操作系统的网络特性，对病毒的预防和清除是网络安全体系中十分重要而且非常关键的部分。计算机病毒隐藏在计算机系统的代码数据中，能通过系统数据的资源共享与交换不断复制自身的途径进行传播。在医院计算机网络中，若有一台计算机感染了病毒，将可能通过网络感染网上的任何一台计算机，一旦感染了恶性病毒，将导致系统不能正常运行，数据和可执行程序被破坏，甚至网络瘫痪等后果。因此，面对复杂多变的网络环境和层出不穷的电脑病毒，对病毒的危害性要有高度的认识，要防患于未然。

4.3.5 应用与效益

医院信息系统的实施优化了医院原有的工作流程，即挂号排队时间长、划价排队时间长、交费排队时间长、医师看病时间短的突出问题。医院信息系统实施后，将原有的患者需要携带处方先去划价，然后交费，然后再回药房取药的流程简化为只要到收费处直接划价交费，然后去药房取药，流程的简化大大提高了门诊患者就医的满意度，同时也提高了医院的社会知名度，同时采用联网划价，由于药品和治疗相关的价格和收费标准事先存储在数据库中，操作人员无法进行更改，这样使原来由药房工作人员记忆产生的药品价格错误所造成的误差大大减少，从而大大减少了由管理流程造成的患者的投诉数量，这在消费者权益受到普遍关注的今天尤为重要。

医院信息系统属于医院管理的范畴，它不可能通过直接产生医院的收入而提高医院的全年总收入，但它在杜绝医院管理中的“跑、冒、漏”费的问题上起到了关键作用。例如某家医院在医院信息系统实施前，光每年的住院部患者的欠费就高达数百万元，这还只是那些已经出院的患者拖欠的费用，长期累积下来，甚至需要成立专门的医院欠账催缴小组，工作人员一年四季奔波于出院患者居住地，增加了管理人员工作负担。而自从医院信息系统实施后，这部分拖欠费用急剧下降到几十万；另外，集成化的系统使各业务科室的业务透明度大大加强，为医院管理模式的优化提供了客观依据。这部分隐性效益正是医院信息系统实施所带来的经济效益。

医院信息系统的实施在给医院带来诸如减少药品、耗材等的资金占用，带来直接经济效益的同时，其带来的长期间接效益也是非常明显的，间接效益包括：

1）缩短前台业务处理时间，以改善服务质量，吸引更多病源。

2）防泄堵漏，以保证医院的经济收入。

3）数据高度共享，无纸化信息传递，以降低人工管理系统的管理成本，并大幅提高管理数据的准确性与实时性。

4）人力、财力、物力规范化管理。

5）提供辅助决策支持，以缩短决策周期。一个正确的管理决策的制定，需要参考大量可靠的现在及历史的数据信息，需要对这些数据及信息进行深入细致的分析，需要对各项指标在各种决策作出后的可能变化做出较准确的预测。

6）快速、完整地收集各项业务活动的数据，并且把这些数据及时、准确地传递。

7）自动进行医院业务及事务方面的各种统计和计算。

8）辅助医疗质量监测及控制：由于患者的信息已储存于计算机内，可以用计算机不断地自动统计出以科、病房甚至以个人为单位反映医疗质量的各种指标（如诊断质量、确诊天数、疗效、住院天数、费用等)，供科室及医院管理人员参考，从而对医疗质量进行动态监测并及时加以控制。

9）在医院各部门之间进行数据通信，自动把信息送到各有关科室。例如患者的一份医嘱可牵涉到放射、检验、营养、药剂、手术等许多科室。具备各部门间通信功能的计算机系统，可把各项医嘱分别传送到有关科室，免除医务人员重复抄写、送递等工作，同时也减少了误差。各检查科室的报告及各科室的通知也可以及时地通过系统传送到病房。这样，全院信息通过计算机联结成一个整体，比较容易进行全院性的统计、检索和分析工作。

4.3.6 管理与发展

我国医院信息化建设已经进入了高速发展的阶段，部分大型医院陈旧的管理和运营方式已经不能适应医院信息化建设飞速发展的形势，所以，医院信息化建设显得更加重要。医院信息系统的建立，推动了地方医院信息化建设的脚步，本着“为患者服务，以患者为中心”的原则，建立医院信息系统，有效地解决了患者就诊排队等候时间长、医疗价格不明确等问题，实现了医疗服务快速化、医疗费用透明化，并且为医院的管理层提供了管理决策的依据，提高了医务人员的工作效率和医院的服务质量，更为建立“数字化”医院打下了坚实的基础。

随着计算机技术和医院管理的发展，医院信息系统也在不断发展和壮大。例如，电子病例的建立，给电子病案的实施提供了依据，从而真正地以医师和护士工作站为中心，集成化的全模块医院信息系统将成为医院发展的新动力。

电子病历是医院信息系统的发展趋势。电子病历指计算机化的病历，它的内容包括纸张病历的所有信息。电子病历不仅指静态病历信息，还包括提供的相关服务。电子病历系统是支持电子病历的一套软硬件系统，它能实现患者信息的采集、加工、存储、传输、服务。在发达国家，像美国、日本，许多大学、研究机构、厂商纷纷投入这一领域的研究工作。由于电子病历涉及医院信息化的方方面面，高度复杂，对电子病历也缺乏完整统一的认识，所以，尽管在不同的方面均取得了各种进展，但完整的电子病历系统尚没有建立起来。政府部门也积极参与到这一进程中来，采取各种行动推动电子病历的发展。电子病历已成为目前医院信息系统发展的重要目标之一。

另外，远程医疗是顺应信息社会发展和人们对医疗保健的需求而产生和发展起来的。美国得克萨斯州曾将远程医疗用于监狱系统，市区医院的医师和专家通过电视会议装置对监狱的患者进行会诊。据说与将犯人带往医院在保安措施方面所花费用比较起来，每次可节省数千美元。远程医疗是一个正在发展的领域，中国、美国以及全球的许多国家都已将远程医疗列入国家的议事日程。由于交互式电视、图像数字压缩技术和远程通信的发展，以及高质量医疗中心不断涌现，远程医疗发展迅猛。我国远程医疗的发展正显示出强大的生命力，随着通信、计算机、医疗技术的快速发展，远程医疗将来会延伸到偏远地区，那里的患者将不再为当地治疗技术的落后而延误病情，也不必为求医而跋涉千里。在不远的将来，广大偏远地区的人民将和城市居民一样接受世界各地医疗专家的诊治、健康指导。光纤通信不仅传输速度快，而且能传送动态图像，所以近期内发展远程医疗可以采用光纤通信，卫星通信质量高，辐射面更广，可进行国际间的远程医疗，是今后的发展方向。

网络技术的发展为远程医疗和区域化的医院信息系统的建设提供了一种思路，在不久的将来，我们借助网络不但可以完成预约挂号，而且可以随时和自己的医师进行沟通，医师也可以随时调阅该患者以前在另外的医院的就诊记录作为参考，届时将大大提高患者就医的舒适度。医院信息系统的不断发展，必将为我国医疗制度的改革、患者消费权益的保护以及全民的健康做出更大的贡献。

4.4 案　　例

本小节主要讲解某医院信息系统解决方案。

1. 标准与规范体系设计　标准规范体系建设旨在有目的、有目标、有计划、有步骤地建立起联系紧密、相互协调、层次分明、构成合理、相互支持、满足需求的标准、规范及制度，并贯彻实施，以支持医院各应用系统合理建设。

按照统筹规划、分步实施的建设原则，组织进行项目的总体设计和统筹规划工作。因此，在本医院信息系统设计和建设过程中，必须加强标准规范建设，尤其是技术标准规范的研究和制定，发挥技术标准规范的指导、协调和优化作用，确保某医院信息化建设过程中系统运行安全，发挥预期效能。

2. 总体架构设计

1）设计思路：结合某医院近期的核心要求与重点任务，坚持以需求为主导，参考国内外行业信息化实践案例，充分发挥现有业务体系和信息技术体系的基础成果，探索成本低、实效好、亮点突出的信息化发展模式；逐步推进某医院在临床诊疗、医疗质量控制、运营管理、决策分析等方面 IT 规划与建设，引进科学化、专业化和精细化的管理方法和手段，带动医院的管理和服务创新，实现管理流程规范化、工作交流网络化、文档文献资料电子化、知识经验共享化、公益信息公开化，实现医院“管理有序，沟通无障，服务完善”的工作新格局。

2）总体架构：某医院信息化建设是基于医院的现状，本着先进、实用的原则，利用先进的计算机、网络技术和医学信息处理技术，结合现代化的医院管理模式，将医院建设为国内先进的大规模集成化的数字化医院。

如图4-20所示，根据某医院信息化可持续发展需要，结合东软集团股份有限公司多年来在数字化医院建设方面的经验，提供全面的、高效的、安全的、可持续扩展的医院信息系统。

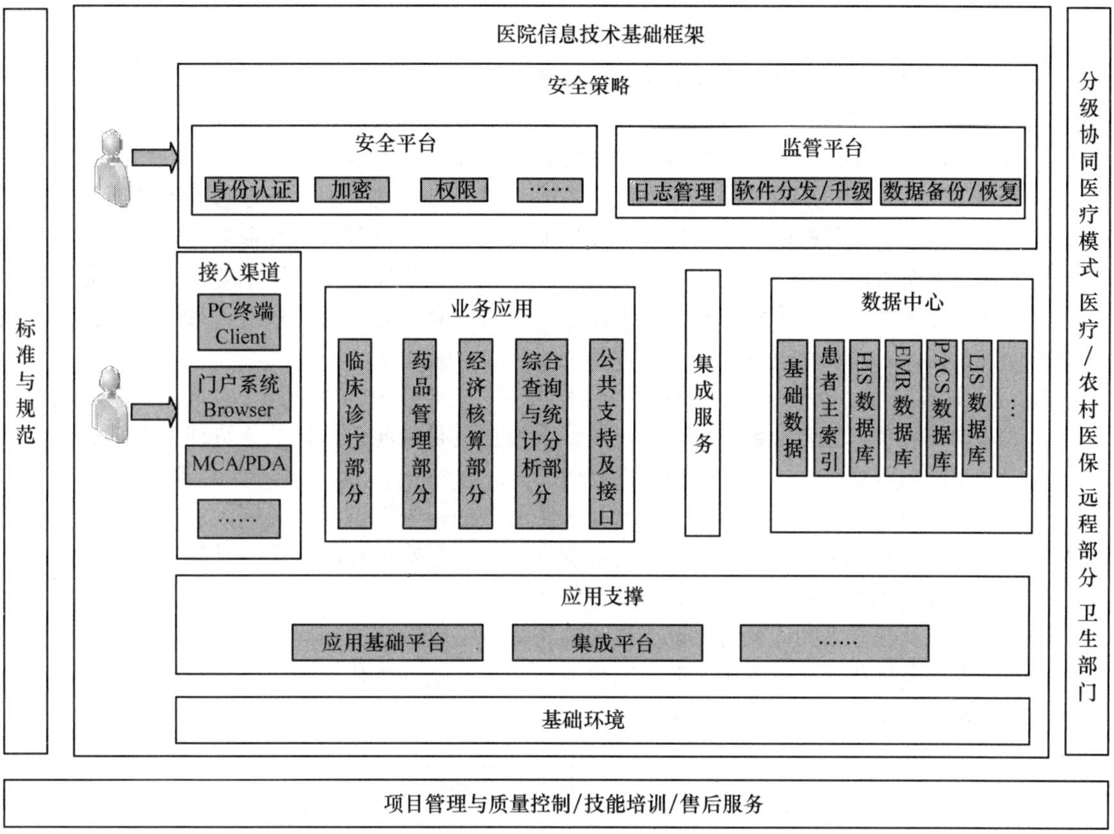

图4-20 系统总体架构示意图

以标准与规范为指导，符合国内外医疗卫生行业的相关法律、法规要求，按照国家卫生部2002年发布的《医院信息管理系统规范》的要求以及国家信息管理的标准。HIS（hospital information system）按HL7数据交换标准；其中CIS（clinical information system）按ICD-10（international classification of diseases 10）、SNOMED（the systematized nomenclature of human and veterinary medicine）、结构化电子病历XML设计；LIS（laboratory information management system）按ASTM（American Society for Testing and Materials）协议等国际信息交换标准等。

在某医院信息技术基础框架的规划与建设中，涉及业务应用、数据中心、应用支撑、接入渠道、基础环境与安全策略等方面的内容。其中业务应用将依据东软公司在医疗卫生行业信息化实施经验，对本项目建设内容进行梳理和规划，形成临床诊疗部分、药品管理部分、经济核算部分、综合查询与决策分析部分和公共支持及接口部分5大部分；数据中心是医院信息化可持续发展的重心，包括医院基础数据、HIS数据、EMR（electronic medical record）数据、LIS数据、PACS数据、OA数据、核算数据等；应用支撑是医院信息系统可持续发展的技术支撑，包括应用基础平台、系统集成平台、门户系统，满足医院日常业务运行要求；接入渠道包括 PC 终端、MCA、PDA、短信等不同信息交互方式，满足医疗服务多元化发展需要；基础环境是医院信息系统运行的硬件配置要求；安全策略包括物理安全、网络安全、服务器安全、数据安全、应用安全等，以形成符合医院信息系统的合理、完善的信息安全体系；医院信息化的可持续发展需要先进的技术及长久技术支撑，以应对医院自身发展需要以及外部环境的变化，东软集团充分发挥在医疗卫生领域里多年的技术经验，采用业界先进、成熟的软件开发技术和设计方法，采用先进的体系结构运行模式，为医院信息系统的可持续发展打下坚持基础。

项目管理与质量控制是项目得以成功和可持续发展的重要保障，涉及组织机构、工作时间进度表、工作程序和步骤、管理和协调方法、关键步骤的思路和要点、软件开发、安装调试、系统集成、试运行、压力测试、应用开发培训、系统管理培训、系统运行维护培训等方面内容。良好的项目管理是软件企业长期成功的根本保证，东软公司实施正式的质量管理与规范的项目管理制度已经有多年的历史。某医院信息化建设工程规模庞大，涉及很多部门和业务内容，影响项目成功的因素来自各个方面，是一项复杂的系统工程。它的项目管理工作尤为重要，我们将充分发挥东软集团在医疗卫生领域里多年的质量管理经验，复用一套卓有成效的项目管理体系和方法，从各个方面进行控制，系统地进行管理，监督各个环节的实施过程。

3. 门诊业务流程 传统医院的门诊业务流程烦琐，主要体现在以下几个方面：在整个就诊过程中，因非诊疗环节，患者频繁来回奔波，做多项检查更是如此；排长队等待现象严重；候诊秩序比较混乱，影响医师工作；诊室的隐秘性有待加强；意外情况（收款员录入错误，药品无库存，检查时需要加项目等）加重了患者来回奔波和排队的苦恼；未提供预约机制，加重了患者就诊等待时间，“三长一短”现象（挂号排长队，就诊排长队，缴费排长队，看病时间短）一直比较严重，甚至到医院后无法挂到号就诊的患者也比较常见。

因此某医院从建立之初起就需要改变传统的流程，结合医院的实际情况，通过数字化建设实现对门诊业务流程优化，充分利用资源，减少业务压力，达到优化流程、改善秩序、提高质量的目的。根据业务分析，建议就诊卡和医保卡设计采用优化的业务流程（图 4-21）。

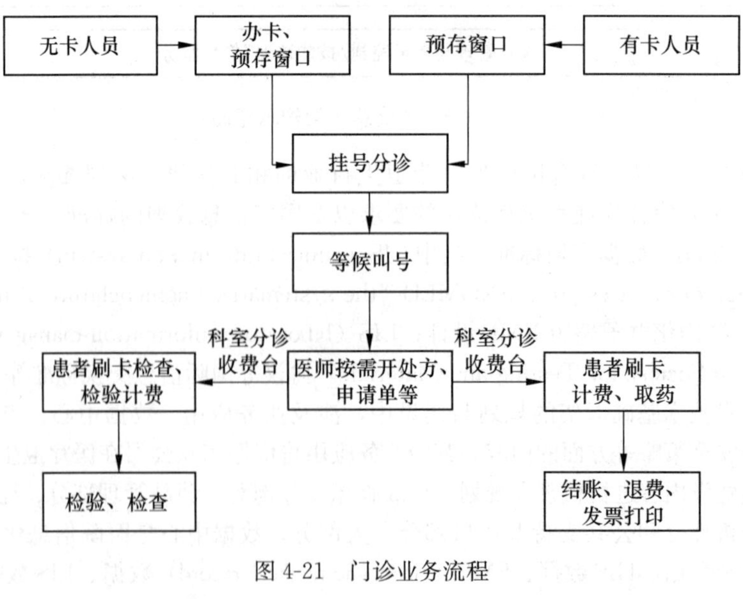

图 4-21 门诊业务流程

如图4-21所示，医院使用就诊卡建立的“一卡通”业务系统形成了一种全新的门诊就诊流程，通过分诊台分散挂号，各医技科室与药房直接支付，取药处设置座位和大屏幕，自动打印输液座位号和瓶签，为患者提供各种预约机制，等离子或液晶大屏幕信息公示，设置自助服务机器等措施，这些都减少了患者来回奔波的次数和排队等待的时间，减轻了门诊压力，提高了门诊的容量和工作效率，改善了就诊秩序和诊疗环境，提高了医院的服务水平与服务质量，方便了患者就诊，使整个门诊业务流程焕然一新，更加人性化、智能化。

1）卡管理窗口：医院将需建立专门的卡管理窗口，该窗口可以是银行设立的窗口，也可是银行授权给医院的业务窗口，主要完成新就诊卡的发放，银行账户的绑定和取消绑定，银行账户的建立、存款、取款、挂失、更换等卡管理服务业务。

2）候诊护士站（护士分诊台）：患者可在护士站刷卡自动挂号，完成挂号支付后，系统将打印候诊小票，此时患者即进入候诊状态。护士站护士收到挂号信息后，运用排队叫号系统完成候诊队伍的调整和呼叫。呼叫可以用计算机接大屏幕显示器和语音呼叫器，自动进行候诊提示和呼叫。

3）门诊医师诊室：门诊医师站医师在完成所有诊疗工作后发出诊疗结束信号，通过计算机网络将结束信息传到候诊室，候诊呼叫系统自动消除该患者的信息，同时呼叫下一个患者，诊室的门楣设置一个单行的LED显示正在就诊的患者。就诊完毕后，若患者就诊卡有绑定账户，则可直接到药房取药或到医技科室检查、检验，若无，则必须先到收费处执行收费后，再去取药或做检查、检验。门急诊的诊室均为“私密性诊室”，即采用“一室、一医、一患、一站（医师工作站）”的诊室；医师可以在诊室查看患者LIS、PACS报告；同时用合理用药系统监控医师处方的开立。

4）门诊药房：收到网络传来的医师的处方，系统自动打印配药清单，药剂师根据配药单配药，配完后标上已配好，系统通过电子候药系统在大屏幕自动提示患者到窗口取药，患者刷就诊卡扣减银行账户金额，确认取走药品后，大屏幕自动清除该患者的取药提示。

5）医技科室：患者刷就诊卡进行付费，系统通过大屏幕通知患者的检查顺序，患者检查完毕后，由大屏幕通知患者取结果报告，同时结果报告传到各诊室。

6）挂号、收费处：医院的挂号、收费窗口主要处理不愿绑定银行账户患者的挂号与收费业务。预约挂号：患者可通过就诊卡提前预约挂号，预约的方式可采用现场预约、电话预约、手机短信、微信预约、网上预约等多种手段。

7）信息公示屏幕：在门诊大厅或各楼层，可利用等离子或液晶大屏幕进行专家、诊号情况、健康知识等信息的公示和播放。

8）触摸屏导医：在门诊大厅或各楼层设置触摸屏导医台，为患者提供各种信息的自助查询。

4. 住院业务流程 某医院住院部将各种服务信息全面数字化，提供床位的预约、住院期间一卡通、电子申请单、电子报告及影像资料查询等服务。所有患者入院后佩带病情检测跟踪器，一旦病情出现问题即自动提示医师、护士。从各种电脑化医疗设备中获取的资料储存在中心化电脑系统中，然后在适当的时间，将信息有效地传输给适当的人，不发生任何延误。由于与互联网相连，将医师的办公系统与医院门户网站集成在一起，医师在办公室里就可通过电子信息将患者收住院，使患者省略了在候诊区等待和医师书写的时间，直接进入病房。医师也可采用手持电脑进行查房，开的医嘱会受到自动检查以避免可能存在的配伍禁忌。医师开的各检查单自动传到护工和检查科室，由护工按时护送检查，各个科室的各种检查实现共享，避免患者重复做。检验采用全条形码的工作流程，使整个流程更加顺畅、快捷，更加智能化和自动化。医师运用电子病历系统很少花时间用计算机填表格、写病史和等待检查结果，因而可节省15%的时间，可以看更多的患者。护士不再每天花 2～3 小时填写图表，全部由计算机系统自动完成。病床带有与互联网相接的显示屏，既可以上网，也可与医师或家人进行视频交谈。

1）入院登记：可以通过一卡通检索患者的在院基本信息，这样患者的门诊就诊信息就可以同住院信息相关联；入院患者的来源可以是门诊、急诊或是其他，门诊的患者可以由医师诊室申请入院，急诊可以由医师诊室或是急诊留观室申请转入；入院类别可以是自费、医保等，可以用现金、银联卡刷卡等方式支付；同时可以为操作员提供患者历史住院信息查询，以便将本次入院记录同以往的在院历史记录关联起来，能够更好地为患者提供医疗服务。

2）住院收费：完成在院患者的欠费管理、退费审核、费用记账、结算及发票打印，其中欠费管理同科室的欠费管理相结合，为管理、监控提供可靠保证；退费控制可以更加完善医院退费处理流程；能够应对特殊情况，如婴儿和产妇以及特殊需求患者等。

3）病房护士：完成病房管理，如患者的管理、护理级别、转科、请假、交班统计等。医嘱审核与医嘱分解，并实施医嘱后处理，如医嘱单、输液卡、瓶签、口服单等；日常费用管理，如记账及退费申请；打印检验条形码和查询 LIS、PACS 报告。

4）住院医师：实施电子医嘱、电子病历、电子申请、入院申请，进行 LIS 报告、PACS 报告及影像、历史医嘱的查询，同时合理用药、数字签名等技术的嵌入将提高医疗质量及信息安全。

5）住院药房：完成住院科室手术摆药、科室常备药等以及日常药品管理业务、财务核算等。

6）医技科室：患者进行检验、检查执行，检查完毕后，结果报告传到各住院医师站。

7）手术麻醉：由病房医师开出手术申请，然后做手术安排、麻醉安排，手术时根据要求做好术前准备，手术结束后做手术登记、手术计费。

5. 检验业务流程 LIS 是专为医院检验科设计的一套实验室信息管理系统，有效地提高实验室样本处理效率和质量水平。系统的独立性和集成性使其成为 HIS 系统的重要组成部分。其主要功能是将检验的实验仪器传出的检验数据经分析后生成检验报告，通过网络存储在数据库中，使医师能够方便、及时地看到患者的检验结果，从现在的应用来看，LIS 已经成为现代化医院管理必不可少的一部分。LIS 系统完全建立在“以患者为中心，以检验业务处理为基础，以提高环节管理水平为目标”的总体设计思想上，通过医院管理信息化过程的控制来优化医疗与管理流程，促进医院检验科的管理和职能工作再上一个新台阶。

用检验样本处理流程有效规范护士站护士与检验科技师之间的配合问题，使临床科室在申请检验医嘱和检验科在查收检验样本时，都能够按照医疗规范要求执行。系统从患者样本申请开始即开始对患者的样本执行情况进行监视跟踪，观测样本在各个检验环节中的状态。样本送达检验科时，系统对样本质量进行分析、判断，并记录样本的状态，可为日后的医疗纠纷处理提供客观的证据，同时也为检验科主任考核员工的工作量和工作水平提供参考。在样本的处理过程中，系统能够始终监视仪器的质量控制状态和仪器维护与保养、作业的进展情况，并将样本处理结果产生时的质量控制状态一并记录在案，失控状态的样本结果的发出会及时提出要求，征询负责人对失控结果的评判意见。对于异常结果，系统自动提示操作人员与临床沟通，并记录相互沟通结果。检验报告结果的更正系统给予临床及时提示，并且系统记载了患者检验报告结果历次变更的详细信息。

从财务决策的角度而言，系统可以提供检验仪器设备的经济效益报告，可为未来医院医疗仪器的采购提供定量数字，避免了选购仪器时盲目决策带来的不必要损失。

从管理决策角度而言，系统能够提供样本处理的各个阶段的平均处理时间报告，可以对此部分信息进一步挖掘分析，寻找各个部门更加合理协调、运行的规律，减少样本在处理环节上的瓶颈问题。

6. 住院患者的检验工作流程（图 4-22）

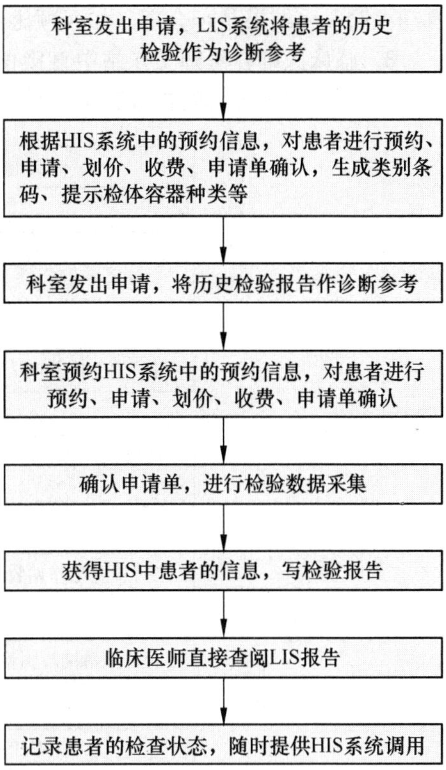

图 4-22 住院患者的检验工作流程图

1）临床科室发出检验申请后，LIS 系统可将该患者的历史检验资料先送来作诊断参考；

2）科室申请预约工作站接收到 HIS 系统中的申请预约信息，对患者进行预约、申请、划价、收费、申请单确认；根据检验项目的类别生成条形码（包含患者病历号、医嘱记录号、年月日时分秒）、提示检体容器种类（以各种颜色区别）、采集检体的容量与要求（同时具备生成打印识别条形码方式和识别定制条形码方式）；收费按物流节点分段（采样时收容器费用，检验科收样确认后收检验费）；

3）临床科室发出检验申请后，系统可将该患者的历史检验报告先送来作诊断参考；

4）科室申请预约工作站接收到 HIS 系统中的申请预约信息，对患者进行预约、申请、申请单确认；

5）检验工作站收到确认申请单后，无须做任何患者信息输入工作，对患者进行检验数据采集；

6）检验工作人员书写检验报告，在书写报告过程中，可获得 HIS 中患者病历、医嘱、检查结果等信息，供书写报告参考，完成后自动送到临床科室；

7）临床医师在医师工作站中直接查阅 LIS 报告，无须退出系统；

8）可以记录患者的检查状态（登记、检查、报告），并能随时提供 HIS 系统调用。

7. 门诊患者的检验工作流程（图 4-23）

1）门诊挂号；门诊医师工作站开检验申请单（电子及手写申请单），并能与 HIS 有机结合；

2）患者通过电子或手写申请单在门诊收费室缴费、盖章，影像登记工作站可调阅 HIS 收费情况；

3）临床科室发出检验申请后，系统可将该患者的历史检验报告先送来作诊断参考；

4）科室申请预约工作站接收到 HIS 系统中的申请预约信息，对患者进行预约、申请、申请单确认；根据检验项目的类别生成条形码（包含患者病历号、医嘱记录号、年月日时分秒）、提示检体容器种类（以各种颜色区别）、采集检体的要求（同时具备生成打印识别条形码方式和识别定制条形码方式）；收费按物流节点分段（采样时收容器费用，检验科收样确认后收检验费）；

5）检验工作站收到确认申请单后，无须做任何患者信息输入工作，对患者进行检验数据采集；

6）检验工作站接收到检验数据后，自动将检验数据送往管理服务器，并根据申请单将检验数据送往该患者所属的存储设备；对设备提供的原始信息进行保留（包括仪器状态、分析情况的信息等），以备在医疗投诉中提供客观证据；

7）检验工作站中书写检验报告，在书写报告过程中，可获得 HIS 中患者病历、医嘱、检查结果等信息，供书写报告参考，完成后自动送到临床科室；在结果审核中提供以往项目的历史结果回顾（常规 3 次，也可自定义次数，建议多次在本地实现，以免影响网络速度）；对特殊项目检查（如口服葡萄糖耐量试验，以下简称糖耐量试验）具有多次实验结果自动整合并可回顾（多次耐量曲线与正常耐量曲线的比较）；检验结果的可修改（但每次的修改必须记录修改人和时间）；

自动校验每一结果是否合理（如回顾比较，是否≤0，是否超生理极限等）；

8）临床医师在医师工作站中直接查阅 LIS 报告，无须退出系统；

9）可以记录患者的检查状态（登记、检查、报告），并能随时提供 HIS 系统调用。

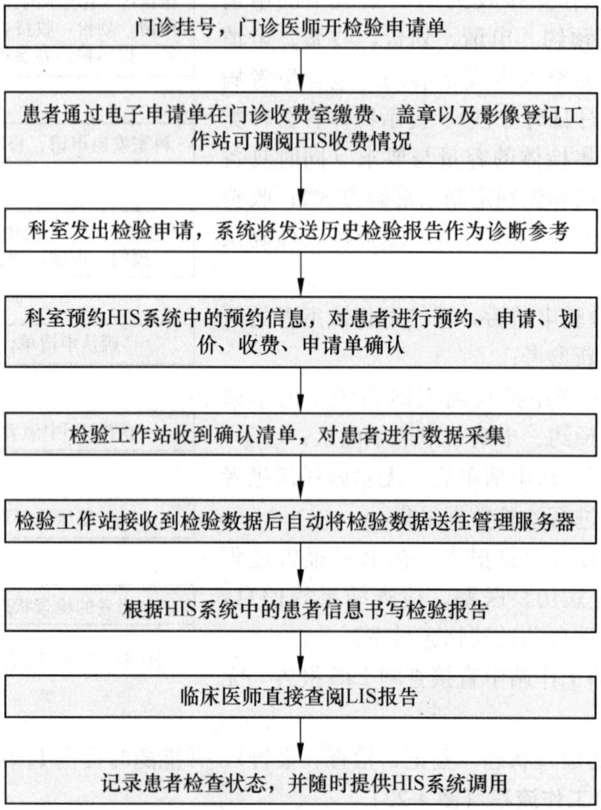

图 4-23　门诊患者的检验工作流程图

8. LIS 通信方式　LIS 系统与医疗仪器数据通信方式，对检验工作流程有重大影响。通常状态下，计算机自动接收检验仪器的分析结果，通常需要检验科医师用手动方式对要检验项目在仪器上进行确认设置。优秀的通信方式是不仅计算机能够自动接收检验仪器的结果，而且能够直接指示在医疗设备上做项目标记（能够实现此功能的设备要有支持双向通信的功能）。

数据通信基本方式如下：

1）单向通信：计算机自动读取检验结果；

2）双向通信：计算机自动读取检验结果，同时指示仪器完成检验项目，系统提供了两种方式：一种是当生化仪扫到试管上的条形码时，客户端发生请求，询问此条形码号的试管做哪些项目，系统根据医嘱来给出相应的应答；另一种是客户端直接向仪器通信，告诉它××县中医院×号条形码的试管做哪些项目。

样本条形码：仪器自动阅读条形码，识别样本，同时向计算机询问样本将要做的检验项目。此种通信方式的优点是，样本可以放置在仪器任何位置（非按照顺序排列），仪器能够依据条形码自动判别样本位置。目前系统使用的是 Codebar 编码的条形码，大部分机器都能识别 Code 39 码、Code 93 码、Codebar 码。也可以根据实际情况，选择不同的条形码。

本章小结

本章系统地介绍了医院信息系统，主要包括医院信息系统的概述、功能与内容、设计与实现。在医院信息系统概述的部分介绍了相关的概念、基础知识以及常用的设备和仪器等，在介绍了医院信息系统的功能与内容之后，着重介绍了医院信息系统的设计与实现，最后给出了实际的医院信息系统的案例。

课后习题

1. 什么是医院、信息系统及医院信息系统?
2. 简述三层体系结构的医院信息系统。
3. 简述医院信息系统六大子系统的主要功能。
4. 简述药品管理子系统的组成和主要功能。

第5章 医学图像信息系统

学习目的

1. 了解医学成像的基本原理与设备以及医学图像的主要类型。
2. 理解DICOM标准，掌握医学图像信息系统PACS和RIS的构成与应用。

引 言

1895年，德国科学家伦琴发现了X射线，使观察人体内部结构成为可能，从而开启了医学影像学的大门。目前除X射线外，CT（computed tomography）、磁共振（magnetic resonance image，MRI）、超声、PET（positron emission computed tomography）等已经成为疾病诊断过程必不可少的设备。大量生成的医学影像数据，需要有效传输、存储、管理和共享，以更好地用于疾病的诊断与治疗。

本章将先引入医学成像的基本概念和医学影像的主要类型，然后介绍医学影像的DICOM（digital imaging and communication in medicine）标准，在此基础上描述PACS（picture archiving and communication systems）及RIS（radiology information system）组成、应用与发展趋势等。

5.1 医学图像信息系统的概述

随着计算机技术的发展，医学图像普遍实现数字化，方便了图像的存储、传输及分析。目前，在临床诊断和治疗中，医学图像已成为必不可少的手段。

5.1.1 数字图像的基本概念

一幅图像可以定义为一个二维函数 $f(x,y)$，其中 x、y 是空间坐标，函数值 f 称为该点图像的灰度或强度。当 x、y 和函数值 f 都是有限的离散数值时，称为数字图像。

像素（pixel）是图像显示的基本单位，它是一个基本成像单元，在不同的设备上大小不同。单元尺寸越小，图像越细腻，相同单元大小情况下，单元越多，图像尺寸越大。一幅图像中的像素可以在任何尺度上看起来都不像分离的点或者方块；但是在很多情况下，它们采用点或者方块显示。每个像素可有各自的颜色值，可用三原色显示，因而又分成红、绿、蓝三种子像素（RGB色域），或者青、品红、黄和黑（CMYK色域，印刷行业以及打印机中常见）。分辨率是单位尺寸所含的像素数，分辨率越高，图像越细腻。

一个像素所能表达的不同颜色数取决于比特每像素（bit per pixel，BPP）。这个最大数可以通过取色彩深度的2次幂来得到。例如，常见的取值有：

- 8 bpp：256色，亦称为“8位色”；

- 16 bpp：2^{16} =65 536 色，称为高彩色，亦称为“16 位色”；
- 24 bpp：2^{24} =16 777 216 色，称为真彩色，通常的记法为“1670 万色”，亦称为“24 位色”；
- 32 bpp：$2^{24}+2^{8}$，计算机领域较常见的 32 位色并不是表示 2^{32} 种颜色，而是在 24 位色基础上增加了 8 位（2^{8} =256 级）的灰度（亦称“灰度阶”），因此 32 位色的色彩总数和 24 位色是相同的，32 位色也称为真彩色或全彩色。
- 48 bpp：2^{48} =281 474 976 710 656 色，用于很多专业的扫描仪。

平面图像是二维的，用坐标（x,y）表示；立体图是三维的，用坐标（x,y,z）表示。CT 扫描时，获得了一系列不同截面的二维图像，通过图像重建，可以获得三维图像。依次类推，四维图像具有四个坐标，在三维坐标中加入时间坐标，可用坐标（x,y,z,t）表示，例如对跳动的心脏进行快速扫描，可以获得不同时刻心脏的三维图像。在三维图像中，图像的基本单位称为体素(voxel)。

5.1.2 医学图像成像原理与设备

1. X 射线 X 射线是德国物理学家伦琴（W. C. Rontgen）发现的。1895 年 11 月，在进行有关阴极射线的实验过程中，伦琴注意到尽管利用黑纸完全覆盖整个阴极射线管，在涂有铂氰化钡的纸板上仍然出现了荧光现象。他很快意识到这种荧光现象应该是由实验中产生的一种新的射线所导致的。因为不了解这种射线的性质，将之命名为“X 射线”。随后，伦琴发现新的射线不仅可以穿透不同物质，还可以利用摄影底片来记录。利用这种新的射线，伦琴为他夫人拍摄了一张手的照片，如图 5-1 所示，可清晰显示手部骨骼和手上的戒指。很快，X 射线就被广泛应用于临床。伦琴的这一发现奠定了放射医学的基础，因此，伦琴于 1901 年荣获第一届诺贝尔物理学奖。

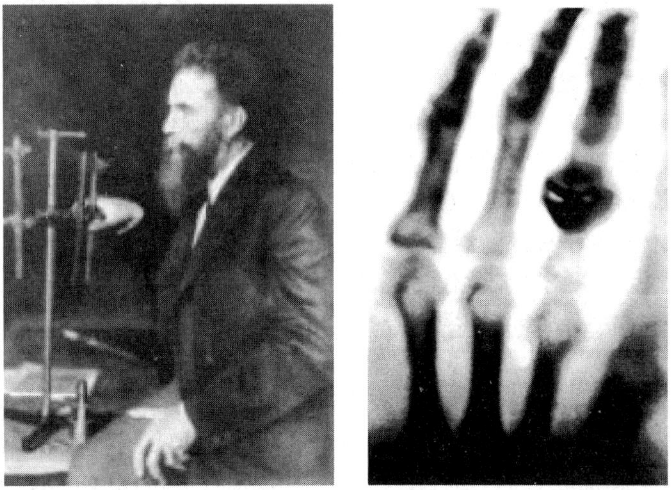

图 5-1 伦琴和他在 1895 年 10 月拍摄的一幅手部射线摄影图像

最简单的人体模型主要包含几种不同组织：脂肪、肌肉、骨骼和空气。在软组织（包括肌肉）中，水占 75%，在体液中，水占 85%～100%，所以软组织数据与水十分接近。不同软组织间的衰减相似性使传统 X 射线成像无法获取清晰对比，常用对比剂来增加衰减差别。不同组织随着光子能量的变化，质量衰减系数也不同，如图 5-2 所示，随着管电压的逐渐增加，骨骼、肌肉和脂肪间的对比度明显降低。

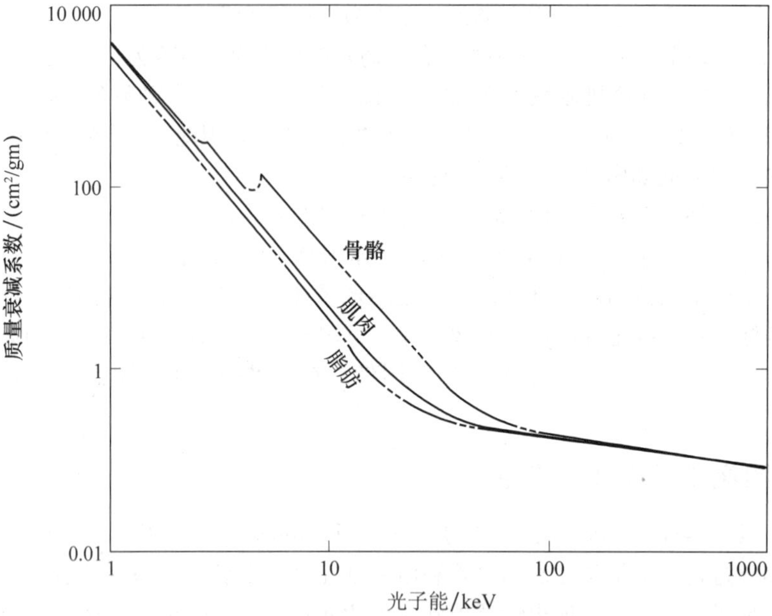

图 5-2　人体组织的质量衰减系数

一些放射影像成像需要使用对比剂。许多对比剂中含有钡和碘，因为碘和钡的衰减系数远远大于软组织。因此，含有钡和碘化合物的组织可以与周围软组织清晰区分。空气被引入到特定位置（如脊柱的蛛网膜下腔），用于去除干扰感兴趣解剖结构的组织和液体。空气的密度非常低，X射线穿透充满空气的腔体时，衰减很低。因此，引入空气可以提高腔体或周围组织的对比度。

根据成像模式，X 射线成像技术分为摄影成像（radiography）和透视（fluoroscopy）两类。摄影成像采集的是感兴趣区域内某一时刻的静态图像，而透视获取的是人体器官的实时动态变化过程，它们分别类似于日常生活中的照片和视频。随着探测技术的不断进步，X 射线摄影成像分别经历了屏片 X 射线摄影成像、计算机 X 射线摄影成像（computed radiography，CR）和数字化 X 射线摄影成像（digital radiography，DR）三个阶段。三者之间最主要的差别在于探测器类型，它们分别采用胶片、成像板和平板探测器。

1）屏片　屏片是利用 X 射线胶片作为记录图像的载体，以潜影的方式将人体 X 射线图像信息记录在胶片上，经过暗室显影、定影等化学处理，再现人体 X 射线图像。采集的图像是一种模拟信号，动态范围较低。

2）CR　计算机 X 射线摄影成像（CR）技术，也称为光激励存储荧光体成像（photostimulable storage phosphor imaging，PSPI），如图 5-3 所示。目前，CR 是一种较为成熟的数字化 X 射线摄影方式，与传统屏片系统最大的区别就在于 CR 利用成像板（imaging plate，IP）作为信息载体，IP 板曝光后送入图像读出器（imaging reader）读取 X 射线影像信息，再由计算机进行存储和显示。CR 图像具有高灵敏度、高分辨率、高线性度等特点，并且实现了 X 射线成像的数字化输出和存储，便于传输与后处理分析，提高了诊断的准确率。CR 于 20 世纪 90 年代推入市场，使得 X 射线影像数字化得以实现，目前已被医学影像界广泛认可和接受。

3）DR　DR 采用先进的探测器技术，将 X 射线光子直接或间接地转换为电信号，并经 A/D 转化为数字化图像。DR 系统的采样矩阵可达 4096×4096 像素，灰度分辨率可达 12 比特，采样速度可达 64 帧/秒。实现上述功能所需器件均高度集成在一块平板（或线阵）探测器上，从而取代了

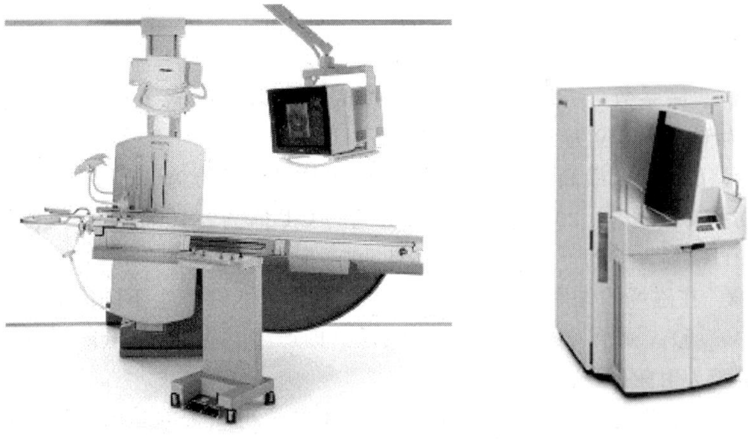

图 5-3　CR 成像系统和图像读取器

CR 中的 IP 和屏片系统中的胶片。这样，整个 X 射线摄影流程大为简化，不需要 CR 中的二次曝光和屏片系统中的冲洗、显影和定影等过程。从而大大缩短摄影所花费的时间（普通摄影 6.10min，CR 摄影 7.00min，DR 摄影 1.30min），提高了医师工作效率和患者流量。

2. 计算机断层扫描（CT） CT 以 X 射线在人体内的衰减系数为基础，通过投影图像重建，计算出衰减系数在人体某断面上的二维分布，从而建立人体断层图像。与传统 X 射线相比，CT 获得的是高分辨率的断层图像，并能准确测量各组织的 X 射线吸收衰减值，用于医学定量分析。目前根据技术及应用不同，CT 又分为螺旋 CT、双能 CT、锥束 CT、多能彩色 CT 等。

CT 工作原理解释如下：假设存在一个半透明圆柱体，内部嵌入五个具有不同透明度的球，如图 5-4 所示。需要完成的任务是猜测圆柱体的内部构造，前提是无法从上向下观察物体（即垂直向书内观察），只能从侧面观察。仅基于图 5-4 左侧的单角度观察，可能会得出错误结论：圆柱内有三个球。但如果从多个角度检查物体，经过简单思考，即可确切断定圆柱内有五个小物体，而且根据物体尺寸和强度不随视角变化这一特征来确认它们实际上是球体。这个实验表明，通过多角度检查一个半透明物体，能够估计出物体的内部结构。如果使用 X 射线源代替可见光源，X 射线探测器代替眼睛，计算机代替大脑，就构成了一个 CT 系统。解决问题的核心在于多角度检查物体的能力和物体的半透明度。如果物体是完全不透明的，无论多少角度的观察都无法估计出物体的内部构造。人体对 X 射线是半透明的，所以它可用于 CT 成像，而可见光则不可以。

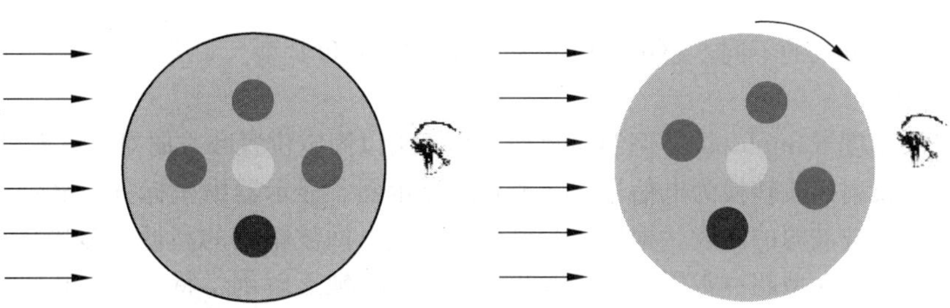

图 5-4　断层成像概念

如上所述，CT 重建图像代表受检对象线性衰减系数的分布。然而，在医学上总是讨论衰减系数不是特别方便，而是使用由衰减系数计算的 CT 值：

$$\text{CT 值} = \frac{\mu - \mu_{water}}{\mu_{water}} \times 1000$$

其中，μ 是某物质的衰减系数，μ_{water} 是水的衰减系数，在物理学中指 X 射线能量为 73keV 时水的衰减系数。CT 值为整数，单位为 Hounsfield Unit（HU）。

在人体中，骨骼的 CT 值最高，为 1000HU；软组织的 CT 值为 20～70HU；水的 CT 值为 0（±10）HU；脂肪的 CT 值为－20～－80HU；空气的 CT 值为－1000HU。人体组织的 CT 值范围从空气的－1000HU 到骨骼的＋1000HU，共有 2000 个 CT 值。

3. 磁共振图像 在磁场的作用下，一些具有磁性的原子能够产生不同的能级，如果外加一个足够能量（即射频磁场），原子将吸收能量产生跃迁（即产生共振），从低能级跃迁到高能级，能级跃迁能量的数量级为射频磁场的范围。

核磁共振成像的“核”指的是氢原子核，因为人体的软组织大部分由水组成，不同组织氢的含量不同，即使同一组织，正常与病变状态氢质子的分布也不相同，MRI 即依赖水中的氢原子。当把物体放置在磁场中，用适当的电磁波照射它，使之共振，然后分析它释放的电磁波，就可以得知构成这一物体的原子核的位置和种类，据此可以绘制物体内部的精确立体图像。

在 MRI 检查时，受检者处于匀强磁场中，当射频线圈发射无线电波时，氢质子吸收能量，产生磁共振现象。当终止射频脉冲时，氢质子释放所吸收的能量，恢复到原来的平衡状态，这个恢复过程称为弛豫时间。在弛豫过程中，氢质子释放能量，发出磁共振信号，通过检测系统收集及计算机处理后，形成磁共振图像。

4. 超声图像 超声成像应用于临床已超过半个世纪。它具有无创、便宜、轻便、优良的时间分辨率等特点。除医疗成像外，声波成像的方法也广泛应用于其他领域，如在材料无损检测领域中，它被用以探查飞机机翼或桥梁的微小裂缝；在声音导航测距（声呐）领域中，用于鱼群位置定位和海底勘测等。

超声成像的基本原理很简单。声波在遇到不同组织的分界面时会反射部分能量形成反射波。如果将这些反射波用一个时间函数来表示，并已知波在该介质中的波速，则可获得该组织各个位置的信息。当然，除了反射，超声波在介质中传播也会发生如衍射、折射、衰减、色散和散射等其他声波现象。

超声成像不仅可以显示器官形态和解剖结构，还可以通过显示血流速度和心肌速度进行功能成像。速度成像的原理是基于多普勒效应，因此速度成像也被称为多普勒成像。一个著名的多普勒效应的例子是呼啸的火车通过静态观察者时其音高的突然变化。根据捕捉到的音高变化，可以计算出列车的速度。

根据数据采集方式的不同，超声成像分为 A 型、M 型和 B 型。

1）A 型超声

A 型超声属幅度（amplitude）调制显示型，其探头以固定位置和方向对人体发射和接收声波，声束并不扫描。反射回波转换为电信号，处理后送显示器。显示器纵坐标方向显示回波的幅度波形，横坐标代表回波波源的深度。根据回波出现的位置，回波幅度的高低、形状及有无等可以确定人体病变的信息。A 型超声常用于眼科诊断。A 型回波缺乏解剖学特性，对某些病变的特异性也不突出，这限制了它的广泛应用。

2）M 型超声

M 型超声是运动（motion）/时间型。M 型和 A 型超声成像原理基本相同，同样以固定位置和方向发射和接收声波，但是为了解决脏器运动导致的回波不稳定问题，显示方式由 A 型的幅度调制改为辉度调制，即以辉度的明暗来反映回声的强弱。超声遇到不同距离上的运动界面，形成不同强度的回声信号，光点的亮度与回声振幅的大小成比例，时间轴显示了这些光点的运动轨迹，静止的界面则显示成一条曲线。

3）B型超声（B超）

B型超声和A型超声工作原理类似，它属于亮度（brightness）调制，但是B型超声发射的声束必经扫描，加在显示器垂直方向的时基扫描与声束同步，从而形成一幅二维切面声像图。B型超声中的声束扫描方式按照其出现的时间顺序分别为：手动扫描、机械扫描、线性电子扫描、相控阵电子扫描和动态频率扫描。扫描速度的提高使B超实时成像成为可能。在B超的基础上，出现了彩色B超、三维B超、四维B超等。

5. 核医学成像 核医学显像是利用放射性核素示踪方法同时显示人体内部结构和功能的医学影像技术，其显像原理与X射线、超声、CT以及核磁共振存在重要差异。

核医学显像物理过程并不复杂。成像过程中将某种放射性核素标记在药物上形成放射性药物并引入生物体体内。由于生物体不同组织和器官对放射性药物具有选择性吸收的特点，体内各部位吸收放射性药物并形成辐射源。体外的核子探测装置对体内核素发出的射线进行跟踪，可得到某些器官、组织的解剖结构。更重要的是，在体外测定放射性核素在某些脏器和组织中的摄取速度、滞留时间、代谢快慢等信息就可得到有关脏器功能及相关的生理、生化信息。

针对核医学展开的相关研究可追溯至20个世纪初。被称为“示踪技术之父”的匈牙利化学家Hevesy于20世纪30年代用放射性铅研究铅盐在植物内的分布，以磷的放射性核素观测磷在人体内的分布和转移，并用重水研究人体的水代谢过程。Hevesy在生物示踪技术领域的工作是现代核医学的重要基础，他也因该领域的开创性工作获得了1943年的诺贝尔化学奖。放射性骨显像方法是核医学检查中应用最早也是最常用的显像技术。在成像过程中，将亲骨性核素引入人体并使之聚集于骨骼，利用核医学设备形成骨骼影像。

从20世纪50年代开始，核素（同位素）扫描仪、伽马照相机等放射性核素成像设备仪先后问世。1963年，Kuhl和Edwards研制了第一台单光子发射计算机断层显像仪。1975年正电子发射型计算机断层显像装置研制成功。世界上首台PET/CT原型机于1998年研制成功，首台商用PET/CT于2001年5月安装并投入临床使用。2006年之后商用PET/CT几乎全面取代了单独的PET，在脑、心脏疾病的早期诊断和肿瘤的良恶性及是否发生转移的判断过程中发挥着重要作用。

5.1.3 医学图像的作用

医学图像广泛应用于疾病诊断、治疗、影像引导手术、治疗效果评估以及科研与教育等方面。

1. 检验与诊断 医学图像主要用于医学检测和诊断。例如，不同组织对X射线的吸收不同，从而产生不同灰度的图像，因此可以从图像上区分正常和异常结构。CT能够对人体断层清晰成像，通过图像处理，可以实现对人体各器官、组织的观察、分析和测量。超声广泛应用于心脏、腹部及产科检查。MRI利用人体组织中氢质子的含量不同，通过外加射频脉冲，使不同组织成像。分子影像学运用影像学手段显示组织水平、细胞和亚细胞水平的特定分子，反映活体状态下分子水平变化，对人体各器官、组织的生物学行为在影像方面进行定性和定量研究。此外，可见光也用于医学检查，如内镜对胃和结肠的检测、显微镜的病理检测、视网膜成像在眼科的应用等。当影像检查发现的异常特异性不够时，必须用其他方法，如活检，做出实际诊断。

2. 评估与手术规划 医学图像经常用于病情、发育、健康状况、治疗效果的评估。例如B型超声在产科通常用于评估胎儿生长发育情况，检测内容包括：

顶臀径（crown-rump length，CRL）：是孕早期反映胎儿生长发育的指标。10～12 周以后，由于胎儿俯屈，脊柱向前弯曲，准确性受到影响。

双顶径（biparietal diameter，BPD）：正常妊娠 24 周前，双顶径每周增加约 3mm，25～32 周每周增加约 2mm，33～38 周至足月每周增加约 1mm。38 周后胎儿生长速度明显减慢，甚至可能停止生长。

股骨长度（femur length，FL）：用于股骨长度发育的评估，检测是否发育迟缓及有相关先天性疾病。

腹围（abdominal circumference，AC）和头围（head circumference，HC）：妊娠 36 周以前，腹围增长速度较快，36 周之后开始减慢，最初腹围值小于头围值，36 周时二者相等，此后腹围值大于头围值。可计算头围/腹围、股骨长/腹围比值，评价胎儿生长发育是否协调。

在手术规划方面，通过术前对 CT 或 MRI 数据进行多方位显示、分析，构建最合适的外科手术方法。

3. 手术引导 图像导引手术是指通过术前或术中图像，引导外科医师完成外科手术。大多数图像导引手术是微创的，如鼻窦手术，有助于避免大脑和神经系统的损害。此外，利用 CT 或 MRI 图像，通过建立 3D 坐标系，手术中可以实时跟踪手术器械与人体组织的相对位置。常用的跟踪技术包括机械式、光学式、超声式、电磁式等。

4. 科研与教育 医学影像在科研中获得广泛应用。例如，通过功能 MRI（function MRI，fMRI）确定脑的功能区，当人在磁共振扫描仪中执行特定任务时，大脑相关功能被激活时，采集两个图像序列，一个在任务期间，另一个在休息期间。两幅图像相减，可以看到活跃的大脑区域图像。任何功能性脑区域都可以通过 fMRI 实现可视化，如感觉皮质和视觉皮质等。医学图像也可用于医学院学生的教育与培训，通过病例库、三维视图、图谱等的资源，学会图像的观看和观察技巧，并在模拟环境中不断练习。

5.1.4 医学图像信息系统的发展历程

1981 年，心血管放射医师 Andre J. Duerinckx 博士首次使用 PACS（医学图像存储和传输系统）术语，并于 1983 年在 SPIE（Society of Photo-Optical Instrumentation Engineers）会议上发表了相关论文。

1983 年，Blaine 与其同事在圣路易斯 Mallinckrodt 放射研究所开发 PACS 平台，并进行医学图像获取、传输、存档及观察实验。

1984 年，美国堪萨斯大学的 Templeton 与他的同事开发了最早的 PACS 系统原型之一。

1988 年，Arenson 与他的同事在美国宾夕法尼亚大学医院开发的 PACS 原型系统用于影像审查与咨询。

20 世纪 90 代，PACS 引入临床数据标准 HL7 和影像数据标准 DICOM，实现 PACS 与 HIS（hospital information system）和 RIS 系统的整合。

5.2 医学图像的管理与显示

生产医学成像设备的公司为数众多，需要规范医学图像标准，才能实现信息的共享与交流，为此提出了 HL7 及 DICOM 标准，并在此基础上对图像进行管理与显示。

5.2.1 医学图像标准

1. HL7 卫生信息交换标准 卫生信息传输协议使医疗领域不同应用之间的电子传输成为可能。HL7 汇集了不同厂商用来设计应用软件之间界面的标准格式，允许各个医疗机构在异构系统之间进行数据交互。

HL7 的主要应用领域是 HIS/RIS，主要是规范 HIS/RIS 系统及其设备之间的通信，它涉及病房和患者信息管理、化验系统、药房系统、放射系统、收费系统等各个方面。HL7 的宗旨是开发和研制医院数据信息传输协议和标准，规范临床医学和管理信息的格式，降低医院信息系统互连的成本，提高医院信息系统之间数据信息共享的程度。

HL7 目标

1）HL7 标准应该支持各种技术环境下的数据交换，同时也应支持各种编程语言和操作系统，以及支持各种通信环境。

2）同时支持单数据流和多数据流两种通信方式。

3）最大限度的兼容性，预留了供不同使用者使用的特殊的表、编码定义和消息段。

4）标准必须具有可扩展性，以支持新的要求，这包括协议本身的扩展及与现有系统和新系统的兼容。

5）标准应该是在充分参考现有的产品通信协议基础上被广泛接受的工业标准。

6）HL7 的长期目标是制定医疗机构电子数据交换的标准或协议。

2. DICOM 标准 各种医疗器械所产生的图像格式不同，互不兼容，这给医学图像信息处理带来了困扰。为了解决上述问题，由美国放射学会（ACR）与国家电子制造商协会（NEMA）共同组成的联合委员会于 1993 年 9 月发布了医学数字影像与通信标准（digital imaging and communications in medicine，DICOM）3.0，目前国际上大部分医疗设备厂商都遵从 DICOM 3.0 标准。

DICOM 标准规定了各种医学影像的格式、内容、存储方法以及交换医学影像信息的协议，任何医疗器械或者软件，只要遵照 DICOM 标准就能够相互自由交换信息。

这个标准的内容为：

第 1 部分给出了标准的设计原则，定义了标准中使用的一些术语，对标准的其他部分作了简要概述。

第 2 部分介绍了 DICOM 标准的一致性概念，如何制订并描述 DICOM 产品。包括选择什么样的信息对象（information object）、服务类（service class）以及消息传递（message transfer）等。一致性指采用 DICOM 标准的设备具有互相连接、互相操作的能力。

第 3 部分描述了信息对象的定义，为数字医学图像存储和通信方面的信息对象提供了抽象的定义。

第 4 部分服务类的说明。服务类是为 DICOM 提供的命令或可供应用程序使用的内部调用函数。

第 5 部分数据结构及语义。描述怎样对信息对象和服务类进行构造和编码。

第 6 部分数据字典。在 DICOM 设备之间进行消息交换时，确保消息中的内容具有明确的编号和意义。

第 7 部分消息交换。消息是两个符合 DICOM 标准的应用实体之间通信的基本单元。该部分定义了 DICOM 命令的结构（该命令若结合相关数据即组成 DICOM 消息），同时也定义了医学图像中的应用实体在交换消息时的协议（association negotiation）方式。

第 8 部分消息交换的网络通信支持。说明了在网络环境下的通信服务和进行消息交换的上层协议。

第 9 部分说明了 DICOM 如何支持点对点消息通信的服务和协议。

第 10、11、12 部分定义了 DICOM 文件的存储方式，包括可移动存储介质、DICOM 文件集、文件存储格式等。

第 13 部分说明了 DICOM 打印管理中点对点通信的支持。

第 14 部分说明了灰度图像的显示标准功能。

第 15 部分说明了应用需要遵循的安全策略。

现在，越来越多的医疗设备厂商宣布支持 DICOM 标准，遵从 DICOM 标准生产的设备，可以方便地与其他设备和系统进行通信并交换所产生的图像。

5.2.2 医学图像采集

符合 DICOM 标准的数字成像设备，如 CT、MRI、CR 等，直接生成数字化灰度级图像信息，可以将图像矩阵尺寸和图像数据集转录到 PACS 或其他系统。X 射线图像需经信号转换器转换成数字化图像信息才能输入，可由摄像管读取系统、电耦合器读取系统或激光读取系统完成信号转换。CR 技术使得传统 X 射线技术在数字信息时代继续发挥作用。CR 用含有感光材料的影像板接受透过人体的 X 射线，记录影像信息。IP 上的记录信息通过激光束扫描，再经光电转换器转化为电信号，放大后通过模-数转换器转换为数字信号。

传统的成像设备仍然在使用，影像全面数字化管理需要对胶片进行数字化扫描。这需要人工处理文件，操纵高精度胶片数字化仪扫描获取数字矩阵，并记录患者的和检查的标识信息。常用数字化仪包括激光数字化仪和电耦合装置（CCD）数字化仪。激光数字化仪具有良好的图像对比度和空间分辨率，但是比 CCD 数字化仪昂贵。与激光数字化仪相比，CCD 数字化仪对比度和灰度级较低，但是小巧、便宜，易于维护，随着技术进步，总体性能也不断提高。

对于视频信息，通过 DICOM Capture 抓帧获取非 DICOM 标准医学成像设备产生的图像，得到模拟信号输出，再通过模-数转换器转换为数字信号。这种方式获得的数字信号，有时会在转化过程中丢失信息。

5.2.3 医学图像存储

医学成像模式不同，所产生图像的空间分辨率、图像大小及数量都可能不同。临床诊断时，除了需要像 X 射线这样的单一图像，更需要一个序列的图像，如 CT 或 MRI，能对多个断面进行观察，或是连贯的动态图像，如超声，能实现实时观察。以中山大学附属第一医院为例，该医院每天产生图像数据总量达 80GB。

不同模式的图像所需的存储空间不同。一张典型 CT 图像是 512×512 像素，每次检查通常需要 40～60 张横断面图像。每个像素用 12 位表示，需要 2 个字节储存。每次检查产生的图像大小是 20～30MB（单位为字节，以下同）。每张磁共振图像大小为 256×256 像素，每个像素用 10 个二进制位表示，对一个 80 幅图像的检查，产生的图像大约是 10MB。实时超声每秒产生 30 帧图像，医师通常选择 30～40 个关键帧进行分析，每幅图像大小是 512×512 像素，每个像素需要 8 位存储，30～40 帧所需存储空间为 8～10MB。核医学影像分辨率较低，每幅图像大小为 128×128，每个像素需要 8 位存储，一个典型检查约需要 30 幅图像，所需存储空间为 0.5MB。

医院图像数据量急剧增长，同时要求提供全天候信息和数据共享服务，对数据存储技术和存储体系结构提出全面挑战。根据服务器的类型，存储主要分为封闭系统存储和开放式系统的存储。封闭系统主要指大型机，开放系统存储分为内置存储和外挂存储，而外挂存储根据连接方式又分为直接链接存储（direct attached storage，DAS）和网络化存储，网络化存储根据传输协议分为网络接入存储（network attached storage，NAS）和存储区域网络（storage area network，SAN）。

DAS是一种将存储介质直接安装在服务器上或者安装在服务器外的一种存储方式，通常由SCSI接口电缆连接。它依赖服务器，本质上是硬件的堆叠，不带有任何存储操作系统。这种存储方式在磁盘系统和服务器之间具有很快的传输速率，可以在一定程度上满足用户快速访问磁盘的需求，并且特别适合对存储容量要求不高、服务器数量很少的中小型局域网。但是DAS存储也存在一定的弊端，除存储空间扩展问题外，其存储设备分散，不便于监管，容易造成存储设备空间的浪费；此外，数据存储在各个服务器上，不利于信息综合利用。医院图像数据量从TB级向PB级发展，数据存储需求不断加大，DAS已经不能满足医院图像数据存储的需求。

NAS是一种任务优化的、直接连在IP网络上的专用数据存储服务器，它直接通过以太网接口将存储设备连接到局域网，将分布、独立的数据整合为大型、集中化管理的数据中心，存储空间放在网络中，以便于不同的主机和应用服务器进行较频繁的访问。它以数据为中心，将存储设备与服务器彻底分离，集中管理数据，存储对象的管理可以到文件级，用户可以设置对文件或目录不同的存取权限，如图5-5所示。

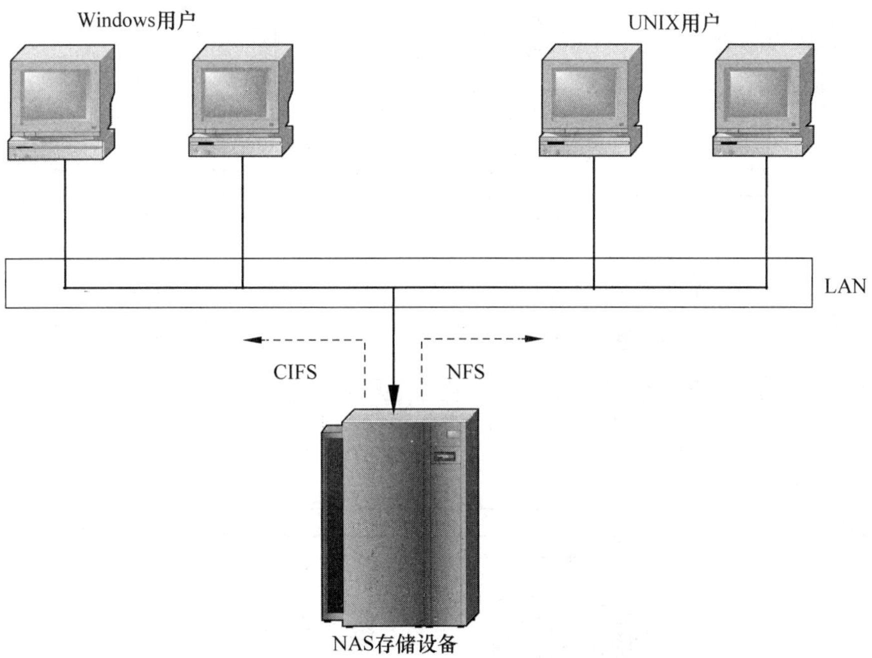

图5-5　NAS存储结构

NAS具有以下优点：

1）易于安装和部署：NAS产品是真正即插即用的产品，内置专门用于数据存储的简化操作系统和网络协议，可以直接挂接到网络上。用户可根据需要来确定NAS的物理位置，一般将其放置在访问频率最高的地方，以进一步缩短用户的访问时间并提高网络吞吐量。

2）方便使用和管理：其他的软件并不需要安装，可以利用浏览器对NAS服务器进行设置、升级、管理。NAS服务器与网络直连，当增加或移去NAS设备时不会中断网络的运行。

3）整体性能高：允许用户在NAS上直接存取数据，这样既可减少CPU的使用，也能显著改善服务器和网络的性能。

4）跨平台使用：NAS独立于操作系统平台，可以支持Windows、UNIX、Mac、Linux等不同操作系统。

5）提高数据可用性：采用磁盘阵列技术，NAS可保证硬件设备和数据的安全与完整。植入嵌入式系统可以保证系统的安全性，并且用户需要被设置权限才可以访问服务器；可以在服务器不工作的情况下读取网络中的数据。

6）性能价格比优异：NAS是精简型服务器，在硬件架构上只需CUP、内存、硬盘、网卡和主机板等。在软件方面，操作系统也是精简型系统，有些甚至是免费的Linux。

如需要将存储空间放在网络时，NAS是一个优秀的解决方案，但同时具有以下缺点：在拥有相同的存储空间时，NAS的成本比DAS要高很多；对于数据库存储和Exchange存储这种要求高使用率的任务来说，不是很适合；在存储设备中有可能存在节点故障问题。

SAN是一种可在服务器和外部存储资源或独立的存储资源之间实现高速可靠访问的专用网络。它通过专用的集线器、交换机和网关建立起与服务器和磁盘阵列之间的直接连接。它采用可扩展的网络拓扑结构连接服务器和存储设备，每个存储设备不隶属于任何一台服务器，所有的存储设备都可以在全部的网络服务器之间作为对等资源共享，如图5-6所示。

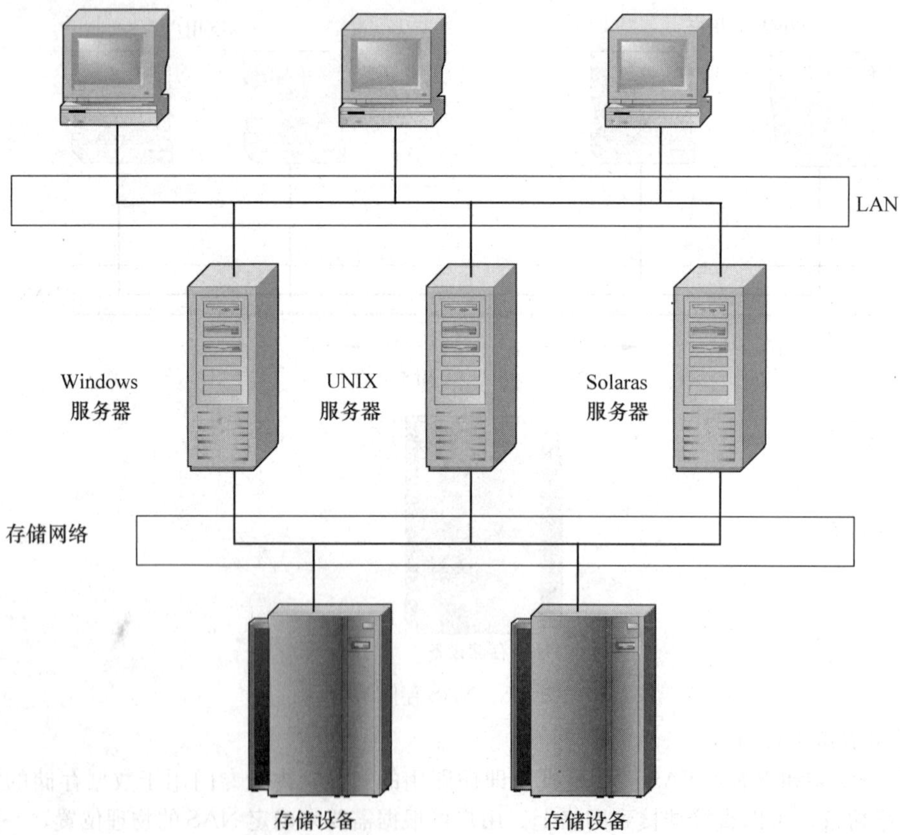

图5-6　SAN存储结构

SAN具有以下优点：

1）数据共享：中心化的存储方式，在不降低系统性能的情况下，使存储和共享信息成为可能。

2）存储共享：服务器上可以连接存储单元的多个逻辑组成部分；在存储单元上可以连接两个或者更多的服务器。

3）数据备份：网络与数据备份操作相互独立，对异构平台服务器和多种数据进行集中备份，从而提高操作性能，实现集中管理。

4）灾难恢复：利用热备份形式实现数据的自动备份，在存储出现故障时获得原始数据。

不同的应用系统所产生的不同信息决定了不同的存储架构。医院信息系统具有信息量大、访问量高、需要大量网络带宽等特点，各种应用系统是典型的数据库应用系统，对数据的访问是以数据块的形式进行的，其最好的存储方式是 SAN。对于 PACS 而言，普通的影像和文档文件很大，再加上数据不断激增，一般采用 NAS 是合适而又经济的存储方式。此外，SAN 系统的数据传输方式是通过专用的光纤交换机进行的，而 NAS 设备上数据的交换使用的是网络宽带，由于医院频繁调用数据，对速度要求高，因此，SAN 很难满足医院的要求。

医院图像存储还采用了分级存储、图像预取技术、后台调阅及图像压缩技术。

分级存储是根据存储的使用频率、访问次数的不同，将数据存储在不同性能的介质里，例如磁盘、磁盘阵列、光盘库、磁带库。对访问频率要求不高时，可以选用磁带库和光盘库，而对经常使用的图像和文档，调取资源的速度要求较高，更多使用的是磁盘或者磁盘阵列。

分级存储目前最为广泛使用的是在线存储、近线存储和离线存储。在线存储指针对用户近期使用、传输的图像和文档，当数据保持在线状态时，用户可以根据自己的需要进行删除、修改、传输、调阅、浏览。这种传输方式对网络速度、图像传输协议都有一定的要求，往往需要选择传输速度快、性能优良的存储设备。近线存储是根据用户的需要保存经常用的数据，一般存储三至六个月。与在线存储相比，近线存储访问量虽然没有在线多，但是也要保证实时存储、传输能够符合医院要求。离线存储针对用户不常使用但不能删除的数据，主要为了满足用户以后的调用，方便诊断和查询。由于这些存储的图像和文档不同于近线和在线存储，数据不存于网络中，因此，为了获得数据往往要人为地链接计算机系统。

预取技术是根据患者入院及出院情况及需要，在病房医师还没有请求调阅患者的图像时，提前将所需要的影像信息从中心图像服务器分发到相应的代理服务器，之后可以根据需要进行图像调取和随时处理。利用图像预取技术，减少带宽压力，减轻计算机网络流量，减少高峰时期因调用图像造成的速度慢、等待时间长的情况。

后台调阅是为解决一次调阅大量图像而设计的。对要调阅大量图像的诊断情况，在第一组图像调入本地时，即开始显示和处理，同时后台仍继续调阅。用户可以标记重要的图像，下次重复调阅时可以选择只调阅标记过的图像。后台调阅减少了用户的等待时间，减轻了网络负担。

医学图像数据量大，对存储和传输提出了较高的要求，图像压缩技术可以有效解决问题。目前，医院主要使用 DICOM 标准压缩图像。DICOM 标准中运用的压缩标准主要是 JPEG 标准。目前的 DICOM 标准图像压缩格式主要有 3 种：① 无损压缩；② 标准压缩比的有损压缩；③ 高压缩比的有损压缩。DICOM 无损压缩图像的压缩比为 3∶1，标准压缩比为 10∶1，高压缩比为 20∶1。

从统计学角度出发，DICOM 标准有损压缩与 DICOM 无损压缩在图像质量上没有差异，不影响临床诊断。同时有损压缩减少了图像的数据量，提高了网络传输的速度，减轻了网络的压力，降低了图像的储存空间。

为了规避医疗纠纷和对患者负责，必须合理使用 DICOM 有损压缩图像以及合理选择 DICOM 有损压缩比，这对 PACS 储存方案的设计也是非常重要的。

5.2.4 医学图像传输

医学图像精度高、数据量大，对图像高速传输提出极大挑战。

在医院内部，一般利用局域网实现图像传输，而在远程医疗中，通过广域网或因特网进行通信。网络环境直接影响医学图像的传输速度。

医院局域网将放射科与各科室图像终端或图像工作站连接在一起，可在短时间内实现图像、病历的传输。目前医院局域网的主干网大部分采用100MB以太网，而工作站采用10MB以太网接口。

图像远程传输采用因特网、公共电话交换网或卫星通信实现。通信介质包括公共电话线、光纤、微波等。

调查表明，用户对调阅图像速度要求不同，近期3～6月图像调阅时间小于10秒，远期图像调阅时间小于100秒。可以采用多种方法和技术满足用户的这种需求。例如上述的图像预取技术、图像压缩技术、图像后台调阅技术等。此外还可以采用分布式存储技术，将经常调阅的近期图像与远期图像分开存储；对门诊要求调阅速度高的图像与住院图像分开存储等。

5.2.5 医学图像显示

医学图像显示一般需要医学专用显示器，普通分辨率显示器可能导致漏诊。美国放射学会计算机应用分会（The Society for Computer Application in Radiology）建议以诊断为目的的放射科诊断工作站采用竖屏显示器，分辨率至少为2K×2K，亮度达到50朗伯（170cd/m^2），数目以2～4台为宜。

为了适应医疗诊断的需要，人们研发了高亮医用显示器。与普通显示器不同，医用显示器具有以下特点：

1）支持DICOM 3.14：DICOM 3.0的第14部分是灰度图像显示功能标准。医用显示器必须具备DICOM校正功能，使其和DICOM标准相吻合，从而保证影像的显示质量。

2）具有较高灰度阶：灰度阶，也称为灰阶，指显示器显示从最亮值到最黑值之间所能够显示的层次。普通黑白显示器每个像素用8位表示，具有256灰阶；彩色显示器分别用8位表示红、绿、蓝三基色。灰阶的层次越多，表达图像的细节越丰富，从而保证较高的读片质量，因此，灰阶是医学图像中显示患者病灶的一个重要参数。医用显示器有10位或12位，即1024或4096灰阶。

3）具有背光亮度稳定控制功能：亮度是以坎德拉每平方米（cd/m^2）为测量单位，它表示灯管光源所能产生的最大亮度。医用显示器通过高亮度相应拉大了最黑到最白之间的灰阶。普通显示器亮度为200～300cd/m^2，无恒定亮度的要求。医用显示器亮度为600～700cd/m^2，经过校正设定的亮度为400～500cd/m^2，这样使用者在保证肉眼敏感度的同时不会感到疲劳；同时要求3万～10万小时亮度值保持不变。

4）具有较高的分辨率：普通显示器的分辨率有1024×768，1280×1024；医用显示器分辨率都在1280×1024以上。医用显示器的分辨率与放射设备的分辨率正相关，相应的设备应当配套相应的分辨率的显示器。下面给出不同分辨率下的像素阵列，其中MP为百万像素的缩写。

1MP＝1024×1280

2MP＝1600×1200

3MP＝2048×1536

4MP＝2560×1600

5MP＝2560×2048

8MP＝3840×2160

9MP＝3840×2400

10MP＝4096×2560

常用的医用显示器有4种分辨率，分别为1MP、2MP、3MP、5MP。

5）具有较高的对比度：对比度指屏幕的纯白色亮度与纯黑色亮度的比值，对比度越高，图像愈清晰。普通显示器为300∶1～400∶1，医用显示器为600∶1～1000∶1。但是当对比度达到某一程度后，色纯度会出现问题，一般选择对比度≥600。

6）具有多功能显卡：普通显示器常用AGP插槽；医用显示器常用PCI插槽，并且要求“一卡两显”，能够主副显示器互换、横/竖屏转换。

“一卡两显”指当一台工作站配有两台显示器时，显卡有两个输出口。主副显示器互换是当工作站配有一台普通显示器和一台或多台医用显示器时，无论是哪个作为主显示器，彩色和灰阶不会出现问题。横/竖屏转换是因为一般CT、MRI、DSA、数字化乳腺机用横屏显示，而CR、DR胸片用竖屏显示，所以医疗专用显卡有横/竖屏显示设置功能。

7）需要3C认证：普通显示器有环保、电磁学相关认证，而医用显示器除了环保、电磁学相关认证，还需要医疗行业认证。在中国，需要达到3C认证，即中国强制性产品认证（China compulsory certification，CCC）。

此外，医用显示器在响应时间和安全方面也需要满足一定要求。图5-7是常用的医用显示器。

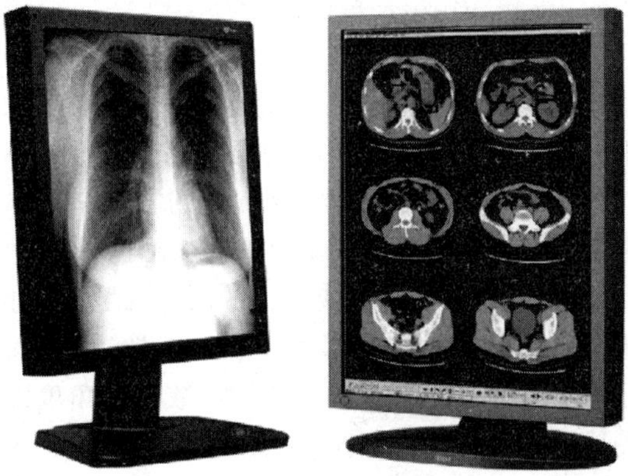

图5-7 医用显示器

选择医用显示器需要充分了解临床工作对数字图像质量的要求，并结合图像种类和经济能力来综合考虑。一般地，需要考虑图像类别（比如是CT还是MRI图像）、光度表示（灰度图像还是彩色图像）、像素分配的位数（10位、12位还是16位）以及窗宽和窗位等。

表5-1给出了选择医用显示器的一些参考。

表5-1 医用显示器选择

显示器类别	物理分辨率	建议用途	使用方式
1MP	1280×1024	CT、MRI、胃肠机、DSA	横屏
2MP	1600×1200	DSA、胃肠机、CR、DR	竖屏
3MP	2048×1536	CR、DR	竖屏
5MP	2560×2048	数字化乳腺机	竖屏
8MP	3840×2160	DR、CR、会诊中心	横屏
10MP	4096×2560	数字化乳腺机、会诊中心	横屏

5.2.6 医学图像处理

数字图像处理指通过计算机对图像增强、复原、分割及特征提取等处理的方法和技术。在医院信息系统中，应用软件向用户提供图像检索、编辑和后处理功能。检索是根据病历号和姓名等对图像进行检索；编辑是删去无意义的图像，并把文字注释与相应的图像信息一并存入；后处理是在终端放大感兴趣的图像区、拉伸对比度、调节窗宽和窗位等。临床上具有各种专用的医学图像处理软件，如心脏、肾、肺、心脑血管等计算机辅助诊断软件，能够实现图像放大、镜像反转、窗位检测、图像比较、距离测量、文字注释及基于专家经验知识的辅助诊断功能等。同时支持三维渲染显示、伪彩色处理等。图像处理和分析方法的目的是提高信息的相对量，如增强图像中的某些部分或提取某些特征，以便提取信息。

常见的基本图像处理技术包括：

1）图像增强：图像增强是显现图像中较模糊的细节，或突出显示图像中感兴趣的特征。主要技术包括：图像灰度变化（如图像反转、对数和幂次变换等）、直方图均衡化、图像减影、伪彩色处理、空间滤波（如图像平滑与锐化滤波器）和频域滤波（低通滤波和高通滤波）。

2）图像复原：目的是要改进图像外观与质量，将图像中的干扰信息去除，一般复原技术基于图像退化的数学模型或概率模型。在图像获取时，许多因素会导致图像质量下降。如 CT 扫描中因呼吸和心跳等运动可能造成图像模糊和伪影，可以建立补偿模型去除干扰。此外，在齿科 CT 扫描中，患者口腔中的金属物可导致金属伪影，需要用滤波等方法去除，并保证金属物周围的成像不失真。

3）图像分割：图像分割就是把图像分成若干个特定的、具有独特性质的区域并提取感兴趣目标的技术和过程。图像分割方法一般基于图像灰度的两个基本特性：不连续性和相似性。基于灰度不连续性的图像分割，如图像边缘检测法。基于相似性的方法是依据某些准则将图像分割为相似区域，如阈值法、区域生长法、区域的分离和聚合法等。图像分割过程中要避免过分割。

4）边缘检测：边缘是图像中具有不同灰度或颜色的两个区域之间的边界。边缘检测是利用图像在边缘发生局部颜色或灰度变化的特性将边缘找出来。图像边缘检测大幅度地减少了数据量，并且剔除了不相关信息，保留了图像重要的结构属性。从数学的角度而言，边缘检测方法划分为两类：一类基于查找；一类基于零穿越。基于查找的方法通过寻找图像一阶导数中的最大和最小值来检测边界，通常将边界定位在梯度最大的方向。基于零穿越的方法通过寻找图像二阶导数零穿越来寻找边界。图 5-8 是对细胞计数分析时边缘检测的结果。

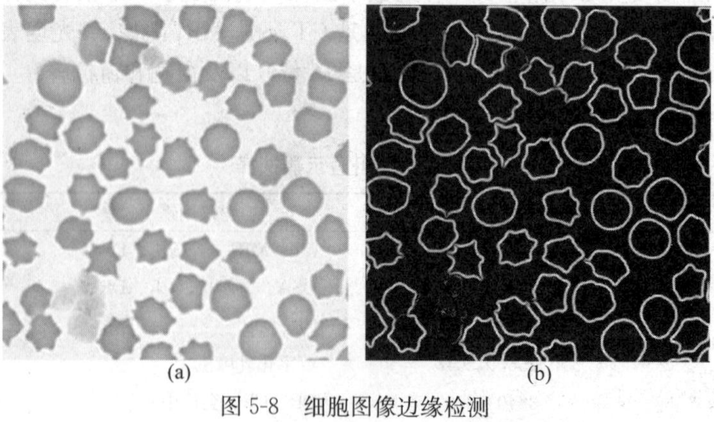

(a) (b)

图 5-8 细胞图像边缘检测

（a）细胞；（b）细胞边缘检测

5）图像测量：图像测量主要指对图像中的几何特征，如面积、距离、周长等进行测量，也包括强度特征，如灰度分布的均值与标准差、颜色特征和纹理特征等。图 5-9 是对股骨截面进行测量的例子。

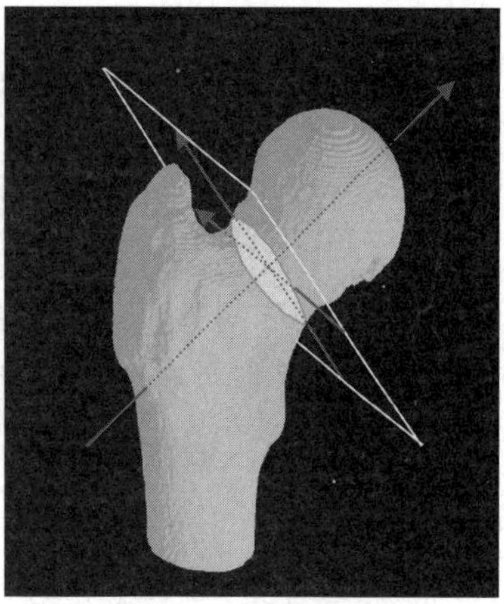

图 5-9 股骨测量与分析

6）图像配准：图像配准指寻找两幅图像中对应点的映射关系，它是一个空间变换过程。在配准过程中，固定不变的图像称为固定图像，变换的图像称为浮动图像。图像配准通常在这样的情况发生：将不同时间获得的图像进行配准，发现病变或疾病愈合情况；或将同一患者在不同设备（如 CT、PET、MRI 等）上采集的图像配准，以便于在一幅图中同时观察解剖结构和了解功能信息。在图像配准后，一般需要图像融合算法，将两幅图像融合为一幅高质量、多信息的图像。图 5-10 显示了 PET 与 CT 图像配准后肿瘤定位的情况。

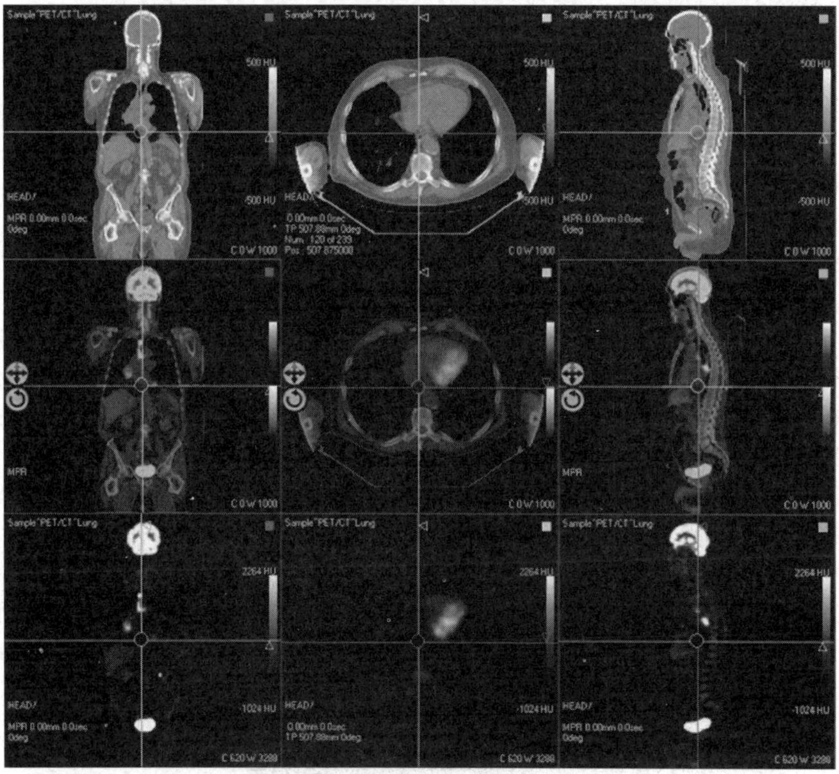

图 5-10 PET/CT 图像配准与融合

7）三维显示：医学成像一般获得的是二维断层图像，利用图像三维重建和显示技术可以将断层图像数据重构解剖结构的三维图像，从而直接观察目标的三维图像以及目标与周围组织之间的空间关系。例如，利用虚拟结肠镜技术，可以在三维结肠图像中导航，快速发现病变部位。三维重建与导航在医学诊断、外科手术和放射治疗规划等方面具有重要的临床价值。图 5-11 显示了肾的三维重建图像及结肠的虚拟漫游。

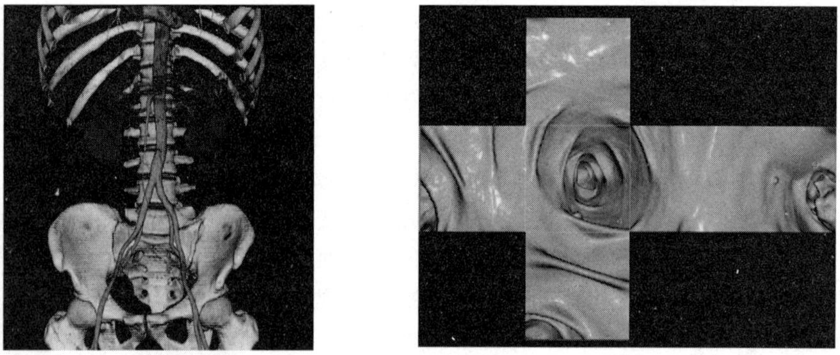

图 5-11 医学图像的三维可视化
(a) 肾的三维重建; (b) 虚拟结肠镜

5.3 医学图像信息系统的应用

现代医学影像的快速发展，各种数字化医学影像设备的出现极大地方便了医师的诊断。医学影像信息是多样化的，如 B 超扫描影像、彩色多普勒超声影像、核磁共振（MRI）影像、CT 影像、CR/DR 影像、各种电子内镜影像、显微镜下病理切片影像等。

许多医院在过去十多年间，引进了大批进口的先进医学影像设备，对提高诊断水平、加强医院管理等方面起到了积极的作用。与此同时，所产生的大量影像资料对医院管理提出了更高的要求。传统的胶片备份、人工管理的方法，需要较大的存储空间，消耗资金和管理人员，而且存在资料丢失、查找困难、保存时间短等问题。这种方法已经远远不能满足现代化医院迅速增长的业务需求，迫切需要一种自动化的影像管理系统来代替它。同时，随着社会的发展，医院之间、医师之间的交流越来越多。一些疑难杂症经常需要多名专家会诊；典型病例是实习和进修医师学习的最佳参考资料；作为患者重要诊断资料的影像检查结果需要共享。

随着计算机技术和网络技术的迅速发展，高性能计算机、高速网络和大容量存储设备，为大量医学影像和诊断信息的存档和通信提供了全面的技术保障。进入 20 世纪 90 年代后，网络技术飞速发展，费用不断下降，使自动化的医学影像管理和大范围的影像共享成为可能。

DICOM 3.0 标准的产生为各个数字医疗设备厂家提供了国际统一医学影像传输标准，为医学图像信息系统（如 PACS）的发展铺平了道路。该标准的制定使医学影像及各种数字信息在计算机间传送有了一个统一的标准，通过数据接口与互联网接通，就可以进行医学影像信息的网络共享和远程传输，实现计算机网络诊断和异地会诊。

5.3.1 医学图像存储与传输系统（PACS）

1. 系统概念 PACS 是集数字化医学影像信息的采集、存储、诊断、输出、管理、查询、信息处理于一体的应用系统。PACS 是实现医学影像信息管理的重要条件，它对医学影像采集、显示、存储、交换和输出过程进行数字化处理，最后实现影像的存储和传送，在节省存储空间、胶片、显影剂的同时，实现了高效化管理。

PACS 技术在发达国家得到迅速发展，但国外的 PACS 在进入中国时遇到了很多困难。首先是价格过于昂贵，一般国外品牌的 PACS，小型系统要耗资几百万，大型系统更是高达千万以上。另外，全西文的操作界面以及符合国外医师习惯的设计思想难于让中国医师接受。

计算机技术，可以对影像的像素点进行分析、计算、处理，得出相关的完整数据，为医学诊断提供更客观的信息，最新的成像技术不但可以提供形态影像，还可以提供功能影像，使医学影像诊断技术走向更深层次。

2. PACS 的设计原则

1）先进性：计算机信息化快速发展，尽管如此，技术的稳定性与先进性很难同时兼得，但是在保证用户需求的同时，考虑未来技术的发展趋势、医院的发展规模及长期应用的需求，PACS 系统设计应适度超前。

2）实用性：首先要保证 PACS 系统中各类信息能够满足用户使用，具有良好的系统功能和人机界面，尽量减少复杂操作。

3）可靠性：可靠性包括硬件可靠性和软件可靠性。硬件可靠性主要体现在选用设备性能方面的稳定；软件可靠性则指应用软件系统平台稳定，应用软件功能可靠、无故障、可用性以及该应用系统的使用经验等。

4）可扩充性和可维护性：在软件方面，采用标准组件式开发和集成，使得系统可以以组件方式替换部分过时组件，增加了易维护性。同时，因为采用了标准组件方式，使得系统与未来的软件有很好的互联性，增加了系统的重复使用性，减少了维护的技术难度，避免了重复投资。

5）经济性：从用户的实际需要出发，采用性价比高的产品，合理规划建设周期，科学施工，避免重复建设。在保证系统能够安全、可靠运行的前提下，最大限度地降低系统造价并充分考虑用户现有设备的利用。

3. PACS 的系统结构 PACS 系统对放射图像、超声图像、内镜图像及病理学图像进行综合管理，其系统结构如图 5-12 所示。

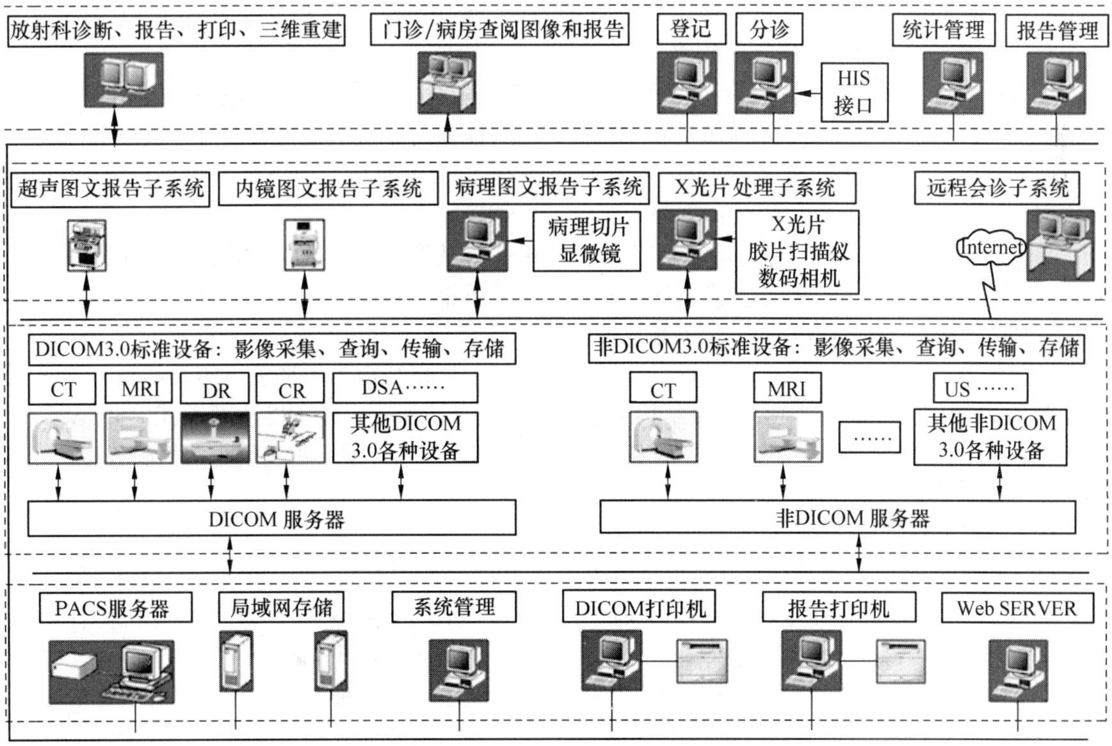

图 5-12 PACS 系统结构

4. PACS 的主要功能

1）影像传输管理：DICOM SERVER 影像传输管理功能模块，担负着 DICOM 3.0 标准影像的采集、查询、存储和传输等工作，主要功能包括：影像查询、影像复制、影像提交、影像回传、影像转移控制等。

2）图像采集与处理：DICOM 网关负责非 DICOM 3.0 标准设备的支持服务。

3）信息查询与管理：查询患者信息，与影像诊断工作站集成在一起。

4）影像诊断：主要包含影像显示、影像处理、辅助测量、影像报告、智能诊断、胶片打印等功能模块。

5）影像显示：对调入的影像进行各种显示效果处理，主要包含影像显示设置、放大镜功能、缩放功能、移动功能、镜像功能、旋转功能等。

6）影像处理：主要包含窗宽和窗位调节功能、滤波功能、伪彩色功能、序列图像播放功能、ROI 值曲线等。

7）辅助测量：辅助测量主要包括以下功能：箭头标注、直线测量、角度测量、文本注释、面积计算等。

8）胶片输出：DICOM 打印功能是 PACS 系统的重要功能之一。该功能是将各种医学影像文件用 DICOM 网络打印机输出到医用胶片或医用打印纸上。主要功能包括添加图像、删除图像、图像拼接、打印设置等。

5.3.2 放射信息系统

在现代化医院，放射科产生的各种图像在疾病诊断和治疗中具有非常重要的作用。放射科信息系统（radiology information system，RIS）是医院重要的医学影像学信息系统之一，它与 PACS 系统共同构成医学影像学的信息化环境。

1. RIS 概述 在医院中，放射科工作繁重而重要。早期的手工工作模式制约了其工作效率，包括受理的预约申请速度慢，不能满足临床需要；检查任务的分配不能统筹安排，造成医疗资源浪费；不能保证长期信息的完整性和实现快速检索；不能及时对放射检查数据汇总和统计；RIS 无法和 PACS 和 HIS（hospital information systems）融合。

基于上述原因，人们提出 RIS，它是放射科使用的信息管理系统，以存储、处理和分发患者放射数据或图像。该系统一般包括患者跟踪和调度、结果报告和图像跟踪等。RIS 弥补 HIS 的不足，对高效地执行放射学检查的工作流程至关重要。

2. RIS 网络与体系结构 RIS 运行于局域网上，网络拓扑结构为星形总线拓扑结构，传输协议遵循 TCP/IP。RIS 采用开放式体系结构及模块化的设计方法。目前 RIS 主要采用基于 Web 的 B/S 三层服务模式，其中第一层为用户服务层，第二层为事务服务层，第三层为数据服务层。

3. RIS 的功能

RIS 主要功能如下所述：

1）预约功能：预约方式包括临床医师站电子申请单、电话预约、现场预约等。预约时间可以由系统自动安排，也可以手工修改。预约成功后，可打印预约单交给预约人，预约单上除注明检查人、预约时间、检查部位等信息外，还包括检查所需要注意的事项等内容。

2）登记分诊：患者信息登记可采用手工和由 HIS 传送信息两种方式，对于复查的患者，可以通过检查号或姓名等条件定位该患者，导入其基本信息，避免信息的重复录入，减少误差，减轻劳动强度。

3）技师工作站：使用条形码扫描等方式，调出该患者的相关信息，包括方式体位、胶片性质、胶片尺寸、用片量、机房、检查人员、费用等，进行确认。

4）影像报告管理：影像报告管理系统由报告书写和统计查询两个模块构成。诊断医师使用报告书写功能，根据患者影像分析结果写诊断报告，诊断报告可作为报告模板保存起来。

5）报告模板编辑：报告模板是系统定义的一系列标准报告，医师根据患者的典型诊断特征调用相关的报告模板，快速生成诊断报告。报告模板编辑可以定义私有模板和共享模板，私有模板可使用户书写个性化的报告；共享模板可使用户书写标准化的报告。

6）数据统计：按照各种条件和要求进行数据统计，满足不同科室对统计的不同要求，以多种形式对统计结果进行展现。

7）系统管理：系统管理是对数据库进行维护和管理。主要包括以下功能：用户管理包括管理用户信息、部门信息和工作组信息等，并能确定医师的工作权限；基础数据管理是对系统的基本信息管理，包括设备类型管理、设备明细管理、检查部位管理和检查项目管理等。

此外，也支持查询和打印功能。

5.3.3 HIS-RIS-PACS 整合

HIS 指利用计算机软硬件技术、网络通信技术等现代化手段，对医院及其所属各部门的人员、物品、财物进行综合管理，对在医疗、诊断活动各阶段产生的数据进行采集、储存、处理、提取、传输、汇总、加工生成各种信息，从而为医院的整体运行提供全面的、自动化的管理及各种服务的信息系统。HIS 系统子模块包括挂号、收费、药房、住院医嘱、住院病历、药库等相关科室系统。HIS 和 RIS 系统开发是基于 HL7 标准，而 PACS 是基于 DICOM 标准。HIS-RIS-PACS 系统整合必须使用 DICOM 和 HL7 标准作为通信的标准接口，三者之间可以通过中间数据库、中间表、动态链接库或控件的形式以及 Web 接口方式进行信息交互，避免系统之间直接操作对方的数据库，保障系统集成安全性。HIS-RIS-PACS 系统整合后，在住院医师工作站、门诊医师工作站、会诊室、手术室等工作站上，可以通过网络的数据传递将检查申请及时传至相关的检查科室，并可在第一时间里对检验结果、影像、报告进行查询和阅片。

5.4 案例：沈阳某医院的 PACS 系统

系统概况

沈阳某大型三级甲等医院，现有职工 1900 多人，医师 700 多人，床位 1700 多张，平均日门诊量 5000 人次，高峰时达 6000 多人。图 5-13 是该医院使用 PACS 的场景。

联接设备情况：① 多层 CT：4 台；② MRI：2 台；③ CR：4 台；④ DR：1 台；⑤ DSA：1 台；⑥ 数字化胃肠机：1 台；⑦ 超声机：15 台；⑧ 内镜：3 台；⑨ 病理显微镜：2 台。

系统硬件平台：① 系统服务器：SUN E450 服务器 2 台；② 系统数据库：Oracle 9i；③ 网络结构：主干网为 1000M 带宽以太网，终端为 100M 带宽，连接计算机。

目前该医院 PACS 系统正在运行的模块有：① 登记、分诊；② 系统管理；③ 科室管理、报告管理；④ DICOM 服务器；⑤ 影像诊断系统；⑥ 临床影像查询系统；⑦ 超声图文系统；⑧ 病理图文系统；⑨ 内镜图文系统。

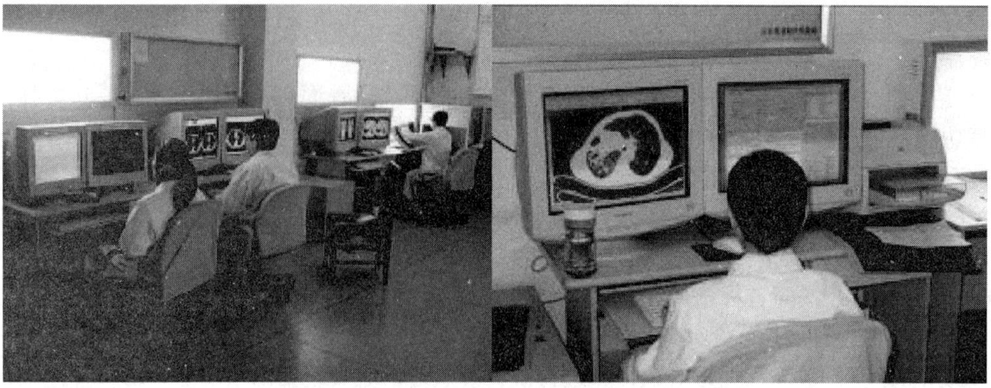

图 5-13　某医院中 PACS 的使用

用户评价

本 PACS 使用中，表现出以下特点：

（1）系统操作性好：采用全中文界面，容易掌握；可以同时使用鼠标、键盘操作，简单方便；培训周期短。报告系统具有随时形成模板的功能，大大方便了报告的书写和规范化，便于今后的科研和教学工作的开展。

（2）本系统安全性好：本系统采用分组权限管理，兼顾安全性和灵活性。既有利于临床应用，又考虑到影像科室资料的保密性和完整性。

（3）本系统诊断终端软件功能完善、强大，不仅能够完成 DICOM 图像的基本数据分析，并具有对非 DICOM 图像进行黑白对比的调整功能。可同时查阅同一患者或不同患者的不同检查的影像资料及结果，方便医师进行诊断。

（4）本系统可输入 DICOM 图像以及非 DICOM 图像，加快了医院数字化的进程，很好地适应不同档次的影像设备。

（5）本系统已经运行的图像种类有：CT、MRI、CR、DR、DSA、普通 X 射线、超声、内镜、病理图像。二期计划开发核医学等影像设备。

（6）本系统结合主服务器及存储局域网实现海量存储，能够保证医院全部患者 1 年以上的影像资料在 PACS 上处于在线状态，极大缩短系统查询患者的时间。

本章小结

医学成像设备，如 X 射线机、CT、磁共振、超声、PET 等，在疾病诊断、治疗、疗效评估等方面起重要作用。随着技术的进步，成像的方法与新应用不断涌现。高分辨率、大数据量医学影像需要有效管理，涉及影像数据的压缩、存储、传输、共享及显示等，PACS 和 RIS 正是为了满足影像数据的管理而出现的，并随着信息技术、网络技术及通信技术的发展而不断升级。

课后习题

1. DR 与 CR 相比有何改进？
2. 四大医学影像设备指的是哪些？简述它们各自的特点。
3. 简述 PACS 的主要功能。
4. 医学图像 DICOM 标准是否支持有损压缩？如果支持，压缩比是多少？是否对诊断造成影响？

第6章 实验室信息系统

学习目的

1. 了解实验室信息系统的概念。
2. 掌握实验室信息系统的主要技术和功能。

引 言

随着信息技术的发展，计算机的应用已经渗透到社会生产、生活的各个领域，信息化、数字化已成为各行业高度发展的标志和追求的目标。关系国计民生的医疗卫生事业，对计算机的依赖也越来越大，医院信息系统（hospital information system，HIS）的引入无疑给医疗卫生事业的管理模式、临床、教学、科研等方方面面工作的开展带来了革命性变化。

本章将先引入实验室信息系统的基本概念，然后介绍实验室信息系统的主要技术和功能，在此基础上介绍HIS的质量管理体系和应用等。

6.1 实验室信息系统概述

实验室信息系统是临床实验室自动化发展的高级阶段和必然趋势，是实现实验室管理科学化、规范化、流程化、电子化、网络化、现代化和实时动态化的重要手段，是实验室认证（accreditation）的重要技术基础。

6.1.1 定义

实验室信息系统（laboratory information system，LIS）指利用计算机技术及计算机网络，实现临床实验室的信息采集、存储、处理、传输、查询，并提供分析及诊断支持的计算机软件系统。

LIS实质上是把实验室各种检验仪器设备通过计算机连接而组成的专业局域网络，是实现实验室网络化管理的基础。作为医院信息系统（HIS）的组成部分，LIS与HIS可无缝链接，实现对医嘱生成，标本采集、运送和接收，计费，检测以及发布结果等过程的监控。

6.1.2 实验室信息系统的发展历史

20世纪80年代，单机运行的数据处理系统可对仪器的数据进行简单的存储和分析，被称为第一代实验室信息系统。20世纪80年代末90年代初，关系型数据库被引入到检验数据的存储和管理中，并且出现了以PC为基础，部门级规模的第二代LIS。

20世纪90年代中期开始，LIS开始逐渐变成一个以局域网为基础，开放的C/S（client/server）架构模式，称之为第三代LIS。20世纪90年代末期，Internet和Web技术结合的新一代B/S （browser/server）架构模式的软件系统诞生，被称为第四代 LIS。

国外 LIS 依托先进的管理思想和计算机技术已实现大型化、一体化。如检验信息的预处理思想，利用 LIS 在整个医院信息系统下游的有利位置，充分利用上游 HIS 与 CIS（clinical information system，临床信息系统）来提供信息。在芬兰，就有很多 LIS 系统运行在面向对象的 Cache 数据库上，它是一种后关系型、面向对象数据库，它整合了对象数据库访问、高性能的 SQL 访问、强大的多维数据访问三种方法，成功解决了关系型数据库不能解决的一些问题。

6.1.3 建立实验室信息系统的目的

传统临床检验的业务流程如图 6-1 所示，它存在诸多问题，如人工填写检验申请，填写项目易错漏，文字辨识错误，计费易错收或漏收，样本在整个检验过程中多个环节容易发生与申请单和报告的关联错误；检验报告纸质信息发布慢，管理和查找不便，历史资料保管和利用难度大。总之，整个检验业务效率低，易出差错，检验信息资源保管和利用困难。

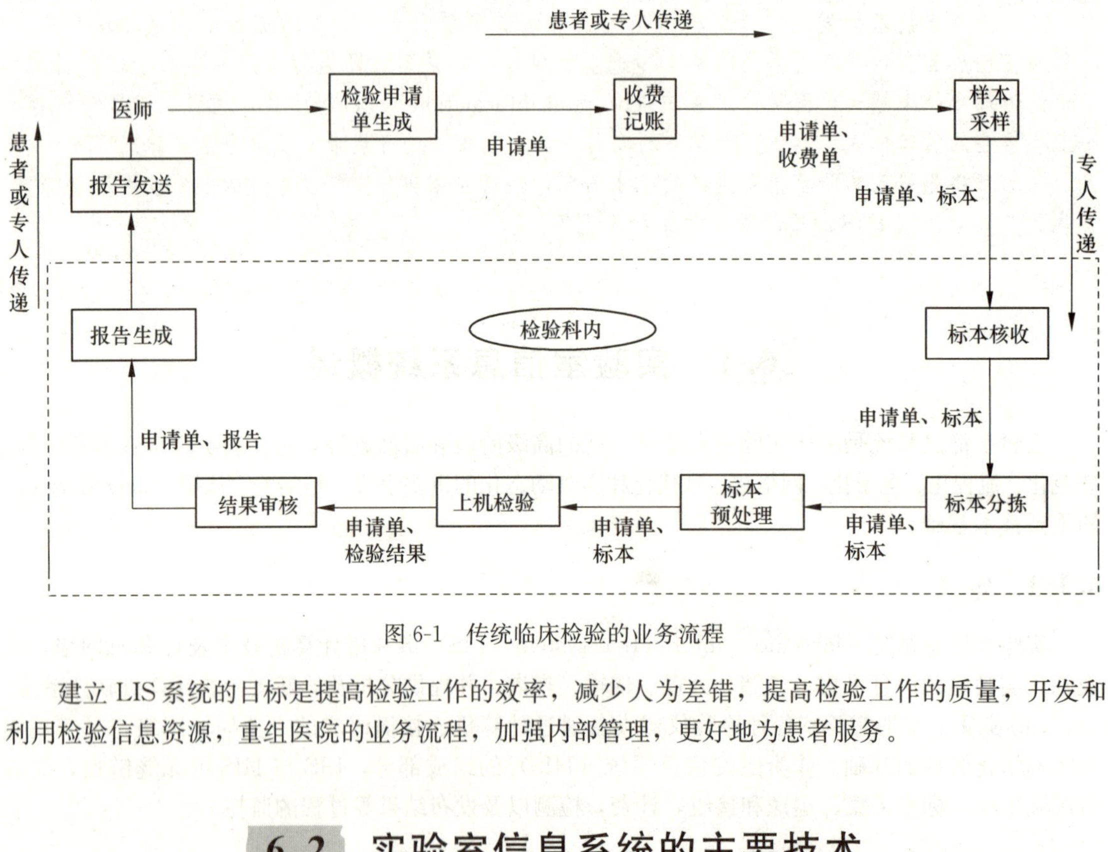

图 6-1 传统临床检验的业务流程

建立 LIS 系统的目标是提高检验工作的效率，减少人为差错，提高检验工作的质量，开发和利用检验信息资源，重组医院的业务流程，加强内部管理，更好地为患者服务。

6.2 实验室信息系统的主要技术

检验信息管理的要求是：代替人工在短时间内处理大量的样本，保证样本信息与采样对象、申请、结果的信息在检验过程中正确关联，帮助人管理和审核样本信息、检验控制信息质量。所以，LIS 要求系统中的信息与系统之外的样本正确关联，有严格的质量控制体系保证检验结果的误差在允许限度内，能减少人工处理标本和检验结果的工作量和差错率，检验结果能及时地告知医护人员和患者。

6.2.1 模式识别技术

现代医学检验仪器的自动化、智能化，大大减轻了人工操作的工作量，提高了检验质量，仪器内部的信息处理技术起到了重要的作用。模式识别只是其中的一种。模式的原意是供模仿用的样本，模式识别是识别一个未知对象与哪个样本相似，利用事物同类相似、异类相异的特性，把一个对象集合分成许多不同的类，所以，有时也称模式分类。

模式识别首先要提取样本的特征，建立分类规则，称为识别学习阶段；然后利用已知分类的样本进行特征分类训练，并获得识别的标准，确定识别的步骤和方法，这些为测试阶段。以血细胞分类为例，特征之一是血细胞的体积大小，白细胞体积为100～1000fl，红细胞体积为85～95fl，血小板体积为2～30fl。当溶于电解液的细胞经一小孔通过时，细胞的不良导电性引起该处电阻增加，形成电脉冲。不同体积的细胞形成的脉冲幅度高低不同，白细胞最大，红细胞次之，血小板最小，如图6-2所示。

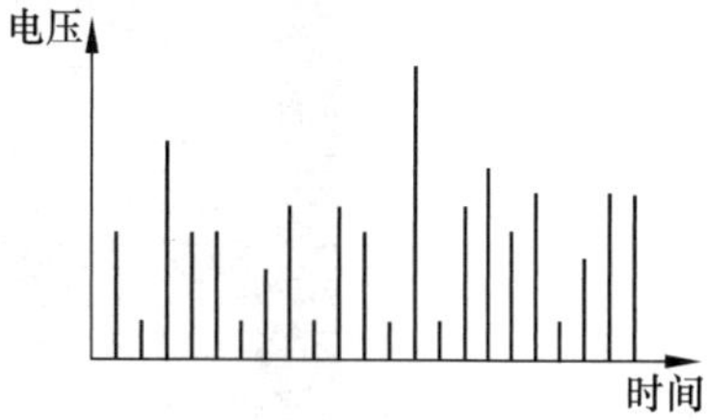

图6-2 血细胞计数脉冲

用不同的计数脉冲门槛电压，对高于门槛电压的脉冲进行选择，以分别计数，得到的血细胞分类计数准确度并不理想，原因是体积小的白细胞与红细胞体积差别不大，再加上各种干扰，影响了识别。显然，理想的特征是在不同类别事物之间不发生交叠，但在现实中可能很难达到要求，因此，需要利用多维不理想的特征，来提高识别能力。所以，选取单位溶液中的细胞数量为第二个特征，正常红细胞数量男性400万～500万个/ul，女性350万～450万个/ul，白细胞4000～10 000个/ul，血小板10万～40万个/ul。当计数脉冲的门槛电压$=U_1$，得到的是红细胞和白细胞数量之和S_1，当计数脉冲的门槛电压$=U_2$，得到的是血细胞的总数S，$S-S_1$是血小板数。因为红细胞数量约为白细胞的1000倍，可以忽略计数中的白细胞数，认为S_1就是红细胞数。再加入溶血剂，使红细胞溶解，其碎片体积不足以影响白细胞计数，若计数脉冲的门槛电压$=U_1$，便可得到白细胞计数。

如要对白细胞再进行分类计数，需要通过细胞的表面特性、核/浆比例、内部质粒大小和密度等特征来提高识别准确度。

6.2.2 条形码技术

因标本脱离信息系统传递，在采样、核收、分拣、预处理、上机检验、重复检验等步骤中，要保证标本与信息系统中的检验申请、检验结果正确关联，不出差错，条形码技术是目前LIS解决这个问题的主要方法。

条形码技术起源于20世纪40年代，研究于60年代，应用于70年代，普及于80年代，条形码技术具有输入速度快、准确度高、成本低、可靠性强等优点，在当今的自动识别技术中占有重要的地位。

一维条形码是由一组规则排列的条、空以及对应的字符组成的标记，“条”指对光线反射率较低的部分，“空”指对光线反射率较高的部分，这些条和空组成的数据表达一定的信息，并能够用特定的设备识读（图6-3），转换成与计算机兼容的二进制和十进制信息。通常对于每一种物品，它的编码是惟一的，一维条形码要通过数据库建立条形码与商品信息的对应关系，当条形码的数据传到计算机上时，由计算机上的应用程序对数据进行操作和处理。因此，一维条形码在使用过程中仅作为识别信息，它是通过在计算机系统的数据库中提取相应的信息而实现的。

要保证标本与信息系统中的检验申请、检验结果正确关联，基本方法是每个标本有惟一的编号，这个编号同时保存在系统数据库中，建立与检验申请、检验结果的对应关系，在采样、核收、分拣、预处理、上机检验、重复检验等业务中，通过标本自身的编号查找系统内的相关信息，支持人工或设备正确完成该标本的检验业务，新产生的信息采集后与标本编号关联。

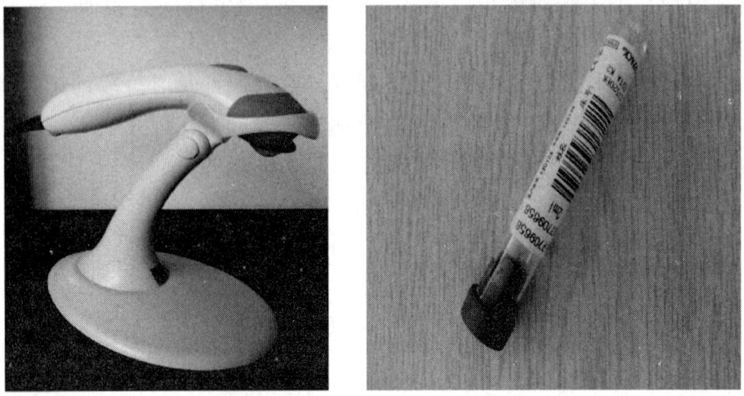

图 6-3　条形码扫描设备和 LIS 打印的一维条形码

标本惟一编号的产生方法有两个：一是现场打印。编号由 LIS 系统自动产生，转换成条形码打印后贴在标本容器上，除打印编号外，还可以打印与标本相关的信息，如患者姓名、编号、检验项目等，方便检验人员人工处理标本，适合非标准的样本容器以及预处理过程。二是事先印刷。编号的条形码由标本容器生产厂家产生、印刷并粘贴在标本容器上。在标本采样时，用条形码扫描设备将编号读入 LIS 系统，此法减少了现场打印粘贴的工作量，因为条形码印刷标准，位置统一，有利于减少标本自动处理系统的条形码读取错误率。由于一维条形码的信息容量很小，信息的详细描述只能依赖数据库提供，离开了预先建立的数据库，一维条形码的使用就受到了局限。

1991 年，美国 Symbol 公司推出 PDF417 二维条形码（图 6-4）。二维条形码根据不同的条空比例每平方英寸可以容纳 250～1100 个字符，约 500 个汉字信息，比普通条形码信息容量高几十倍。二维条形码对照片、指纹、掌纹、签字、声音、文字等可数字化的信息进行编码，具有多重防伪，译码可靠性高，修正错误能力强，容易制作且成本低等特性。

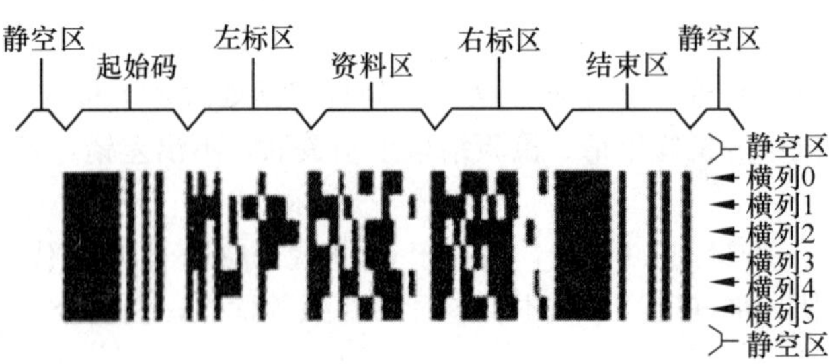

图 6-4　二维条形码

条形码技术在医学领域有许多的应用案例：如利用药品包装上的一维条形码，进行库存管理。如作为患者惟一标识号，可以将条形码事先印刷在就诊卡上，或现场打印粘贴在病历上，还有用带条形码的腕带标识患者，在检验标本采样、发药、治疗等操作前，先扫描条形码核对患者和医嘱，减少人为差错。用二维条形码存储住院患者的用药医嘱，粘贴在药品的外包装上，护士在配药、给药时，可以使用便携式设备扫描获取药品医嘱内容，提高了工作效率，减少发药差错。

6.2.3 自动控制技术

20世纪90年代，日本首先实现检验前、中、后三个阶段的自动化，称为全实验室自动化(total laboratory automation，TLA)。TLA将实验室的各种标本处理设备和检验仪器通过网络和标本自动流水线连接在一起，由流程控制软件、数据管理软件控制，形成一个高度自动化的工作环境。全实验室自动化提高工作效率，加快检验速度，减少差错，改变了检验的工作流程。

TLA的组成包括硬件和软件两部分，硬件包括标本处理和检测所需的全部设备，如图6-5所示，软件LAS（laboratory automatic system）则主要执行进程控制。根据标本的处理流程，可将设备划分为三个主要部分：标本处理模块、检测流水线和独立检测单元，进程控制软件参与各部分的控制以及各部分间的协调。传送带、机械手、自动机械装置、配合进程控制是TLA技术的核心。

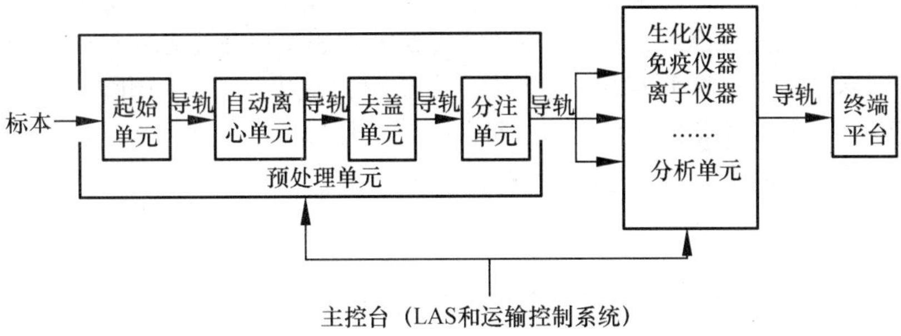

图6-5 全实验室自动化（TLA）

医嘱和标本编码通过接口传递给LAS，LAS将预处理标本和检验要求分别传递给预处理设备和检验仪器，LAS控制标本并将其在流水线上传输到指定的位置，进行预处理和检验，再接收检验结果并传递给LIS。如图6-6所示。

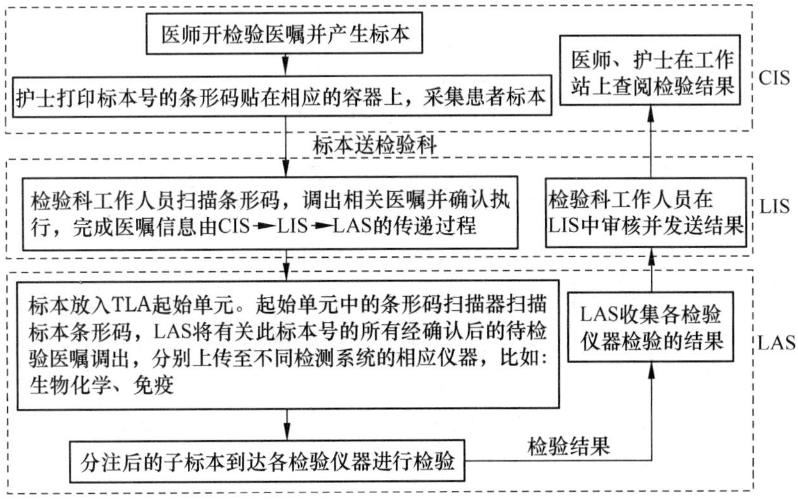

图6-6 LIS与CIS和LAS的关联

标本的处理是当前实验室常规工作中所占比例最大的一部分，在样本分析前，临床实验室通常要完成样本的接（验）收、检验项目（含收费）的确认、样本处理（如离心、分注、贴标识）等过程，研究表明，标本分析前的时间占总检验时间的65%。在人工进行这些工作的实验室，通常要花费大量的时间及人力资源，错误发生率居高不下。对于已实现分析过程高度自动化的实验室，分析前过程的矛盾尤其突出。采用 TLA 设备自动完成传递、脱盖、离心、抽取、分样等一系列工作，可使实验室中最繁重的手工工作实现自动化，既减少人工差错，又降低了标本与工作人员之间交叉污染的风险。

检测流水线与标本处理模块相连，各种检测样品经前一模块处理（传递、脱盖、离心等）后直接进入流水线。生化、血液、免疫等分析仪器连接在流水线上，根据相应的检验医嘱，通过连接单元将样品分别上传至不同检测系统的相应仪器，测试完成后自动卸载，标本放回到流水线上，供下一个仪器测试。样品进行完所设定的所有项目后，被盖上一个新的盖子，放入冷藏室供自动复检或智能测试。系统各组成部分工作流程如下：① 仪器连接单元：自动上样卸载，可连接多种仪器；② 次级分样单元：自动准备供其他不在流水线上的仪器所测定的样品；③ 加盖单元：给每个检测完成的样品盖上盖子；④ 输出单元：由多个存储单元组成，用于样品的冷藏。可供自动复检或进行智能测试。当某些第三方检测仪器不支持流水线时，可作为独立检测单元处理。在这种情况下，以可编程控制的机械手为中心，为多台分析仪器提供标本。一组在不同仪器上的检验，原来需要多管标本分别做预备处理和检验，现在只要一管标本，减少标本采样量或分样工作；当发现检验结果有疑问时，TLA 能自动找到原标本（根据条形码）进行重复检验。

6.3 实验室信息系统的功能

LIS 是将实验室的分析仪通过计算机网络连接起来，采用科学的管理思想和先进的数据库技术，实现以实验室为核心的整体环境的全面管理。它集样品管理，资源管理，事务管理，网络管理，数据管理（采集、传输、处理、输出、发布），报表管理等诸多模块于一体，组成一套完整的实验室综合管理和检测质量监控体系，既能满足实验室日常管理要求，又保证各种实验分析数据的严格管理和控制。

LIS 系统功能可以按不同专业实验室的工作内容划分功能模块，总体功能框架如图 6-7 所示。

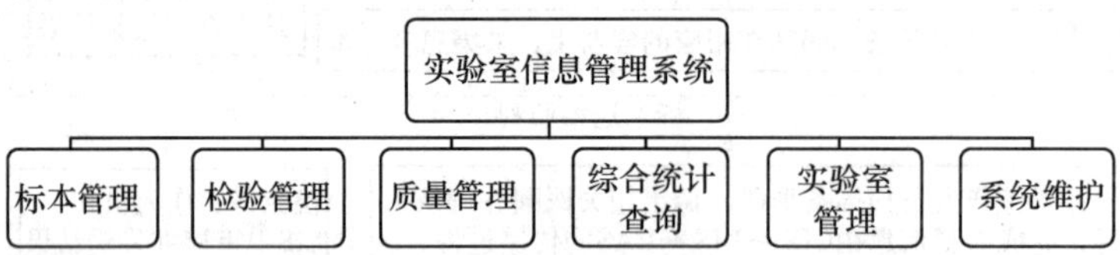

图 6-7 LIS 总体功能框架

质量控制、试剂管理、综合统计查询是每个专业室都需要的模块，与生化专业、临床检验专业、免疫专业的信息采集和处理方式类似，其业务流程均可划分检验前、检验中、检验后三个阶段，各阶段的主要业务如下。

检验前：申请录入或接收，标本核收，标本预处理。检验中：检验控制、检验结果接收或录入。

检验后：检验结果审核、检验报告发布。

考虑不同规模实验室的需要，软件设计为方便用户使用，有的对每项业务进行分界面操作，也可以将多项业务合并在同一个界面处理。

6.3.1 LIS 的用户权限管理

信息系统管理用户权限一般是将用户按业务角色分组，软件对每个角色分配模块菜单的权限。

LIS管理用户权限的特殊性是将用户与检验仪器和检验项目关联，控制不同用户对不同仪器及该仪器检验项目等的操作权限。

6.3.2 基础数据维护

检验的基础数据内容繁多，既有LIS自身运行的基础数据，如仪器参数、检验项目参数，又有与仪器、HIS、体检信息管理等系统接口所需的基础数据。

检验项目的基础数据内容除包含项目名称等以外，软件还提供对项目相关数据的加工处理功能，可完成的功能如下所述：

1）结果运算：事先设置算法，LIS能对从仪器接收的数据进行各种运算，获得检验项目的最终结果。

2）结果转义：若仪器输出的是数值型结果，根据事先设置的范围，LIS将结果转换成“阴性”/“阳性”，或用“+”/“-”符号表示。

3）结果参考值：患者样本的检验结果是否异常，健康人群测量值的统计分布范围是判断标准之一，称为参考值。同一检验项目的参考值可因健康人群的不同分类而不同，如血色素，不同年龄、性别组的参考值不同。检验结果报告单在样本检测值后打印参考值，供临床参考。

4）项目组合：将检验医嘱的收费项目与检验项目对照。一条提出检验申请的医嘱常常需要做一组检验，包含多个检验项目，如三大常规检验（血常规、尿常规和大便常规）、生化全套（肝功能、血脂、血糖、肾功能等）等。检验医嘱的收费项目与检验项目对照，方便了检验申请的医嘱开立，以及LIS和HIS的数据通信。

5）检验仪器接口参数设置：设置不同检验仪器的数据输入/输出接口参数。

6.3.3 标本管理

标本在进入实验室之前，涉及申请、采样和传递环节。申请主要由临床医师完成，其内容至少应包括：患者基本信息、检验项目名称、英文缩写、采用的方法、标本类型、参考区间（生物参考区间）、检验项目的主要临床意义、结果回报时间、申请人、申请时间等。

LIS系统可以提供标准规范的检验申请信息采集功能，保证申请信息采集的完整、正确。并根据不同类型的标本、检验要求等信息，提示患者准备要求和采样要求，如标本容器、标本量、采样时间、患者体位、应加入的试剂、保存和传递要求等。

标本送达实验室后，标本管理业务主要有标本核收、分拣、分送、保管等工作。

实验室有专人负责接收标本，接收人核查标本采集是否正确、是否符合采集要求；不合格的标本要及时退回，重新采集，并要说明标本不合格的原因。所以，LIS的标本核收功能要记录标本收到时间、接收人和核收结论，记录不合格标本存在的问题，网络反馈给采样部门；还支持某些自动检查，如标本有效时限检查，是根据事先设定的某类检验标本从采样到接收的时间间隔，自动检查，超限报警，加强标本的管理。

标本分拣、分送是将标本按其检验要求分类，分别送到不同专业实验室和仪器组，一般由人工在LIS辅助下进行，利用自动化设备可支持自动分拣、分进和保存。

标本完成检验后，并非意味着一切有关标本的管理工作结束。对于检验后发现有严重问题的标本，实验室要立即对标本的采集、运输、检验、保存过程进行必要的调查和追溯，必要时要进行重复检验，LIS记录的标本信息能有效地支持这些工作，帮助实验室发现问题，并及时解决问题。

6.3.4 检验管理

检验管理主要有标本上机检验和检验结果数据采集、检验结果审核、报告发布等工作。

在 LIS 支持下，一旦接收到检验申请，系统可以根据设备、人员等条件，辅助安排各专业实验室的检验工作计划，并提供工作计划完成情况的监测功能。

检验结果数据的采集方法有自动采集和手工录入两种，LIS 与仪器有数据接口的可自动采集，有的仪器无数据接口，或检验是人工观察和计算的结果，则需要采用手工录入的方法进行数据采集。

LIS 接收到检验仪器输出数据并加工处理后，必须经过审核，才能发布检验结果报告。审核过程包括质量审核和用户审核。首先审核质量控制数据是否符合质量管理要求，确认符合后进行用户审核。LIS 可根据用户事先设置的审核条件，进行自动批量审核。审核条件可以是项目的参考值、与患者以前若干次检验结果的差异。其他审核条件还有：检验结果值的最高/最低限值、与患者基本信息（年龄、性别等）的关系、多个检验结果值之间的数学关系，患者的临床印象、已诊断的疾病等。审核发现有结果不满足审核条件时，LIS 以改变颜色、声音报警等方式提醒用户注意。一旦发现超生命警戒限值（危急值）的结果，LIS 立即发出报警，提示检验技师应迅速通知临床医护人员，如图 6-8 所示。

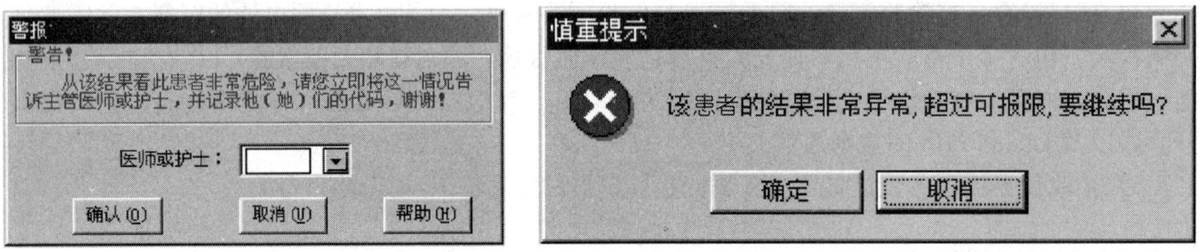

图 6-8 审核提醒

LIS 对检验结果（图 6-9）的进一步处理，是将结果与患者的临床信息进行联合分析，给出临床辅助诊断和治疗的建议，这种具有智能化功能的 LIS 进入临床还需要很长的时间。

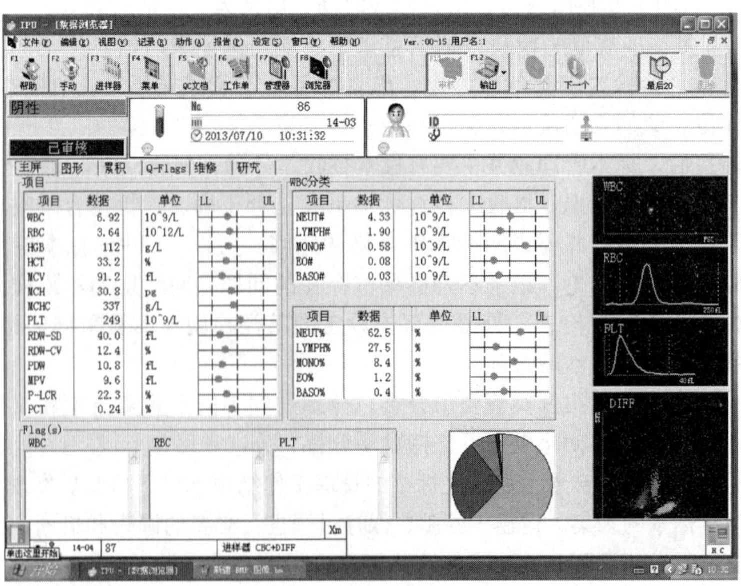

图 6-9 检验结果采集

因为纸质报告具有法律效力，检验结果报告必须打印，并由检验人员签字认可，存档备查，同时发布电子报告。为方便检验报告发放，有医院在门诊设立检验报告发放台，专人负责打印发放；或设置专用自助检验报告打印设备，患者刷就诊卡，或输入编号可自助打印检验报告。电子报告的传送方式有多种，通过与HIS的接口直接发送给医护工作站，或用E-mail、手机短信等方式直接发送到患者的电子邮箱或手机里。

微生物检验的流程与其他检验流程有所不同：首先是对样本进行细菌培养试验；第二步是在样本的菌群生长后，进行细菌种类的鉴定；第三步再对有菌样本进行相关药物的药敏试验；最后确认菌种对每种药物的敏感度。检验数据可辅助医师临床治疗用药。为规范业务管理，微生物检验的软件设计也要符合业务流程需求，当录入样本实验发现细菌种类后，才能开始药敏试验。

6.3.5 质量管理

临床实验室质量管理的目标是让检验结果最好地符合患者的实际情况。卫生部颁发的《医疗机构临床实验室管理办法》提出了检测系统管理（含仪器、试剂、供应品），校准与校准验证，室内质量控制，室间质量评价，标准操作规程，检验报告6个方面的质量要求。凡不能达到6项基本要求的实验室，将不得开展临床检验工作，也不能向临床出具检验报告。

临床实验室的室内质量控制，一般采用统计过程质量控制方法。实验室根据控制对象制定控制方法，定期检测质量控制专用的标准样品，结果作为控制值，控制值的大小和变化反映检测过程的质量。用统计方法处理控制值并绘制质量控制图，根据质量控制规则判断误差大小，若超出控制范围，要发出失控报警信号，提醒实验室采取行动，如重做标准样品，以决定本次患者检验结果是否能够采用；并检查整个检验过程，分析和发现问题，进行改进。质量控制的数据要求长期保存，定期上报至地方质量监督部门，不允许人为恶意修改。

LIS系统能支持实验室制定质量控制计划，提醒计划的执行，自动采集质量控制值的数据，按设置的统计方法进行处理，显示和打印质量控制图（图6-10），并按质量控制规则、标准判断是否失控，发出报警信号，禁止失控组的报告发布，提供失控记录和失控分析报告管理。LIS控制访问质量控制数据的权限，能对数据进行查询分析，信息系统设计灵活性的体现是用户可以自定义质量控制的数据段和选择质量控制规则。

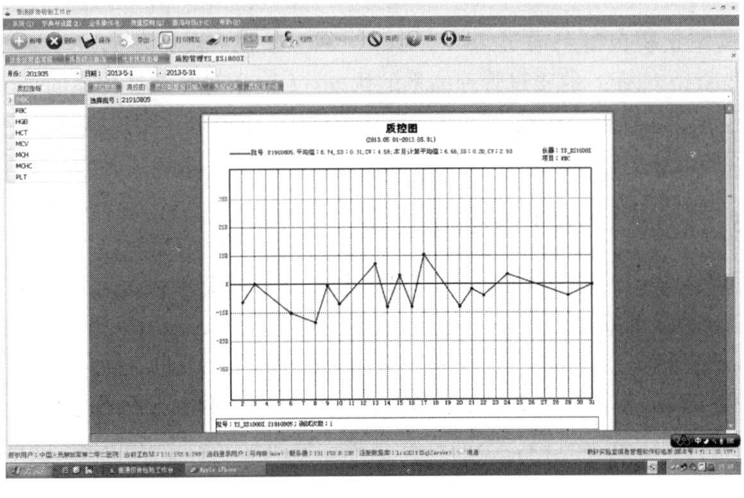

图6-10 质量控制图

6.3.6 综合查询统计

对检验信息进行各种综合查询和统计分析。如查询某患者多次检验结果，显示数据和曲线；统计某检验项目的阳性率（图 6-11）。

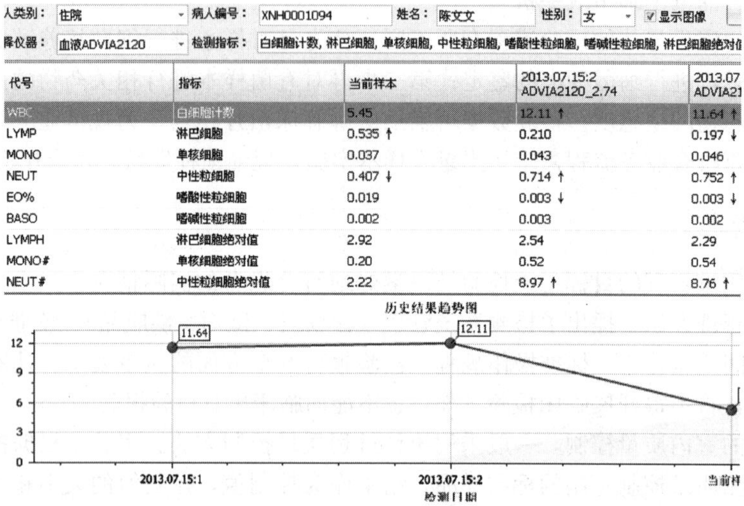

图 6-11 历史检验结果查询比较

6.3.7 实验室管理

实验室管理一般包括试剂管理、工作管理等功能。试剂管理有试剂的入库、出库、盘库、库存、有效期等信息管理功能。工作管理有工作人员、工作计划和安排、工作量统计等。

6.4 实验室信息系统质量管理体系

国内不少实验室正积极筹备通过 ISO 17025、ISO 15189 和美国病理学家学会（College of American Pathologists，CAP）的质量管理体系的认证，LIS 本身是认证体系的一个重要组成部分，它在认证过程中起着举足轻重的作用；同时，设计合理规范的 LIS 可以促进质量管理体系的建立，加快认证过程。

6.4.1 ISO 15189和 CAP 对 LIS 的要求

目前，针对临床实验室的管理体系，ISO 15189 和 CAP 对 LIS 提出了较高的要求。其要求可主要归纳为三个方面，即数据安全性（security）、数据溯源性（traceability）和应急处理办法（emergency trouble shooting strategy）。

1. 数据安全性 数据安全性主要包括软件安全和硬件安全两个方面。

1）软件安全，如系统登录密码、不同权限管理、病毒防护、与 Internet 联网的安全性要求、工作人员应用培训等。

2）硬件安全，如双机热备、硬盘容错、数据异地实时备份等。

2. 数据溯源性 数据溯源性主要指以下两个方面：

1）任何一个检验数据可以追溯到检验仪器和检验人员；

2）LIS具有完整的数据操作记录，如修改、删除等。

3. 应急处理办法 应急处理办法指当LIS出现非正常中断时，应制订一个周密的应急计划使系统尽快恢复正常工作。采用中心服务器和本地电脑双数据库结构模式更为有效。当中心数据库发生故障无法连接时，启动本地数据库进行数据处理，保证工作正常开展；当中心数据库恢复后，本地数据库信息自动上传至中心数据库，保证数据的完整性。

6.4.2 LIS促进质量管理体系建立

LIS作为实验室的日常操作管理平台，可以规范工作流程，并将日常操作的标准化操作程序（standard operating procedure，SOP）固化于其中。工作人员每天可通过LIS进行文件管理、日常工作和重要事件记录，真正实现“做你所写，写你所做”，以便实现有据可查和持续性质量改进，从而将质量管理体系的工作融入每天的工作中去，协助实验室尽快通过实验室认证。

6.5 实验室基本业务流程

LIS主要的功能是规范检验流程，并与现代化检验仪器结合，以实现检验申请单的录入、样本核收、检验任务的安排、检验数据的采集、检验结果的审核及检验报告的发布等工作，以提高工作效率，使检验技师从烦琐的手工劳动中解放出来。目前，即时打印条形码模式应用广泛，本书以此模式进行流程介绍。

6.5.1 门、急诊检验流程

门、急诊患者检验的基本流程如图6-12所示。

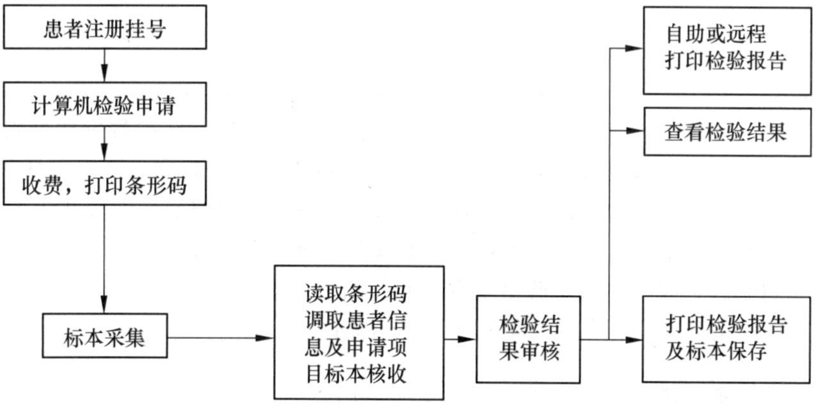

图6-12 门、急诊患者检验流程

1. 患者注册挂号 为了配合医院信息系统的建设，国内很多医院特别是大型医院已逐步开始采用就诊卡（也可用社保卡）挂号就医。患者在注册办卡（registration）时，系统将基本信息（如姓名、性别、身份证号、手机号码、E-mail等）与就诊卡号关联并写入数据库。患者凭就诊卡挂号就医，在就诊流程中减少了重复录入患者基本信息的工作量，大大提高了工作效率。

2. 医师通过电脑开具电子申请单 如果医院已经建立与LIS进行信息交换的门诊医师工作站，患者凭就诊卡就医时，患者基本信息调入门诊医师工作站，医师可在工作站电脑上进行检验申请（test request）。申请过程中系统应对检验重复项目、检验时间、标本采集要求、项目费用、临床意义等信息进行自动提示。为方便患者就诊，还可打印导诊单帮助患者顺利就医。

3. 收费打印条形码 患者凭就诊卡交费，患者基本信息和申请项目调至收费工作站，收费员打印发票和条形码标签。条形码标签上具有患者基本信息、检验科室、标本采集管类型、申请项目等详细信息。

4. 标本采集 患者凭条形码标签到标本采集（specimen collection）中心进行标本采集，若患者条形码在此之前未打印出或丢失，可凭就诊卡在标本采集中心进行补打。标本采集人员扫描条形码，LIS自动进行收费确认并提示标本应送地点，同时记录标本采集时间和采集人员。工作人员将条形码贴于标本采集管上，并将已分类的采集标本送至各实验室待检。

5. 标本核收 标本核收（specimen receiving）指实验室收到标本后，扫描标本上的条形码，患者基本信息及申请项目、标本采集时间等信息就调入本地电脑。LIS按项目对标本放置时间的有效性的要求，对不合格标本进行标示，同时自动生成一个样本序号，并通过消息框和语音进行提示。检验人员须将样本序号写到标本采集管上。

6. 标本检验和结果审核 检验技师通过LIS筛选手工检测项目标本，并导出工作单（work list）（格式如表6-1所示），操作完成后将检验结果录入LIS。自动化检验仪器扫描标本条形码后通过双向通信接口程序自动下载检验申请，完成后检验结果自动传入LIS。检验项目完成后，检验技师须对检验结果进行审核（result check），若无异常，则应对检验结果进行确认，报告才能打印；若检验结果出现异常或与历史结果出现严重不符，应根据需要对样本进行确认，必要时重新检测分析。

表6-1 导出的手工检测项目工作单

序号	日期	条形码号	标本号	姓名	性别	年龄	诊断	检测项目结果	历史结果
1									
2									
⋮									

7. 报告打印 患者可以凭就诊卡或领取报告的条形码凭据按时到报告发放处打印报告（result reporting），也可以在门诊护士站或自助报告打印系统进行报告打印，还可以凭就诊卡和身份验证码通过Internet进行网上远程打印。当患者复诊时，门诊医师按就诊卡号调用患者检验结果，并可对历史结果进行连续观察，判断患者疾病变化情况。临床医师查看结果或打印报告后，实验室不能对该报告进行任何修改。若实验室发现检验报告有误，须与相应临床医师联系后，由相应临床医师设定权限并做出相应记录后才能对报告进行修改。

6.5.2 住院部检验流程

住院患者检验的基本流程如图6-13所示。

1. 医师通过电脑开具电子申请单 如果医院住院部已安装与LIS进行信息交换的医师工作站，医师可以同门诊工作站一样对患者进行检验申请（test request），并打印出具有患者基本信息、检验科室、标本采集管类型、申请项目等信息的条形码标签。

2. 标本采集 护士将医师打印出的条形码标签（依据标签提示）粘贴于相应的标本采集管；

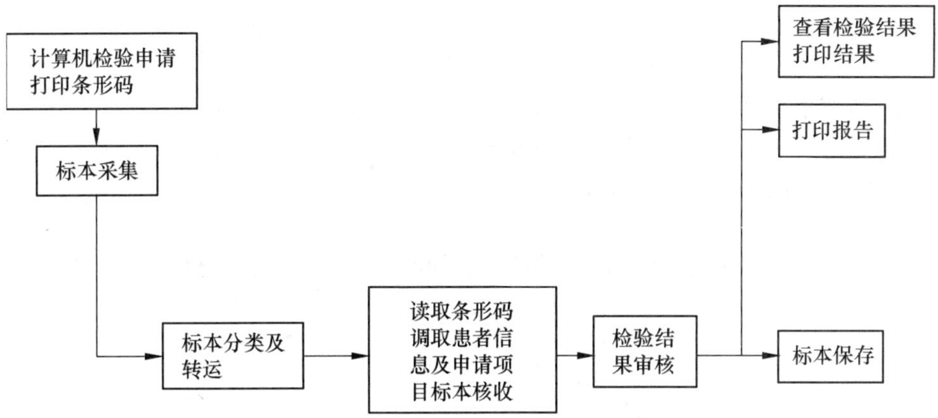

图 6-13 住院患者检验的基本流程

护士扫描条形码，LIS 自动记录标本采集（specimen collection）时间和采集人员。标本采集后应及时送检。

3. 标本转运 由医院标本转运人员收集各临床科室检验标本。由于检验标本涉及生化、免疫、微生物等多个实验室或专业组，因此标本转运人员应该扫描标本上的条形码，通过标本转运分类模块将标本自动分类，同时记录转运标本的人员、时间和工作量，实时记录标本流转（specimen transport）过程。

4. 标本核收 住院部的标本核收过程类似于门、急诊流程，不同之处在于住院部标本核收（specimen receiving）的同时进行后台收费操作。如果出现不能收费的情况，如患者出院等，系统会自动提示实验室人员。

5. 标本检验和结果审核 住院部的标本检验和结果审核流程与门、急诊检验流程中的相应部分相同。

6. 报告打印 当住院患者检验结果审核确认后，报告发送至相应科室并在医师工作站电脑上显示提示，以便临床医师或护士及时查看检验结果并打印报告（result reporting）。

本章小结

实验室信息系统（LIS）指利用计算机技术及计算机网络，实现临床实验室的信息采集、存储、处理、传输、查询，并提供分析及诊断支持的计算机软件系统。实验室信息系统的主要技术包括模式识别技术、条形码技术、自动控制技术等。

LIS 是将实验室的分析仪通过计算机网络连接起来，采用科学的管理思想和先进的数据库技术，实现以实验室为核心的整体环境的全面管理。它集样品管理，资源管理，事务管理，网络管理，数据管理（采集、传输、处理、输出、发布），报表管理等诸多模块于一体，组成一套完整的实验室综合管理和检测质量监控体系，既能满足实验室日常管理要求，又能严格管理和控制各种实验分析数据。

LIS 主要的功能是规范检验流程，并与现代化检验仪器结合，以实现检验申请单的录入、样本核收、检验任务的安排、检验数据的采集、检验结果的审核及检验报告的发布等工作，以提高工作效率，使检验技师从烦琐的手工劳动中解放出来。

课后习题

1. 简述实验室信息系统的定义。

2. 实验室信息系统的发展包括哪几个阶段?

3. LIS与HIS之间的接口方式有哪些?

4. LIS的主要作用是什么?

5. LIS与HIS的关系是什么?通过了解医院检验科的工作流程，分析LIS应具有哪些基本功能?

第7章 护理信息系统

学习目的

1. 了解护理学的历史发展过程。
2. 掌握护理学、护理信息学、护理管理学、护理信息系统等相关概念及特点。
3. 理解移动护理信息系统的组成、作用及存在的不足。
4. 重点理解并掌握移动护理新系统的设计原理。

引 言

信息科技对当前社会的改变被称为第三次科技革命。在护理领域，医院需要处理的信息量日渐增多，信息间的处理手段也日趋复杂。护理信息系统作为信息化浪潮中产生的新兴学科，已成为现代医院管理水平的象征，也是提高医疗护理服务质量的一个重要途径，在强化医院管理、提高工作效率、改进医疗护理质量等诸多方面起到了重要作用。

7.1 护理管理学与护理信息学

护理信息系统是将护理管理学和护理信息学集成于一体并通过现代计算机实现网络化的医疗监护系统。医疗工作者可以从诊断到治疗等各个环节对患者进行综合的护理，既可以提高医疗工作者的工作效率，又可以增加整个医疗过程的准确性，防止医疗事故的发生，使患者得到全方位的医疗护理。

7.1.1 护理学

1. 护理学的概念 护理学是研究维护人类身心健康的护理理论、知识、技能及其发展规律的综合性应用科学，是一门在自然科学与社会科学理论指导下的综合性应用学科，是研究有关预防保健与疾病防治的护理理论与技术的科学。护理的对象是人，在护理工作中应以患者为中心，为患者提供全面的、系统的、整体的护理。广泛地讲，护理是一项为人类健康服务的专业，是为了增进、恢复和保持健康，预防疾病，有利于疾病的早期发现、早期诊断、早期治疗，通过护理和调养使患者身体康复。

2. 护理学的发展过程 护理学的概念首先在19世纪由弗罗伦斯·南丁格尔提出，经过漫长的成长期，护理学已逐渐成为一门独立的学科与专业，具有自身独特的知识体系及理论基础。现代护理学经历了以疾病为中心、以患者为中心、以人的健康为中心的三个发展阶段。

第一个阶段是以疾病为中心。在这个阶段，护理人员的工作重点是帮助医师消除患者身体上的“病灶”，只是对疾病的单纯治疗。护理工作的主要内容是辅助医师，护理工作还没有形成自己独立的理论体系。

第二个阶段是以患者为中心。由于对人和疾病的认识提高，护理工作的重点由疾病转向患者。随着护理学科的发展，其专业的服务范畴与服务内容不断地深化和扩展，护理的服务对象也从单纯的患者扩展到健康人。医疗护理人员不仅根据医师医嘱去进行打针、发药等工作，同时也会根据患者的生理、心理和社会等方面的资料，制定相应的护理计划，对患者进行全方位的照顾。

第三个阶段是以人的健康为中心。1980 年美国护理学会提出护理的定义，护理对象是人，护理任务是诊断和处理人类对健康问题的反应。此时，护理这门学科真正从辅助医师的关系中脱离出来，形成一门独立的现代医学应用学科。护理的最终目标不仅是维持和促进个人高的健康水平，而且更重要的应是面向家庭、面向社区，最终提高整个人类社会的健康水平。护理学成为现代科学体系中一门综合自然科学与社会科学的、独立的、为人类健康服务的应用科学。护理工作的范畴已超出原有对患者的护理，扩展到人的生命全过程的护理，从个体到群体的护理。护理工作的场所从医院扩展到社会和家庭。护士不仅要关注患者的健康恢复，而且更要关注所有人的潜在的健康问题，护士将成为向社会提供初级卫生保健的最主要力量。

护理程序包括五个方面内容：护理评估、产生护理诊断、提出护理计划、执行护理措施和护理结果评价。这五个方面相互影响，相辅相成。因此，护理过程本身就是信息采集、传输、分析、处理与知识累积的过程，无一不受到信息科技的影响。

3. 护理学的要素 护理学的本质内容由人、环境、健康、护理四个基本概念组成。

首先，护理学研究和服务的对象是人。人是生物有机体，人有思维，在从事劳动，参与社会生活的过程中，人身上既体现出物质活动的特征，又体现出在此基础上产生的精神活动的特征。二者相互影响，形成一个统一的整体。人生活在社会环境和自然环境中，在心理和生理上形成了相对稳定的活动方式。当社会和自然环境发生变化时，人的心理和生理活动方式必须做出相应的调整，以达到适应，并调动人的内在主观能动性，以预防疾病，促进健康。

其次，护理学研究的基础是人所处的环境，包括内环境和外环境。内环境指人的生理和心理变化；外环境指自然环境和社会环境。自然环境包括居住条件、空气、阳光、树木、水等。社会环境包括人的社会交往、风俗习惯以及政治、经济、法律、宗教制度等。

此外，护理学研究的内容和目标是人的健康。健康指人在身体、精神等方面都处于良好的状态。传统意义上的健康是指人身体上的健康，现代人的健康则是整体健康，包括心理健康、社会适应良好和有道德。因此，现代人的健康内容包括躯体健康、心理健康、精神健康、社会健康、智力健康、道德健康、环境健康等。健康是人的基本权利，也是人生的第一财富。

最后，护理学的手段和方法是为了更好地对人进行护理。护理是指护士用护理程序的方法，来履行“促进健康、预防疾病、恢复健康、减轻痛苦”的基本职责。护理使人与环境保持平衡，使每个人均达到保持和恢复健康的最佳状态。

综上所述，护理学的这四个要素相辅相成。护理对象存在于环境之中，并与环境互相影响。护理作用于护理对象和环境，通过护理活动为护理对象创造良好的环境，并帮助护理对象适应环境，从而使护理对象达到最佳健康状态。

7.1.2 护理管理学

1. 护理管理学概念 护理管理学是将管理学的理论和方法应用于护理工作的一门应用学科。护理管理者运用管理学的原理和方法，通过计划、组织、人员管理、领导和控制的管理过程，协调人及其他资源，提高护理质量。护理管理的任务是根据护理工作的特点，找出其规律性，利用管理学的理论基础，对其进行科学的管理，以提高护理工作的质量和效果，为社会提供优质的护理服务。

2. 护理管理学的特点 护理管理是现代医院管理的重要组成部分。护理管理的水平是医院管理水平的重要体现。科学的护理管理是提高护理质量的保证。在提高护理质量方面，管理与技术是相辅相成的，二者缺一不可。科学的护理管理是促进护理学科发展的重要保证。有效地管理可以为学科发展指明方向，加快学科发展的进程。

护理管理的过程具有以下三个方面的特点：

1）广泛性。广泛性表现在护理管理范围的广泛和参与管理的护理人员的广泛。护理管理的范围包括组织管理、人员管理、业务管理、质量管理等。参与护理管理的人员包括护理管理者以及各个部门各个班次的护理人员。

2）综合性。护理管理学除具有管理学的特点外，还受多种因素的影响。因此，护理管理既要综合利用管理学的理论和方法，又要考虑护理工作的特点和影响因素。

3）独特性。现代护理学已经发展成为一门独立的学科，随着医学模式的转变，护士的角色也由过去单纯的执行医嘱、协助医师进行诊断、治疗，发展成独立进行护理诊断和处理人们现存和潜在的健康问题的专业人员。

3. 护理管理学的过程 护理管理是一个系统过程，管理的对象处于一个系统之中，包括以护士为主的有关人力资源、物资设备资源、环境和社会资源等要素，最高目标是提高人民的健康水平。护理管理的主要过程包括三个步骤：建立各项规章制度和技术操作规范，定期进行质量控制检查、制定整改措施，制订各级护理人员培训计划并实施。

随着现代医学的不断发展，护理管理学的理论体系也在不断完善，主要表现在以下几个方面：

1）管理思想的现代化。纵观近几年管理学的发展，管理思想已经从重视工作、生产实施过程管理向不同层次、多元化管理转变；吸收系统工程的思想，从一维分散管理向系统管理转变；从重视硬件管理向重视软件、信息管理转变；从定性或定量管理向定性与定量结合的管理转变；从经验决策向科学决策转变；从短期行为向社会的长期目标转变；从守业管理向创业管理转变；从重视监督管理向重视激励因素转变；管理人才从技术型的“硬专家”向“软专家”转变；从博采西方管理理论向创建我国科学管理理论转变。

2）管理体制的合理化。管理体制应适应社会发展要求。在护理管理中，最为突出的问题是护理管理者权、责、利不统一，有职无权或权责不对等现象较为普遍，这必然制约着护理管理的效率和效果。未来的发展，护理管理者应积极争取与职责对等的各种权利。

3）管理人才的专业化。目前，护理管理的水平在许多方面还处于经验管理的阶段，因此亟须提高科学管理和现代管理的水平。今后，对护理管理者的选拔和培养，除了专业技术的要求，将更加重视管理知识、技术和方法的要求。

4）管理方法的科学化。护理管理者除了综合运用行政、经济、法律、社会心理等管理方法外，要结合专业特点，借鉴一些先进的管理方法，如全面质量管理、统筹法、优选法等，以推进护理管理科学化的进程。

5）管理手段的自动化。管理手段的自动化可以使管理工作达到经济、准确、及时、高效的要求，为管理现代化提供重要手段，如医院信息系统的开发和使用。随着计算机技术的发展，网络管理的自动化程度将进一步普及和提高，护理管理的内容趋向合理化。目前护理管理的范围是以医院为主，对于社区护理的管理涉及较少。但发展社区卫生服务，建立功能合理、方便群众的卫生服务网络，已是卫生事业发展的大趋势。

7.1.3 护理信息学

1. 概念 护理信息学是以护理学理论为基础，运用计算机技术和计算机系统来加工和交流护理服务和管理领域的相关资料和数据，将研究资源及成果和护理实践联系起来，并将教育资源运用于护理教育，以护理管理模式和流程为规范，以医疗护理信息为处理对象，以护理信息的相关关系和内在运动规律为主要研究内容，以计算机为工具，以护理专业领域的信息功能（特别是智力功能）为主要研究目标的一门新兴边缘学科。护理信息学主要是信息技术在护理学科领域中的应用。

2. 护理信息的特点

1）来源广泛。护理信息来源广泛，医学教育信息与网络信息往往互相交错，互相影响。

2）内容繁杂。来自护理系统外部和内部的信息各不相同，内容繁多。

3）随机性大。日常护理工作中常有突发事件，有时无规律可言，需要护理人员具备敏锐的观察、判断和分析能力。

4）质量要求高。许多护理信息直接关系到患者的健康和生命，要求及时、准确、完整、可靠，容不得一丝马虎。

3. 护理信息学的标准 没有规矩，不成方圆，护理信息学作为一门新兴学科，也有一套相关的学术标准和管理标准。护理信息学标准的制定是开发医院护理信息管理系统的基础，是合理组织各项护理活动的重要基础工作，是从经验管理向科学管理转变的标志。护理管理学标准可以使管理工作规范化、程序化，保证护理实践的各个执行部门按照统一的标准程序履行各项管理职责，以取得最佳护理质量效果。同时还可以减少不必要的护理劳动耗费，节约人力、物力，将时间还给护士，让护士有更多的时间为患者服务。

护理信息学的标准主要包括以下三部分内容：

1）护理管理标准。包括护理部管理的质量标准、病房管理的质量标准、门诊护理工作的质量标准、手术室质量标准、供应室质量标准、地段保健工作的质量标准 6 个部分。其中病房管理的质量标准又包括病房管理、基础护理与重症护理合乎规范，无菌操作与消毒隔离符合标准，岗位责任制健全，护理文件的书写及护士服务态度达标。门诊护理工作的质量标准又包括门诊管理和服务台工作。手术室质量标准包括无菌操作与消毒隔离，手术室管理和手术室各岗位工作质量。地段保健工作的质量标准包括卫生宣传教育工作、传染病管理工作、计划免疫工作、计划生育工作、认真贯彻食品卫生法及家庭病床的具体实施标准。

2）护理技术操作标准。包括基础护理技术操作标准和专科护理技术操作标准，无论哪种技术操作，总标准都是“三查七对”；正确、及时、安全、省力、省时、省物；无菌操作，动作熟练。

3）护理文件书写标准。书写总的标准为：字迹端正、清晰，无错别字；内容翔实，记录及时，病情描述确切简要，重点突出，层次分明，运用医学术语；体温绘制点圆线直，不间断，无漏项；医嘱抄写正确，字迹合乎规范，时间准确，签全名。

4. 临床护理质量标准 标准化管理的实施方法：① 思想教育优先；② 质量控制：由护理质量控制组织采用层层把关，垂直质量控制与横向质量控制相结合，预防性质量控制与回顾性质量控制相结合的护理质量控制方法进行质量控制；③ 护理质量评估：评估内容包括要素质量、环节质量、终末质量的评估。评估的途径和方法有质量控制管理手段、质量控制量化指标体系及质量评估与信息反馈。

5. 护理信息的分类和编码 护理信息系统主要研究护理管理模式和护理“信息流”运动规律，对系统工程技术开展学术标准化、规范化研究，对护理科学管理流程进行优化研究，探讨护理信息的相关关系及控制的规律，确立护理信息指标管理体系和管理模型，研究护理信息的分类原则与编码方法。

7.2 护理信息系统

计算机软硬件技术在近30年有了革命性的发展。硬件计算能力大幅度提高，同时价格大幅度下降，软件开发方法论、开发语言、开发工具发展也很迅速。医院的信息系统应用已经具备软件和硬件两个方面条件，应用计算机信息管理系统提高医院的业务处理效率，辅助提高管理水平已经是医院信息管理发展的必然趋势。

护理信息系统（nursing information system，NIS）是一个可以迅速收集、大量储存、灵活处理和检索显示所需动态资料，并可进行对话的计算机系统。护理信息系统以患者为中心，以现代护理观为指导，以护理程序为基础框架，并把护理程序系统化地用于临床和管理的工作模式。自20世纪80年代计算机进入我国护理领域以来，计算机在护理工作中的运用经历了从单机上开发单任务的NIS到单机上开发多任务的NIS再到在医院局域网环境下开发NIS的发展阶段。近年来随着医院局域网与广域网的连接，更加速了护理信息共享和护理技术优势互补，并为护理信息在护理管理中的应用提供了广阔的空间。

7.2.1 护理信息系统的定义

护理信息系统指利用计算机软硬件技术、网络通信技术，支持护士对患者信息进行采集、管理，为患者提供全方位护理服务的信息系统。由护理人员和计算机组成，能对护理管理和业务技术信息进行收集、存储和处理的集合。它是医院信息的重要内容，是医院信息管理系统的一个子系统，包括护理工作量，护理质量控制，整体护理，护士技术档案，护理教学、科研，临床护理物品供应，医嘱处理，差错分析，护士人力安排（排班）等护理信息。通过NIS掌握护理工作状况，充分发挥各级指挥系统功能，使护理工作得以良性运行。国外医院已经广泛应用NIS，近10年来国内各大医院也在使用。

7.2.2 护理信息的特点

从狭义范围讲，信息是经过加工整理后，对于接收者具有某种使用价值的数据、信息、情报的总称；从广义范围讲，它泛指客观世界中反映事物特征及变化的语言、文字、符号、声像、图形等，是变化的最新反映并经过传递而再现。护理信息除具有信息的一般特点外，还有专业本身的特点：生物医学属性、护理相关性、准确性、重复性、大量性和分散性。

1. 生物医学属性 医院的护理信息都是在患者的肌体上获得的，是以生物医学信息为基础的。

2. 护理相关性 信息大多是一些具有若干相关性的信息变量的信息群，如临床特别护理天数、一级护理患者质量合格率、抢救器材完好率、褥疮发生率等。护理输出模式只有在以上信息变量相互作用下才能确定。护理病历也是一种较大的护理信息群。

3. 准确性 护理信息都要求有正确的数值或准确的定性。

4. 重复性 医院护理工作的特点是惯性运行、常规作业，故重复性的业务信息较多。

5. 大量性 医院的护理、管理和科技信息的数量很大。特别是以病例为单位的护理信息，每个病例都有大量的信息。

6. 分散性 科技信息和护理信息大多分散在各科室的各层工作人员的手中，不易集中化。由于基础信息（护理信息）具有分散性特点，管理信息也随之有一定的分散性。

7.2.3 传统护理信息的处理方式

根据不同医院的标准，护理信息可以有多种处理方式。

1. 文书 指各种治疗记录单、医嘱单、体温单等，对格式、填写要求和传递方法都有明确的规定，可作为收费、法律、管理的依据及科研资料。

2. 口头 直截了当，可迅速处理，但容易发生错误。

3. 电子计算机 应用电子计算机处理信息，准确、迅速。

4. 移动护理信息系统 在电子计算机的基础之上，利用便捷的网络，将一些手持或者便携的移动电子设备与服务器连接，实现智能化、标准化的统一管理。

随着科技的进步、信息量的不断增加，前两种传统的护理信息处理方式已经很难满足现代医学的需要。因此，采用信息学的方法对医疗数据进行管理势在必行，这也是现代化管理的重要标志。

7.3 移动护理信息系统

随着移动护理信息系统在临床护理工作中的应用，越来越被管理者所接受，它方便、快捷、小巧、便于携带、操作性和实用性强，保证了护理安全，规范了护理行为，增强了护理人员法制意识。虽然具有上述优点，但在我国医疗行业起步较晚，在发展、普及过程中还存在一些有待解决的问题，当前国内各种文献更多的是总结它的应用，而没有明确提出移动护理信息系统对医疗体系做出的巨大变革。这种变革通过改变护理过程中简单的一对一服务，使用移动护理信息系统的多端口输入，达到所有信息在整个护理过程中的共享，从而整合整个医疗护理资源，达到整体护理的目的。本节就移动护理信息系统国内外发展情况、主要功能、对护理工作的作用、目前存在的不足及发展远景进行了分析。

移动护理信息系统是护士工作站在患者床边的扩展和延伸，其解决方案以医院信息系统为支撑基础，以掌上电脑（personal digital assistant，PDA）为平台，以无线局域网为传输交换信息平台，充分利用 HIS 的数据资源，实现了 HIS 向病房的扩展和数据的及时交换，极大地推动了医院的信息化建设和数字化发展趋势。近年来，无线通信技术在国内医疗机构逐步得到推广应用，移动护理信息系统在临床护理工作中发挥了显著的作用。

7.3.1 国内外移动护理信息系统的应用

在国内，北京协和医院呼吸科从 2002 年开始试用临床移动护理信息系统，2004 年底开始全院推行；2005 年，解放军总医院开始在几个病区试用临床移动护理信息系统；此外，北京同仁医院、天坛医院、无锡市中医医院、解放军 302 医院等单位也相继在临床使用了移动护理信息系统。临床移动护理信息系统的成功实施提高了医护人员的工作效率。

在国外，掌上电脑应用开始得比较早，但造价高昂。PDA 体积小巧，携带方便，价格低廉，功能性强，满足了护士随时随地获取患者信息的需求，越来越受到人们的重视。欧美国家将掌上电脑大量应用于临床患者的跟踪护理系统。美国的 Bicomerica 公司为医师配备的 Ready Script 解决方案，是一个通过无线手持设备开具处方和解决药物治疗问题的管理方案。医师利用无线手持 PDA，可以经互联网或其他电子连接将处方以电子方式传送到患者选择的药房，此外 Ready Script

还为医师提供了一系列可提高他们工作效率与能力的工具和资料，从而使他们能够为患者提供更好的治疗及更大的便利。有关资料报道，PDA在中国台湾地区数家医院的应用效果显著，且有些医院在移动式医疗信息管理建设方面已超过欧美等国家，中国台湾地区的新光医院和长庚医院都实施了移动医疗整合系统。

当患者入院的时候，护士站的护士给患者打印腕带条形码，腕带条形码里包含患者的基本信息，如患者的姓名、性别、身份标识号（identity，ID）、床位号等。护士查房的时候，用随身携带的PDA上的激光扫描头对患者的腕带进行扫描，确认信息无误后将采集的护理数据（如体温、脉搏呼吸、血压、大小便、体液进出量等数据）即刻在床头录入保存后，信息直接呈现于移动护理系统，在移动护理系统即时生成体温单、血压单、尿糖记录单等护理表格。医师在HIS系统电脑上开出的医嘱，经主班护士检查校对后打印出条形码输液卡，条形码输液卡包含患者的基本信息，各责任护士通过点击即可打开PDA床头护理管理系统，通过用户和密码验证后进入相应科室的病房设置，用PDA扫描患者的输液卡，确认一下要输液的患者与条形码输液卡的信息是否相符，如相符，PDA显示相应的病床患者新开的和已执行的医嘱，每项医嘱执行的时间、频次等，分门别类显示口服药、肌内注射、静脉点滴等项目，依次呈现在PDA上面，护士选择执行发药、注射或选择生命体征等项目。当护士完成某项工作后，点击相应的项目，计算机将自动记录执行时间和操作者。并将执行医嘱的情况通过移动护理管理系统即刻回传到HIS系统，及时为医师提供患者的治疗情况。在执行医嘱时，由于工作繁忙，护士有可能出现遗漏医嘱的情况，但如果护士在PDA中及时查看，就会发现自己的失误，从而保证患者按时用药。护士长也可随时查看全天的医嘱执行情况、各种护理记录的完成情况、病区护理工作量统计及护士工作量的情况。

7.3.2 移动护理信息系统的组成

护士工作站系统是移动护理信息系统的重要组成部分。护士工作站系统主要包括以下十个方面工作：

1. 确认患者身份、查询与统计患者信息 患者入院后，打印以住院号编码的条形码腕带，佩带于患者腕部作为身份标识。护士在床旁为患者进行护理时，用PDA对患者手上的腕带扫描进行患者身份识别与确认。同时可确认患者给药单的条形码与患者腕带上的身份标识条形码的信息均相关联。通过无线护士工作站可查看患者的基本信息，包括患者的住院号、床号、姓名、性别、年龄、临床科室、诊断情况、主治医师、疾病状态、饮食情况、护理级别、体重、身高、手术时间、过敏史、费用等基本信息；根据患者的入院评估单与护理记录单，可随时获得患者的病情信息。

2. 生命体征的实时采集 PDA自动提示生命体征信息采集时间，护士随身携带PDA，将采集的护理数据即时在床头录入，保存后信息直接呈现于医师及护士工作站，HIS系统即时生成体温单、生命体征观察单、护理记录单等记录，同时将采集的时间和采集人等相关信息记录到数据库。当多次录入生命体征时，计算机可以自动筛选最靠近体温单记录点的各项生命体征数据绘制到体温单上，并自动识别与生命体征正常值差异最大的数据绘制至体温单上。与PC上的HIS系统相比，PDA还能显示正在发热的患者，以便医护人员及时发现患者病情变化，采取相应的措施。

3. 出入量的录入、累加和查询 PDA 明确设置可录入的项目有体重、腹围、大便次数、尿量、呕吐物，各种出入量可随时录入。如果需要记录的项目在PDA里没有设置，可在“补充项目”中自行添加所需项目，并输入相应数据，添加的补充项目会在系统中自动保存，记录用户所输入的项目名称和单位，再次输入此项目时，只需要在“项目名称”中选择该项目即可。各种出入量录入后将自动累加，24h累加结果自动记录在体温单上。

4. 医嘱查询、执行与统计 无线护士工作站的设置使医嘱的分时处理成为可能，系统将医嘱按临床路径进行拆分，PDA 上只显示当前班次需要执行的医嘱，并提醒护士需要执行医嘱的时间，在当前班次尚未执行的医嘱可选择性地交到下一班，交班后的医嘱在当前班次将不再显示，从而使护理工作程序更为清晰明了。医师下达医嘱后，信息自动转移到 PDA 上，PDA 会提示有新医嘱，提醒提取，护士可以随时随地在 PDA 上提取和转抄医嘱。经校对后护士可即时进行读取、查询、查对与执行。执行医嘱时，执行者只需在指定位置点击，即可自动生成该条医嘱的实际执行人和真正的执行时间。另外，护士可利用 PDA 上的远红外线，扫描患者的腕带和输液袋上的条形码，然后简单点击 PDA 上的触屏，就可将医嘱执行时间和执行人等信息直接保存到数据库中。护士长可随时查看全天的医嘱执行情况、各种护理记录的完成情况、病区护理量统计及护士工作量的权重。

5. 患者护理过程的记录及护理工作量的统计 责任护士随身携带 PDA，特殊时间的治疗与护理可设置提示音，可在病房内随时用点击的方式将测量到的结果、所执行的操作、观察到的病情、治疗和护理等情况以精确的时间记录于 PDA 上，信息直接回传到 HIS 系统，呈现于医师及护士工作站。工作中的细节问题可以短信方式及时发送到医师 PDA 上，保持有效畅通的工作联系。床旁即时书写护理病历，包括记录单首页、一般护理记录单与危重护理记录单，PDA 内设常用医学术语及护理记录单模板，录入过程简化，护士可点击选择或利用手写板功能稍加修改即可形成记录，工作效率提高。该系统还设有科室主任查房移动记录功能，利用手写功能，查房时护士长可在床旁即时完成查房记录。移动护士工作站充分体现了护理记录的即时性与真实性。系统还可对护理工作项目进行统计，根据护士上班的时间、所执行各项操作签名的护理工作，统计出护士个人、病区或者全院某时间段内护理的危重人数、一级护理人数以及具体护理操作数量，通过科学加权量化护理工作，为科室建立二级考评制度提供数据基础。

6. 护理质量查房移动记录 移动护士工作站有护理质量检查记录模块，分为本病区质量检查与医院质量检查记录，其中医院质量查房包括护理部联查和值夜班护士长查房。护理管理者进行质量检查时，持 PDA 在病区发现问题时，选择检查内容，点击不合格项，当场由责任人口令确认，信息记录于数据库，即时上传到护理部，并自动汇总个人、病区、全院合格率。护理部助理只有查看权，无修改权。用 PDA 进行移动护理质量检查，保证了记录的及时性、真实性；由管理者与当事人共同签名确认，保证了检查结果的公正、透明。同时，责任到人，为年底病区、个人考评提供了依据。另外，自动汇总功能也使护理部助理减少了以往文件输入及人工汇总时间。

7. 条形码扫描检验标本 无论是传统的手工检验单模式还是标本容器条形码化，都不能解决床旁标本采集容易出错的问题。引入 PDA 以后，抽血前护士在床旁先用 PDA 扫描患者腕带识别身份，提取检验医嘱，然后根据提示在试管架中选择所需试管，扫描试管条形码后即可进行采血，省去了人工对照的麻烦，同时保证了试管与患者信息的一致性。

8. 耗材的录入及费用显示 在护理过程中使用耗材，可随时点击耗材对话框，选择相应的耗材名称、规格，即完成录入，可有效避免遗漏。同时，自动显示患者住院费用，便于通知患者缴纳治疗费用和解释费用支出。现有的系统是在医嘱转抄阶段就对其分解的医嘱项目进行收费，如果患者因某种原因终止医嘱流程后，护士需通过退药、退单等手段将已收的费用再退给患者，易出现差错，移动护士工作站实现了确认医嘱执行后再收费。

9. 字典库与护理工具库 无线护士工作站中设立了护理计划中常用的护理诊断等字典库，包括目前北美护理诊断协会（North America Nursing Association，NANDA）正式通过的 148 个护理诊断和相关的护理措施等用词，将各种疾病与其主要的护理诊断和措施按照对应关系排列，避免了护理记录中的烦冗重复。护理工具库内设置护士工作中常用的计算公式、各种评估表等，方便护士随时使用。

10. 实时与信息传递 医护人员工作流动性比较大，PDA提供VOAP方式的小区电话、短信功能，更适合移动工作的特点，当有紧急情况时，可与医师、护士及时联系。

7.3.3 移动护士工作站对护理工作的作用

移动护士工作站很大程度上提高了护理工作的效率，对护理工作的高效运行起到了很重要的作用。主要体现在以下几个方面。

1. 优化工作流程，提高工作效率 因移动护士工作站与HIS资源共享，信息一经录入，多终端读取，简化护理记录程序，减少护士重复劳动，优化工作流程，使护士有更多时间护理患者，提高了患者的满意度。同时记录的准确性和及时性增强，提高了护理质量和工作效率。

2. 建立标识系统，减少护理差错 目前护理工作中对患者的查对工作有许多不确定性，如同姓名、换床、患者意识障碍等，加上护士查对工作量大，人为出错的几率较大。基于患者标识系统的条形码或射频识别技术，护士在患者床旁进行操作时，用PDA对患者进行确认，极大地提高了患者身份识别的准确性，确保了治疗过程中患者、时间、诊疗行为的准确性。快捷、方便、有效的医嘱查询，也能最大限度地防止医嘱漏执行。用PDA床旁扫描检验标本，保证了采样信息的实时性与正确性，彻底解决了标本采集在源头出错而造成医疗纠纷的问题。

3. 解决签字问题，规范文书书写 医嘱执行的签字问题长期以来都没有得到较好的解决，特别是长期医嘱，在HIS系统中不能实现，而移动护士工作站中医嘱的拆分实现了所有医嘱执行后即可签名的功能。签名方法可直接点击，签名时间为服务器提取数据时的时间。移动护士工作站的使用实现了医嘱全程跟踪，满足了卫生部和国家中医药管理局《病历书写基本规范（试行)》长期医嘱执行后应签署执行时间和执行人姓名的要求。另外，使用PDA后，不需要再打印各种分类执行单，随着电子病历归档，护理工作真正实现了“无纸化”办公。

4. 加强质量控制，杜绝护理差错 移动护士工作站使护理质量控制深入到医疗护理过程的每个环节，实现了实时环节控制。即时的信息存取，降低了错误率。护士长能够很方便地随时掌握全科的护理工作动态，加大了对工作过程的监控及管理，及时发现医疗护理过程中各环节的问题，可及时采取相应的措施，将事后管理变成事前管理，杜绝护理差错。

5. 规范护理行为，增强法制观念 由于每条医嘱与实际执行人形成一对一的关系，记录医嘱的执行时间、用药途径，即时录入病情观察的时间、观察数据，不但规范了护士的行为，同时为护理工作提供了可靠的数据资料，避免了在医嘱执行过程中出现责任区分不清的情况。

6. 提供法律证据，避免护患纠纷 基于HIS系统的安全机制，移动护士工作站准确、实时、完整地记录医嘱执行时间和执行人，并且永久保存医嘱记录，为医疗举证倒置提供了证据。

7. 加强医护配合，提高患者满意度 PDA的医嘱提示音、短信功能等为繁忙的临床护理工作提供了科学有效的保障，减少了医护语言沟通中的信息传递失误，同时责任护士能及时有效地为患者提供各种治疗与护理信息，有利于建立良好的护患关系，使患者满意度上升。

8. 促进管理创新，树立护理品牌 移动护士工作站的应用，使护理管理工作更加严谨规范，由定性管理向定量管理转变、由经验管理向科学管理转变，以数据资料为依据，实行对个人、科室、全院护理工作绩效考评，合理调配人力资源，促进了医院护理管理科学化、正规化的进程。实施移动化的医院，降低了人力资源投入和耗材成本的同时，提高了工作效率，提高了医院管理水平，树立了“精美护理品牌”意识，增强了医院的竞争力。

总之，移动护士工作站的使用，对医护质量的提高，预防医疗失误，提高护理效率和管理水平，减轻护士的劳动强度，都有十分积极的促进作用。它改变了原有医嘱系统的工作模式，最大限度地拉近了护士与患者的距离。有了掌上电脑对医嘱执行过程的全程记录，对每一条医嘱的执行人和执行时间等主要执行信息进行数字化管理，这使得签字单和工作单无纸化成为可能。从护理学的角度说，移动护理系统的实施真正实现了对医嘱实际执行的全过程跟踪，具有医院原有的HIS系统无法替代的优势。

7.3.4 移动护理信息系统存在的不足

虽然移动护理信息系统极大地提升了护理工作的效率，但是在具体的使用和操作过程中，还是存在许多缺点和不足。主要体现在以下几个方面：

1）由于存储容量大，每次切换模块时速度较慢。

2）由于我国医疗信息化程度低，无线网络仍然存在一定的安全隐忧，如何保护移动用户的合法信息（账户、密码等），使患者的隐私不受侵犯，是一项迫切需要解决的问题。

3）移动医疗的需求尚未完全成熟，医疗行业的复杂性，产业链没完全做好准备等都在一定程度上影响其规模和全面发展。

4）医疗信息化的成本不菲，而中国的医疗信息化投入较低，医院的信息化主要靠自力更生，边积累，边发展。由于患者涌向大型医院，很多小医院门可罗雀，收入都是问题，信息化投入自然更困难。其次是来自医院的障碍，包括管理、观念因素等。

5）特殊的领域，存在着二次开发的现实需求。不同医院、不同用户根据各自工作环境和工作任务的差异，对移动办公、治疗或护理有不同要求。但繁忙的护理操作中，会发生PDA跌落和碰撞的事情，对无线终端设备造成损坏。

综上所述，实现移动护理信息系统，现阶段只能在现有基础上进行有效整合，在硬件和软件功能逐步提升中进行改进。

7.4 移动护理信息系统的设计

移动护理信息系统要求涵盖身份核对、健康教育、病区访视、特殊患者提示、医嘱提示、医嘱审核、医嘱执行、护理级别及饮食处理、生命体征采集、药品核对、检验和检查处理及查询、护理电子病历处理、工作量统计、质量追踪、患者随访等各工作环节，利用移动计算、智能识别、数据融合技术，实现全条形码化移动式处理，帮助护理人员提高工作效率和服务质量，提高患者满意度。

设计原则：

1）可靠性原则。采集和传输系统的可靠性是实际应用的前提。

2）实用性原则。充分考虑各业务层次、管理环节数据处理的实用性，把满足用户生产和管理业务作为第一要素考虑。用户接口和操作界面应尽可能考虑人体结构特征及视觉特征，界面力求美观大方，操作力求简便实用；建立统一的数据平台，满足未来数据利用以及原有数据的继承，为数据的再利用提供保障。

3）先进性原则。在技术上采用业界先进、成熟的软件开发技术，面向对象的设计方法，可视化的、面向对象的开发工具；在数据传输上支持Internet/Intranet网络环境下的分布式应用；在计算模式上采用客户层/服务器组件/资源管理器三层体系结构与浏览器/服务器体系结构相结合的模式。

4）灵活性和可维护性原则。具有良好的灵活性和可维护性。软件设计尽可能模块化、组件化，并提供配置模块和客户化工具，灵活配置应用系统，以适应不同的情况。数据库的设计尽可能考虑将来的需要。系统可灵活地扩充业务功能，无缝互连其他业务系统，提供必要的系统外联接口和丰富的设备接口，能方便地进行软件客户化定制与维护。

5）安全、可靠性原则。安全性一直是网络及系统管理的薄弱环节之一，而用户对网络安全的要求又相当高，因此安全性原则非常重要。应用系统做统一的身份认证和权限管理。实现单点登录，多项访问；有限操作，保存痕迹；应用层与基础数据层均有访问限制，做到安全可靠，防止非法用户的入侵。

6）标准化原则。采用 XML、HL7、ICD10、SNOMED、IHE 等工业标准，软件的数据字典遵循国际和国家数据字典的规范和准则。

7）可移植性原则：共性功能的平台化、模块化的结构、内置的模块配置规范，实现系统的自由组合，适应不同系统平台和数据库环境，更便于系统升级换代。

8）可扩展性与可集成性：独立的应用服务器处理系统间的集成问题，建立功能关联关系，将不同既往和未来系统集成到一致的工作平台，适应业务变化和流程动态调整的需要。

9）产品化原则。产品设计能以最短的开发周期、最经济的解决方案满足不同地区及不同医院的需求，同时便于系统的升级。

10）保护医院投资原则。采用标准的 TCP/IP、HTTP 协议，与医院现有信息资源能够很好地结合。

7.4.1 架构设计

以固定护士站和移动护士站为基础，结合条形码打印与识别，构建先进的护理管理和护理工作模式。实现护理工作的床边执行和移动管理，提升护理管理质量和护理工作效率。系统总体拓扑图如图 7-1 所示。

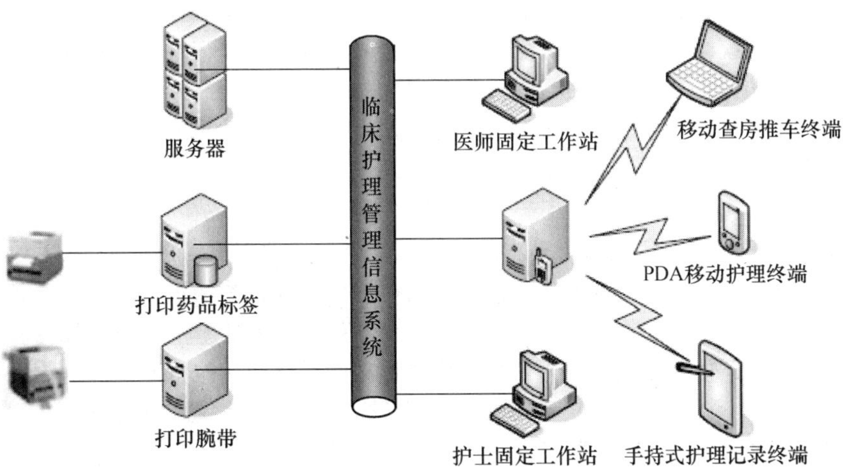

图 7-1 移动护理信息系统网络架构图

7.4.2 系统硬件设计

移动护理信息系统主要由三部分组成，包括移动设备、固定工作站和系统服务器。在考虑硬件系统平台架构时，一方面要从医院本身现有的护理管理系统入手，根据实际数据量，配置系统服务器的大小；另一方面，也要能够满足未来行业发展趋势所带来的新需求，预留足够的系统空间。

移动设备采用移动查房推车终端、手持式护理记录终端、PDA 等多种移动终端方式解决医师和护士的床前操作需求。移动查房推车终端是一台高度整合及机动的医护终端设备，终端自带电源，可采用 Wi-Fi、3G 等多种无线联网方式，真正实现无线工作。手持式护理记录终端集成了条形码、RFID 码读取、指纹识别、高分辨率摄像头等多种输入、输出设备，支持护士的床旁医嘱查阅，体征信息采集，患者、药品识别等护理工作执行。PDA 终端采用工业级设备，待机时间长、稳定性高，同时集成条形码读取设备，可验证患者及药品，支持护士的医嘱执行跟踪工作。

固定工作站通常设置在医师和护士办公室的台式电脑上。通过有线网络与服务器相连接，医师可以直接在办公室查询患者的基本资料，也可以直接针对不同的患者制定医嘱，安排手术等治疗时间，或者观察患者的病情发展和恢复情况。护士固定工作站的操作者一般为护士长，一方面可以合理地安排每个患者护理时间，了解其药物的使用情况，另一方面同时可以查看从护士手持设备传回的基本信息，包括护士的位置信息。这样一来，不仅可以提高护理工作的效率，还可以起到一定的监督作用。

7.4.3 系统功能及操作过程

1. 患者身份识别 患者入院后，护士给每个患者分配一个带有唯一识别码的腕带，佩戴于患者的手腕部位。护士在对患者护理、治疗之前，使用 PDA 移动护理设备扫描患者的条形码，PDA 上会出现该患者的基本信息。护士将这些基本信息与患者实际信息（如患者姓名、年龄、床号、护理级别、主治医师、入驻科室、医保费别、欠款情况等，根据临床需要显示）核对无误之后，才可以进行下一步的护理操作。

2. 生命体征采集 在对患者身份确认之后，护士需要对患者的生命体征进行测量和采集。将患者的体温、心率等信息输入 PDA 移动设备中。在存入的同时，这些信息也会同步地传入固定护士工作站。此时，系统会自动地对患者信息进行归档和更新，并且记录到数据库。当多次录入生命体征数据时，系统可以自动将最具代表性的各项生命体征数据绘制到体温单上。计算机也可以根据患者生命体征的平均值，设置一个安全范围。如果当天输入的患者体征超出了这个范围，服务终端会自动发出报警信号，传输到护士固定工作站，以便医护人员及时发现患者病情变化，采取相应的措施。

3. 医嘱查询和执行 在完成当天基本的护理工作之后，护士可以根据 PDA 上所显示的当前班次需要执行的医嘱，进行下一步操作。护理人员在给患者准备药物治疗前，在准备工作的过程中使用移动设备确认正确的药物、预计执行时间和执行对象。通过 HIS 系统的接口获取护理信息系统医嘱信息，将一条用药医嘱拆分为多个医嘱执行，并严格确认执行时间点和误差范围，避免发生错误操作（如护士提前用药等）。完成后，护士只需点击指定位置的按钮，即可自动生成该条医嘱的实际执行人和真正的执行时间。同时，护士也可以使用 PDA 直接扫描患者手腕的条形识别码，就可以直接将患者接收医嘱的时间及个人信息保存到数据库中。这样一来，医师可以根据记录的信息实时掌握患者的情况。护士长也可以随时查看当天医嘱的执行情况、各种护理记录的完成情况和护士工作量的权重，以更加合理地分配护士的工作时间和工作区域。

4. 护士排班 系统为各个护理单元提供快速、简洁的排班操作，各护理单元根据各科室特点自由设置班次，护士长根据工作需要调整各护士当班时间。系统为护士长排班提供各种辅助功能，如进行新一周排班时，可直接继承上一周的排班，大大节约时间和工作量；在排班表确定后，系统可自动记录排班表执行过程中的人员班次调整情况，使管理人员对人员工作情况有直观的了解，为改进排班设置提供依据。

5. 护理工作量管理 系统根据排班安排以及各类护理工作站信息记录准确地统计护理人员的工作时间和工作过程，能统计出每一个护理工作的月度、季度、年度趋势图，为管理者提供客观的绩效统计数据。

6. 护理质量控制 系统把质量控制指标体系和原始数据标准化，赋予一定权值，建立字典库，为护理质量监控小组提供清晰、简洁的输入界面，把定期、不定期的检查结果，患者意见等信息准确、及时地录入系统。护理质量监控小组可通过移动查房推车、手持式护理记录终端录入信息。护理部管理者可及时得知各护理单元的护理质量状况，从而很快发现和纠正问题。质量管理控制环节质量，减少了护理差错事故的发生率，提高了患者满意率。

7. 差错分析 能根据被护理患者的数量来判断护士的工作量，通过患者和药物的匹配率来分析和记录医疗差错，通过实际护士扫描次数与数据库中核定数量药物的标准扫描次数比对来考核护士的工作能力和工作质量等。能方便地导出报表，以多种格式保存报表，并预留网络上报渠道。可以根据不同的需求定制数据的分析、查询、对比方式（比如可按操作人、日期、月、年等方式统计），定制统计表生成图、表等模式，拥有强大的文件打印预览及打印功能，支持报告格式的个性化、灵活性调整。根据临床的需要，对各类统计模板能新增、编辑、删除。对临床获取的基础数据均能进行方便、准确的对比分析，并根据临床要求形成报表。

8. 护士技术档案 系统对护士的综合信息进行全面记录和管理，护理人员的综合信息可一次输入，永久保存，不但有效解决了以往资料保存不全、查询难的问题，而且减少了手工操作产生的误差。系统强大的查询、检索功能有助于管理者全面掌握每个护理人员的信息，从而了解全院护理队伍的人员分布，为人才管理、监督、计划、指导提供可靠的依据。

9. 用户安全 为每个用户设置独立的用户名和密码，用户使用程序和修改口令需要得到授权，在数据录入、修改时，保留操作人员信息，便于审计。与 HIS 的用户名和密码保持一致。要求使用统一的登录界面和惟一的用户身份验证服务器，从而保证系统的安全性和可维护性。

此外，医院信息系统中涉及大量关键数据和个人信息，保证这些数据不被恶意破坏、非法获取是需要解决的安全问题。安全策略为网络、主机等关键资源提供有力保护，为业务系统创造安全可信的运作空间。

7.5 案例：H-ERP 系统的应用

案例一

医院简介：

南京鼓楼医院，又名南京大学医学院附属鼓楼医院、南京市红十字中心医院，是中国最早建立的西医医院之一。医院现有编制床位 1460 张，2006 年门急诊患者 160 万人次，出院患者 4.2 万人次，医院科室设置齐全，现有临床科室 32 个，各类研究所、实验室 21 个。

应用内容：

1）应用系统模块：H-ERP 2.0 系统平台、账务处理、现金银行、票据管理、往来处理、财务分析、报表管理、领导查询共 8 个系统模块，应用了目前会计核算系统的所有的功能。

2）单位体系设置：按照集团化医院体系设置，设置了鼓楼医院集团、鼓楼医院本部两个单位，分上下级关系，为以后扩展其他医院分院应用系统奠定基础。

3）账套体系：目前医院所有业务只设立一个独立的账套进行核算和管理。

4）科目体系：用2007年江苏省现有科目体系，支出和管理科目共设置了将近200个科室核算属性，往来科目设置了近100个各种类型的核算属性：一共30个核算类别，6800多个核算明细项目，其中自定义核算类别16个，自定义核算项目300多个。

5）整合业务：目前将原来众邦的会计核算系统、部门核算系统和南京汉元公司的票据通软件的所有功能都整合在H-ERP 2.0会计系统中，实现了H-ERP 2.0会计系统、预算管理系统和CBCS 2.0成本核算系统的业务和技术整合。

用户评价：

目前已基本完成调试工作及客户化试用工作，我院原使用的财务核算系统在科目体系的设置和业务整合方面有了很大的改进，为我院更换会计核算系统打下了良好的基础，下一步整合其他两个系统（成本、预算），并对一些细节进行调整，我们相信该系统会为我院的会计核算和财务管理提供一个优质的服务平台。

案例二

医院简介：

安徽省立医院的前身为合肥基督医院，1898年建院，是一所设备先进、专科齐全、技术力量雄厚，集医、教、研、预防、保健、康复、急救于一体的省级大型三甲综合性医院。医院开放床位1401张，有34个临床科室，15个医技科室，计49个专业，现有职工2040人，年门诊量约近150万人次，出院患者近5.6万人次，25个专科被卫生部中国医师协会批准为首批专科医师培训基地试点单位：下设安徽省肿瘤医院和安徽心血管医院各一所，医院拥有1个博士生联合培养点，32个硕士生培养点，是安徽医科大学附属省立医院。

应用内容：

1）应用系统模块：H-ERP的所有子系统，包括系统平台、会计核算及财务管理系统、成本核算系统、预算管理及支出控制系统、薪酬管理系统、物流管理系统、固定资产管理系统、绩效管理及奖金分配系统。

2）主要应用的内容：

（1）建立统一医院综合运营管理平台：规范职工、科室、供应商以及各项财务及考核指标等基本信息的编码、名称、定义，为数据信息共享提供基础。

（2）建立以会计核算为核心的账务处理机制，使人、财、物等各种信息与会计账务中反映的信息保持一致，实现收入和支出业务数据自动生成会计凭证。

（3）建立适合医院应用的全成本核算的理论方法和合理的成本分摊方法：形成以成本核算为数据处理中心的业务管理模式。

（4）建立以预算控制为主线的业务处理方式，通过收支预算、分类预算和项目预算，对会计核算和固定资产、物资的购置和消耗分别进行事后监督和事前控制。

（5）建立物资耗材的分类管理模式，将物资耗材分为不收费物资（低值耗材）、收费物资（低值耗材）、收费物资（高值耗材）等类型，分别对其采购流程和领用消耗流程进行优化处理。

（6）建立医院薪酬奖金分配方法和全面绩效考核管理模式，针对临床科室、医疗技术类科室、管理类科室、医疗辅助类科室和科研科室，分别采用不同的考核方法和考核指标：使奖金分配更趋合理，使绩效管理符合医院长期战略发展需要。

（7）建立以卡片和资产档案为核心的固定资产管理模式，通过条形码对资产的购置、处理、审批以及维修、计量等各个环节进行全过程的跟踪管理。

(8) 实现医院所有业务的全面资源整合：实现会计、预算、成本、物流、固定资产、绩效、薪酬、后勤等经济运行管理业务的整合，实现 HIS 前台医疗业务与医院业务的全面资源整合。

用户评价：

H-ERP 系统目前正在我院实施，该系统将我院的人、财、物综合管理信息整合在一个统一的平台，从目前实施状态和实施进度来看，该系统的全面上线必将全面提升我院的综合运营能力，希望充分利用安徽省立医院现已达到的信息化建设水平，并通过公司先进的管理理念、技术水平，为更好地满足安徽人民群众医疗需求做出应有的贡献。

本章小结

本章分五小节，分别介绍了护理管理学与护理信息学、护理信息系统、移动护理信息系统、移动护理信息系统的设计以及 H-ERP 系统的应用案例，阐述了护理学、护理信息学、护理管理学、护理信息系统的定义及特点，并重点阐述了移动护理信息系统的作用、特点以及设计过程。

课后习题

1. 什么是护理学？护理程序包括哪些主要内容？
2. 什么是护理信息学？简要概括护理信息学的标准。
3. 什么是护理信息系统？护理信息的特点有哪些？
4. 详细介绍移动护理信息系统的设计原则。
5. 简要概述移动护理信息系统的操作过程。

第 8 章　社区卫生信息系统

学习目的

1. 掌握社区卫生信息系统的定义。

2. 了解社区卫生信息系统的目标以及发展历程。

3. 理解社区卫生信息系统的功能与内容。

4. 重点掌握社区卫生信息系统的结构模型和系统组成，理解社区卫生信息系统各子系统的构成及特点。

5. 了解资源共享系统和突发公共卫生事件应急指挥信息系统，并通过后面的案例分析了解社区卫生信息系统未来的广阔的发展前景和重大作用。

引　言

进入信息经济时代，计算机作为信息科技的触角已经延伸到了各行各业，在医疗卫生领域，采用计算机管理更是取得了丰硕的成果。目前，医疗信息管理系统在诸多医疗机构广泛应用，对业务管理、教学和科研起到了越来越重要的作用。同样，建立社区卫生信息系统，以居民个体为服务中心，以家庭为单位，以社区为范畴，开展公平面对社区内所有居民和企业、学校等的医疗服务工作，内容包括医疗、预防、保健、康复、医疗保险、计划生育、教育与卫生监督管理等方面，这是医疗卫生事业改革和发展的一种必然趋势。本章将论述有关社区卫生信息系统的概念、结构、组成、功能以及实现方法。

8.1　社区卫生信息系统概述

社区卫生服务是城市卫生工作的重要组成部分，是公共卫生服务和基本医疗的基础，是实现人人享有初级卫生保健目标的基础环节。大力发展社区卫生服务，对于坚持预防为主、防治结合的方针，优化城市卫生服务结构，方便群众就医，减轻费用负担，建立和谐医患关系，具有重要意义。社区卫生服务也是促进社会公平、维护社会稳定、构建和谐社会的重要内容。

8.1.1　社区卫生信息系统的定义

社区卫生信息系统（community health information system，CHIS）指以计算机、网络技术、医学和公共卫生学知识为基础，以居民为中心，对社区卫生信息进行采集、加工、存储、共享，并提出决策支持的管理系统。因此，社区卫生信息系统是新的信息系统，它与众多的相关学科相联系，例如计算机科学、电子工程学、临床医学、公共卫生学、医院管理学、系统论等。它是一个新的应用系统，对它的实践正在探索和发展中。

8.1.2 社区卫生信息系统的目标

2013年《中共中央、国务院关于卫生改革与发展的决定》明确指出：改革城市卫生服务体系，积极发展社区卫生服务，逐步形成功能合理、方便群众的卫生服务网络。各省市着力建立城市社区卫生服务，在遵循国家社区卫生服务工作规范，积极开展社区卫生服务的同时，因地制宜，形成了各具特色的社区卫生服务体系模式。

我国各地卫生服务机构和软件开发厂家也积极进行社区卫生服务管理信息系统的研究和建设，着手建设社区卫生服务管理信息系统。国内社区卫生信息的虽然起步较晚，但近几年发展很快。国内已经有很多城市的社区卫生服务机构都在陆续进行信息化建设，有些开始使用临床信息系统（clinical information systems，CIS）。从全国来看，社区卫生服务管理信息系统出现了与业务同步规划、同步建设、同步发展的良好局面，这要比传统的医院管理信息系统和其他卫生领域的管理信息系统的起点要高得多。许多机构在开发适合国内实情的社区卫生服务管理信息系统上做了许多有益的探索与尝试，并取得了一些成功的经验。我国社区卫生信息系统的目标主要有以下四条：

1）以社区居民为中心，以家庭为单位，以社区医师为主体，融医疗、预防、保健、康复、计划生育指导、健康教育、卫生监督于一体，实施长久有效、经济便捷的社区卫生服务，实现“人人享有健康保健”的目标。

2）以经济活动为轴线，通过自动划价、出具明细账等方法，支持城镇职工社会医疗保险、公费医疗的严格经费管理，支持社区医疗机构的成本核算及经济管理。

3）以行政管理为基础，通过对社区医疗机构的人员、物质、财务等信息化管理，促进社区医院的现代化管理。

4）通过对社区卫生信息资源进行统计处理和智能分析，对整个社区居民的健康水平作出评估，向政府及卫生行政部门提供决策支持依据，提高全体居民的健康水平。

8.2 社区卫生信息系统的功能与内容

社区卫生服务信息系统是以居民健康档案信息系统为核心，以基于电子病历的社区医师工作站系统为枢纽，以全科诊疗、收费管理、药房（品）管理等为主要功能模块，满足居民健康档案管理、经济管理、监督管理和公共卫生信息服务管理等基本需求。社区卫生服务信息系统的使用对象是城乡各级社区卫生服务中心、服务站、诊所、村卫生室等。社区卫生服务信息系统是区域公共卫生服务信息系统的重要组成部分。如果说区域公共卫生信息系统是个“信息大陆”，则社区卫生服务信息系统就是一个个“信息岛”，通过开放的体系结构，将众多的社区“信息岛”最终连接成为完整的“信息大陆”，所以社区卫生服务信息系统的建设在区域公共服务信息系统中的地位至关重要。

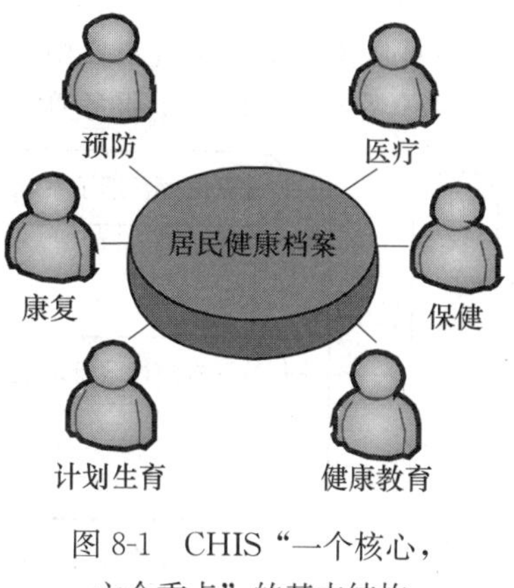

图8-1 CHIS“一个核心，六个重点”的基本结构

8.2.1 社区卫生信息系统的结构模型

根据社区卫生服务的概念，CHIS的结构可以概括为："一个核心（居民健康档案），六个重点（医疗、保健、预防、康复、健康教育、计划生育）"，如图8-1所示。

社区卫生服务信息系统应该包括以下基本的功能模块：居民健康档案信息系统、基于社区医师工作站的全科医学诊疗系统、基于通用条形码技术的"医卡通"系统、双向转诊平台系统、药店（品）管理系统、社区护士工作站、社区医院收费管理系统、短信平台系统、区域健康服务业务交流平台系统等。同时为了更好地实现区域公共卫生数据资源共享，在普遍实施社区卫生服务信息系统的基础上，主管部门（卫生局、中心医院等）还应该建设中心数据库管理系统和基于B/S的社区居民健康服务系统等。

社区卫生服务信息系统的成功实施将城乡社区卫生服务机构数字化、网络化，可以更好地满足城乡社区居民的健康保健水平，有效提升社区健康服务机构的服务质量。

随着社区卫生服务信息系统建设的日趋火热，众多的科研机构和软件组织（如济南大成华博生物技术有限公司等）都推出了社区卫生服务信息系统软件。

8.2.2 社区卫生信息系统的数据模型

除了系统模型，社区卫生信息系统还具有其一般数据模型。数据模型是对卫生领域各种活动所产生和使用的信息和数据的抽象表述，为卫生信息领域中不同应用开发者提供统一的建模工具和方法，保证数据定义和表述的一致性。数据模型进一步细分为：数据概念模型、数据逻辑模型、数据物理模型以及相对应的数据标准。前三者是计算机技术解决的问题，我们只讨论数据标准问题。

为了实现信息共享，CHIS的数据标准应尽量采用已有的国际、国内经典的标准，如国际疾病分类（ICD）、北美护理协会的诊断标准（NANDA）、国外推荐使用的国际社区医疗分类（the international classification of primary care，ICPC）、我国推荐的"全国医疗服务价格项目规范"等。特别应提出的是我国近年来颁布的"国家卫生数据字典"、"社区卫生信息基本数据集"，该系统现仍在修订完善中。

8.2.3 系统总体组成

社区卫生信息系统主要由三个子系统组成，它们分别是社区医疗管理子系统、社区医院行政管理子系统和社区卫生服务管理子系统（图8-2）。

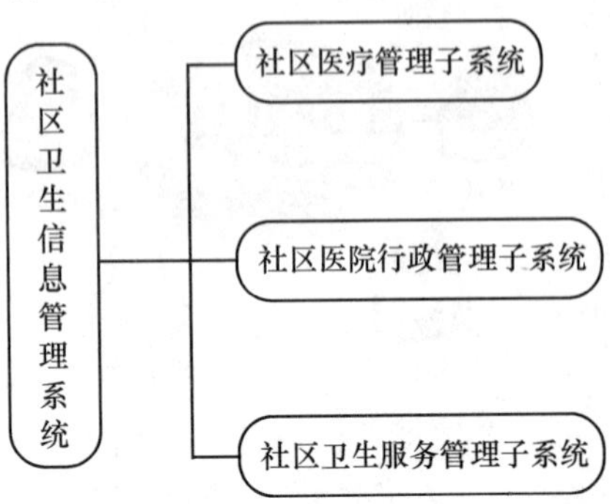

图8-2 社区卫生信息系统总体组成

社区医疗管理子系统：是为社区医院和保健站的医疗服务而设计的信息管理子系统，主要任务是进行社区医疗事务管理、社区医疗经费管理和社区医疗质量管理。

社区医院行政管理子系统：是为社区医院和保健站的行政事务而设计的信息管理子系统，主要任务是进行人事、财务、物资、设备管理，向院长、站长提供统计分析资料，向上级卫生行政部门提供各项汇总报表，支持社区卫生事业的可持续发展。

上述两个子系统可以视为通用型医院信息管理系统的"简化版"和"微型版"。社会卫生服务管理子系统是为社区居民卫生服务设计的信息管理子系统，主要任务是进行妇幼保健、儿童计划免疫接种、慢性病管理、传染病预防、患者康复、计划生育指导、健康教育以及卫生监督管理。它是社区卫生服务的重要内容，也是 CHIS 不同于 HIS、CIS、NIS 的根本所在。下面逐个介绍各子系统的组成和功能。

8.2.4 社区医疗管理子系统

社区医疗管理子系统的功能模块如图 8-3 所示。

我国社区医疗任务是：为了方便社区居民，在已掌握居民基本健康状况和需求的基础上，针对常见病、多发病和已明确诊断的疾病，提供便捷、有效、价格适宜的一般性治疗，对急危重症患者提供就地救护和及时转诊。因此，社区医疗指患者在转诊到中心医院或专科医院以前的一般性治疗，也是患者长期、连续的基本治疗。

在社区医疗机构中工作的是全科医师（general practitioner，GP）。他们熟悉本社区的患者，与他们保持长期、连续的医患关系，能够提供上述的医疗卫生服务。

社区医疗信息的特点：

社区医疗是医院临床医疗的“简化版”和“初级版”，它所包含的医疗信息类型与中心医院和专科医院相似，但种类单纯、数量减少、技术层面低。例如，药品种类较少，适用于常见病、多发病；药品价格便宜，使用方法简单。

由于社区医疗的患者随时存在与中心医院和专科医院的双向转诊问题，所以对患者的医疗信息流通需求更迫切，对区域性的社区卫生信息网需求更迫切。

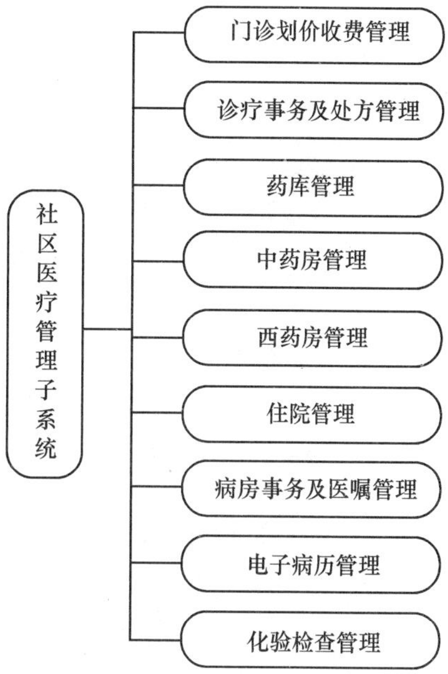

图 8-3 社区医疗管理子系统的组成

由于社区医疗主要面向常见病、多发病，治疗内容较为简单、规范，更容易实现和推广电子病历。电子病历实行最早的荷兰、英国等国家，都是从社区开始应用推广的。

8.2.5 社区医院行政管理子系统

社区医院行政管理子系统的组成（功能模块）见图 8-4。

社区医院行政管理子系统的功能和信息特点与 HIS 相类似。该子系统含有许多综合分析的内容，主要是完成各级卫生行政部门的卫生情况报表，属于办公自动化内容，在此不做详细介绍。

8.2.6 社区卫生服务管理子系统

社区卫生服务管理子系统的组成（功能模块）见图 8-5。下面将这 9 个模块归纳成 6 个部分，分别介绍它们的主要功能和信息特点。

1. 社区妇幼保健 该部分包括儿童保健、儿童计划免疫接种、孕妇保健三个模块。

1）社区妇幼保健的功能：社区妇幼保健功能指根据妇女与儿童生理特点、主要易患疾病及影响因素采取保健措施，促进妇女、儿童身心健康。例如孕期保健的定期检查包括血压、心率、体重的测量，胎检、胎监以及血、尿、白带等常规检查。婴幼儿保健的定期检查包括身长、体重、囟门检查以及发育营养状况测评，母乳或人工喂养指导等。

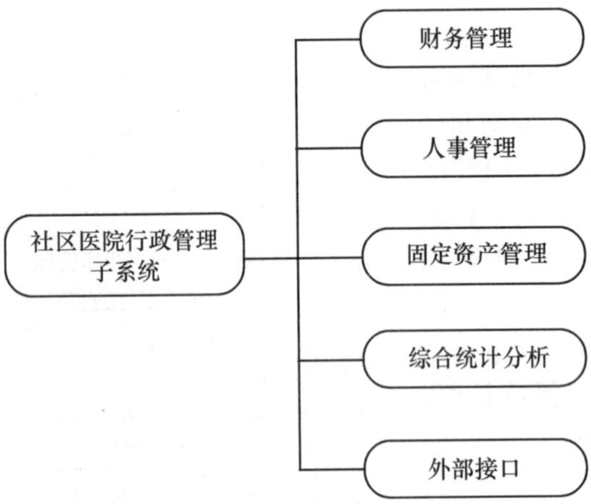

图 8-4　社区医院行政管理子系统的组成

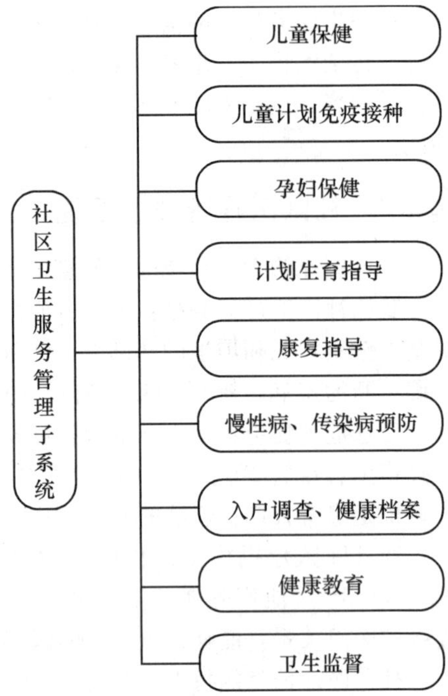

图 8-5　社会卫生服务管理子系统的组成

2）社区妇幼保健信息特点

(1) 作为社区两个特殊的居民群体，首先要全面准确掌握各个妇女、儿童的基本信息。以一个 5 万人的虚拟社区为例，该社区每年大约有 625 位孕妇及相近数量的婴儿，因此，信息面广、量大。

(2) 含有相应的时间信息，例如妇女保健可分为青春期保健、孕产期保健、产褥期保健、更年期保健。各期间有不同的保健信息，每一期间的同一信息还要跟踪其变化，例如，孕期的血压监测可防止妊娠子痫，体重可反映胎儿发育情况等。

(3) 对一些内容广泛、可变因素复杂的信息处理，不仅需建立相应的管理模块，而且要有智能分析，例如儿童的计划免疫接种。

2. 慢性病、传染病预防治疗

1）慢性病、传染病预防治疗的功能：慢性病预防治疗指在充分了解社居民健康状况基础上，通过实行健康普查、建立健康档案，以及采用常规治疗、健康教育等方法，改变人群行为，进行慢性病预防和早期治疗。例如阿茨海默型老年痴呆症（senile dementia of Alzheimer type，SDAT），国外报告的患病率，65 岁以上老人为 4%～6%，80 岁以上老人为 10%，美国每年需花费 12 亿美元用于照顾 SDAT 患者。我国 65 岁老人以上 SDAT 患病率，上海静安区为 2.9%，北京为 7.8%。而 SDAT 无根治办法，主要靠早期预防，对症治疗。

社区传染病防治指在社区范围内以预防为宗旨，通过免疫接种、卫生宣传教育，改善社区环境，治疗患者，控制传染病发生和发展。例如我国结核病防治工作仍是一个重要任务，大城市中来自偏远山区、农村的高等院校新生以及大量民工是易感人群，一旦发现患病率增加，应立即通过结核菌素试验、胸部 X 射线检查进行普查，隔离并治疗患者，改善居住环境，正常人群预防接种或服药预防，及时控制结核病流行。

2）慢性病、传染病预防的信息分析：

（1）首先应建立相关慢性病、传染病的疾病信息库，尤其注重如何预防、治疗的医疗信息。

（2）通过入户健康普查，建立慢性病、传染病个人档案，收集、整理患者信息。

（3）建立相关疾病的信息管理模块，一方面保证患者得到长期、可靠的治疗，同时提供准确的区域患病统计资料，供政府制定相关的卫生政策法规，例如结核病的归口管理、防治法规。

3. 社区脆弱人群保健康复

1）社区脆弱人群保健康复的功能：脆弱人群指因多种原因造成生理上或心理上功能的损害，在不同程度上丧失自我健康认知和维护能力，需在他人帮助下生活的群体，通常指老年人、残疾人、精神病患者、临终患者：提供康复指导、心理咨询、养老院等全方位保健康复服务。

2）社区脆弱人群保健康复的信息特点：社区脆弱人群依据他们生理或心理上的不同功能损害，可以分成多个特殊的群体，具有各自的基本信息特点、保健康复信息特点，并应建立相应的信息管理模块。

例如抑郁症，随着社会向着高度现代化、快节奏方向发展，抑郁症的患者日益增多。这一脆弱人群具有下述特点：首先它的易发人群常为三部分，青壮年（多因学习、工作、生活压力大、挫折多而引起或诱发），退休后的老年人（多因现代生活的“空巢现象”、孤独失落而诱发），妇女（多因婚姻、恋爱和家庭破裂而诱发）；其次是它有高发季节，例如每年7～8月份升学考试期间，应试中学生易发；最后是疾病发作期和严重时常产生自杀、自残倾向，而且大部分有先兆表现，可以为周围亲属、同学、社区医师所发现和警惕。

针对上述抑郁症的信息特点，英国曼彻斯特大学Ruth Crowther研制的“抑郁症患者管理系统”是应用信息技术管理慢性病的典范。

4. 计划生育指导

1）计划生育指导的功能：计划生育指导是通过生育健康知识的教育，提高已婚育龄夫妇的节育知识水平，落实节育措施，做到计划生育，控制人口数量，提高人口素质。

2）计划生育指导的信息特点：与妇幼保健相似，第一要收集育龄夫妇这一特殊群体男女双方基本信息（包括未婚同居育龄男女）；第二是生育期间的生育、节育措施信息；第三是建立用以指导宣讲的生育及节育知识库。

5. 健康教育

1）健康教育的功能：健康教育指通过卫生宣讲、保健橱窗、健康处方、患者俱乐部等多种形式，向居民宣传卫生知识，提高全民健康意识，改善社区卫生环境，提高整体健康水平。

2）健康教育信息特点：按照社区居民的健康信息的统计分析结果，针对一个社区的高发病、流行病、易发人群、高发季节进行健康教育，教育内容来源于医疗保健知识库。

6. 卫生监督

1）卫生监督功能：卫生监督指社区医疗机构对社区内学校、工厂、商场等公共场所的日常卫生工作，依照国家法令、条例、标准进行全面监督和管理。例如环境卫生检查、食品卫生检查、学校幼儿园保健卫生检查等。

2）卫生监督信息特点

（1）应包括政府、地方各行政部门有关公共卫生监督的法令、条例、标准的信息。

（2）收集、登录、整理定期检查的卫生信息。

（3）对上述信息进行分析、综合，得出结论，提交各级行政部门。

8.3 社区卫生资源共享系统

医院信息系统是管理信息系统（management information system，MIS）在医院环境的具体应用，因此，具有MIS系统共有的一些特性，比如它们均是以数据库为核心，以网络为技术支撑环境，具有一定规模的计算机系统；都是以经营业务为主线，以提高工作质量与效率和辅助决策为主要目的，可以提高综合管理水平；在系统内部按一定原则划分为若干子系统等。但是医院信息系统又有许多不同于一般MIS系统的独有特点，信息系统在医院的实现又具有其特殊的功能要求。例如要有一个大规模、高效率的数据库管理系统的支持；要有很强的联机事务处理支持能力；具有易学、易用的友善人机界面；具有可剪裁性和可伸缩性，能适应不同医院的发展计划需求；具有开放性与可移植性，能适应不同硬软件平台；采用模块化结构，具有可扩充性等。

临床诊疗部分主要以患者信息为核心，将整个患者诊断、治疗过程作为主线，医院中所有科室将沿此线展开工作；药品管理部分主要包括药品的管理与临床使用；经济管理部分属于医院信息系统中的最基本部分，它与医院中所有发生费用的部门相关，处理的是整个医院各有关部门产生的费用数据，并将这些数据整理、汇总、传输到各自的相关部门，供各级部门分析、使用，并为医院的财务与经济收支情况服务；综合管理与统计、分析部分主要包括病案的统计、分析、管理，并将医院中的所有数据汇总、分析、综合处理，供领导决策使用；外部接口部分包括医疗保险接口、社区卫生服务接口和远程医疗咨询系统接口。

社区卫生作为三级预防体系的一个重要组成部分，必然要求社区卫生信息管理系统的建设也与医院信息管理系统的建设是相辅相成的。为此，我们参照医院信息管理系统来建设社区卫生管理系统。我国的社区卫生信息系统最基本的内容是居民个人、家庭及社区健康档案管理，提供针对居民需求的包括生物、心理、社会3个层次的综合性医疗卫生服务，与主要针对疾病的医院服务有明显的差异。社区卫生信息系统的主要特点是把医疗同社区卫生服务紧密结合，把费用使用同社区卫生服务相结合，把行政管理同社区卫生服务相结合，从而使该系统能够为管理机构提供决策支持，能够为科研机构获取包括卫生经济学等方面的信息。

社区卫生服务基础管理子系统主要有门诊和急诊挂号、收费系统，出入院管理系统，药库和药房管理系统，物资和设备管理系统，财务与经济核算系统等功能模块。医疗管理子系统主要有门诊与住院医师系统、护士系统、影像信息系统、医学检验系统、病案管理系统、家庭病床管理系统、社区出诊管理系统和预防、保健管理系统等功能模块。家庭病床管理系统提供家庭病床的管理，记录病史等相关资料，并自动生成家庭病床费用的报表和医师工作量报表。社区出诊管理系统记录每次出诊的情况以及月末统计功能。预防保健管理系统又包括儿童保健、计划免疫、计划生育、精神病与慢性病管理、健康教育和居民健康档案管理等功能模块。儿童保健管理系统用于建立儿童健康档案，根据儿童的基本情况及每次体检的结果对儿童进行健康评价，及时反映儿童的行为和思维的发育情况，以及包括早期教育、营养与膳食、疾病防治等儿童保健指导信息。计划免疫管理系统用于建立儿童计划免疫卡，为儿童制定免疫计划，提供全程免疫计划表，提供儿童接种预约、儿童接种情况的统计查询及意外处理等。计划生育管理系统用于育龄妇女基本情况档案的建立、青春期保健、经期保健、婚期保健、孕期保健、产褥期保健、产后访视、更年期健康保健及妇科疾病防治等。精神病管理系统用于建立精神患者档案，记录随访情况，进行分梯队管理。慢性病管理系统用于统计慢性病的发病情况，为社区慢性病患者建立慢性病流程表并进行分类管理。健康教育管理系统通过健康档案等资料对居民信息进行分类，然后通过公用电话网或局域网，将包含特定健康教育信息的语音资料或电子邮件发送给特定的社区居民，提高社区居民对健康、疾病以及危险行为的认知率。健康档案管理系统包括个人健康档案与家庭健康档案管理、社区健康档案管理、服务对象管理、家庭结构与家庭功能分析、保健合同管理等。综合管理系统主要有综合信息统计报表系统、查询系统、远程会诊系统、双向转诊系统及医疗保险系统接口等功能模块。其中远程会诊及双向转诊管理系统通过综合业务数据（ISDN）、ISDN路由器远程登录局域网和点对点远程连接的方法，在医疗机构之间申请、批复、转诊信息、交换转诊患者的相关医学资料，并提供类似面对面的视频交互功能，从技术上畅通双向转诊的渠道，实现资源共享。

8.4 社区卫生信息系统的设计与实现

社区卫生信息系统采用Web服务与SOA（service-oriented architecture）的组合来解决多种异构系统的集成。SOA是一个组件模型，它将应用程序的不同功能单元（称为服务）通过这些服务之间定义良好的接口和契约联系起来。接口是采用中立的方式进行定义的，它应该独立于实现服务的硬件平台、操作系统和编程语言。这使得构建在各种系统中的服务可以以一种统一和通用的方式进行交互。

8.4.1 突发公共卫生事件应急指挥信息系统概述

1. 背景 突发公共卫生事件是指“突然发生，造成或者可能造成社会公众健康严重损害的重大传染病疫情、群体性不明原因疾病、重大食物和职业中毒以及其他严重影响公众健康的事件”。

突发公共卫生事件应急指挥系统建设状况集中反映了一个城市乃至一个国家的危机管理水平，同时也反映了城市的综合信息化水平。随着我国在国际事务中扮演越来越重要的角色，奥运会、世博会等大型活动成为或将成为检验中国城市应急指挥系统的舞台；而近年来，自然灾害、恐怖袭击、公共卫生、安全生产等突发事件频繁爆发，也迫使我国空前重视各类应急指挥系统的建设。

2003年SARS（severe acute respiratory syndrome）重大疫情灾害之后，为提高我国突发公共卫生事件应急反应能力，加快公共卫生信息系统建设，国家和卫生部高度重视公共卫生信息化和突发公共卫生事件应急管理工作，卫生部信息化领导小组办公室组织起草了《国家公共卫生信息系统建设方案（草案）》直接指导各地的公共卫生信息化工作，明确指出要建立中央、省、市三级突发公共卫生事件预警和应急指挥系统平台，提高医疗救治、公共卫生管理、科学决策以及突发公共卫生事件的应急能力。

2. 突发公共卫生事件分类 突发公共卫生事件的类型可以分为传染病爆发流行、食物中毒、职业中毒、农药中毒、环境卫生事件、群体性不明原因疾病、群体性免疫接种服药不良反应事件、放射卫生事件、菌毒种丢失事件、院内感染事件、流感样病例爆发等。

3. 突发公共卫生事件严重等级 根据突发公共卫生事件性质、危害程度、涉及范围，将突发公共卫生事件划分为特别重大（Ⅰ级）、重大（Ⅱ级）、较大（Ⅲ级）和一般（Ⅳ级）四级。

其中特别重大（Ⅰ级）在事件列表中用红色表示；重大（Ⅱ级）用棕色表示；较大（Ⅲ级）用黄色表示；一般（Ⅳ级）用蓝色表示。

4. 建设目标与用户分析 建设的总体目标应遵循“应急优先，信息畅通，反应快捷，指挥有力，责任明确，立足长远”的原则。在改造和完善原有信息系统的基础上，建成适合公共卫生体系建设需要的多维度、多领域的综合、联动、协作的应急指挥信息系统，加强疾病控制、医疗救治、卫生监督三大体系的数据交互和信息共享，提高对突发公共卫生事件的应急处置能力和指挥决策能力，重点解决以下面向不同层面用户的需求：

1）面向基层管理人员：重点解决信息采集和发布畅通的问题。

2）面向指挥控制人员：重点解决应急指挥、资源调度的问题。

3）面向决策管理人员：重点解决高效决策、平战结合的问题。

4）面向社会公众人员：重点解决信息畅通、个性化服务问题。

8.4.2 总体业务/信息流程——指挥控制闭环系统

突发应急指挥的业务流程/信息流程如图 8-6 所示，符合早准备、早发现、快速响应、事后恢复与评估的应急指挥控制理论模型。

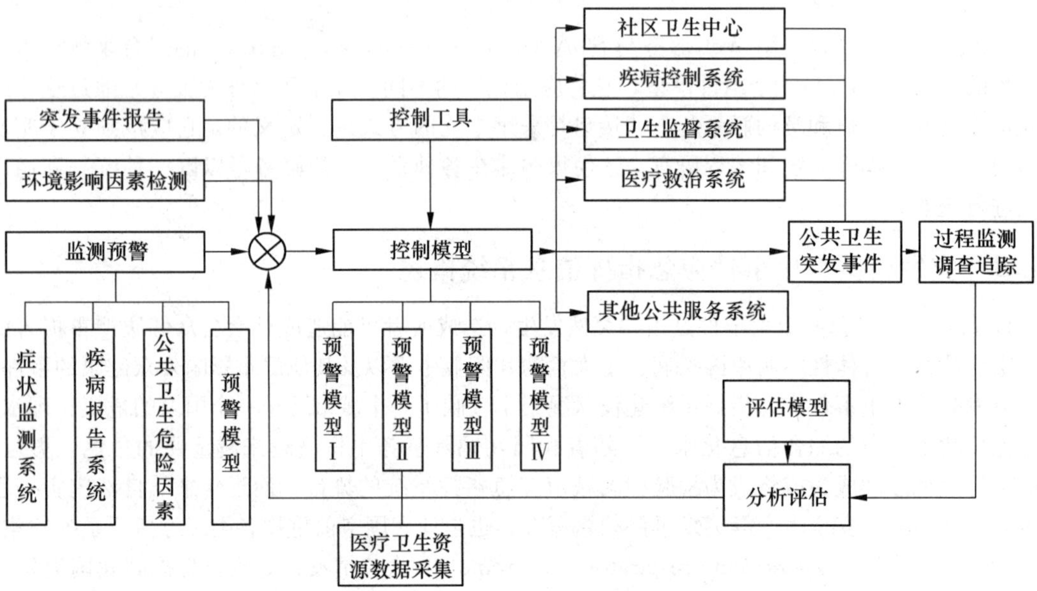

图 8-6　突发公共卫生事件应急指挥信息系统总体业务/信息流程图

8.4.3 应用架构

突发公共卫生事件应急指挥信息系统主要为指挥调度、辅助决策、对外服务、基础数据和知识管理五大类，结合突发公共卫生事件的处理流程，按照信息汇集与分析决策过程、指挥决策过程两类整理系统功能架构，如图 8-7 所示。

信息汇集和分析是通过对信息的查询、分析和展现等，为领导指挥和控制提供各类信息依据；指挥决策则是在信息汇集和分析的基础上，领导通过指挥控制平台，进行命令的下达和指挥，实现对突发事件的控制、战时的会商协同等工作。系统的功能设计主要实现以下业务：

1）“平时”（事前）：系统在接到日常监测和传染病直报信息后对信息的评估、过滤，完成对突发公共卫生事件的监控与预测。

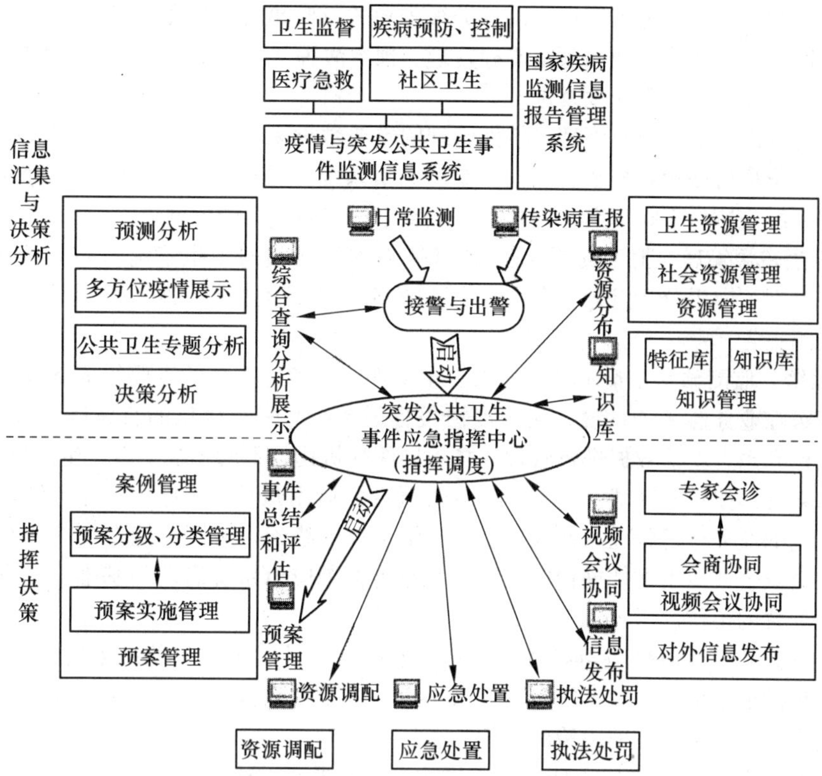

图 8-7　突发公共卫生事件应急指挥信息系统功能架构图

2）“战时”（事中）：系统确认突发公共卫生事件发生后，启动应急预案管理流程，实现对资源的调配、对各相关卫生单位下达任务、对处置现场的支持和处置进展情况的监控，同时实现对外信息发布功能。

3）事件结束（事后）：系统实现对突发公共卫生事件的总结、评估。

4）辅助决策：利用决策分析、知识管理和会商协同等各种手段实现对系统的支撑。

信息汇集和分析整合了所有专业系统的信息，围绕突发事件的事件属性和方法，展开全面的信息支持，包括日常数据采集和监测系统，接警和出警，公共卫生事件报告，突发事件报告，资源动态信息，疫情分布信息，综合分析和决策知识信息。

8.4.4　应用系统设计

如图 8-7 所示，突发应急指挥信息系统的应用可以分为四大类：预案管理、决策分析、资源和知识管理、对外信息发布。

应用系统的设计是以预案管理为核心的。当突发公共卫生事件时，通过资源管理了解资源的存储和分布，通过决策分析平台（预测分析、多方位疫情展示、公共卫生专题分析）掌握事件的发生、发展和变化的情况，专家通过视频会议、会商协同平台下达指令给各级机构，这些机构通过相关的业务应用系统将处理情况以报告的形式反馈给专家，进一步指导指挥和决策过程。

1. 预案管理　预案管理是整个应急指挥系统的重要组成部分。预案管理可以分为预案计划管理和预案实施管理。预案计划管理依据日常情况制定，具有指导性。预案实施管理依据突发事件制定，提供可执行的应急实施方案。应急实施方案的执行依赖事件管理和任务管理。事件管理记录了事件的处置和控制的全过程信息，以各类报告形式反映事件，以便评估预案及优化改进。改进的结果又返回到预案文档管理和预案流程管理。预案演练基于方案管理、事件管理和任务管理。演练的结果也进入预案评估及优化改进。

其中方案管理需要基于资源管理。事件管理的重要数据来源是各种报告。事件的展示和事件追踪要使用多方位疫情展示系统及公共卫生专题汇报系统。另外，专家也可以通过专家会诊系统使用预案管理系统，参与平时预案管理和战时应急指挥实施方案的编制。

2. 公共卫生资源管理　卫生资源管理的实现，主要是通过对卫生系统内部所属单位提供的信息进行采集、整理、应用分析等，为领导指挥和控制提供各类信息依据，它主要分为内部资源、外部资源和资源报告。

3. 监测预警　监测预警是整个突发公共卫生事件应急指挥系统的重要组成部分，通过对相关业务子系统（医疗业务监测子系统、疾病疫情报告子系统）采集提供的日常医疗救治业务数据、传染病常态数据和患者就诊数据进行管理，将不同医疗机构、不同系统平台产生的患者就诊信息、门诊和急诊信息等，按不同区域、内容、条件等属性，运用归类、排序、对比等统计、分析方法了解各医疗机构的业务运行状况，并找出卫生异常情况的线索，预测可能发生的公共卫生事件的风险，及时对突发公共卫生事件进行监测预警，作为整个应急系统启动的基础，完成整体应急指挥调度和协调处置的工作。

为了给突发公共卫生事件应急指挥人员提供直观、便捷、可视化的结果展示，监测、分析、预测、预警结果的展示可采用数据统计、分析报表、多维查询分析、各类统计、分析图表等方式提供给应急指挥人员，起到辅助决策的作用。

4. 多方位疫情展示　多方位疫情展示通过数据交换平台，从卫生局、卫生监督所、疾病预防控制中心等各条业务线中获取疾病疫情报告信息，公共卫生事件危险因子监测信息，非传染病类公共卫生事件报告信息等监测预警信息、报告信息，非传染病类公共卫生事件报告处理信息，传染病暴发（突发）疫情，公共卫生事件应急处置等处置信息，卫生资源等资源信息，将这些信息与空间数据进行整合；利用系统的 GIS（geographic information system）平台和基础平台（硬件设备和应用软件结合），对如传染性疾病患者确诊病例、与确诊和疑似患者有紧密接触的人群空间分布、防治及隔离区域进行空间分析，为各级突发事件应急指挥平台领导和专家组提供可视化的数据展现方法和形象的数据分析辅助工具。

5. 公共卫生专题汇报　公共卫生专题汇报系统是构建在医疗业务数据库、疾病控制数据库、卫生监督数据库和卫生资源数据库及标准化体系与安全管理之上的综合查询、分析系统。系统的设计思想和开发技术采用基于构件、面向服务的软件开发方法，实现模块化设计，当报表需求发生改变时，只需直接调整构件，而不需要改变整个应用系统。将信息进行归类、整理、加工和统计、分析，提供灵活的在线分析功能，满足应急时的分析表和报告卡等报表、图表制作功能，为领导决策提供依据。

6. 专家会诊　专家会诊指主要利用通信平台（如视频会议协同平台），以同步和异步两种方式，采用点对点和多点间的同步交互模式，实现专家会诊的全过程，包括医学专家与现场救治人员之间以及医学专家之间的即时通信、资料共享、视频会议管理、会诊管理和会诊信息管理。系统不仅能够提供医院医疗救治的专家会诊，而且能够提供公共卫生事件处置的专家会诊，如中毒事件的处置、突发传染病疫情的处置等。此外，专家会诊系统还提供专家参与突发事件日常管理和应急指挥。这包括平时专家参与编制应急预案，战时参与应急指挥实施方案的制定，以及疫情的分析和决策分析。

7. 指挥调度

1）视频会议。视频会议技术可以使网络各终端进行零距离交流。将计算机、录像机、电视机、收音机、音响、话筒、大屏幕投影、灯光控制、电子白板等设备集成在一起，设有大屏幕的投影系统，通过网络上的计算机将数据库中的各类文件、数据、图形、图像、表格和动画等信息，以醒目、清晰、明亮、声图并茂的视觉效果，传递给会议出席者，供领导决策、共同研讨、发布信息等应用。日常作为医师培训和会议使用，节省了传统集中会议在路程上浪费的时间和金钱；在应急时是快速监控、指挥联动的基础。

2）大屏幕显示。大屏幕投影系统主要由投影机子系统、控制子系统及用户应用系统三部分集成组成。其中大屏幕可根据需求选用多屏组成。

通过大屏幕投影系统，用户的视频信号和主要计算机的信号以窗口的方式显示在大屏幕上。整个大屏幕投影系统可以提供友好的中文图形界面，支持远程手动开关机和定时自动开关机，用户播放图像的显示位置、大小、显示内容预定义设置存储，大屏幕拼接界面虚拟，图像调用预览等功能。

8.5 案例：北京市新社区卫生医疗信息系统

1. 项目背景

社区卫生服务是城市卫生工作的重要组成部分，是公共卫生服务和基本医疗的基础，是实现人人享有初级卫生保健目标的基础环节。大力发展社区卫生服务，对于坚持预防为主、防治结合的方针，优化城市卫生服务结构，方便群众就医，减轻医疗费用负担，建立和谐医患关系，具有重要意义。社区卫生服务也是促进社会公平、维护社会稳定、构建和谐社会的重要内容。

北京市政府以社区卫生信息化为突破口，推动北京市社区卫生服务及管理水平不断提高。北京市卫生局社区卫生系统于2006年启动第一期工程，加快了社区卫生服务建设，但由于社区医疗卫生政策变化很大，市区两级都成立了社区卫生服务管理中心。于是，在2008年又启动第二期工程——北京市新社区卫生服务综合管理信息系统。该系统无论是管理模式，还是财务制度都有了全新的变化，其改革的重点主要表现在：

1）全市社区卫生服务机构实行财务收支两条线管理。

2）全市社区卫生服务机构实行零差率药品统一采购配送。

3）全市十八个区县以及市级层面设立专门的社区卫生服务管理中心，对辖区社区卫生服务机构进行垂直管理。

北京市现有18个区，300多个社区卫生服务中心，2000多家社区卫生服务站。在市级、区县级、社区卫生中心、社区卫生站等不同层面都存着与社区卫生相关的各类应用系统。但是作为发展社区卫生服务水平的重要一环——信息化却一直处于被忽略的地位，基层社区卫生服务机构普遍存在缺少基础信息化设备、缺乏专门信息化人员的情况。社区卫生服务机构日常工作使用的信息化系统也仅仅局限在门诊收费功能上，公共卫生业务开展仍然停留在手工处理状态。因此建设一个高效、稳定、实用的新社区卫生医疗信息系统具有迫切的现实意义。

2. 客户需求及业务挑战

鉴于北京市社区卫生信息化存在的问题，2008年北京市卫生局加大了社区卫生服务的信息化投入，从社区卫生信息化网络、信息化安全、信息化应用三个层面出发，彻底改变了社区卫生信息化的现状。

通过对现有业务流程和外部相关系统的梳理，同时考虑未来管理需求的延伸与扩展，新的社区医疗卫生系统及数据库系统需要达到以下目标：

1）易使用。为社区卫生服务机构的业务处理提供一个便捷的信息化操作平台。通过这个信息化操作平台，彻底改变社区卫生服务和管理手工处理现状，实现社区卫生服务机构信息化代码的统一、功能规范的统一。

2）易管理。为区县和市级社区卫生管理机构提供一个高效的社区卫生服务信息化管理平台。通过这个信息化管理平台，加强区县社区卫生管理机构对辖区内社区卫生服务机构的监管能力，改变区县社管中心手工处理报表、人工核算绩效的现状。

3）可靠性和稳定性。在保障可用性的基础上，考虑到系统运行的环境比较分散和复杂，且卫生医疗系统对可用性要求比较高，所以必须保证数据库的稳定、可靠、安全运行，以保证关键时候卫生医疗系统的可用性。

4）安全性。卫生医疗数据库中的数据直接关乎广大群众的私人信息和利益，因此，必须保证数据库系统数据的安全性，而且数据库还必须提供方便的数据备份恢复功能，以减轻系统维护人员的工作量。

5）可扩展性。数据库系统必须在集成化、结构化等方面具有良好的扩展能力，使之能够随着北京市社区卫生医疗工作的不断深入而扩展，全面满足未来社区卫生工作发展的需要。

3. 方案部署及特点

北京市新社区卫生医疗服务系统于2009年4月成功上线，金仓数据库KingbaseES已在北京市5个试点社区卫生服务中心成功部署，2010年全部完成北京市300多个社区卫生服务中心的部署工作。

整个系统按业务架构纵向划分为四个子系统：市级社区卫生信息平台、区县级社区卫生信息平台、社区卫生服务中心系统、社区卫生服务站系统。金仓数据库KingbaseES产品主要应用在社区卫生服务中心系统当中。作为该项目的关键，前期数据规划及数据库系统的安全性、性能和稳定性等在项目建设及建成后的长期运行中起着非常重要的作用。

金仓数据库KingbaseES为该系统提供了成功的解决方案，满足了新的社区医疗卫生系统的建设目标，并具有以下主要特点：

1）全面的原厂商服务。该项目复杂的数据规划得到了北京人大金仓信息技术股份有限公司技术团队的大力支持，使得该项目得以顺利实施并稳定高效运行。由于社区卫生服务中心网点众多、地理位置分散、业务种类繁多，因此该项目的关键之一是市级、区县级、社区服务中心、社区服务站各级卫生信息平台的数据规划，数据规划质量对该项目成功建设和稳定高效运行具有关键作用。

2）技术先进。先进的通用数据库系统功能良好，解决了该系统在各级平台复杂的数据传输和交换中存在的问题（如内外部接口），使全市卫生系统与医院的双向转诊及其他公共卫生系统的信息共享得以高效稳定地运行。

3）高性能。支持1000个以上并发用户、TB级数据量、GB级大对象，为该业务系统的良好运行及高并发访问提供了良好的支撑。

4）高可靠性。逻辑和物理备份恢复机制、双机热备、数据复制等功能保障了系统的高可靠运行。

5）高安全。支持多种身份的认证方式和基于角色的权限管理保证了该系统的高安全性。

6）易使用，易管理。集成企业管理器、查询分析器等多种图形界面工具，丰富多样的命令行工具以及Web管理工具使得该系统的使用、维护和管理都非常方便、实用，从而为社区卫生服务机构的业务处理和管理机构业务管理提供了一个便捷、高效的信息化操作和管理平台。

7）系统接口丰富，集成性好。提供了多种符合各种标准的数据访问接口和完善的应用开发软件支持，与流行的开发环境、中间件系统、主流数据库系统可以很好地支持和兼容。

8）扩展性好。在集成化、结构化等方面具有良好的扩展能力，使之能够随着北京市社区卫生医疗工作的不断深入而容易扩展，全面满足未来社区卫生工作的发展需要。

4. 客户评价

北京人大金仓信息技术股份有限公司作为专业的数据库产品供应商，为该系统提供了稳定、可靠、高性能的数据库产品，覆盖了全市各个卫生社区服务中心。依托金仓数据库 KingbaseES 的高可靠、高性能等特点，并结合北京人大金仓信息技术股份有限公司与其他服务厂商的密切关系，使得该方案更加切实可行，安全可靠。

该系统使用金仓数据库 KingbaseES 作为基础数据平台，通过与其他系统各种数据的交换与接口，使卫生中心的信息系统不再是孤立的，真正实现社区卫生医疗信息共享。该项目满足了北京市新的社区卫生政策的需要，实现全市优质医疗资源合理利用以及与其他公共卫生系统信息的共享，具有很强的社会和经济效益。并且，该系统采用了国产数据库厂商——人大金仓的数据库产品，使国产软件更好地服务于国内社区医疗卫生事业，具有深远的社会意义。到目前为止，金仓数据库 KingbaseES 在北京市新社区卫生服务系统项目中一直运行稳定，性能良好，获得了客户领导和工程师们的高度评价。

5. 商业价值

在社区卫生服务中心系统中，金仓数据库 KingbaseES 为北京市卫生医疗事业提供了良好的数据库平台支持，实现了人人享有初级卫生保健的目标，对于方便群众就医，减轻医疗费用负担，建立和谐医患关系，具有重要意义。

北京人大金仓信息技术股份有限公司更全面的原厂商服务，为北京市卫生医疗信息系统用户解除了后顾之忧，公司根据客户的需求对数据库产品进行定制开发、安装调试、测试、迁移、产品升级、用户培训以及提供更快的响应速度等。

通过使用人大金仓国产数据库，使得北京市卫生医疗信息系统建设投资更少，但系统具有更高的稳定性、安全性、可扩展性和易使用性、易管理性，使客户的商业价值最大化。同时，在我国复杂的医药卫生事业信息化建设中，该项目的实施及稳定运行是国产数据库的一个成功案例。

本章小结

本章首先概述了社区卫生信息系统，主要阐述了社区卫生信息系统的定义、标准及发展过程，重点阐述了社区卫生信息系统的功能和内容，主要介绍了社区卫生信息系统的结构模型、数据模型和系统总体组成，并进一步介绍了几个典型子系统的组成及功能作用，最后介绍了突发公共卫生事件应急指挥信息系统的设计，并给出了北京市新社区卫生医疗信息系统的案例分析。

课后习题

1. 社区卫生信息系统是怎样定义的？它的目标是什么？
2. 社区医疗信息的特点是什么？
3. 社区妇幼保健的功能是什么？它有什么特点？
4. 突发公共卫生事件分类和等级有哪些？
5. 突发公共卫生事件应急指挥信息系统主要功能有哪些？

第9章 区域卫生信息平台

学习目的

1. 了解并掌握区域卫生信息平台的基本概念，理解区域卫生信息平台的整体结构、设计与实现。

2. 了解区域卫生信息平台的背景与作用。

引　言

本章首先用一节的篇幅讨论区域卫生信息平台的相关背景以及基本概念，然后用一节的篇幅讨论实现区域卫生信息平台的总体规划，包括总体的体系结构、数据的分布结构等，最后讨论区域卫生信息平台具体设计与实现的策略。

9.1 区域卫生信息平台概论

区域卫生信息平台指在一定的区域内，通过网络技术自动地采集、传递、存储、处理所辖各个医疗机构的卫生数据，实现信息资源的共享和利用，以支持医疗服务、公共卫生以及卫生行政管理的计算机软件系统。它包括居民健康档案、双向转诊、社区服务、远程医疗、电子政务、医保互通、网络健康教育与咨询等应用子系统。通过区域卫生平台，达到卫生信息共享，从而提高医疗服务效率、提高医疗服务质量、提高医疗服务可及性、降低医疗成本及医疗风险。

9.1.1 区域卫生信息平台的背景

20世纪中期以来，世界上许多国家，主要是西方发达国家的卫生事业迅速发展，新技术、新设备日新月异，医疗卫生费用的上涨速度超过了经济增长速度，医疗卫生事业发展处于无序状态。与此同时，在医疗机构，以HIS、LIS、PACS、CHIS、EMR为代表的信息化技术快速发展，具备了医疗数据共享和交换的基础，使得人民群众可多向转诊。在更大范围内让医疗共享的迫切需求成为可能。在这种背景之下，英国、美国、加拿大、澳大利亚等国家先后投入巨资进行以电子健康档案和电子病历数据共享为核心的区域性卫生信息化建设。这些举措的主要推动力来自于伦理上的需求——最大限度地保证公民的医疗质量和安全性，提升整体医疗服务质量，提高医疗服务可及性，降低医疗费用，减少医疗风险。

1998年，英国策划电子健康记录，主要目的是提高患者就医的安全性。国家卫生署制定了国民卫生服务信息战略项目，将计算机应用全面引入卫生服务领域，该项目（用七年时间）分阶段在全科医师中实施。项目目标就是保证医疗专业人员、患者和护理人员“在正确的时间和地点，拥有正确的信息”，以提高患者的医疗与服务质量。

2004年，美国时任总统布什在美国众议院发表国情咨文时提出，要在10年内为全体美国公民建立电子健康档案。2005年，美国国家卫生信息网为实施本计划选择了4家全球领先的信息技术厂商作为总集成商，在四大试点区域分别开发全国卫生信息网络架构原型，提高包括电子健康档案在内的多种医疗应用系统之间互通协作能力，开发业务模型。美国现任总统奥巴马提出投资500亿美元发展电子医疗信息技术系统，以减少医疗差错，挽救生命，节省开支。

2002年，澳大利亚国家电子健康档案工作组推出了一套电子健康档案系统 mediconnect，该系统完成时间为十年。根据澳大利亚专家测评，电子健康档案系统投入后每年可创造超过50亿澳元收益，其中约23.1亿澳元是避免药物不良事件（avoid adverse drug events，ADE）所节约的费用。

2000年，加拿大成立了名为 Infoway 的机构以推动国家以及区域卫生信息网的建设。2002年开始，Infoway 宣布计划投资数亿美元促进医疗机构及其他终端用户对信息技术的接受，建立全国性的电子健康档案系统、药品信息系统、实验室信息系统、系统影像系统、公共卫生信息系统和远程医疗系统；建立用户、医疗服务机构的统一识别系统以及基础架构和标准的研究，并在2009年为50%的加拿大人建立电子健康档案，计划在2020年覆盖全部人口。

2004年，法国通过一项针对国家医疗计划重组的新法律。这项法律确定要建立个人医疗档案，且该医疗档案由患者所有（患者同意方能使用），其目标是为患者提供持续的医疗服务，其经济目标是更好地控制医疗成本（比如取消多余的辅助性检查）。

通过卫生信息共享来提高医疗服务效率、提高医疗服务质量、提高医疗服务可及性、降低医疗成本、医疗风险的作用已经得到充分验证，并被公认是未来卫生信息化建设的发展方向。目前，越来越多的国家已经认识到开展国家级及地方级的区域卫生信息共享的核心内容是居民健康档案。

9.1.2 区域卫生平台的作用

建设和完善区域卫生信息平台在解决“看病难、看病贵、看病乱”问题中的作用正逐步被大家所认识，它必将带来全新的医疗服务、公共卫生和综合管理的模式。其作用主要体现在如下几方面：

在医疗服务方面：①居民可以在家上网，通过身份安全认证，随时查阅或授权医师查阅自己不同生命阶段的健康档案信息，方便、快捷地享受健康咨询、数字化预约、体检查询等。社区可以开展以家庭为单位的医疗、预防、保健、康复、健康教育和计划生育技术指导的人性化的全程健康管理服务。②实现区域内检验、医学影像资源信息共享，减少重复检查、重复化验，降低就医成本，缓解居民“看病贵”难题。③利用共享互通系统，实施远程医疗、双向转诊、会诊等合作医疗业务，提供患者跨机构、跨地域、多途径就医和医保转移服务，缓解“看病难”问题。

在公共卫生服务方面：利用信息系统中真实、准确、动态数据库资源，提高健康评价、绩效考核、行业监管、突发公共卫生事件处理、政策制定等管理水平。根据系统中居民的基本健康状况及其变化趋势，有效开展重点人群、疾病的防治与预防控制工作。

在面向社会的综合服务管理方面：①依托系统平台的数据支持，加强宏观管理，优化卫生资源配置，减少重复投资。②利用区域卫生信息网络的可推广、可移植的特点，与保险、食品药品监督管理局、计划生育、公安、民政等相关部门、系统互联互通，开展业务联动，提升综合管理一体化水平。

9.1.3 区域卫生平台的相关概念

1. 区域 区域首先是一个地理学概念，有其一定的地域范围，有其地理、气候、环境特征。地域又是一个社会学概念，有其人口结构、经济发展、行政体制、文化传统及生活方式的特征。而这两个特征必定对该区域的卫生状况、居民健康产生重大影响，因此区域是指具有独立财政收入、具有完整的医疗卫生体系的行政区。一般来说，区域至少是区、县，也可以是更大的地市、直辖市、省，甚至国家。街道和乡镇不具备独立的财政体系，或不具有完整的疾病控制、卫生监督、妇幼保健等公共卫生机构，不是区域，而属于社区。

2. 区域卫生信息化 区域卫生信息化指在一定区域内，应用计算机信息技术，为医疗卫生服务提供方、医疗卫生服务接受方、医疗卫生服务支付方、医疗卫生服务管理方以及医疗卫生产品供应商，提供卫生信息的采集、传输、存储、处理、分析、表达，以支持区域卫生管理，为人民群众提供最佳的医疗卫生服务。

3. 区域卫生信息平台 卫生部颁发的《全国卫生信息化发展规划纲要（2003—2010 年）》中做了以下论述："区域化卫生信息系统包括电子政务、医保互通、社区服务、双向转诊、居民健康档案、远程医疗、网络健康教育与咨询，实现预防保健、医疗服务和卫生管理一体化的信息化应用系统。"区域卫生信息平台是区域内各信息系统之间进行有效信息整合的基础和载体，是多元化子系统整合的一个综合业务平台。从业务角度看，平台可支撑多种业务，而非仅服务于特定应用层面的系统平台。

9.2 区域卫生信息平台的总体规划

区域卫生信息平台指以区域内健康档案信息的采集、存储为基础，连接区域内各类医疗卫生机构及各类业务应用系统，实现互联互通、信息共享和联动协同工作的区域卫生数据中心和公共服务信息平台。因其跨机构、跨组织甚至跨区域的业务特点，它必须具备开放、可扩展、可分步实施的灵活基础架构，因此提出了区域卫生信息平台的总体规划。

9.2.1 系统体系结构

区域卫生信息系统建设的目的是在区域内实现不同医疗卫生服务和管理机构之间共享医疗卫生信息。系统总体架构分为两个层次：区域卫生管理层和辖区卫生机构层，如图 9-1 所示。

9.2.2 数据分布体系结构

在建立区域医疗数据中心上，由于该数据中心主要面向政府卫生机关提供数字化日常监管报表、疾病监控、疫情预警、决策支持等服务，所以对数据更新的实时性要求不高，宜采用数据仓库模型。对于医疗服务机构需要的网上电子病历调阅、双向转诊、影像共享、远程会诊等服务，则宜采用虚拟集中模型，建立虚拟数据库，集成各级医疗机构数据，并保证数据的实时更新和交换。数据层集成实际上是为服务层提供"服务"的，它还只是提供了信息共享的可能，但是共享的数据必须以某种方式提供给医疗信息系统。标准适用于医院与医院之间、医院与保险公司、医院与上级主管部门之间大量的信息交换需求。

目前，应用该系统和数据资源的部署方式有集中、分散和混合三种类型，如表 9-1 所示。混

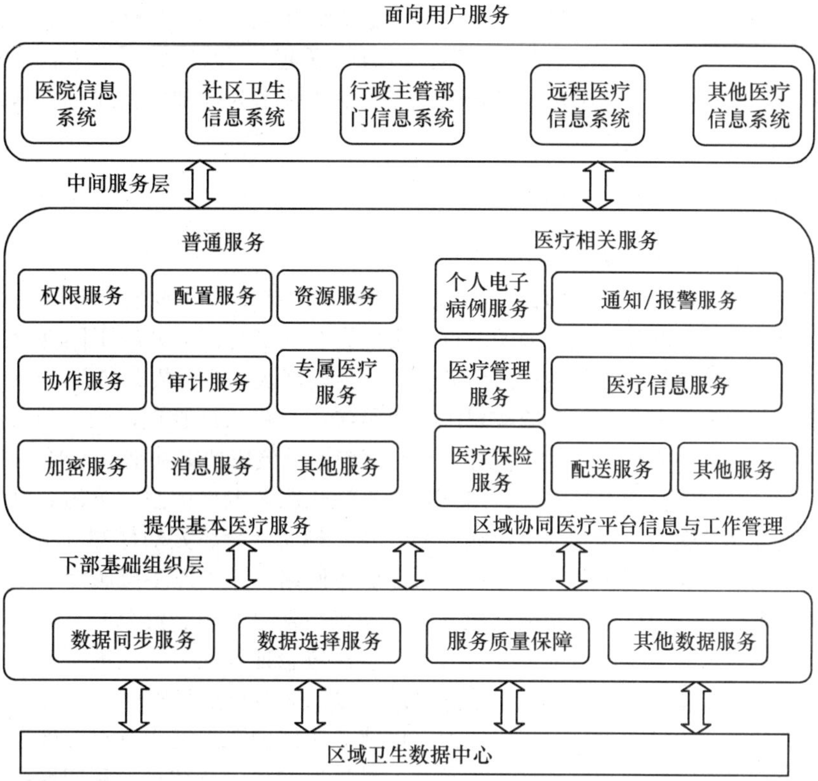

图 9-1 区域卫生信息平台的体系结构

表 9-1 应用系统和数据资源的部署方式

方案	集中式	分散式	混合式
数据存储方式	统一存储在数据中心	存储在数据采集源头	访问频繁的数据部署在本地，其他数据通过统一格式传输到数据中心
安全存取、认证、授权管理方式	集中管理	集中控制	集中控制
居民档案记录识别方式	数据中心设立主索引服务器	数据中心建立记录定位器	数据记录索引存储在中心数据库，部分经常使用的信息存储在数据中心数据库里
主索引技术使用	是	是	是
用户端软件	不部署	部署	部署
安装前置处理机	不需要	需要	需要
网络依赖性	高	低	中
建设成本	高	低	中
信息冗余	大	低	中

合式存储方式（集中式+分布式）只保存最关键的数据，达到最小、最优的数据存储量，可满足共享互阅（认）结果，属于较经济的建设方案。美国佛罗里达州政府在考虑了各地方不同的医疗卫生状况后选用了“混合式”的架构，以企业级应用集成技术为基础的实践对我国的区域卫生信息平台建设有很高的参考价值。

9.2.3　功能与服务类型

区域卫生信息平台的主要功能及服务类型如下：

1）区域卫生基础平台：数据中心是各类数据资源、网络资源和设备资源的集中统一管理平台，是业务处理、数据存储和信息交换的节点。实现分布式信息服务系统不同部分之间的核心通信接口，根据既定的规则将各级卫生信息资源获取并传输到区域卫生数据中心。居民健康卡、“新农合”卡、诊疗卡、银行卡合一。系统实现医务人员统一身份认证管理，建立起权威的、动态的医师资源信息数据库，是实现区域卫生资源综合管理与区域健康档案共享的重要组成部分。

2）公共卫生应用平台：《中共中央、国务院关于深化医药卫生体制改革的意见》中要求全面加强公共卫生服务体系建设。建立健全疾病预防控制、健康教育、妇幼保健、精神卫生、应急救治、采供血、卫生监督和计划生育等专业公共卫生服务网络，完善以基层医疗卫生服务网络为基础的医疗服务体系的公共卫生服务功能，建立分工明确、信息互通、资源共享、协调互动的公共卫生服务体系，提高公共卫生服务和突发公共卫生事件应急处置能力，促进城乡居民逐步享有均等化的基本公共卫生服务。加快医疗卫生信息系统建设。完善以疾病控制网络为主体的公共卫生信息系统，提高预测、预警和分析、报告能力；以建立居民健康档案为重点，构建乡村和社区卫生信息网络平台；以医院管理和电子病历为重点，推进医院信息化建设；利用网络信息技术，促进城市医院与社区卫生服务机构的合作。

3）“新农合”信息管理平台：“新农合”信息管理平台是实时聚合所有医疗机构的新农合患者医疗数据的数据平台。利用实时获取的 HIS 数据，平台提供住院患者实时监控和智能化审核功能，也能对审核后的“新农合”患者进行实时结算垫付，对定点医疗机构和乡镇合管办结算给“新农合”患者的费用实现统计和管理并能在指定的时间段内完成与区合管办结算。同时，平台能将实时 HIS 数据和任何预处理了的数据实时传输到“新农合”系统，实现与“新农合”系统的无缝联接。

4）医院信息管理平台：医院信息管理平台是根据中小医院的特点及需求实现的统一、安全、功能完善的业务系统，满足中小医院在经济管理、药品管理、临床诊疗管理、综合管理和统计分析等方面的信息化需求，并通过与新农合系统的交互实现实时费用结算和管理。

5）社区卫生服务平台：本系统是以城乡社区卫生服务站及村卫生所为单位，以健康档案为核心的各项业务集成的一站式管理系统。通过进一步规范管理社区卫生服务机构，提高工作效率，真正做到对社区居民健康状况及时的了解、掌握。实现以社区卫生服务站、村卫生所、市行政机构、预防保健二、三级医疗机构为目标对象，在服务、运行中动态更新档案，信息共享。本系统面向基层用户，构建专业实时工作站。对社区健康档案进行精细、网络化管理，将社区基本医疗、公共卫生业务统一集成到以家庭为核心的网络上。

6）公众健康服务门户：系统为卫生机构提供一套基于 Internet 的，集内容生成、内容审批、内容发布、内容浏览等功能于一体的软件系统，以提供灵活、高效的政府信息发布门户服务，彻底改进信息发布服务，提升公众满意度，保障人民群众获知卫生政务信息，方便群众办事。系统能够在前端对这些显示终端进行统一发布管理，在后端对各类信息进行规范化处理，方便信息的发布、管理和交流，提高日常业务处理效率。

9.3 区域卫生信息平台的设计与实现

设计与实现区域卫生信息平台的策略包括：

1）以面向服务的体系架构为基础：以 SOA 体系架构为基础搭建的区域协同医疗信息平台，既可以解决医疗机构“信息孤岛”的问题，还可通过平台无关性、灵活的流程编排、应用管理复杂度降低、软件重用率提高等特性，实现新业务、新服务的快速开发和部署，从而降低成本，更好、更快地实现业务价值。

2）以企业服务总线为核心：ESB 是实现企业级 SOA 的核心支撑手段。通过应用安全、稳定的消息传递、消息路由、协议和数据格式转换等一系列功能，为区域协同医疗服务提供简便、高效、安全的中间件平台。其事件驱动、高分散性和集中管理的特性，使区域协同医疗信息平台具备高度重用和高度灵活的特点。

3）以医疗行业规范为准则：符合卫生部发布的相关指南、规范和标准，遵循 HL7、DICOM 等医疗行业标准，实现各医疗机构不同系统、不同应用之间的信息交换、信息共享以及信息融合，同时为新医疗机构的加入、新医疗应用的接入等平台的扩展奠定良好基础。

区域卫生信息平台以企业服务总线（enterprise service bus，ESB）为支撑构建，具有规范、标准、松耦合和服务复用的特点，使用最佳应用集成技术，支持多种标准消息格式和协议（包括针对医疗行业的 HL7、DICOM 等标准），以按需配置、按需扩展、允许小规模启动、线性增长的方式实现 SOA 渐进式方式投资和部署。

为了降低技术难度，提高性能，ESB 还从性能角度提供专门优化的硬件应用集成设备，包括应用集成器和应用网关。作为应用系统的总线接入设备，可对各种协议的应用进行标准化封装，从而支持从“面向应用”到“面向服务”的转换，以此实现基于业务需求的灵活组合和调整。作为总线互联和消息流转的应用网关设备，实现了跨机构、跨网络、跨平台的异构应用系统的互联互通，是企业数据和信息跨域交换的重要中介。

目前，区域卫生信息平台面临的问题如下：

1）缺乏统一规范的标准。长期以来，各医疗机构信息系统独立建设，业务流程和数据标准不统一、不规范，区域内难以共享、交换和整合利用，“信息孤岛”大量存在。

2）大型医院积极性不高。大型医院在技术、人才、医疗市场占有率方面长期处于领先地位，信息系统建设已初具规模，再按照区域标准，大量投入进行信息化改造动力不足。

3）安全与隐私保护的技术难度大。信息共享系统如何保证合法的用户合法操作，保护信息安全和居民的隐私，保障海量数据安全、良好地运行，都给系统建设和管理带来了技术的挑战。

4）相关的法律、制度仍有盲点。如健康信息采集和发布的范围是统一规定，还是尊重患者意愿？错误信息修正的权限是所有者本人，还是医疗机构？传输和保存数据中的权利和义务有哪些？

5）中小型卫生机构“信息孤岛”。中小型医疗机构从投入、产出效益考虑，对信息系统软硬件投入费用有所顾虑。

相应的对策如下：

1）区域卫生信息系统应以政府为主导：以政府为主导开发建设，分步实施，有利于统一整合区域内站点多、分布广的各类医疗机构；有利于与公安、医保系统互连互通。存储健康档案的数据中心也优先考虑建在卫生主管部门，甚至直接建设在政府信息中心，便于集中管理。

2）统一规范信息化标准：统一规范的信息化标准是实现互联互通的重要基础，我国亟待建立和完善统一的数据标准、技术标准、管理标准和业务标准，明确规范所有医疗机构的信息系统建设。

3）设计托管中、小医院电子病历的服务系统：为节省费用和方便维护管理，中、小医院可以直接在网络上简便地使用数据中心提供的电子病历托管系统，完成医院电子病历数据录入和管理功能。

4）建立信息安全和隐私保护机制健康档案：由于记录有患者的众多历史信息，如何从技术和立法两个层面，确保公民隐私的安全和信息的合理使用。通过隐私模块设定统一的隐私规则，在非必需的情况下由系统自行隐去身份、隐去敏感内容等。健康信息的拥有者可通过隐私级别的设置选择信息公开的范围。隐私级别分为四级：不开放、部分开放、限定对象开放、隐私限定。居民从网上查询健康档案时使用区域内统一的身份标识 ID 号，并自行设定密码。将用户区分为居民、医师、行政管理等角色，制定策略，使有访问权限的用户按级别也只能够访问自己权限内的数据。在技术上，采取足够的加密、冗余、热备等技术措施，合理配置服务器，优化设计软件，保证海量存储下系统良好的运行效率；在业务上，必须通过医疗机构单位认证，并建有系统日志记录，建立严格的管理规定。

5）建立和完善相关法律、制度：健康信息的采集、传输、发布涉及面广、内容敏感，为明确用户的权利和义务，必须研究完善相关法律、制度和实施细则。目前在实际应用中，电子病历还不能作为法律依据，信息系统可以先提供报告和修正统计功能。对已归档的错误的病历资料，建议必须由原填写机构进行修正，并保留修改痕迹。

综上所述，我国区域卫生信息系统建设刚刚起步，既面临着医疗制度改革的机遇，也面临着前所未有挑战。它将依托高速发展的网络技术进一步实现纵向全国联网、横向拓展系统化应用，围绕“以人为本”的人性化目标，不断创新管理和服务的模式，优化卫生资源配置，实现流程再造。

9.4 区域卫生信息平台的具体实例

本节将介绍与分析两个不同的具体实例，即“基于健康档案的区域卫生信息化方案”和“基于社区卫生服务的区域卫生信息交换平台”，使读者对区域卫生信息平台有更具体、真实的理解与体会，同时这两个实例建立在信息共享平台上，有利于实现互操作性，保证系统的开放性、可扩展性和可持续性，对我国国内医院信息集成以及区域卫生信息化建设有相当大的借鉴意义。

9.4.1 基于健康档案的区域卫生信息化方案

为了推动新医改的建设和发展，实现人人享有基本医疗保障的目标，各地政府部门都把信息化手段服务医疗作为工作重点，纷纷推出了电子健康档案（electronic health records，EHR），建立实用的区域卫生信息系统。应用 HL7 标准和 Web Services 技术，建立了基于健康档案的区域卫生信息共享平台，为居民建立规范电子健康档案，提供全程居民健康管理服务，实现医疗机构间资源共享、业务协同，建立辅助管理决策支持系统，构建一个统一高效、实用共享的区域性综合医疗卫生信息资源体系。卫生部印发的《健康档案基本架构和数据标准（试行）》提出，居民电子健康档案是实现个人健康数字化，是详细记录一个人从生到死健康状况的词簿，标识了居民电子健康档案中需要记录的 32 个文档及其相应的数据集和数据源标准。其基本内容包括两类：一类是个人基本信息；另一类是主要卫生服务记录。

1. 电子健康档案建设概述 电子健康档案的共享极大地节约医疗卫生的运行维护成本，实现双向转诊。双向转诊是社区卫生服务的重要内容之一，危重和疑难患者及时转往上级综合医院，上级综合医院可以调阅患者的电子健康档案，及时了解患者的历史诊断和用药信息。而当患者在康复期中转回社区，社区医疗机构也能及时调阅患者的电子健康档案，为进一步的康复治疗提供了保障。

电子健康档案记录了一个人从出生到死亡的全生命周期的所有健康信息，一般按照两条主线记录：一条是以年龄为主线；另一条是以疾病预防为主线。它们都可以提示疾病的处置方法，协助各医疗机构提升工作效率。

因此，实现基于健康档案的区域卫生信息共享平台的关键是医疗服务各个环节共享结构化的电子健康档案信息。这就需要在不同的医疗信息系统中采用相关的医疗共享电子健康档案标准，并在系统的设计中予以实现。

2. 电子健康档案系统设计 区域卫生信息系统必须以居民健康档案为基础。电子健康档案是描述一个人一生健康历史记录的集合，包括出生时的健康信息、出生后的计划免疫、儿童和妇女保健信息、历次看病的诊疗信息等，其中最重要的是医疗记录信息。就医疗记录部分而言，应包含历次门诊医疗信息，历次住院的医嘱、病程记录、各种检查和检验结果、手术记录、护理记录，以及 CT、MRI、X 射线、超声、心电图和手术麻醉等影像图片、声像动态数据、电生理信号信息等。这些信息产生于不同的就诊环节和多个不同的信息系统，其中的数据有数据库方式存储的，也有文本方式和其他格式存储的，都需要按照类别及发生的时间顺序有机地组织为一个整体，在计算机和网络内部传输与存储。在收集这些不同类型信息的过程中，要以患者基本信息为线索，以社区卫生信息系统为手段，将历次就医的信息归档于居民健康档案中，以确保完整，并可以在不同信息系统之间实现信息及时互通及资源高度共享。居民电子健康档案的结构见图 9-2。

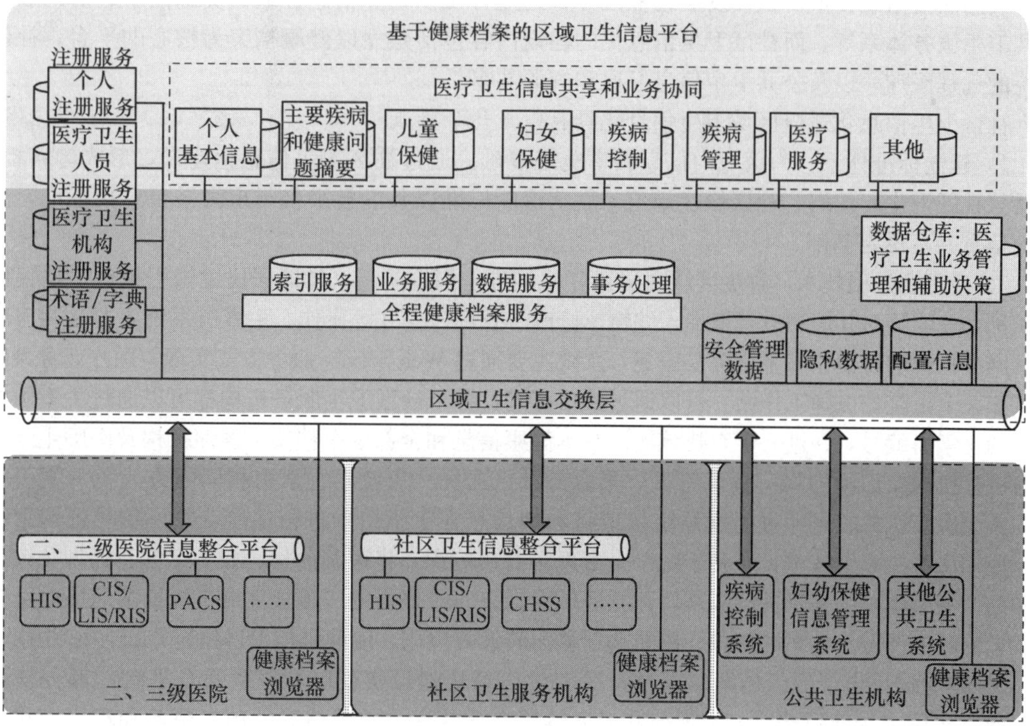

图 9-2 居民电子健康档案结构图

使用符合 HL7 标准的 XML 描述健康档案内容，要先定义健康档案内容结构的 XML Schema。在此基础上实现业务数据库中患者信息到健康档案结构的转换，从而实现由以类型为中心的数据库描述到以患者为中心的文档描述的转换。形成的 XML 文件是健康档案存储管理的基本单位。使用者可以利用事先规定的 XML Schema 来约束健康档案的结构。所有遵循这一结构的健康档案文档通过 XML 分析器（Parser）可以将其内容还原为结构化的字段并进行处理，这为健康档案内容的通用化处理奠定了基础。应用 Web Services 技术，在不同的医院和区域卫生服务中心等医疗机构传递、交换和解析符合 HL7 标准的 XML。

以在甲医疗机构和乙医疗机构之间交换居民电子健康档案的数据为例说明数据交换的过程。甲医疗机构通过医院信息系统（HIS）发出调用，该医疗机构的应用接口依照 XML Schema 将这些调用信息翻译成 XML 数据文档并加密，然后打包成 SOAP 包，加载在 HTTP 协议上。使用 HTTP 协议，通过 Internet 向居民电子健康档案的信息共享中心的数据集成服务器提交数据。中心的数据集成服务器首先对调用者进行身份验证，然后对 SOAP 包进行拆包，得到甲医疗机构传送的 XML 数据文档，然后按照 XML Schema 进行绑定，绑定的 XML 文档通过 HTTP 协议传送到中心应用接口。中心应用接口首先判断调用信息是否合法。如果合法，中心应用接口就对 XML 文档进行解析，将 XML 文档翻译成一系列输入参数，然后把这些输入参数传递给乙医疗机构的 HIS，至此，数据请求过程完成。

9.4.2 基于社区卫生服务的区域卫生信息交换平台

“新医改”方案指出，以推进公共卫生、医疗等信息化建设为着力点，整合资源，逐步实现统一高效、互联互通；构建以健康档案为核心的网络平台；促进城市医院与社区卫生服务机构的合作，利用网络信息技术，积极发展远程医疗；建立分工明确、信息互通、资源共享、协调互动的公共卫生服务体系等。而社区卫生信息化的建设内容包括建立以健康档案为核心的平台，社区与医院的远程医疗，以及公共卫生信息互通和资源共享。

社区卫生信息化适应区域卫生信息化具有以下几个特点：

1）建立标准体系，为区域内信息共享奠定基础。通过社区卫生信息化建设，形成健康档案、药品（社区卫生）编码、社区诊疗规范、症状诊断标准以及区县平台与市级平台对接标准，为区域内信息共享奠定基础。

2）应用主索引技术，解决区域内居民和机构唯一识别问题。社区居民主索引提供对居民的惟一识别，并能够对其信息进行增加、编辑、修改、查询、合并等操作。主索引系统主要是为医院和社区服务机构的各类业务系统提供服务，系统主要通过 Web Service 服务方式实现，医疗业务系统终端（如某个医院的医师工作站）可以通过接口查询，各个社区卫生服务机构都可以通过主索引查询居民的主索引编号，并进一步查找该居民基本健康信息和全部健康档案。医疗机构及医师主索引提供对医疗机构及医师的唯一标识管理，采取与社区居民（患者）主索引相同的方式统一索引的管理，各个医疗机构、医师可通过系统接口将本地信息在主索引中进行注册，并可随时查询索引标识。应用患者主索引技术，有利于统一全市患者身份标识，将医院诊疗、妇幼保健、计划免疫、疾病预防、健康体检等信息关联起来，建立区域内动态实时更新的、覆盖生命全周期的居民电子健康档案，同时方便健康档案跨区域、跨机构迁移与转诊等应用，使健康档案得到充分和有效利用。

3）建立居民电子健康档案。通过社区卫生信息化建设实现区域卫生信息平台的部分核心功能，建立居民电子健康档案，实现公共卫生数据整合共享、健康档案的动态更新和利用，建立市区两级健康档案中心，为以电子健康档案为核心的区域卫生信息平台奠定坚实的基础。

4）建立市区信息平台及数据中心，形成区域卫生信息平台雏形。建立省、市、区三级卫生信息平台，实现数据的存储、交换和共享。在区县社区卫生管理平台，除建设以业务监管和工作绩效统计为目标的社区卫生管理信息平台，还通过区级平台实现药品供应等系统的对接关联；在市社区卫生管理平台，除了市级社区卫生业务统计分析外，还建立了健康档案中心、预约转诊中心等，实现与市级公共卫生业务系统、医院信息系统的信息交换。图 9-3 为省、市两级卫生信息平台结构图。市、区两级社区卫生平台的建设形成了未来省、市两级区域卫生信息平台的雏形，为区域卫生信息平台建设提供经验和基础。

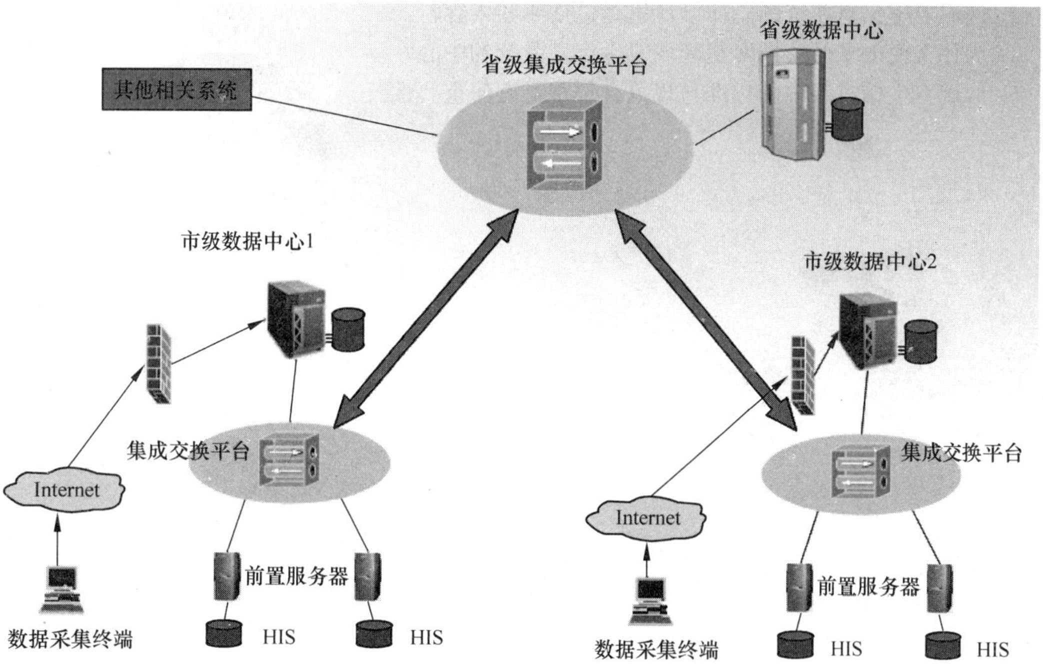

图 9-3 省级卫生信息平台结构图

5）建立双向转诊中心，实现区域内社区与医院转诊。在市级管理平台建立双向转诊中心，可以实现社区患者向大医院的预约挂号和预约检查，以及健康检查记录的信息双向共享和交换，全面支持新医改提出的医院和社区分工协作，实行首诊社区、分级诊疗、双向转诊的制度。

6）推动区域内网络基础设施建设。在社区卫生信息化建设过程中，积极推动区、县、社区卫生服务中心、服务站加强网络建设。区、县和社区卫生服务中心通过政务网与市级平台联接，社区卫生服务站通过基于 VPN 的互联网实现与社区服务中心和区、县的连接，加强基层卫生机构的网络建设，为实现区域卫生信息化奠定网络基础。

7）开展电子签章系统应用，为区域内信息安全管理提供经验。在试点社区卫生服务中心，采用基于数字认证技术的电子签章系统，实现了医师处方的电子签名认证，为区域卫生信息化安全建设和管理提供经验。

本章小结

本章主要介绍了国内外区域卫生信息平台的相关历史起源与发展趋势，界定了一些涉及区域卫生信息平台的相关基本概念，着重讨论了实现区域卫生信息平台的总体规划，给出了一些具体的规划方案，最后阐述了区域卫生信息平台发展面临的问题和相应的对策以及区域卫生信息平台具体设计与实现的策略。

课后习题

1. 为什么要提出区域卫生信息化的概念？
2. 区域卫生信息系统的概念是什么？它的设计目标是什么？
3. 区域卫生信息系统的总体设计思路包括哪些内容？
4. 为什么说电子健康档案是区域卫生信息系统的中心？
5. 区域卫生信息系统的标准与规范有哪些？有何重要性？

第10章 电子病历

学习目的

1. 熟练掌握电子病历的概念、功能与内容。
2. 掌握电子病历的设计与实现，了解中医电子病历。

引 言

病历是患者在医院诊断、治病全过程的原始记录，是医院重要的档案数据。随着计算机技术的快速发展、互联网的广泛应用、廉价的海量存储器和处理器的广泛出现，医院信息系统的使用范围与规模不断扩大，以患者信息为中心的数据处理模式成为当今计算机科学和医学领域的主要研究课题，作为其中关键技术之一的电子病历技术已成为当前医学信息界科研人员和计算机应用开发人员的研究热点与重点。

10.1 电子病历概述

电子病历（electronic medical record，EMR）是现代医疗机构开展高效、优质的临床诊疗、科研以及医疗管理工作所必需的重要临床信息资源，也是国民健康档案的主要信息来源。标准化电子病历及以其为核心的新一代医院信息系统是实现区域范围以居民个人为主线的临床信息共享和医疗机构互联互通、协同服务的前提和基础，不仅能保证居民健康档案“数出有源，数出有据”，还有助于落实、规范临床路径，实现医疗过程监管，提高医疗救治水平与应急指挥能力。本节首先介绍传统的病历的概念；其次介绍传统纸质病历的局限性；最后介绍电子病历优势。

10.1.1 病历的概念

病历（medical record）是记录患者疾病和健康状况的档案，是患者在医院诊断、治疗全过程的原始记录。一般包含首页、病程记录、检验和检查结果，还有医嘱、手术记录、处置记录和护理记录等有关患者治病的全部信息，经过归纳、分析、整理，记录于病历。此外，作为一种法律文件，病历还被用作医疗纠纷的处理和医疗费用补偿的依据。病历不仅对患者的治病过程及查询很重要，而且对医院在医、护、技、药、器材、供应保障和统计管理等各个部门之间起到重要的传递信息和媒介作用。在医疗科研、教学和临床工作中起到提供数据和决策依据的重要作用。

病历的作用和意义如下所述：

1）对患者而言：病历记录患者疾病的发生、发展、变化、判断、治疗和转归的全过程，是患者个人的健康档案，涉及患者的健康状况、民事权利、个人隐私等内容。

2）对医护人员而言：病历是对患者的诊断、治疗等医疗行为的详细记录，反映医院医疗工作的实际情况、医务人员的工作责任心，通过病历可判断医院及医务人员的技术水平等。

3）在医疗方面：病历是医务人员正确诊断和决定治疗方案不可缺少的重要依据。现代医疗活动往往涉及多方面的医疗过程，具有很强的群体参与性，没有准确明了的记录、翔实的临床检查结果及处理方法，其他医务人员很难参与患者的诊治过程。

4）在教学方面：一份内容完整的病历能够系统地反映某个患者病例的全貌，是临床教学中极具现实意义的教材，它的教育意义远远高于书本理论记载的相关内容。

5）在科学研究方面：医学科学研究的目的是提高医学理论水平和寻求最佳的诊断及治疗方法。通过对大量的病历资料的分析研究，可以得出普遍适用的医疗经验；这些经验推广于临床所产生的资料又记录在病历中，如此周而复始，促进临床医疗的发展。研究某些病例的特殊性，及一些少见病例和新发现病例的发生、发展过程。找出某些疾病的预防措施，减少发病率，从而达到保障人民健康的目的。

6）在医院管理方面：病历是医院管理中重要的信息资料，反映了医护人员的医疗水平、服务质量等，是检查和监督医院工作，进行科学管理的可靠依据；是制定各种计划，进行行政管理、医疗管理决策的参考；病历是医疗统计重要的原始资料，是医疗业务活动数量和质量统计的可靠依据。通过对各种指标进行统计，实现卫生行政部门对医院工作的评价和监督。

7）在法律证据方面：

（1）病历的基础属性决定了它在发生医疗争议时所起的原始证据作用，它是解决医疗争议、判断法律责任等事项不可缺少的法律依据。

（2）为处理意外伤害类事件，鉴定伤者受伤程度及身体恢复情况，提供不可缺少的依据。

（3）病历是决定公民民事权利的证据。公民出生、死亡的记录决定公民的民事权利。

（4）对某些患者，病历是判断其行为能力的一个重要依据。如是否承担自己的民事责任的能力、是否患精神病、有无家族遗传病等。

（5）病历记录是司法鉴定、劳动力鉴定、保险公司赔付等不可缺少的依据。

8）在医疗保险方面：病历中的医嘱、检查报告等是医院、基本医疗保险系统、商业保险公司计算医疗费用、支付保额的基本依据。

总之，病历既是临床实践工作的总结，又是探索疾病规律及处理医疗纠纷的法律依据，是国家的宝贵财富，开展病历研究已经成为医学界迫切需要完成的任务。

10.1.2 传统纸质病历的局限性

病历经历了从手写的纸质病历到电子病历的发展过程。传统的纸质病历在医院的医疗活动中已经使用了很长时间，但是随着医学的不断进步，传统的纸质病历暴露出许多缺点。例如，随着医疗知识大量增长，医院临床专科不断增加，专科更加细化，因此在一个患者的治疗过程中，会涉及多个专科的多个专家。在这种情况下，每个患者用一个物理记录会引发许多逻辑问题。因为在一个患者治疗过程中涉及多少专科，就有多少记录，患者的数据来源于多个科室。当医师希望了解患者治疗的完整情况时，可能需要参考保存在其他专科处的记录。同时，纸质病历在某一时刻只能处于一个位置，存在有时难以找到，笔迹可能潦草模糊，数据可能丢失，或记录太含糊，难以解释等一系列问题。

随着医疗技术和计算机技术的迅速发展以及医学研究的不断深入，患者希望根据全方位的信息得到最及时、正确的治疗。然而纸质病历只能被动地供医师决策作参考，不能主动地提醒医护者注意某些情况，如检查结果异常、药物禁忌、药物过敏等，这种局限性直接影响了患者的医护质量。此外，在医学研究和制定计划时，要求患者数据必须是清晰的，结构必须是严密的，并容易被合法地查阅，纸质病历在这些方面往往难以达到要求。很显然，对大量纸质病历进行回顾性研究是十分困难的，许多数据已经丢失或者无法使用，总之，纸张作为患者数据的存储介质有下列缺点：

1）信息的独占性：纸质病历在某一时间段，只允许一人在一个地点使用。当一个患者身上存在多种疾病时（如冠心病、慢性支气管炎、糖尿病），病历会记录在不同的专科病历中（如心脏科、呼吸科、内分泌科病历）；即使同一种疾病信息也会因患者在不同医院就诊而记录在不同的病历中。造成大量的患者疾病信息无法被共享和利用，从而不利于医师对某一临床问题的回顾和查询。

2）信息的易损性：纸张作为患病信息的载体，可携带性差，容易破损、霉变、遗失，部分资料丢失造成数据不全是纸质病历中普遍存在的问题。此外，病历一旦遗失后无法弥补。

3）信息的不确定性：由于纸质病历采取自由文本形式，因此它的内容可变化，顺序可改动，字迹有时很潦草，它所包含的信息常因记录医师的主观理解、书写习惯、遣词造句能力欠缺而变得含混、缺损，造成信息不确定性。由于信息是分散的、零乱的、不规范的，而科学研究要求数据必须是清晰、明确、全面、规范的，并被合法地使用，这给回顾性研究和循证医学研究带来极大困难，难以支持循证医学和科学研究。

综上所述，纸质病历的局限性和存在的问题极大地影响了医疗质量、患者康复和科学研究。随着计算机科学的发展，电子病历已成为病历发展的必然趋势，并将最终取代纸质病历。

10.1.3 电子病历的优势

电子病历是医学专用软件。医院通过电子病历以电子化方式记录患者就诊的信息，它包括：首页、病程记录、检查和检验结果、医嘱、手术记录、护理记录等，其中既有结构化信息，也有非结构化的自由文本，还有图形、图像信息。电子病历涉及患者信息的采集、存储、传输、质量控制、统计和应用。在医疗中作为主要的信息源，提供超越纸质病历的服务，满足医疗、法律和管理的需求。

2003年国际标准组织中负责卫生信息领域标准的技术委员会给广义的电子病历下了完整的定义：一个计算机可以处理，可安全存储和传输，并能被多个授权用户访问，覆盖过去、现在和将来与个体健康相关的信息库，具备独立于应用系统的标准化模型，目的是支持连续、高效、高质量的综合医疗保健。

电子病历不是病历的简单电子化存储，而是医疗过程的全面信息化。良好的电子病历应该是以患者为中心的信息集成，是医院所有业务系统的有机融合，包括实验室信息系统（laboratory information management system，LIS）、影像归档和通信系统（picture archiving and communication systems，PACS）系统及其他有关的系统。它完整地、集成地、动态地、智能地反映患者整个的医疗过程，而且包括患者全部的临床信息（数字、文字、图形、图像、检查、检验、诊断、治疗、健康体检记录、计划免疫记录），是对个人医疗信息及其相关处理过程的综合。电子病历还应该包括丰富的医学知识与联机服务，能够为医务人员提供及时准确和必需的信息，更好地服务于患者，服务于临床科学研究、医院的现代化管理、远程医疗会诊，电子病历具有以下优势：

1）信息的易获取性：由于电子病历储存在医院信息系统中，所有能够访问医院信息系统的医护人员在经过许可后都可以获取患者的病历资料，而且不仅在医院，即使在医师家里，通过网络也可以获取病历资料，便于多科会诊，节省会诊医师等待阅读纸质病历的时间，提高了医师的工作效率。电子病历字迹清晰，克服了部分医师在纸质病历中书写不工整、字体难以辨认的缺点。

2）信息的准确性：电子病历以印刷体替代了手写体记录，使得阅读更方便准确；以标准化的病历模型替代了手写的文本格式，内容更完整，组织更规范。由于是利用计算机将数据录入到标准化病历模型中，所以系统应用程序能够自动检测这些数据是否正确与完整，并对录入错误予以警示，例如检验结果超越参考范围的提示，要求补充疾病资料和诊断依据等。

3）信息形式的多样性：计算机技术可以不同的形式展示所储存资料。因此，医师可以根据对某些临床资料的不同需求，通过图表、流程图等不同形式对病历资料进行浏览、回顾，观察数据的动态变化趋势，提高了资料的利用效率，而这在纸质病历上是无法做到的。

4）信息的共享性：通过应用标准化的数据和信息交换协议，病历信息不仅可以使被授权的不同医师在同一时间共享，也可以被不同科室、部门共享，还可以被不同医院、不同地域被所有授权机构共享。在经过许可后，所有能够访问医院信息系统的医护人员都可以获取患者的病历资料，克服了纸质病历在同一时间和地点仅允许一人使用的缺点，提高医师的工作效率。

10.2 电子病历的功能与内容

电子病历的优势建立在相应的功能与内容实现的基础上。电子病历应包括的内容有：① 纸质病历的所有内容；② 图片、影像、声音等有关患者的多媒体信息；③ 医学文献等。具备以下五个功能的电子病历系统才能称为一个完整的电子病历系统（图 10-1）：① 用户登录功能；② 病历信息录入功能；③ 病历调用与显示功能；④ 病历数据存储和检索功能；⑤ 病历的安全管理功能。

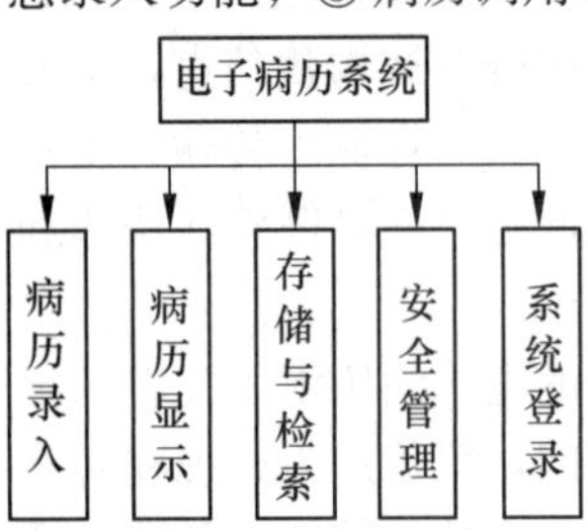

图 10-1　电子病历系统总体功能结构图

1. 病历录入　病历录入模块：电子病历系统的最终目的是协助临床医师做出正确的医疗决策，医师在做出医疗决策之前需要能够获得患者的相关信息，将医嘱录入电子病历系统有助于医师完成正确的医疗决策。病历内容有的用文字来描述，而有的则用图形或图像来表达。设计一个界面友好、功能强大的病历编辑器，同时也提供知识支持的功能，应满足用户的各种灵活性输入的要求。在临床医师为患者开医嘱时，电子病历还能将患者的病情进行归纳并与相应治疗方案进行比较，以确定患者是否能进行某种治疗或诊断检查，这也是医嘱录入与临床医疗决策相结合的另一种方式。

2. 病历显示　电子病历的最主要功能就是要能浏览患者的所有信息。用户希望通过一个界面就能阅读关于患者的所有来源的资料。但由于临床资料的信息量非常大，而且包括不同的来源，各系统所用的医学名词不统一，所采用的患者识别方法均不同等，增大了通过一个界面浏览患者所有信息的难度。在临床应用中，医师还希望以特定的浏览方式阅读患者的资料。此外，还应该提供临床医师登录到不同的计算机系统浏览储存在远程系统中的资料的功能。

1）存储与检索模块：存储与检索模块主要用于存储各种格式的病历数据，检索本地和通过网络检索病历数据。检索系统是电子病历使用中不可缺少的功能，检索功能的优劣直接影响电子病历系统的好坏。

2）安全管理模块：安全管理模块用于病历数据的管理，包括用户的登录管理、后台数据库的正常维护、电子病历的传输等。

3）系统登录模块：用于对医师和患者进行身份认证。患者的病历信息具有保密性，医师对病历的使用也有一定的限制，所以必须对患者和医师进行身份验证，由系统登录模块来完成。

10.3 电子病历的设计与实现

电子病历系统是以患者为中心的病历信息管理系统，系统的设计应当依据实际的管理状况，注入先进的管理理念，统筹兼顾病历内容的组成、采集、存储、查询、安全和通用性、易用性、开放性等方面，合理设计，既能满足现实管理的需求，又适当预留系统进一步发展的空间。本节首先介绍电子病历录入功能的设计与实现；其次介绍电子病历显示功能的设计与实现；再次介绍电子病历存储与查询功能的设计与实现；最后介绍电子病历安全管理功能的设计与实现。

10.3.1 电子病历录入功能的设计与实现

录入电子病历时，首先需要研究病历的结构，即病历应该由哪些部分组成，使病历结构尽量规范化；其次需要考虑病历内容及其逻辑关系。由于病历内容的复杂性和各个专科病历结构的多样性，很难设计出一个统一的病历描述结构，因而不能进行统一的处理。但是因为需要对电子病历进行后续的存储、处理、传递，所以又必须对病历做结构化的描述，并使用统一的软件处理各个专科病历。如何对病历做统一的描述和处理是开发电子病历系统的一个难题。

在本章中，我们采用可扩展标记语言（extensive makeup language，XML）来解决上述问题，XML 通过文档类型定义（document type definition，DTD）来定义文档（病历）的结构，所有遵循这一结构的病历文档通过 XML 分析器（parser），将其内容还原为结构化的字段并进行处理，实现病历内容的通用化。XML 具有结构化、可扩展性、数据存储与数据显示分离的优势。

电子病历包括的内容：患者基本资料、医师信息、检查情况、诊断情况、医嘱、手术情况、护理信息等。

1）患者的基本资料包括：姓名、年龄、性别、身高、体重、血型、医保费用类别等；

2）医师信息包括：科室、姓名、职称、诊疗时间等；

3）检查情况包括：主要症状的描述、医学影像（包括 CT、大型手术过程、X 射线、超声波、心电图、内镜等图像）；

4）诊断情况：确定病情、诊断依据、初步诊断、最终诊断等；

5）医嘱：疾病名称、治疗方案、日期、主治医师姓名、临时医嘱、长期医嘱、出院后病情总结等；

6）手术情况：手术时间、参与人员、手术方案、手术记录等；

7）护理信息：护士姓名、护理日期、护理计划、床位设置、护理情况等。

当然，具体到每一个病历，不一定会包括所有的内容，或者会涉及新的内容，这就要具体情况具体分析了。这些信息产生于就诊的各个环节或多个不同的系统中，其中既有以数据库方式存储的，也有以文件方式存储的，来源和表现形式都是多渠道和多样化的。

病历的结构模型是电子病历的最基础问题，XML 为病历内容的结构模型描述提供了有效手段。利用 XML 基于数据结构的文档组织形式，将分散在各种病历文档中和组织在数据库或存储于其他格式结构中的病历数据结构化地集合起来。

由以上描述，可以把内容复杂的病历内容描述为如下形式：

病历信息 $=\langle d_1, d_2, d_3, \cdots, d_n\rangle$

其中：d_1＝<患者基本信息>

患者基本信息包括＝<姓名、性别、年龄、民族、婚姻状况、出生地、职业、入院日期、记录日期、病史陈述者等>

d_2＝<病历记录1>

病历记录＝<就诊时间、科别、主诉、现病史、既往史、阳性体征、必要的阴性体征和辅助检查结果，诊断及治疗意见和医师签名等>

d_3＝<检验记录单1>

d_4＝<检验记录单2>

⋮

d_j＝<医嘱记录>

临时医嘱记录＝<…>

长期医嘱记录＝<…>

由上面对病历的描述可以看出，在患者的病历信息中，病历记录和检验单记录等数据因患者的检查、治疗过程和患者所患疾病的不同而不同。我们通过构建病历模板库的方法来解决。由上面对病历内容的表示，在系统中采取病历分段的方法来表示病历，可以把病历内容按上面的概念划分为 d_1，d_2，d_3，…，d_n 等段落，这种病历段落技术可以很好地解决病历内容的复杂问题。

把病历划分为若干记录，每个记录分为若干小段，整个病历由若干段落表示，每一个段落都用一个模板表示，存放在模板库中，并且这些段落是动态内容，用户可以定制自己的病历段落模板内容，存放在模板库中，当然这种定制并不是随意的，要根据数据的需要定制。用户在使用系统的时候，根据需要从模板库中提取模板，动态地生成病历的各个部分的界面。然后由各个部分的界面导出的数据聚合生成一个患者的一次病历。例如专家会诊时，每个专家根据患者的诊断情况从模板库中提取适合的病历段落模板，专家会诊的病历数据就是每个专家病历段落模板界面的数据聚合。病历界面生成如图10-2所示。

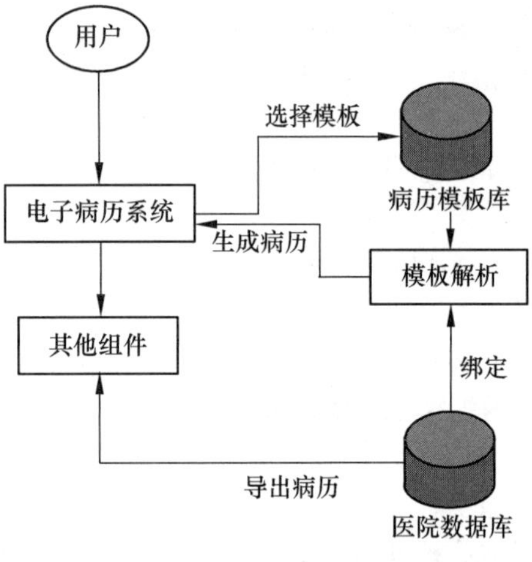

图10-2　电子病历生成模型图

在上面的模型中，用户（医师、护士等）在使用医疗信息系统过程中，根据患者情况、个人喜好等需要从模板库选择适合的病历模板，通过病历模板解析控件解析出用户界面绑定在系统中进行应用。其中模板库中存放有完整的病历模板，模板库中的模板用XML语言描述，这些模板是由许多界面的基本元素构成的，模板中的每种元素代表一种元素对象，同时模板中还包含元素对象的事件响应。

由于电子病历的数据类型繁多，而XML只能表示文本的数据，要把那些非文本的数据集中到XML中来，就用XML链接语言（XLink），它可以通过简单链接，将病历中需要的影像资料和影像库中的多媒体资料链接起来，完成多种数据类型的表示功能。

10.3.2　电子病历显示功能的设计与实现

XML文档是患者病历数据的完整描述，有时医师调用时不需要显示其全部内容，有些敏感数据也不是所有人都有其使用权限，这里可以采用XML输出显示的可扩展样式表语言（extensible stylesheet language，XSL）方式进行输出。XSL 提供了一套工具，利用该工具可将面向数据的文档结构转换为一种新的、可用于显示的结构。

XSL 一般被描述为一种转换的样式语言。它不是把信息添加到原来的文档结构，而是基于原有内容建立一个新的文档结构。利用 XSL 能够检索文本串，在指定的检索条件下显示特定元素和属性。要完成这种转换就需要利用可扩展样式表语言转换（extensible stylesheet language transformation，XSLT）技术。XSLT 是一种可将 XML 文档的结构进行转换的语言。通过 XSLT 将 XML 格式的病历数据转换成超文本标记语言（hypertext markup language，HTML）格式，利用 HTML 中的各种显示元素的组合就可以将 XML 格式的病历数据按指定的纸张样式显示。具体流程如图 10-3 所示：

图 10-3　电子病历显示示意图

10. 3. 3　电子病历存储与查询功能的设计与实现

在介绍基于 XML 的电子病历存储与查询功能的设计与实现之前，首先介绍 XML 与数据库；其次介绍 XML 的关系存储；再次介绍基于 XML 的查询。

1. XML 与数据库　目前利用 XML 对数据库进行管理存在着不同的观点：一部分人认为 XML 只有按 XML 本身结构存储的数据库才是原始的 XML 数据库（native XML database）；另一部分人主张如果能实现对 XML 的存取，它就是支持 XML 的数据库（XML-enabled database）。

1）Native XML Database 数据库设计的根本目的是存储和处理 XML 文档。它的基本存储单元是 XML 文档，通过 XML 相关的标准进行数据库的存储。这种数据库维持原有 XML 文档的数据结构和相关的元数据。只能通过 XML 特有的相关技术对数据进行存储。从严格意义上来说，XML 本身不是数据库，XML 仅仅意味着 XML 文档。因为尽管一个 XML 文档包含数据，但是如果不通过其他的软件来进行数据处理的话，它本身只不过是一个文本文件。所以 XML 本身不能和数据库挂上钩，但是加上一些其他的辅助工具，我们可以把整个 XML 看成是一个数据库系统，XML 文本本身可以看成是数据库中的数据，DTD 可以看成是数据库模式，XML 查询语言（XQuery）可以看成是数据库查询语言，简单应用程序接口（simple API for XML，SAX）或文档对象模型（document object model，DOM）可以看成是数据库处理工具等。当然它需要完善数据库所必需的一些功能，比如有效的存储组织、索引结构、安全性、事务处理、数据完整性、触发器、多用户处理机制等。

2）XML-Enabled Database 将 XML 存储在已有的数据库系统中［如关系数据库（relational database）、面向对象数据库（object oriented database）］。基本数据存储单位是 XML 文档中的数据，主要是通过增加一个映射层来管理 XML 数据的存储，它是 XML 与数据库之间转换的桥梁。数据首先要与一个明确的格式相匹配，符合要求的才能根据预先定义好的规则映射到数据库中，但可能会损失一部分元数据和最初的文档结构。同时可以从现有的数据库中动态生成 XML 页面，但不能保证与当初存入的原始页面完全符合。

综上所述，Native XML Database 方法保留了文档的原始结构和 XML 原有的优点，存储简单，同时有利于对文档作进一步的数据挖掘。但信息的格式、内容相对繁杂，建立的索引庞大复杂。XML-enabled database 将 XML 文档的数据进行重新组织，存储相对规范，有利于信息在电子商务等方面的应用，但破坏了原文档的结构，很难恢复到原文档，在存入数据库中时要进行分解、映射等处理。由于可以通过指定的 DTD 规范化 XML 文档，并利用数据库技术中成熟的统计、并发事务处理等技术，因此在本节中主要讨论的是第二种存储策略。

具体分析 XML 和关系数据库的异同之后，我们可以发现使用关系数据库的优势在于：技术成熟、应用广泛；数据管理能力强（包括存储、检索、修改等）；数据安全程度高；稳定可靠的并发访问机制等。在应用方面，尤其是在 Web 信息共享及异构应用数据交换方面，XML 又具有其他技术无法比拟的优点。所以我们很自然地想到"以关系数据库为存储手段，以 XML 为交换载体"的数据管理模式。XML 存放在关系数据库中，XML 数据以虚拟 XML 文档形式存在。

2. XML 的关系存储　XML 存储在已有的数据库系统中需要解决以下三个问题：

1）需要将 XML 数据模型映射为关系模型；

2）需要将 XML 查询语言转换为关系模型所用的查询语言，如结构化查询语言（structured query language，SQL）等；

3）关系数据返回的结果应以 XML 形式返回和查看。

文档类型定义（document type definition，DTD）是一套关于 XML 标记符的语法规则。可以表示在 XML 文档中使用哪些标记，它们应该按什么次序出现，哪些标记可以出现在其他标记中，哪些标记有属性等。DTD 实际上是"元标记"概念的产物，它描述了一个标记语言的语法和词汇表，即定义了文档的整体结构以及文档的语法，它列出了文档中所有有效的元素、标记、属性、实体。DTD 使得 XML 文档的编写者可以制定基于信息描述、体现数据之间逻辑关系的自定义标记，确保文档具有较强的易读性、清晰的语义和易检索性。

下面介绍一种将 XML 转换为关系数据库的方法，即先根据 XML 相对应的 DTD，画出 DTD 树，然后按照下面的规则进行转换：

1）根节点不从属其他元素，单独构成一个关系；

2）通过队列来对 DTD 树进行层次遍历，如果元素节点的子节点是属性或者不再包括其他元素的元素，则将它们作为父节点的字段，同时将带有多个子元素的元素入队列；

3）从队列中取一个节点，另外构成一个关系，取得其子节点，再转到 2)；

4）依次类推，直到队列为空；

5）此外，每一个表都有一个 ID 字段，作为该表的主键。对于有序的元组，增加序号属性（order）；

6）除根节点表之外的所有关系模式，增加一个 Parent ID 字段（对应于父表中的 ID 字段）作为该模式的外键。

3. 基于 XML 的查询　XML 查询是在复杂的 XML 树状结构中查询符合所需条件的节点，并把结果组合成一份 XML 文件或者一组节点后传回。XML 查询跟一般的 SQL 最大的不同就是 XML 查询是用来查询 XML 文件中的数据，而一般的 SQL 是查询数据表中的信息。因为 XML 查询与 SQL 查询是不同的，因此，当利用关系数据库作为存储 XML 文档的手段时，就涉及两种查询方法的转化问题。一般关系数据库的数据表结构是二维的，也就是所有的数据都是由行与列组成的；而 XML 文件具有树状的结构，还有命名域的参考，一份 XML 文件可能具有相当复杂的结构。

XML语言可以以SQL语言为基础，添加必要的机制，使其能够表达一组有用的查询，典型的如XML查询语言（XML-QL）语言。XML-QL语言是以SQL为基础的，可以比较容易地将其转换为SQL语言，因此可以选定XML-QL作为查询语言。

将XML数据存入关系数据库后，必须将XML-QL语句转换为SQL语句，以便在关系数据库中根据XML-QL语句的语法规则和语义查询，WHERE模块对应SQL中的条件语句，而CONSTRUCT模块对应SQL中的SELECT部分。XML-QL查询语句转换为SQL的规则是：先解析出WHERE模块中的模式，利用模式中元素间的层次关系与关系数据库中已有的元素关系表进行比较，倘若这个片段的层次关系在关系表中获得匹配，就可以根据需要将XML数据存入关系数据库，WHERE模块对应SQL中的条件语句，而CONSTRUCT模块对应SQL中的SELECT部分。XML-QL查询语句转换为SQL的规则是：先解析出WHERE模块中的模式，利用模式中元素间的层次关系与关系数据库中已有的元素关系表进行比较，倘若这个片段的层次关系在关系表中获得匹配，就可以根据需要获取相应元素的内容或属性。基于关系数据库的XML查询过程如图10-4所示。

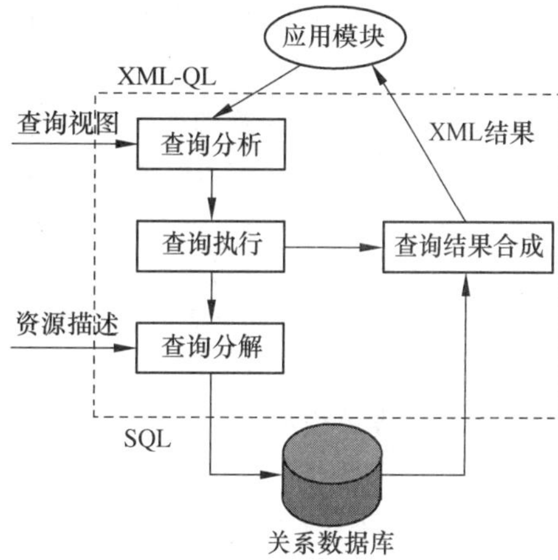

图10-4 XML查询的处理过程图

在该查询处理过程中，用户通过XML-QL进行查询。XML-QL是XML的查询语言。该处理过程的各个模块功能如下所述：

（1）查询分析模块对XML-QL请求进行语法和语义的检查，判断是否符合XML-QL查询语言的语法，请求的XML数据是否存在。

（2）查询执行模块对XML文档库进行查询，如果XML文档库中没有找到符合条件的数据，该模块要把XML-QL查询请求传给查询分解模块，并产生XML模板。如果在XML文档库中找到符合条件的XML文档，则直接返回给用户。

（3）查询分解模块根据全局XML视图把XML-QL分解、翻译为针对局部处理数据源的查询请求。

（4）查询视图和资源描述模块能够屏蔽数据源的异构性。在系统中用XML的DTD数据模式创建全局XML视图，该视图用于描述各个异构数据源中的数据，且存储在全局XML视图中。全局XML视图屏蔽了异构数据源的异构性，呈现给用户统一的数据形式，这样用户就只须理解XML文档形式的数据，对XML中的数据进行访问。在全局XML视图中还要有数据源的物理存储空间，如数据库表是在哪一个具体的数据库中，文本文件在哪一个数据源中。

（5）查询结果合成模块对各个数据源的查询结果进行合成，查询返回的结果是从各个节点数据库上查询得到的，它们之间的数据类型是有差异的。因而需要将它们转化为统一的格式。在这里，统一的格式是XML文档。

10.3.4 电子病历安全管理功能的设计与实现

病历信息是医疗过程的记录，也是执行医疗操作的依据，同时又是用户的个人隐私，因此安全性是电子病历必须考虑的问题之一。电子病历中的安全性主要考虑以下方面：数据的真实性、完整性、保密性、不可抵抗性，使用者身份的合法性，特别是在传输过程中数据不被篡改。

电子病历系统对用户进行验证和分级授权管理，操作用户只有通过身份验证后才能进入病历系统，同时，不同级别的操作者享有不同的权限。在病历文档中，规定了访问者的权限和操作范围，电子病历系统根据规定执行操作。

在网络传输过程中，XML是以超文本传输协议（hyper text transport protocol，HTTP）为传输协议。因此，目前可应用于HTTP协议的安全性技术手段都可以应用。在传输的过程中，可以用各种加密方法对数据直接进行加密。本小节将从用户登录系统及权限设置、数据库安全设计和数据传输安全设计三个方面进行讨论。

1. 用户登录系统及权限设置 根据使用电子病历系统的人员类型，设立六类用户：系统管理员，治疗科医师（科主任、主治医师、实习医师），检验科医师，护士，院领导，一般使用者。用户ID号和权限由系统管理员分配、设置，权限授予的依据是内部有关规定和岗位分工。治疗医师（科主任、主治医师、实习医师），检验科医师，护士，院领导的用户ID号按照“所在科室＋职别代码＋序号”方式构造，一般使用者用户ID号统一为User。

医务人员用户登录密码至少6位，由用户使用各种字符组合定义，并且要求定期更改密码。密码经系统加密，即使是系统管理员也无法知道和更改用户密码。另外为防止利用用户密码直接打开数据库，数据库密码由系统根据用户密码经变换运算生成，加密存储。一般使用者用户的密码由系统管理员指定。

将不同的用户划分为3类，授予不同的权限。

1）数据库登录权限。授予此类用户进行数据查询、建立视图等权限，可以查阅部分数据库信息，但无权改动数据库的任何数据。

2）资源管理权限。除了拥有上一类用户权限外，可在允许的权限内创建数据库索引表，可修改、查询数据库相关资源，可将自己拥有的权限授予其他用户，可申请审计。

3）数据库管理员权限。此类用户具有管理数据库资源的一切权限，可访问任何用户的任何数据，可授予回收用户的各种权限，完成数据库的重装、备份、修复。

2. 数据库安全设计 数据库安全主要通过角色控制实现，不同角色的数据存取权限不同。

1）采用混合认证模式登录SQL Server。这样既支持Windows用户，也支持网络用户。

2）通过创建适当的角色，并进行操作权限的分配与回收来控制数据库用户所拥有的权限。

3）通过建立视图、存储过程和触发器来加强数据库阅读的安全。视图是虚表。通过授予用户操作视图的权限，可避免用户对基表的直接操作。采用视图方式能够实现行级或列级的安全。存储过程也可用来保护基表的数据。例如可以将更改基表的操作作为一个存储过程，然后授予用户执行该存储过程的权限，这样用户对基表间操作，保证了数据的安全。触发器也能防止非法更改、删除数据。当某用户试图对数据库进行操作时，通过触发器首先鉴别它是否为合法用户，然后再检查它是否拥有更改、删除的权限。若是合法用户且拥有这些权限，则执行相应的操作，并保证数据的一致性，否则禁止或撤销一切非法操作。

4）使用日志文件和数据库触发器进行数据库审计。利用数据库系统日志文件可以分析数据库的变化及用户对数据库的操作。也可使用开发工具来创建自己的日志文件。通过触发器将系统中重要数据的创建、修改、删除等操作类型及操作者、操作时间记入另一个数据表日志中备查。

5）数据备份。可采用数据库服务器镜像备份、硬盘镜像备份或异机备份等。

3. 数据传输安全设计 虽然XML作为数据载体，本身没有实现数据的安全操作，但是利用XML的特点，可以对XML文件的数据进行针对性的安全管理和处理。从当前的发展来看，可以采用 XML 数字签名（XML signature）和 XML 加密（XML encryption）的方法。XML 加密和 XML 数字签名的要素主要包括：

1）安全变换的粒度：最大的粒度是把整个 XML 文档加密/签名，最小的粒度是对一个元素（包括开始标记和结束标记）或者一个元素的内容（开始标记和结束标志之间的部分）加密/签名。目前的 XML 加密和 XML 数字签名草案不支持对标记的属性值单独进行加密。

2）变换的嵌套：允许对已加密/签名过的 XML 文档再次加密/签名。

3）安全参数：XML 提供了加密/签名密钥和加密算法等安全参数。一种方法是把安全参数作为 XML 文档的一个元素，另一种是指向安全参数的外部链接。

4）安全变换算法：提供了相应的加密/签名的算法。

4. XML 数字签名 病历是医务人员和患者维护人身权利的重要法律依据。为有效防止电子病历被篡改并实现电子处方、电子医嘱等的认证，在电子病历系统中还必须考虑使用数字签名技术。在医师提交病历的时候自动把医师的电子签名加到病历中，保证书写病历的医师的身份和书写病历的时间不可以抵赖。其原理是：签名者利用自己的私钥对数据进行运算，然后可以用签名者的公钥验证数字签名。在私钥的保密性得到保证的情况下，这种验证方式应该是可信和不可否认的。

XML 数字签名的核心是如何采用 XML 的语法规则来对数字签名作出恰当而充分的描述，并且还要对签名的生成和验证过程做出准确的描述，由 Internet 工程任务组（internet engineering task force，IETF）和万维网联盟（world wide web consortium，W3C）共同组建的 XML signature 工作组在 2001 年 8 月 20 日公布了 XML 数字签名的推荐版本，作为数字签名的规范推出（图 10-5）。W3C 将 XML 数字签名解释为“定义一种与 XML 语法兼容的数字签名语法描述规范，描述数字签名本身和签名的生成与验证过程”。作为一个安全有效的数字签名方案，该规范提供了数字签名的完整性（integrity）、签名确认（authentication）和不可抵抗性（none repudiation）。

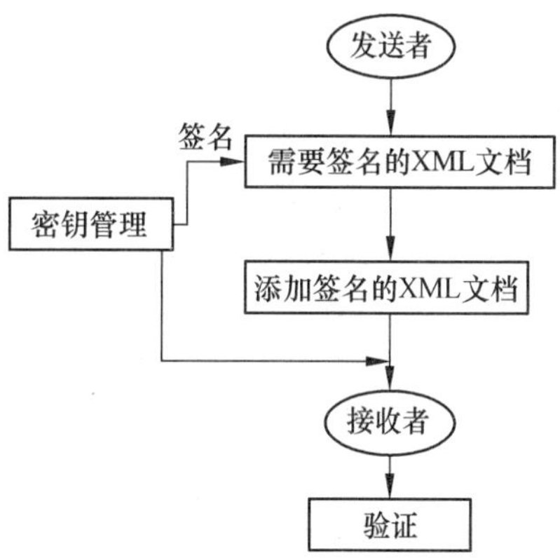

图 10-5 XML 数字签名流程图

XML 数字签名提供数字认证过程，确保接收到的消息和发送的消息是一样的，对发送者进行身份鉴定，提供了可以审核的消息发送证据，包括发送源和发送传输本身的数据，数字签名主要解决两方面的问题：确认信息是由签名者发出的，信息自签名者发出后，未曾作过任何修改。XML 数字签名不仅能够实现对整篇文档的签名，更重要的是能够对 XML 文档的一部分特定的内容签名，当文档的某个部分很关键，且不能被篡改时，这种灵活性就显得尤为重要。在病历文档中，各个组成部分可能需要不同的负责医师签名确认，XML 数字签名就可以完成上述功能。

5. XML 数字加密 病历具有保密性，因此病历在传输过程中须保证其安全性。XML 数字签名不能解决数据被窃取者看到后破解的问题，而 XML 加密的功能能够加密 XML 文档部分或全部内容信息，使得对于不同权限的用户，通过 XML 的加密隐藏关键信息，用户最终只能看到权限允许范围内的信息。例如在电子病历系统中，可能需要防止研究人员看到个人医疗记录的详细信息，而管理人员可能正好需要那些详细信息，但是应该防止他们查看；而医师或护士可能需要详细的医疗信息和一些（但不是全部）个人资料。系统设计采用公开密钥加密的方法，如图 10-6 所示。

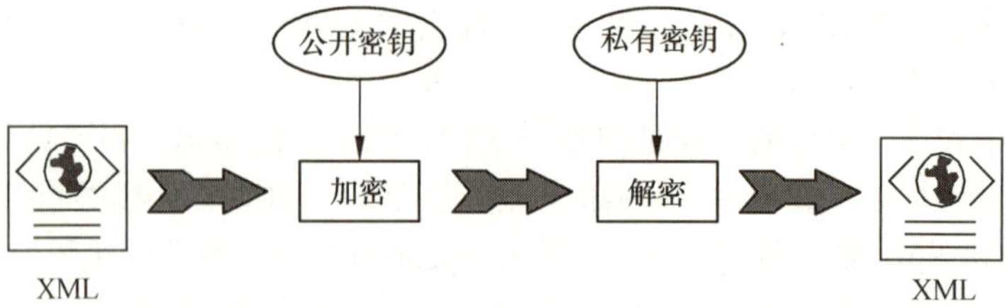

图 10-6　XML 加密、解密流程图

10.4　电子病历面临的挑战

目前来说，电子病历的目标和意义并不在于要取代纸质病历。发展电子病历的主要目标是加速患者信息流通，使患者信息随时、随处能够得到共享，可以提供纸质病历无法提供的服务，从而起到提高工作效率和医疗质量的作用。电子病历应当包含纸质病历的所有信息。在存储记录方面，电子病历是病历信息的又一种记录方式和存储媒介；在信息传输方面，电子病历代替纸张实现了病历信息的电子交换和电子采集；在服务功能方面，纸质病历是被动式的，而电子病历是主动式的。

电子病历和医院信息系统有密切的关系。患者信息来源于医院信息系统中的各个业务子系统，各个子系统一方面要完成自身业务的数据处理，另一方面收集患者的医疗信息。脱离医院信息系统，也就不存在电子病历系统。但医院信息系统并不等同于电子病历系统。医院信息系统的每个子系统是以满足自身业务需求为主来处理患者信息的，因而收集到的患者信息是局部的、不完整的，而电子病历要求患者信息的记录和处理必须是原始和完整的，且是有机集成在一起的；因此，电子病历一方面对信息来源的医院信息系统提出了原始和完整性要求，另一方面电子病历系统需要将来源于不同业务系统（甚至不同平台）的患者信息集成到一起。由于电子病历对医院信息系统的依赖以及对医院信息系统的特定要求，研究电子病历有助于医院信息系统采用更合理的功能结构，更好地促进医疗事业的发展。目前，我国电子病历系统在开发和应用中，仍然需要加强以下几方面技术的研究：

1）完善电子病历的模板设计：模板中所呈现的内容是某一特定的医学问题。模板会指引医师按照模板上所列出的项目填写或者选择数据，从而实现数据的结构化登录。模板总是由系统根据某一医学问题或症状生成的，多是静态的。用这种静态的模板搜集较为完整的数据是不可能的，因此必须设计动态的模板。这些动态模板提供可以调整的界面，只有那些与先前输入的数据相联系的项目才显示在模板上。

2）数据采集方法和设备：电子病历数据的录入问题是电子病历系统是否被医师真正接受的主要问题。由临床医师直接输入数据是最理想的数据录入方法，但临床医师工作繁重，大多数临床医师的计算机使用技术不熟练，文字录入速度慢，这些因素影响了临床医师直接录入临床资料的积极性。如何便捷、高效地进行计算机录入是需要研发人员认真研究的问题。

语音识别系统试图解决电子病历数据的录入问题，但语音识别系统必须经过一定时间的训练，需要熟悉医师的发音特点，医师必须按一定的速度和语调讲述需要输入的信息，语音识别系统在处理和识别数据时也很易出错，因此不是理想的数据输入工具。目前，国外已开展智能模板技术、笔输入技术和语音识别技术综合应用的研究。

3）系统的用户界面：直观、高效和友好的用户界面是电子病历系统设计的重要内容。系统设计人员不仅应该了解临床医师的信息需求，还应该了解医师的工作流程，在设计界面时，根据这两方面的需求来设计信息的展示方式。如何将计算机强大的数据处理能力与人机互动技术最合理地匹配是电子病历界面设计中难度最大的问题。此外，在设计界面时还要考虑不同用户的不同信息需求，即将电子病历的使用人群分成不同的用户组，根据不同用户组的不同信息需求设计相应的界面。设计者必须尽量使人的认知（cognitive）与计算机完美结合，这样才能使界面既能使用户主观（intuitive）上感到满意，又能满足系统的功能需要。

4）安全性、私密性和保密性：虽然电子病历系统的主要目的之一是提高病历资料的可获取性，允许有访问权限的医务人员共享病历资料，但保证病历信息的安全性（security）、私密性（private）和保密性（confidentiality）仍然非常重要。确保合法的使用人员能够方便地获取病历资料，同时防止未经许可和不相关人员接触病历资料。确保电子病历资料的安全性和私密性中的关键是病历资料访问权限的控制和在数据的储存及传输过程中的加密措施。此外，电子病历系统的安全性还涉及系统的可靠性和资料备份。

5）法律和社会问题：病历信息是公民的私有数据，也是社会关注的公共问题，我国对电子病历的立法还没有起步，电子病历证据的提取等关键性的专门法律尚未出台。

10.5 中医电子病历

中医（traditional Chinese medicine，TCM）作为中国特有的医疗技术手段，有着悠久的历史。本小节首先介绍中医病历的发展简史；其次介绍中医电子病历的作用；最后介绍中医电子病历的研究进展。

10.5.1 中医病历的发展简史

中医病历又称医案、诊籍，是中医临床各科医师对具体患者进行辨证论治的文字记录，其中主要记录患者的生活习性、病情、诊断、治疗及预后等情况，从而成为保存、查核、考评乃至研究医师开展具体诊疗活动的档案资料。

中医病历历史悠久，源远流长，经历了漫长的发展过程。我国现存最早的比较完整的、有文字记载的病案是由西汉医学家淳于意创立的“诊籍”。在《史记·扁鹊仓公列传》中记载了25个病案，其中详细记载了患者的姓名、性别、住址、疾病、诊断、治疗、疗效及治愈后情况，包括内、外、妇、儿、五官等各科疾病，虽然形式尚不统一，所记项目尚不完善，但已具备了病案的雏形。自汉代以后，晋·葛洪的《肘后备急方》，隋·巢元方的《诸病源候论》，唐·孙思邈的《千金要方》、《千金翼方》等医著中，都能见到一些病案记录。在金元之后，详细的病案开始大量出现。在明清时期，病案的收集和研究工作受到重视，出版了大量的病案专著。新中国成立后，我国高度重视病案的规范化，吸收国外的经验，逐步完善病案格式和内容。2002年8月23日，卫生部、国家中医药管理局印发了《中医、中西医结合病历书写基本规范（试行）》，该规范自2002年9月1日起施行，它标志着我国中医病历走向了成熟。

10.5.2 中医电子病历的作用

中医电子病历（electronic medical record of traditional Chinese medicine），即在中医临床使用的符合中医临床记录特点、满足所有的医疗、法律和管理需求的计算机化的病历。同时中医电子病历也是中医临床信息的采集系统，是中医临床研究工作站建立的基础，也是中医现代化研究的基础与主要工具。中医电子病历的主要作用大致如下：

1）提高中医临床医疗工作效率：中医电子病历为中医院医师、护士的日常工作提供了有力支持。方便的编辑工具、典型病历模板极大地提高病历书写效率，将医师从繁重的中医医疗文书书写中解放出来，把时间交给患者，真正做到以患者为中心。计算机自动处理医嘱，同时也相应减少护士不必要的传抄工作，检查、检验申请及结果的无纸化传递加快了信息传递速度。

2）推进中医诊断的现代化：由于电子病历不仅能保存文字数值，还能储存图像、声音等媒体，因此可以开发出一些具有实用价值的望、闻、问、切中医诊断仪器，使得脉象的波形、舌苔的颜色、舌体的形状等信息可以客观地保存到病历中。电子病历还可在网络中实时传送，因而可以进行远程诊断、远程教学实习等，为临床诊断、研究、教学提供有力支持。

3）对中医名家的继承和发展：中医治病的基本原则是"辨证论治"，是一种对评判对象进行多因素综合评判的方法。这种方法很复杂，因此继承名老中医的诊治经验就显得很重要，但是由于没有客观的量化评价标准，因而记录的资料往往有缺损或不全，这样就无法对他们的经验进行归纳、总结。使用中医电子病历可以规范患者每次治疗记录的资料，对一些不规范症状和语言描述、多重含义的诊断用语、中药和异种名等问题进行自动处理和纠正，有助于继承和发展中医事业，推动中医现代化的发展。

10.5.3 中医电子病历的研究进展

在我国，中医电子病历还刚刚起步，在中医临床数据的客观化、规范化、标准化方面，在中医知识的表达与获取、知识推理、自然语言的处理等方面还有许多问题需要研发人员去探索。

实际上，中医电子病历系统是一个协助临床中医医师采集信息的系统，它也是实施数字中医药的基础。中医作为我国医疗卫生事业重要的组成部分，中医电子病历系统的研究工作势在必行。中医电子病历的标准化主要体现在三点：数据采集的客观性、诊断和治疗仪器的标准化与数据和数据处理方式的统一化。

数据采集的客观性：中医的临床数据是通过临床医师的感觉器官观察、倾听、询问、号脉来获取的。这些临床数据具有主观性且缺乏定量依据，会出现经验性和重复性的问题。没有统一的量化标准，这些中医临床数据既不是来自科学的通信设备，也没有实现数字化。

诊断和治疗仪器的标准化：研发中医诊断仪器的目的是利用现代技术的传感器来实现现代医学的"四个诊断"的技术仿真：第一，我们需要找出哪一种体质测量的特征是医师可以感觉到的信息；第二，我们需要在多种现代科学技术方法中选择能取得最好的效果并花费最低的成本的方法来完成体质测量；第三，为了建立数据共享平台，需要的设备必须是标准的而且应该具有一致性。

数据和数据处理方式的统一化：在中医中，一些不同功能的医学处方常常有同样的名字，因此，必须实现数据的统一化。在中医思想中，存在一些不同的识别方法，这些方法都是我们的祖先通过无数次的临床试验总结、归纳的，因此，必须实现数据处理方式的统一化。

10.6 案例：某医院电子病历系统

本小节以某医院的电子病历系统作为案例，讲解其电子病历系统。

总体设计方案

电子病历系统的主要操作者为医师，他们是信息收集的参与者，因此根据汇总出的国医堂中医门诊部的医师的工作流程，将国医堂中医门诊部的电子病历系统分为以下几个模块（图 10-7）。

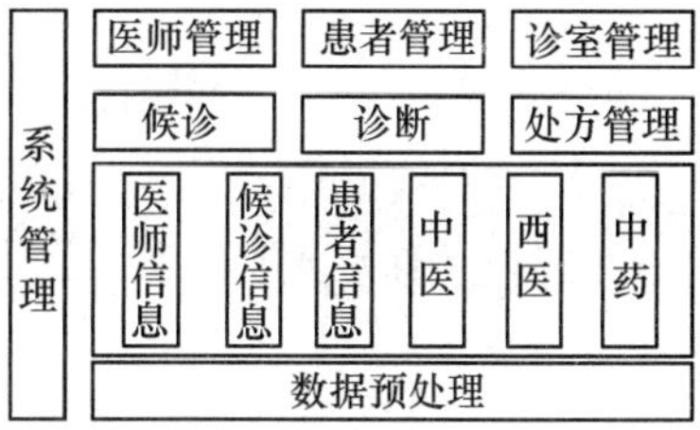

图 10-7　电子病历系统框架图

电子病历系统的网络化设计

1）意义：第一，网络化为消除“信息孤岛”提供了技术基础。就国医堂一个组织的内部来说，各个部门都有自己的操作系统应用软件和记录界面，成为完全独立的体系，数据无法交换，很多业务无法协同，这些都导致了信息无法交流，从而形成“信息孤岛”，造成一个组织的内部无法整合，资源利用率低下，而网络化的实现可以破除“信息孤岛”的壁垒，有利于内部信息交流，便于互相借鉴。

第二，网络化也为区域医疗平台提供了技术基础。建立区域医疗平台是医疗信息化的一个长远目标。电子病历系统网络化为实现这一远大目标提供了技术基础。

2）网络接口的设计：系统的设计采用 B/S 方式。B/S（浏览器/服务器模式）是对 C/S 结构的一种改进。在这种结构下，软件的应用完全在应用服务器端实现，用户表现完全在 Web 服务器实现，客户端只需要浏览器即可进行业务处理。这种结构成为当今应用软件的首选体系结构。B/S 方式有以下几点优势：

（1）数据比较安全。对于 B/S 结构的软件来讲，由于其数据集中存放于总部的数据库服务器中，客户端不保存任何业务数据和数据库连接信息，也不需要进行数据同步，所以这些安全问题也就自然不存在了。

（2）B/S 结构的软件，其数据是集中存放的，客户端发生的每一笔业务单据都直接进入到中央数据库，不存在数据不一致的问题。

（3）B/S 技术比较成熟。

（4）B/S 结构中的应用位于总部服务器上，当应用更新时，只需要更新总部服务器，因而可以做到快速服务响应。

本章小结

本章主要介绍电子病历的相关内容，首先介绍电子病历的概念和传统纸质病例的局限性；其次介绍电子病历的功能与内容；再次介绍电子病历的设计与实现以及电子病历面临的挑战；最后介绍了中医电子病历及案例。

课后习题

1. 什么是病历？什么是电子病历？
2. 电子病历具有哪些优势？
3. 一个完备的电子病历系统通常包括哪几部分？
4. 简述电子病历生成过程。
5. 简述 XML 的查询、处理过程。
6. 简述中医电子病历的主要作用。

第 11 章 医学数据获取与医学信号处理

学习目的

1. 掌握生物传感器的基本理论，了解生物传感器的应用方法。
2. 掌握医学信号处理的主要方法，能够解决实际应用问题。

引　言

获取生物体的生理病理信息，分析其生物医学信号是一个最有效的手段，通过对生物体的医学信号的采集和后处理工作，分析生理信号信息，达到诊断和治疗的目的。

本章主要介绍了生物传感器的基本感念、生物传感器的主要分类以及它的安全性、标定和校准等方面的知识；介绍数据采集系统的组成，通过介绍嵌入式数据采集系统概括整个系统特点以及发展趋势，生物医学无线传感网络可传输采集到的数据；最后介绍生物数据的处理方法，包括时域、频域、时频结合和非线性动力学方法等。通过本章的学习，读者可以了解生物信号处理的基本流程，学习信号处理的基础理论和基本方法。

11.1 生物医学传感器基础

21 世纪是现代信息技术的时代。信息技术包括信息采集、信息传输和信息处理。信息采集需要通过传感器来实现。生物医学的测量主要是通过传感器来实现，通过传感器可以获取生物医学有用信息，生物医学测量是各种生物医学仪器的基础，通过适合生物医学测量的传感技术和检测技术来实现，这是与普通测量相区别的。

本节主要介绍生物传感器的基础，包括其定义、作用、特殊性及使用等方面的内容。

11.1.1 生物医学传感器的定义与作用

各种生物体都是在内环境与外环境相适应的条件下，维持其新陈代谢和生命。为适应各种外环境的变化和差异，生物体内的细胞、器官、系统乃至整体，它们的功能活动都在不停地变化、调整中，以便在内、外环境间保持动态平衡。此外，遗传因素也会造成生物体各种功能、状态的个体差异。

生物信息是指能表征生命体生理状态、结构和功能的信息。生物信息包括从生物体内所采集的信息，它包括形态信息和机能信息。从信息的特征来讲，可分为确知的信息和概率的信息。生物医学测量的对象是具有生命的生物体，其基本的对象是人体。人体是由生物分子、细胞、器官等各层次组成的复杂系统。因此，生物医学信息测量的范围包括对生物体分子水平、细胞水平、器官水平和系统水平各层次的信息的测量。

人体的信号可分为物理、化学和生物三大类。物理类包括各器官的生物电信息、磁信息、压力、振动、位移、速度、流量、温度、形态；化学类包括 O_2、CO_2、CO、H_2O、NH_3、K^+、Na^+、Ca^{2+} 等多种化学参量；生物类包括酶、抗原、抗体、激素、神经递质、DNA、RNA 等。

生物医学传感器指那些能将各种不同的生物体生命信息转换为生物和医学仪器可测量信号的器件或装置。开展医学研究和诊断疾病需要获得人体各方面的信息，例如，心脏疾病诊断需要从系统到器官、组织、细胞、分子等层次的信息，包括心血管系统的心音、血压信息、心脏器官的心电信息、血流灌注的心肌组织信息以及心肌细胞的心肌酶谱信息等。检测这些生物信息必须依靠各种各样的生物医学传感器。生物医学传感器能感知生物体内各种生理的、生化的和病理的信息，把它们传递出来并转换为容易处理的电信号。它是医学测量的第一个环节，是医学仪器设计制造的一个关键环节。如果没有生物医学传感器对原始生命信息进行精确可靠的测量，那么其他各环节再先进也不能获得满意的结果。生物医学传感器往往采用不同的医学测量原理和仪器结构设计，在医学仪器的研制和医学实验中占有重要地位。

随着科学技术的发展进步，生命科学已进入了崭新的阶段，从定性医学走向定量医学，从宏观的人体组织到微观的细胞和分子，生物医学传感器起了重要作用，它延伸了医师的感觉器官，可帮助医师进行客观正确的定量分析。例如，用压电式传感器测手的微振动，测心室内部压力，测心内瓣膜振动等；用固态压阻传感器测指尖、桡骨和手腕等部位的脉压；用电阻应变片测呼吸气流、脉搏波和肌肉张力等。生物医学测量的各种参数如表 11-1 所示。表中列出了一些人体信息，是目前进行诊断时常需要测量的、能够表征人体某些生理状态的信息。随着技术的进步，诊断中需要测量的人体信息会越来越多。

表 11-1 生物医学测量的各种参数

位移	血管内、外径，主动脉、腔动脉尺寸，肢体容积变化，胸廓变化，心脏收缩变化，骨骼肌收缩变化，肠蠕动等
器官几何结构	心脏几何形状、胃几何形状、肾几何形状等
速度	血流速度、排尿速度、分泌速度、发汗速度、流泪速度、呼吸气流速度、神经传导速度等
振动（加速度）	心音、呼吸音、血管音、脉搏、心尖搏动、心瓣膜振动、手颤、颈动脉搏动、脉象、语音、肠鸣音等
压力	血压、眼压、心内压、颅内压、胃内压、食管压、膀胱压、子宫内压、胸腔内压、脊髓压、血管内压、肠内压、咬合压等
力	心肌力、肌肉力、咬合力、骨骼负载力、血液黏滞力、手握力等
流量	血流量、呼吸流量、尿流量、心输出量等
温度	体表温度、口腔温度、直肠温度、皮肤温度、体核温度、心内温度、肿瘤温度、中耳膜内温度、脏器温度、血液温度等
生物电	细胞电位、心电、脑电、肌电、眼电、胃电、神经电、脑干电、皮肤电
化学成分	O_2、CO_2、CO、H_2O、NH_3、K^+、Na^+、Ca^{2+}、Cl^-、H^+等
生物物质	乳酸、血糖、蛋白质、胆固醇、酶、抗原、抗体、受体、激素、神经递质、DNA、RNA
生物磁	心磁、脑磁、胃磁等

在医学上，传感器的主要用途有：

1）提供诊断信息：医学诊断以及基础研究都需要检测生物体信息，例如，先天性心脏病患者在手术前必须用血液传感器测量心内压力，以估计缺陷程度，常见诊断信息包括心音、心电、血压、血流、体温、呼吸、脉搏等。

2）监护：对手术后的患者需要连续测定某些生理参数，通过观察这些生理参数是否处于规定范围来掌握患者的复原情况，或在异常时及时报警。例如，一个做过心脏手术的患者在手术后头几天内，在其身体上往往要安置体温、脉搏、动脉压、静脉压、呼吸、心电等一系列传感器，用监护仪连续观察这些参数的变化。

3）临床检验：除直接测量人体生理参数外，临床上还需要利用化学传感器和生物传感器从人体的各种体液获取诊断信息，为疾病的诊断和治疗提供重要参考。

4）生物控制：利用检测到的生理参数，控制人体的生理过程。例如，电子假肢就是用肌电信号控制人工肢体的运动。在用同步呼吸器抢救患者时，用换能器检测患者的呼吸信号，以此来控制呼吸器的动作与人体呼吸同步。

11.1.2 生物医学传感器的分类

生物医学传感器的分类方法有很多种，其中最基本的分类方法是按被测量对象性质分为物理传感器、化学传感器、生物传感器三大类。所谓大类是因为这种分类方法是一种宏观的方法，也是一种本质的分类方法。

1）利用物理性质和物理效应制成的传感器称为物理传感器，按工作原理可分为电阻式、电容式、电感式、应变式、电热式、光电式等，常用于测量血压、体温、血流量、血黏度、生物组织对辐射的吸收、反射或散射以及生物磁场等。

2）利用功能性膜对特定成分的选择性将被测成分筛选出来，再利用电化学装置转化为电学量的传感器叫化学传感器，常用于测量人体体液中离子的成分或浓度、pH、氧分压及葡萄糖浓度等。

3）利用生物活性物质具有的选择性识别待测生物活性物质能力制成的传感器称为生物传感器，常用于酶、抗原、抗体、递质、受体、激素、脱氧核糖核酸（DNA）、核糖核酸（RNA）等物质的检测。生物传感器按生物识别器件（也称生物活性物质）可分为酶传感器、免疫传感器、组织传感器、细胞传感器、微生物传感器等，按二次传感器件可分为生物电极传感器、光生物传感器、半导体生物传感器、压电生物传感器、热生物传感器、介体生物传感器等。

上述的物理、化学、生物等生物医学传感器除按性质分类外，从生物医学传感器的效用来看，它是代替人体的视、听、触、嗅、味五种感觉器官的器件，所以也有按人的感觉功能分类，将传感器分为视觉传感器、听觉传感器、触觉传感器、嗅觉传感器和味觉传感器。这种分类方法有利于仿生学的发展，对推动新型生物医学传感器的开发也是有利的。

11.1.3 生物医学传感器的特殊性与安全性

生物医学传感是在工程学与生物医学相结合的基础上发展起来的。随着生物医学传感器在微型化、植入测量、多参数测量等方面的进一步发展，与生物医学的交叉更为显著，生物医学传感器的设计与应用必须考虑人体因素的影响及生物信号的特殊性；必须考虑生物医学传感器的生物相容性（植入体内材料与生物体相互作用问题，或两者间相适应的问题，称为生物相容性）、可靠性、安全性；必须考虑使用对象的特殊性及复杂性等，这是生物医学传感器与工业用传感器的显著区别。

具体讲，应注意生物医学传感器以下几方面的特性：

1）一般工业测量中，为准确检测待测量，并减少干扰，总是尽量使传感器接近被测点。但在对生物体内某部位进行就近直接测量时，由于生物体具有自身体内平衡机能，一旦有外界扰乱因素出现，为补偿扰乱因素带来的影响，整个生物体将产生各种应激反应，从而改变被测部位的状态，影响被测量的真实性，还可能给被测者带来不适感和痛苦。因此在对人体进行测量时，应尽量避免传感器干扰人的正常生理、生化状态，尽量避免给人的正常活动带来负担或痛苦。较自然的想法是使传感器探头部分远离被测部分，但这样一来，由于远离被测点，干扰因素增加，可能使测得的信号质量变差，故应根据实际情况综合考虑。

2）为了减轻对被测生物体的侵扰，非接触与无损伤或低损伤的传感器成为人们研究的一个重点。在对一般人进行健康普查或医院门诊部进行诊断、治疗时，此类传感器得到广泛应用。由于此类传感器多利用间接测量方法来获得含有有关生命信息的信号，故通常信号中干扰成分较多，往往需要借助信号处理等技术加以改善。

3）为了既能准确检测生物体内某个局部信息，又能使对生物体的侵扰减少到足够低的程度，人们发明了体内微创传感器。对体内传感器应考虑装置的微型化、能量及信息传输方式、植入或插入材料的生物相容性及植入装置的安全性等诸多特殊要求。

4）生物信号的特点是信号微弱、频率很低、背景噪声干扰大，随机性强，个体差异大，而且生物体内多种生理、生化过程同时进行，这都增加了检测特定生物信号的难度。除了通过后续电路进行处理之外，重要的是优化传感器设计，防止噪声和干扰混入，使传感器有较高的灵敏度和较大的动态范围，使其在有大的干扰和被测对象发生较大变化情况下，仍能工作。表 11-2 和表 11-3 分别列出了部分生物电、磁信号的幅度范围和部分常见生理信号的频率范围。

表 11-2　部分生物电和生物磁信号的幅度范围

被测信号	幅值范围
心电（皮肤电极）	50μV～5mV
脑电（头皮电极）	10μV～300μV
肌电	20μV～10mV
细胞电位	－100μV～＋200μV
视网膜电位	0～1mV
眼电	0.05mV～5mV
肾电位	10μV～80mV
心磁	10^{-10}T 量级
脑磁	10^{-12}T 量级
眼磁	10^{-11}T 量级
肺磁	10^{-8}T 量级

表 11-3　部分常见生理信号的频率范围

生理信号	频率范围（Hz）
心电	0.01～250
脑电	0～150
肌电	0～10000
眼电/视网膜电	0～50
胃电	0.05～20
血流量	0～30

续表

生理信号	频率范围（Hz）
动脉血压	0～100
静脉血压	0～50
脉搏波	0.1～50
心音	2～2000
呼吸频率	0.1～10

例如，在通过测量胸壁的微小振动来间接了解心脏的运动状况的试验中，心脏运动传递到体表的振幅为微米量级，所用的传感器应具有相应的灵敏度；但由于呼吸以及人的运动或发声等造成的干扰，可使胸壁产生高达毫米量级的起伏。为了正确检出有用信号，要求传感器及后续电路应有高达100dB以上的动态范围，必须对传感器进行精心设计。

5）生物医学传感器的设计与应用，应充分考虑生物体的特性。例如，在采用压电型、应变型传感器等对人体进行接触测量时，由于人体被测部分通常比传感器材料柔软，即传感器和人体材料特性不相匹配，影响传感器的灵敏度和频率特性，为此，应在两者间加入匹配材料，以改善测量系统特性。

6）生物医学传感器的使用对象极为广泛，有医师、护士、患者，也可以是社会其他各界人士。使用环境亦有多种多样，体内、体外，医院、家庭等。这都要求生物医学传感器的设计应能分别适应各种对象和环境。例如，对少儿用传感器，应更多地考虑如何使测量变得安全、简单而易于接受，如何避免意外情况发生，如儿童误食或摔打传感器等；对家庭用传感器则应考虑使用成本及质量等。总的来说，和一般的工业用传感器相比，生物医学传感器应更注重使用方便、舒适、稳定、可靠、安全、耐用和快捷。

生物医学传感器用于生物体，除了一般测量对传感器的要求外，必须考虑到生物体的解剖结构和生理功能，尤其是安全性问题更应特别重视。对安全性的主要要求有：

(1) 传感器的包封材料应该有很好的生物相容性，能耐受体液的长期腐蚀，不凝血，不溶血，不受生物排异反应的影响；

(2) 传感器的形状、尺寸和结构应适应被测部分的解剖结构，使用时不应损伤组织；

(3) 传感器要有足够的牢固性，在引入被测部位时，传感器不能损坏；

(4) 传感器和人体要有足够的电绝缘，即使在传感器损坏的情况下，人体受到的电压必须低于安全值，不安全的电压决不能加到人体上；

(5) 传感器不能给生理活动带来负担，也不应干扰正常的生理功能；

(6) 对于植入体内长期使用的传感器，不应产生赘生物；

(7) 在结构上要便于消毒。

11.1.4 生物医学传感器的标定与校准

传感器的标定指当一个传感器装配完成后，成为精度足够高的基准测量设备，对传感器的输入、输出数据进行校验的过程；而校准指在使用过程中或长期储存后进行的性能与精度的定期复测。标定与校准在本质上是相同的。

标定的基本方法是：将由标准设备产生的大小已知的模拟生理量（如压力、温度等）作为传感器的输入，然后测量传感器的输出，它可能是电压、电流，也可能是电表、记录仪或示波器上显示的幅度。根据传感器的类型和用途，标定可以是静态的，也可以是动态的。由于要得到一个已知的动态信号源是很困难的，因此，动态标定常常建立在静态标定的基础上。如果传感器的输出及显示系统与输入信号之间是线性关系，则单点标定就足够了，如果传感器给出的是非线性结果，则需要进行多点标定，以获得一组标定曲线，使显示幅度与待测生理量一一对应。但是，通常不论系统是线性的还是非线性的，都应绘制出其响应曲线。动态标定还需要绘出其频率响应曲线以及阶跃响应曲线。

标定时必须要有一个长期稳定而且比被标定的传感器精度更高的基准，而这个基准的精度则需要更高一级的基准器来标定，这叫做精度传递。与标定有关的另一个概念是传感器的互换性。互换性指当一个传感器被同样的传感器直接代替后，能保证其误差仍然不超过规定的范围。由于传感器标定与校准困难，互换性的问题显得格外重要。对于已使用很长时间而不再满足性能指标要求或已破损的传感器，只要换上相同型号的传感器即可。

11.1.5 新型生物医学传感器及系统

生物医学传感器应用广泛，因此，自其出现以来就得到了快速发展。近年来随着微纳加工技术、物理化学检测技术、表面处理与修饰技术、生物分子识别技术等取得突破性进展，新型生物医学传感器不断涌现，高通量、高精度、高灵敏度、高集成度、低功耗、低消耗以及微型化成为其主要特征。其中微型传感器不仅可以作为单一传感检测设备，还可以与其他器件集成，形成生物医学微系统。

1）仿生化学传感器阵列系统——电子鼻及电子舌：尽管近年来分析技术发展迅速，但是很多方面还难与人类视、听、嗅、触、味5个感知功能相提并论。化学传感器阵列系统的研究成果对推动人工嗅觉和味觉装置（电子鼻和电子舌）的发展具有特别重要的意义。化学传感器是一类对化学物质敏感并可以将其浓度信息转换为电信号，从而进行检测的传感装置，具有对待测化学物质的构象或分子结构等有选择性俘获功能和将俘获的化学量有效转换为电子信号的能力。

电子鼻的研究相对较早，在20世纪50年代，人们就提出了电子鼻概念，并在60年代研制了第一个单传感器“电子鼻”。1982年，英国学者Persaud和Dodd用3个SnO_2（氧化锡）气体传感器模拟嗅觉受体细胞，实现了多种有机挥发气体的分类，开创现代电子鼻研究之先河。现代电子鼻也称人工嗅觉系统，是模仿生物鼻的一种化学分析仪器，由敏感性彼此重叠的多个化学传感器和模式识别系统组成，可用来分析、识别和检测单一或复合气体、蒸汽和大多数挥发性化学成分。相对电子鼻而言，基于传感器阵列的电子舌的研究较晚，在20世纪80年代中期才出现。它是一种分析、识别液体成分的智能仪器，由对溶液中不同组分具有非专一性、弱选择性、高度交叉敏感特性的传感器组成阵列结合适当的多元分析方法和模式识别算法构成。最近几年，电子舌的研究得到快速发展，相关研究论文也稳步增长。

近年来，微加工工艺和微机电系统技术的快速发展极大地推动了仿生传感器阵列系统研究，计算机技术及数据处理算法的进展也有利于高选择性和敏感性的实现。尽管仿生传感器阵列系统在很多方面与人类感知器官还存在很大差距，但其针对复杂化学成分的分析能力已经远超传统检测方法。

2）基于激光技术的生物传感器：基于激光技术的生物传感器有很多种，可以采用不同检测方法，如表面等离体激元共振（surface plasma resonance，SPR）、光纤、光波导、微悬臂梁等。由于其高度的敏感性和精确性，基于激光的生物传感器被广泛用于免疫分析、药物筛选等领域。

生物传感器可分析生物大分子相互作用的过程。生物传感器则是基于生物传感技术的小型检测分析装置，通常由待测溶液接触的生物识别分子的界面以及信号转换器构成。其中最主要部分是生物敏感层，它可以把生物反应转化为可检测的信号，然后进一步翻译为数字电子信号。界面上可固定的生物敏感物质多种多样，常见的有酶、抗体、DNA 片段、短肽、细胞甚至微生物。这些敏感物质可与目标分子作用，从而从大量生物分子组成的混合物中筛选出目标分子。生物识别过程的信号强度不但取决于受体—配体作用强度，还受信号转换效率的影响。由于具有敏感性高、响应速度快、可原位检测等优点，信号转换器目前使用最广泛。而激光在单色性、一致性、低发散、高强度等方面的突出优势，使其成为光学生物传感器中最广泛使用的光源。基于激光的生物传感器可以提供定性的信息，如两个分子是否有相互作用；也可以提供定量的信息，如分子作用的动力学参数和平衡常数。在典型的实验中，一个分子被固定在表面上，另一种可与之作用的分子溶于溶液中流经该表面。两种分子的相互作用在激光照射下转换为可识别的光学信号，进而利用光电转换器件（如电荷耦合器件或者光电倍增管）把光学信号转变为电信号。很多基于激光的生物传感器源于传统的检测方法，这些检测方法被转移到小型化固相系统上，就形成了早期的基于激光的生物传感器。这些方法中包括光的吸收度、倏逝波分析，可以采用光纤、光波导作为反应界面。界面上固定的生物识别分子与待测分子的结合将影响光波导中的光传播。其中倏逝波从光波导界面开始呈指数衰减，因此，识别分子间的相互作用检测仅限于紧邻传感表面的区域，而与溶液更深处的变化无关。

基于激光的光电技术可以进行简单快捷的免疫分析而不需要任何标记。由于 SPR 具有高敏感等优点，基于 SPR 原理的传感器已经成为使用最广泛的光学生物传感器。微悬臂梁传感器是另一种重要的生物传感器技术，也可以在无任何标记的情况下检测待测分子，它利用激光束反射检测技术监测生物分子相互作用引起的反射光角度变化，从而实现高精度分析。

3）纳米传感器：纳米传感器技术通常是指与亚微米尺度有关的过程和产品，是“指一种加工技术，其中涉及单原子和分子，以及至少一个尺度小于 100nm 的物体的操作”。1993 年。国际纳米科技指导委员会将纳米技术划分为纳米电子学、纳米物理学、纳米化学、纳米生物学、纳米加工学、纳米计量学 6 个学科。现代社会在材料的超微化，元器件的高集成度，仪器的微型化和智能化，高密度储存和超快传输等方面的特殊要求为纳米科技的发展提供了广阔的空间。

第一次真正意义的纳米加工是指 IBM 公司的科研人员 1990 年利用氙原子沉积在镍基底上拼写出其公司标志。此后，纳米技术研究得到了越来越广泛的关注，纳米机器人、高性能纳米材料、纳米电子技术等得到了蓬勃发展。同样，传感器研究也从纳米技术发展中受益匪浅。与传统的传感器相比，利用纳米技术制作的传感器体积更小，精度更高，响应速度更快。而且，纳米尺度内的传感理论也与宏观结构的传感理论有较大区别，极大地丰富了传感器的理论，提升制作水平。目前，纳米传感器已在生物医学、化学、化工、环境监测、安全保障、航空、航天等领域得到广泛应用。

11.2 生物医学信号的数据采集

生物医学信号本身具有的信号弱、干扰强、频率低和随机性强的特点，所以人体生物医学信号采集系统需要设计合适的前段采集系统，获得理想的生理信号数据。本节介绍生物医学信号的主要数据采集方法，这是后续医学信号处理的关键。

11.2.1 概述

数据采集就是将要获取的信息通过传感器转换为信号，并经过信号调理、采样、量化、编码和传输等步骤，最后送到计算机系统中进行处理、分析、存储和显示。数据采集系统是计算机与外部世界联系的桥梁，是获取信息的重要途径。数据采集技术是信息科学的重要组成部分，已广泛应用于国民经济和国防建设的各个领域。随着科学技术的发展，尤其是计算机技术的发展和普及，数据采集技术将有广阔的发展前景。

数据采集系统追求的主要目标有两个：一是精度；二是速度。对任何量值的测量都要有一定的精度要求，否则将失去采集的意义；提高数据采集的速度不仅可以提高工作效率，更主要的是扩大数据采集系统的使用范围，便于实现动态测试。

现代数据采集有以下几个特点：

1）现代数据采集系统一般都内嵌有计算机系统，使得数据采集的质量和效率大为提高，同时显著节省了硬件资源。

2）软件在数据采集中的作用越来越大，增加了系统设计的灵活性和功能。

3）数据采集与数据处理相互结合得日益紧密，形成数据采集与处理相互融合的系统，可实现从数据采集、处理到控制的全部工作。

4）速度快，数据采集过程一般都具有实时特性。一般希望通用数据采集系统有尽可能快的速度，以满足更多的应用环境。

5）随着微电子技术的发展与电路集成度的提高，数据采集系统的体积越来越小，可靠性越来越高，甚至出现了单片数据采集系统。

6）数据通信总线在数据采集系统中的应用越来越广泛，总线技术对数据采集系统结构的发展起着重要作用。

数据采集系统包括硬件和软件两大部分，其中硬件部分又可分为模拟部分和数字部分。计算机数据采集系统的硬件基本组成如图 11-1 所示。

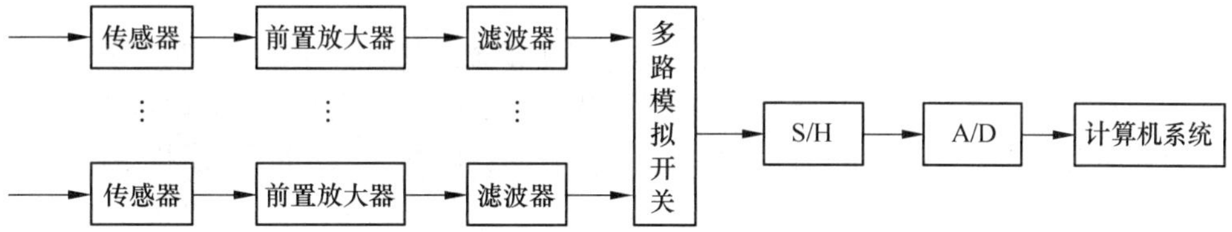

图 11-1 计算机数据采集系统的硬件基本组成

从图 11-1 可以看出，计算机采集系统一般由传感器、前置放大器、滤波器、多路模拟开关、采集/保持器（S/H）、模数转换器（A/D）和计算机系统组成。

1. 前置放大器 前置放大器用来放大和缓冲输入信号。由于传感器输出的信号较小，因此需要加以放大以满足大多数 A/D 转换器的满量程输入（5～10V）要求。此外，某些传感器内阻比较大，输出功率较小，放大器还要起阻抗变换器的作用，以缓冲输入信号。因为各类传感器输出信号的情况各不相同，所以放大器的种类也很多。例如，为减少输入信号的共模分量，就产生了各种差分放大器、医用放大器和隔离放大器；为了使不同数量级的输入电压都具有最佳变换，就产生了量程可以变换的程控放大器；为了减少放大器输出的漂移，则产生了斩波稳零和激光修正的精密放大器。

2. 滤波器 传感器以及后续处理电路中的器件常会产生噪声，人为的发射源也可以通过各种耦合渠道使信号通道感染上噪声，例如工频信号（工业用频率相关电压或电流信号）就可以成为一种人为的干扰源。为了提高模拟输入信号的信噪比，常常需要使用滤波器对噪声信号进行一定的衰减。

3. 多路模拟开关 在数据采集系统中，往往要对多个物理量进行采集，即所谓的多路巡回检测。多路巡回检测可以通过多路模拟开关来实现，以简化设计和降低成本。多路模拟开关可以分时选通来自多个输入通道中的某一路通道。因此，在多路模拟开关后的单元电路，如采样/保持电路、A/D转换电路以及处理器电路等，只需要一套即可，这样可以节省成本和体积。但这仅仅适用于物理量变化缓慢、变化周期在数十至数百毫秒之间的境况。因为这时可以使用普通的微秒级 A/D转换器从容地分时处理这些信号。当信号频率较高时，使用多路分路开关后，对 A/D的转换速率要求也随之上升。在数据通过率超过 40～50kHz 时，一般不宜使用分时的多路开关技术。模拟多路开关有时也可以安排在放大器之前。但当输入的信号电平较低时，需注意选择多路模拟开关的类型；若选用集成电路的模拟多路开关，则由于它比干簧或继电器组成的多路模拟开关导通电阻大，泄漏电流大，因而有较大的误差产生，所以要根据具体情况来选择多路模拟开关。

4. 采样/保持器 多路模拟开关之后是模拟通道的转换部分，包括采样/保持器和 A/D转换器。采样/保持器的作用是快速拾取多路模拟开关输出的子样脉冲，并保持幅值恒定，以提高 A/D转换器的转换精度，如果把采样/保持器放在模拟多路开关之前，还可对多路瞬时信号同步采样。

5. A/D转换器 采样/保持器输出的信号送至 A/D转换器，A/D转换器是模拟输入通道的关键电路。由于输入信号变化的速度不同，系统对分辨率、精度、转换速率及成本的要求也不同，因此 A/D转换器的种类也较多。早期的采样/保持器和 A/D转换器需要数据采集系统设计人员自行设计，目前普遍采用单片集成电路，有的单片 A/D转换器内部还包含有采样/保持电路、基准电源和接口电路，这为系统设计提供了较大方便，A/D转换的结果输出给计算机，有的采用并行码输出，有的采用串行码输出。使用串行输出结果的方式对长距离传输和需要光电隔离的场合较为有利。

6. 计算机系统 计算机系统是整个计算机数据采集系统的核心。计算机控制整个计算机数据采集系统的正常工作，并且把 A/D转换器输出的结果读入到内存，进行必要的数据分析和数据处理。计算机还需要把数据分析和处理之后的结果写入存储器以备将来分析和使用，通常还需要把结果显示出来。

11.2.2 嵌入式数据采集系统

数据采集是获取信息的基本手段，数据采集系统可对物理量进行采集、存储、处理和显示，实现对物理量的监测或控制。数据采集技术是以传感器技术和微型计算机技术为基础形成的一门综合应用技术，随着计算机技术在工业监测、控制和管理方面的广泛应用，数据采集系统在工业自动化过程中发挥了重大作用。

随着后 PC 时代的到来，嵌入式系统已广泛地渗透到科学研究、工业生产以及日常生活等各个方面，因此，以嵌入式系统为平台的数据采集系统就应运而生。嵌入式系统具有可移植性、可裁剪性、稳定性和可靠性等优点。数据采集系统对可靠性、灵活性和实时性有着很高的要求。

1. 嵌入式数据采集系统的特点 嵌入式数据采集系统在结构上自成一体，自身带有微处理器，能独立进行数据采集，使用灵活方便。随着微电子技术的不断发展，微处理器芯片的集成度越来越高，已经可以在一块芯片上同时集成 CPU、存储器、定时/计数器、并行和串行接口、看门狗、仪器放大器、A/D、D/A 等单元电路。在实际生产、生活中，嵌入式数据采集系统通过以太网和控制中心连接在一起，从这种意义上来说，嵌入式数据采集系统并不独立，它将获得的数据通过网络传输。网络控制要求测控系统必须具有两方面的功能：一方面在测控现场完成复杂的测控任务；另一方面要求能与某一类型的控制网络互联，实现远程监控。

2. 嵌入式数据采集系统的发展趋势 随着计算机技术及微电子技术渗透到数据采集、处理领域，该领域的面貌发生了日新月异的变化。相继出现的包含数据采集、处理功能的智能仪器、总线仪器和虚拟仪器等微机化仪器，都无一例外地利用了计算机的软件和硬件优势，既增加了系统功能，又提高了技术性能。近年来，新型微处理器由于采用流水线、RISC 结构等先进技术，极大地提高了计算机的数值处理能力和速度。数据采集与处理与计算机技术紧密结合，已成为当前该领域发展的主潮流。在数据采集和数字信号处理的许多应用领域中，对于便携式多功能的智能设备的需求越来越大。例如，在医疗领域中，便携式的心电图分析仪可以为医师提供更加方便、快捷和准确的服务，它能使医师在第一时间掌握患者的病情，并进行记录，挽救患者的生命。这种便携式和智能化的数据采集和处理技术有以下优点：首先，它可以将数据的采集、处理、分析等多种功能集于一体，实现软硬件方面的资源共享。其次，便于操作和携带的特点使采集方式更加灵活和及时。另外，采集的数据可以方便存储，可实现数据的快速显示和传输。最后，该类设备便于组合，功能扩展性好。现阶段以 Internet 为代表的网络技术的出现，为数据采集、测量及仪器技术带来了前所未有的发展空间和机遇，网络化数据采集技术与具备网络通信功能的新型采集、处理系统应运而生。

11.2.3 生物医学无线传感器网络

随着通信技术、嵌入式计算技术和传感器技术的飞速发展和日益成熟，人们研制了各种具有感知能力、计算能力和通信能力的微型传感器。由许多微型传感器构成的无线传感网络 WSNs（wireless sensor networks）引起了人们的极大关注。WSNs 综合了传感器技术、嵌入式计算技术、分布式信息处理技术和通信技术，能够协作实时监测、感知、采集网络分布区域内的各种环境或监测对象的信息，并对其处理，最终传给用户。无线传感器网络的出现引起了世界范围的广泛关注，最早开始无线传感器网络技术研究的是美国军方，此后美国国家自然基金委员会设立了大量与其相关的项目，英特尔、波音、摩托罗拉以及西门子等诸多公司也都较早加入了无线传感器网络的研究。随着无线传感器网络理论与技术的不断成熟，无线传感器网络的应用已经由国防军事领域扩展到环境监测、交通管理、医疗健康、工商服务、反恐抗灾等诸多领域，使人们在任何时候、任何地点和任何环境条件下都能够获取大量翔实可靠的信息，最终成为一种无处不在的传感技术。

无线传感器网络是一种无中心节点的全分布网络。通过随机投放的方式，众多传感器节点被密集部署在监控区域。这些传感器节点由传感器、数据处理单元和通信模块组成，它们通过无线信道相连，自组织地构成网络系统。传感器节点利用其内置的形式多样的传感器，检测包括温度、湿度、噪声、光强度、压力、土壤成分、移动物体的大小、速度和方向等众多人们感兴趣的物理量。传感器节点间具有良好的协作能力，通过局部的数据交换来完成全局任务。

早在 20 世纪 70 年代，就已能够利用点对点传输技术将传统传感器与传感控制器连接，构成传感器网络雏形，我们把它归之为第一代传感器网络。随着相关学科的不断发展和进步，传感器网络同时还具有了获取各种信息的综合处理能力，并通过与传感控制器的相连，组成了有信息综合和处理能力的传感器网络，这是第二代传感器网络。而从20世纪末开始，总线技术开始应用于传感器网络，人们用其组建智能化传感器网络，大量多功能传感器被运用，并使用无线技术连接，无线传感器网络逐渐形成。

在不同的应用中，传感器节点设计也各不相同，但是它们的基本结构是一样的。节点的典型硬件结构如图11-2所示，主要包括电池及电源管理电路、传感器、信号调理电路、A/D转换器件、存储器、微处理器和射频模块等。节点采用电池供电，一旦电源耗尽，节点就失去了工作能力。为了最大限度地节约电源，在硬件设计方面，要尽量采用低功耗器件，在没有通信任务的时候，切断射频部分电源；在软件设计方面，各层通信协议都应该以节能为中心，必要时可以牺牲一些其他网络性能指标，以获得更高的电源效率。

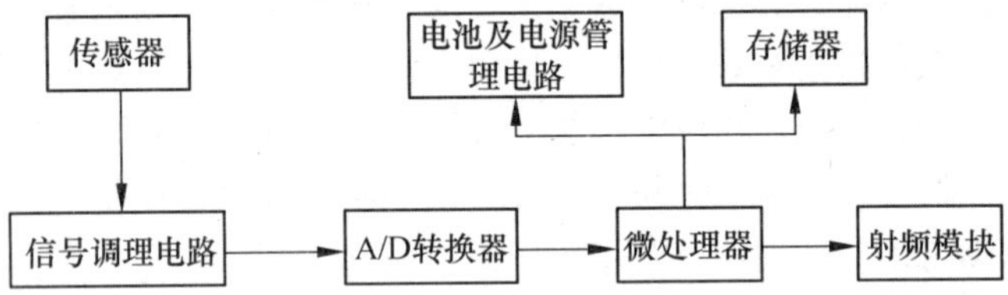

图11-2　无线传感器网络节点结构图

1. 无线传感器网络的关键技术　无线传感器网络是当今信息领域一个新的研究热点，是涉及微机电系统、计算机、通信、自动控制、人工智能等多学科的综合性技术。目前的研究涉及通信、组网、管理、分布式信息处理等多个方面。具体而言，无线传感器网络的关键技术有路由协议、MAC协议、拓扑控制、定位技术、时间同步、安全技术和数据融合等。

（1）路由协议：路由协议负责将数据分组，从源节点通过网络转发到目的节点。它主要包括两方面的功能：寻找源节点和目的节点间的优化路径，将数据分组沿着优化路径正确转发。路由协议可有不同的分类方法，包括平面路由和层次路由；主动路由、按需路由和混合路由；基于位置的路由和非基于位置的路由；基于QoS的路由和不基于QoS的路由；基于数据融合的路由和非基于数据融合的路由；能量感知路由协议和非能量感知路由协议；查询驱动路由和非查询驱动路由；单路径路由和多路径路由；安全路由与非安全路由。

（2）MAC协议：在无线传感器网络中，介质访问控制（multiple access control，MAC）协议决定无线信道的使用方式，在传感器节点之间分配有限的无线通信资源，用来构建传感器网络系统的底层基础结构。MAC协议处于传感器网络协议的底层部分，对传感器网络的性能有较大影响，是保证无线传感器网络高效通信的关键网络协议之一。

（3）拓扑控制：传感器网络拓扑控制技术主要研究的问题是：在满足网络覆盖度和连通度的前提下，通过功率控制和骨干网节点选择，剔除节点之间不必要的通信链路，形成一个数据转发的优化网络结构。具体地讲，传感器网络中的拓扑控制按照研究方向可以分为两类：节点功率控制和层次型拓扑结构组织。

（4）定位技术：对于大多数应用，不知道传感器位置而感知的数据是没有意义的。传感器节点必须明确自身位置才能详细说明"在什么位置或区域发生了特定事件"，实现对外部目标的定位和追踪；另外，了解传感器节点位置信息还可以提高路由效率，为网络提供命名空间，向部署者报告网络的覆盖质量，实现网络的负载均衡以及网络拓扑的自配置。

（5）时间同步技术：在无线传感器网络系统中，单个节点的能力非常有限，整个系统所要实现的功能需要网络内所有节点相互配合共同完成。时间同步在无线传感器网络系统中起着非常重要的作用，国内外的研究者已经提出了多种无线传感器网络的时间同步算法。

(6) 安全技术：与其他无线网络一样，安全问题是无线传感器网络的一个重要问题。由于采用的是无线传输信道，传感器网络存在窃听、恶意路由、消息篡改等安全问题；同时，无线传感器网络的有限能量和有限处理、存储能力两个特点使安全问题的解决变得更加复杂化了。在无线传感器网络的某些应用中，如居民小区的无线安全防护网络，军事上也可用于监视对方军事部署的无线传感器网络等，安全问题显得尤为重要。

(7) 数据融合技术：由于大多数无线传感器网络应用都是由大量传感器节点构成的，共同完成信息收集、目标监视和感知环境的任务。在信息采集的过程中，采用各个节点单独传输数据到聚节点的方法显然是不合适的。通过数据融合技术，能将多份数据或信息进行处理，组合出更高效、更符合用户需求的数据。

2. 无线传感器网络的应用领域 根据无线传感器网络相对于传统 Ad hoc 网络的一些明显特征、传感器的微小传感技术和节点间的无线通信的特点，无线传感器网络有着广阔的应用前景，主要在军事、商业、医疗、环境保护以及灾难拯救等领域有着巨大的优势。在医疗上：如果在住院患者或老人身上安装特殊用途的传感器节点，医师就可以随时了解被监护患者或老人的情况，进行远程监控，掌握他们的身体状况，如实时掌握血压、血糖、脉搏等情况。一旦发生危急情况，可在第一时间实施救助，也可实现在人体内植入人工视网膜（由传感器阵列组成）让盲人重见光明。无线传感器网络将为未来的远程医疗提供更加方便、快捷的技术实现手段。

微电子技术、计算技术和大规模集成电路技术等的进步，推动了无线通信技术的快速发展，通信速率不断提高，功耗不断下降，体积不断缩小。与此同时，低功耗多功能传感器技术也得到迅速发展，出现了无线传感器网络。无线通信技术、传感器技术、无线局域网等相互融合，无线体域网（wireless body sensor network，WBSN）也就应运而生。无线体域网又可称为生物医疗传感器网络（biomedical sensor network）和无线体域网传感网（wireless body area sensor network，WBASN 或 body area network，BAN）。作为无线传感器网络的一个分支，是由人体上的生理参数收集传感器或移植到人体内的生物传感器共同形成的一个无线网络，是附着在人体身上的一种网络，由一套小巧可移动、具有通信功能的传感器和一个身体主站（或称 BAN 协调器）组成。每一传感器既可佩戴在身上，也可植入体内。这些传感器能够采集身体重要的生理信号（如温度、血糖、血压等）、人体活动或动作信息以及人体所在的环境信息，处理这些信号并将它们传输到身体外部附近的本地基站。它拥有自己的系统构架，目前多采用分布式采集或感知方式，后再集中式处理数据。协调器是网络的管理器，也是 BAN 和外部网络（如 3G、WiMAX、Wi-Fi 等）之间的网关，使数据能够得以安全地传送和交换。由于这些传感器通过无线技术进行通信，所以体域网也叫无线体域网（wireless body area network，WBAN）。

无线体域网就是以人体为中心，由和人体相关的网络元素（包括个人终端，分布在人身体、衣物上，人体周围一定距离范围内，甚至人身体内部的传感器、组网设备等）组成的通信网络。通过 WBAN，人可以和其身上携带的个人电子设备如 PDA、手机等进行通信、数据同步等，如图 11-3 所示，通过 WBAN 和其他数据通信网络如他人的 WBAN、无线/有线接入网络、移动通信网络等成为整个通信网络的一部分，和网络上的任何终端（如 PC、手机、电话机、媒体播放设备、数码相机、游戏机等）进行通信。目前还在起步阶段，研究的问题主要有：BSN 中的情景感知，BSN 的穿戴性、可扩展性和资源优化，基于多种通信方式的异构 BSN 网络，移动 BSN 中跟踪和感知能量，BSN 中的自适应性和可调节性、中间件、信号处理算法、健康及活动监控和网络的可靠性等。

体域网是一种可长期监视和记录人体健康信号的基本技术，早期应用主要是用来连续监视和

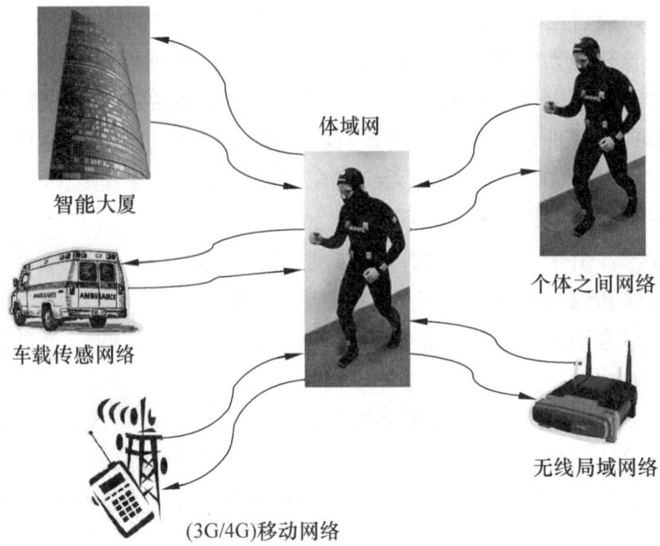

图 11-3 无线体域网通信网络

记录慢性病（如糖尿病、哮喘病和心脏病等）患者的健康参数，提供某种方式的自动疗法控制。比如，糖尿病患者一旦他的胰岛素水平下降，他身上的 BAN 马上可以激活一个泵，自动为患者注射胰岛素，使患者不用医师也能把胰岛素控制在正常水平。体域网未来还可广泛应用于消费者电子、娱乐、运动、环境智能、畜牧、泛在计算、军事或安全等领域。不仅如此，眼前仍停留在科幻小说之中的所谓"智慧尘埃"(具有处理能力和无线通信能力的显微镜器件）将来也完全有可能出现在体域网中。体域网在国际上已经得到了广泛研究，包括医疗技术提供商、医院、保险公司以及工业界的各方人士正在开展战略性合作，但目前仍处在早期阶段，在毫瓦级网络能耗、互操作性、系统设备、安全性、传感器验证、数据一致性等方面面临一系列挑战。IEEE 802.15 任务组制定的 BAN 通信标准已经完成。这种技术一旦被采用，将在医疗保健方面取得重大突破。

体域网虽然是覆盖面最小的网络，但却是惠及面极广的网络，万万不可等闲视之。2012 年底，我国老年人口数量达到 1.94 亿，比上年增加 891 万，占总人口的 14.3%。2013 年，老年人口数量突破 2 亿大关，达到 2.02 亿，老龄化水平达到 14.8%。2014 年，我国老年人口总数达 2.12 亿人，占总人口比重达 15.5%，我国是世界老年人口最多的国家，占全球老年人口总量的五分之一。老年人为国家、为人民做出了巨大贡献。作为一种回报，我们应该让体域网这种先进技术服务于我国老年人的医疗保健。与此同时，在某种程度上，BAN 的应用还可以缓解医院拥挤看病难的问题，有利于远程医疗等构想的真正实施。从商业角度看，体域网在我国也必定具有广泛的用途和巨大的潜在市场。

体域网是以人体周围的设备，例如随身携带的手表、传感器以及手机等，以及人体内部（即植入设备）等为对象的无线通信专用系统。目前，体域网所使用的频带尚未确定，但 400 兆赫兹频带以及 600 兆赫兹频带已被列入议程。专家认为，体域网技术将在医疗中得到广泛应用。近年来，随着微电子技术的发展，可穿戴、可植入、可侵入的服务于人的健康监护设备已经出现了，如戴于指尖的血氧传感器、腕表型血糖传感器、腕表型睡眠品质测量器、睡眠生理检查器、可植入型身份识别组件等。假如没有体域网，这些传感器和促动器则都只能独立工作，要自带各自的通信部件，因此通信资源不能有效利用。目前在日本，关于信息通信技术在医疗领域的应用研究相当活跃。

WBAN是一个技术交叉的产物，具有自组织网络、无线通信网络、传感器网络等多种网络的特点，这就要求节点必须具有移动性，能够动态组网，节点间可以进行单播或者组播通信，网络支持动态的拓扑结构，支持不同的QoS，节点还要具有很低的能耗。

WBAN系统的研究也处于刚刚起步的阶段，对WBAN系统方案的研究还有很多值得改进和完善的地方。目前对WBAN系统的研究大都基于UWB这种无线通信方式，但是UWB在复杂度方面还不能满足WBAN的要求，如何降低接收机的复杂度是今后需要重点研究的问题。Zigbee无线通信协议数据速率较低，MAC协议固定，系统资源受限，不能实现复杂的网络协议，这些限制了WBAN系统的功能，应当研究更好的无线通信协议。WBAN系统是无线通信技术、网络技术和传感器技术的融合，三者的研究应该相互促进，传感器技术也应该成为今后研究的重要方面。

11.3 常用生物医学信号处理方法

信号处理的领域是相当广泛而又深入的，已在不同程度上渗透到几乎所有的医疗卫生领域，从预防医学、基础医学到临床医学，从医疗、科研到健康普查，已有许多成功的例子，如心电图分析，脑电图分析，视网膜电图分析，光片处理，图像重建，健康普查的医学统计，疾病的自动诊断，细胞、染色体显微图像处理，血流速度测定，生物信号的混沌测量等。

生物医学信号处理是研究从被干扰和噪声湮没的信号中提取有用的生物医学信息的特征的方法。由于生物医学信号具有随机性强和噪声背景强的特点，采用了诸多数字处理技术进行分析，如对信号时域分析的相干平均算法等相关技术；对信号频域分析的快速傅里叶变换算法、各种数字滤波算法；对平稳随机信号分析的功率谱估计算法、参数模型方法；对非平稳随机信号分析的短时傅里叶变换、时频分布（维格纳分布）、小波变换、时变参数模型、自适应处理等算法；对信号的非线性处理方法，如混沌与分形、人工神经网络算法等方法在生物医学信号分析、医学图像技术和医学仪器中已得到了广泛的应用。例如采用相干平均技术已成功提取诱发脑电、希氏束电和心室晚电位等微弱信号；在心电和脑电体表标测中采用计算机进行多道信号同步处理并推求原始信号源的活动；在心电、脑电、心音、肺音等信号的自动识别分析中应用了多种信号处理方法进行特征提取与自动分类；在生理信号数据压缩和模式分类中引入了人工神经网络方法；在脑电、心电、神经电活动、图像分割处理、三维图像表面特征提取及建模等方面引入混沌与分形理论等，已取得了许多重要的研究成果并得到了广泛的临床应用。

11.3.1 时域分析方法

以时间为自变量描述物理量的变化是信号最基本、最直观的表达方式。在时域内对信号进行去噪，求自相关、互相关结果，进行卷积运算、信号的时域分解或时域形态特征分析等处理与操作，称为信号的时域分析。通过时域分析方法，可以有效提高信噪比，求取信号波形在不同时刻的相似性和关联性。这里将主要介绍相干平均算法和相关技术。

1. 相干平均算法 相干平均（coherent average）法又称叠加平均技术，常用以提取被背景信号湮没的目标信号，如各种诱发电位和事件相关电位的提取。相干平均技术理论假设：如果待检测的医学信号与噪声重叠在一起，信号如果可以重复出现，特征（幅度、频率、相位）不变的确定信号，干扰是均值为零的白噪声，可以采用叠加法提高信噪比，从而提取有用的信号。其效果估计为：

$$y_i(t) = s(t) + n_i(t) \tag{11-1}$$

其中 $y_i(t)$ 为含有噪声的待检测信号，$s(t)$ 为重复出现的有用信号，$n_i(t)$ 为随机噪声。经 N 次叠加后求平均，则：

$$\bar{y}(t) = \frac{1}{N}\sum_{i=1}^{N} y_i(t) = \frac{1}{N}\sum_{i=1}^{N}[s(t) + n_i(t)] = s(t) + \frac{1}{N}\sum_{i=1}^{N} n_i(t) \tag{11-2}$$

若信号 $s(t)$ 的功率为 p，噪声 $n_i(t)$ 的方差为 δ_i，那么对每一个 $y_i(t)$，其信噪比为 P/δ_i。经 N 次平均后，噪声的方差变为 δ_i/N，所以平均后信号的信噪比为 $N \cdot P/\delta_i$，提高了 N 倍。例如心室电位为 μv 级，掩埋在噪声里，如按心动周期以 R 峰点对齐，进行叠加、平均，则可检出微弱的心室晚电位信号。

2. 相关技术 信号的相关函数反映了两个信号之间相互关联的程度。

设有两个信号 $x(n)$ 和 $y(n)$，定义它们的互相关函数（across-correlation function）r_{xy} 为：

$$r_{xy}(m) = \sum_{n=-\infty}^{\infty} x(n)y(n+m), \quad m \text{ 取任意整数} \tag{11-3}$$

它表示 $x(n)$ 不动，将 $y(n)$ 在时间轴上左移或右移（m 为正数时左移，m 为负数时右移）m 个时间间隔后分别与 $x(n)$ 逐点对应相乘后求和，得到该 m 点时刻的相关函数值 $r_{xy}(m)$。以 m 为横轴，$r_{xy}(m)$ 为纵轴可画出相关函数曲线，该曲线反映了 $x(n)$ 和 $y(n)$ 的相似程度。

一个信号 $x(n)$ 的自相关函数（autocorrelation function）r_{xx} 定义为：

$$r_{xx}(m) = \sum_{n=-\infty}^{\infty} x(n)x(n+m), \quad m \text{ 取任意整数} \tag{11-4}$$

其中，$r_{xx}(m)$ 是偶函数，$r_{xx}(0)$ 是最大值并且反映了信号自身的能量，因此由公式（11-4）得出的自相关函数曲线可反映信号自身的周期性和噪声水平。

相关技术应用范围很广，例如，我们可以利用相关判断在一个含有噪声的记录中有无我们所希望得到的信号。设记录到的信号：

$$y(n) = s(n) + \eta(n) \tag{11-5}$$

其中 $s(n)$ 为信号，$\eta(n)$ 为白噪声（白噪声指频谱非零的噪声），现在我们不知道当前记录到的 $y(n)$ 中是否存在 $s(n)$，但我们根据以前的工作知道关于 $s(n)$ 的先验知识，因此我们可以做 $y(n)$ 与 $s(n)$ 的互相关：

$$r_{ys}(m) = r_{ss}(m) + r_{\eta s}(m) \tag{11-6}$$

通常我们认为信号与白噪声是不相关的，因此 $r_{\eta s}(m)$ 等于零，于是 $r_{ys}(m) = r_{ss}(m)$。因此我们可以根据互相关函数 $r_{ys}(m)$ 与自相关函数 $r_{ss}(m)$ 是否相等来判断在 $y(n)$ 中是否含有信号 $s(n)$。

11.3.2 频域分析方法

经典谱分析理论是由布莱克曼-图基（Blackman-Turkey）于 1958 年提出的。它利用相关法从采样数据的自相关函数得到的功率谱，通常称为 Black-Tukey 法。谱估计的经典方法以傅里叶变换为基础，主要包括周期图法和 Black-Tukey 法以及它们的一些改进算法。周期图法是 Schuster 在 1898 年研究太阳黑子树的周期性时首次提出的，此法利用已知数据的傅里叶变换的模的平方除以数据序列长度得到的结果绘制周期图，并用周期图作为功率谱的估计。Blackman-Turkey 法首先根据已知数据序列得到自相关序列的估计-取样自相关函数，然后根据 Wiener-Khinchin 定理计算取样自相关函数的傅里叶变换，便得到功率谱的估计。可以证明，以上两种方法的计算结果是完全等效的，因此有人把周期图法称为计算周期图的直接方法，把 Blackman-Tukey 法称为计算周期图的间接方法。两种方法都要计算傅里叶变换，因此谱估计的经典方法是以傅里叶变换为基础的。但是，周期图法计算的是已知数据序列的傅里叶变换，而 Blackman-Tukey 法计算的是取样自相关函数的傅里叶变换。在实际应用中，总是让已知数据序列长度比取样自相关长度的序列长度长得多，因此，虽然周期图法提出得很早，但其广泛应用却是在 1965 年出现 FFT 算法之后。

无论是有限长数据序列还是有限长自相关序列，都可以看成是用有限宽度窗从对应的无限长数据序列或无限长自相关序列中截取出来的。这种“加窗效应”造成了经典谱估计方法的两个固有缺陷，即频率分辨率降低和频谱能量向旁瓣泄漏，特别是在数据序列很短的情况下，这两个缺点尤为严重。周期图的另一严重缺陷在于，它不是功率谱的一致估计。具体来说，当数据量增至无限多时，周期图的方差并不趋近于 0 而是趋近于常数，因而随机过程的任何一次实现得到的有限个数据，用它们计算出来的周期图都不可能逼近真实功率谱。

为克服经典功率谱估计的缺陷，人们提出了周期图修正、周期图平均、周期图修正平均以及周期图平滑等方法，但这些方法都不能从根本上改善周期图的性能。这使得周期图只应用于数据记录较长和对频谱分辨率要求不高的情况，因此对经典功率谱估计，本书不做深入讨论。

谱估计的现代方法主要是以随机过程的参数模型为基础的，因而又可以叫做谱估计的参数模型方法，或简称为参数方法或模型方法，而相应地把经典方法称为非参数方法。参数模型的引入，意味着额外地利用了“随机过程是如何产生的”有关信息，并从根本上摒弃了“加窗效应”，因而谱估计的现代方法的性能比经典方法要好得多，特别是对于短数据记录的情况。谱估计的现代方法的内容十分丰富，其中最基本的方法有自回归模型法、线性预测法和最大熵法，这些方法的研究和应用主要开始于 20 世纪 60 年代，而且它们是在不同应用领域里发展起来的。例如，1967 年 Burg 在地震研究中提出了最大熵谱估计方法，1968 年 Par 曾提出自回归谱估计方法，1971 年 Van der Bos 证明了一维最大熵谱估计与自回归谱估计的等效性，1972 年 Prony 提出了与自回归法等效的一种谱估计方法，20 世纪 70 年代初期出现了线性预测分析方法，此外，1973 年 Pisarenko 提出了估计正弦波频率的谐波分解方法，1981 年 Schmidt 提出了谱估计的多信号分类算法。

1. 傅里叶技术和离散频谱 频域分析的一个典型应用即是对信号进行傅里叶变换，研究信号所包含的各种频率成分。我们知道，对于一个周期信号，如正弦波信号：$y=\sin(\omega t)$，具有一个单一的频谱值 ω。而任意一个周期信号 $f(t)$ 都可用傅里叶级数表示为：

$$f(t)=\sum_{m=-\infty}^{\infty}a_m e^{jm\Omega t} \tag{11-7}$$

其中，

$$e^{jm\Omega t}=\cos m\Omega t+j\sin m\Omega t \tag{11-8}$$

即任何一个周期函数都可以展开成为频率值为基频 Ω 和其 m 次倍频 $m\Omega$ 的三角函数和的形式，系数 a_m 即为信号 $f(t)$ 所包含的该频率成分的频谱。

若取实际的有限长离散采样信号 $x(n)$，可以将该有限长信号看作是周期信号的一个基本周期，同样可以应用傅里叶级数理论，计算 $x(n)$ 的频谱，得到离散傅里叶变换公式：

$$X(k)=\mathrm{DFT}[x(n)]=\sum_{n=0}^{N-1}x(n)e^{j\left(\frac{2\pi}{N}\right)nk},\quad 0\leqslant k\leqslant N-1 \tag{11-9}$$

应用该公式计算离散傅里叶变换有一个快速算法，这就是著名的快速傅里叶变换（fast Fourier transform，FFT）。

傅里叶变换只能对确定性信号进行分析，而随机信号在时间上是无限的，在样本上是无穷多，其傅里叶变换不存在，因此，对随机信号只能计算信号的功率谱。信号的功率谱可以由信号的相关函数计算得到：

$$P(e^{j\omega}) = \sum_{m=-\infty}^{\infty} r_{xx}(m) e^{-j\omega m} \tag{11-10}$$

因此，只要我们能求出信号的相关函数 $r_{xx}(m)$，即可求出信号 $x(n)$ 的功率谱。但是，真正的 $r_{xx}(m)$ 也很难求出，要靠由 $x(n)$ 估计出来，这就是功率谱估计。功率谱估计在生物医学信号处理中应用极为广泛，如在心电、心音、脑电等处理中取得了良好的效果。

2. 参数模型频谱估计 经典的频谱分析存在频谱分辨率低、频谱能量泄漏、需要较长的原始数据等不足。针对这些不足，20 世纪 70 年代以后逐渐出现了现代谱分析方法。参数模型频谱估计是现代谱分析中的主要内容。信号的参数模型频谱估计的步骤可以分为以下三步：

(1) 对给定的随机信号确定合理的参数模型；

(2) 根据信号的自相关函数估计所确定的模型的参数；

(3) 用估计出的模型参数计算信号的功率谱密度函数。

假设随机信号 $x(m)$ 是由白噪声 $n(m)$ 激励某一确定性的线性系统 $H(z)$ 所产生的，因此只要已知白噪声的功率 σ_n^2 和系统的传递函数 $H(e^{j\omega})$，就可估计出信号的功率谱密度函数 $S_x(e^{j\omega})$。

$$S_x(e^{j\omega}) = |H(e^{j\omega})|^2 S_n(e^{j\omega}) = |H(e^{j\omega})|^2 \sigma_n^2 \tag{11-11}$$

假设参数模型的输入 $n(m)$ 和输出 $x(m)$ 满足差分方程

$$x(m) = \sum_{k=0}^{q} b_k n(m-k) - \sum_{k=1}^{q} a_k x(m-k) \tag{11-12}$$

其中系数 $\{a_k\}$ 和 $\{b_k\}$ 就是模型的参数，常数 p 和 q 称为参数模型的参数。

对上式两边进行 Z 变换，得到参数模型的传递函数 $H(z)$ 为：

$$H(z) = \frac{X(z)}{N(z)} = \frac{\sum_{k=0}^{q} b_k z^{-k}}{1 + \sum_{k=1}^{q} a_k z^{-k}} \tag{11-13}$$

显然，$H(z)$ 是一个有理分式。根据 $H(z)$ 的不同，参数模型可以分为三类：

1) 自回归（auto-regressive，AR）模型　当 $b_0=1, b_k=0$ $(k=1,2,\cdots,q)$，上面两式(11-12)、(11-13)变为

$$x(m) = n(m) - \sum_{k=1}^{p} a_k x(m-k) \tag{11-14}$$

$$H(z) = \frac{1}{A(z)} = \frac{1}{1 + \sum_{k=0}^{p} a_k z^{-k}} \tag{11-15}$$

参数模型的输出是该时刻的输入及前 p 个输出的线性组合，因此该模型被称为自回归模型，极为 $AR(p)$，其中 p 为 AR 模型的阶数。AR 模型的传递函数中只含有极点，不含有零点，所以 AR 模型也叫做全极点模型。

系统输出功率谱为

$$S_x(z) = \frac{\sigma_n^2}{A(z)A(z^{-1})} \tag{11-16}$$

$$S_x(e^{j\omega}) = \frac{\sigma_n^2}{|A(e^{j\omega})|^2} = \frac{\sigma_n^2}{|1 + \sum_{k=1}^{p} a_k e^{-j\omega k}|^2} \tag{11-17}$$

2) 滑动平均（moving-average，MA）模型　当 $a_k=0$ $(k=1,2,\cdots,p)$，上述两式(11-14)、

(11-15)变为

$$x(m)=\sum_{k=1}^{q}b_k n(m-k) \tag{11-18}$$

$$H(z)=B(z)=\sum_{k=1}^{q}b_k z^{-k} \tag{11-19}$$

参数模型的输出是该时刻的输入和以前 q 个输入的线性组合，因此该模型称为滑动平均模型，简称 *MA* 模型，记为 *MA*(q)，其中 q 为 *MA* 模型的阶数，*MA* 模型的传递函数中只含有零点，不含有极点，所以 *MA* 模型也叫做全零点模型。

3. 自回归滑动平均（auto-regressive & moving-average，ARMA）模型 在式（11-14）、式（11-15）中，若 $a_k(k=1,2,\cdots,p)$ 不全为零，$b_k(k=1,2,\cdots,p)$ 也不全为零，则该参数模型被称为自回归滑动平均模型，记为 *ARMA*（p，q），其中 p 和 q 为 *ARMA* 模型的阶数，*ARMA* 模型的传递函数既包含零点，又包含极点，所以 *ARMA* 模型也叫做零极点模型。

获得了模型的参数之后，就可以利用公式（11-13）估计出信号的功率谱密度函数，由于所建立的模型 $H(e^{j\omega})$ 是多项式的有理分式，因此得到的功率谱密度函数是频率 ω 的连续函数。这就避免了周期图法估计频谱时的随机起伏现象。同时，在估计信号模型的参数时，往往只使用比较短的信号，因此该方法对非平稳信号的频谱分析是有利的。

11.3.3 时频联合分析方法

时频分析方法是多种多样的，与传统方法相比，它们在非平稳信号的处理中具有突出的优越性。一般来说，时频分析方法具有很强的能量聚集作用，不需知道信号频率随时间的确定关系，只要信噪比足够高，通过时频分析方法就可在时间-频率平面上得到信号的时间频率关系，因此时频分析主要用来寻找信号的特征。时频分析方法主要采用一些特殊的变换来突出信号的特征点。下面大致介绍几种实现时频分析的变换方法。

1. 短时傅里叶变换 短时傅里叶变换（short time Fourier transform，STFT）是最基本的一种时频分析方法，它是由 Gabor 于 1946 年首先创建的。STFT 以滑动窗对信号进行分析，然后对加窗信号进行傅里叶变换，是傅里叶分析的一种改进。写成连续形式的傅里叶变换为

$$S(\omega)=\frac{1}{2\pi}\int_{-\infty}^{+\infty}e^{-j\omega t}s(t)\,dt \tag{11-20}$$

式中

$$e^{-j\omega t}=\cos(\omega t)-j\sin(\omega t) \tag{11-21}$$

我们将一个信号的 STFT 定义如下

$$S(\omega,t)=\frac{1}{2\pi}\int_{-\infty}^{+\infty}e^{-j\omega t}s(\tau)h(\tau-t)\,d\tau \tag{11-22}$$

式中 $h(t)$ 是窗函数。沿时间轴移动分析窗，我们可以得到二维的时频平面。STFT 方法最大的优点是容易实现。STFT 分析实质上是限制了时间窗长的傅里叶分析，因此，分析信号必须具有分段平稳的特性。那么，对于时间尺度不同的平稳小段，则需要和自己相适应的窗的长度和类型，这样才能获得最佳效果。然而由 STFT 的定义可知，只能选定一个固定的窗函数，也就是说，其时间和频率的分辨率在整个时频平面上是固定不变的，这是该方法的一个主要缺陷。

此外，STFT 分析受限于不确定性原理，较长的窗可以改善频域分辨率，但会使时域分辨率变糟；而较短的窗尽管能得到好的时域解，频域解却会变得模糊。不确定性原理告诉我们：我们不可能在时域和频域内同时获得清晰解，这也限制了这一方法的应用。

2. Wigner-Ville 分布　Wigner-Ville 分布（Wigner-Ville distribution，WVD）是时频领域最基本、最重要的方法，是一种意义更广泛的时频能量分布。实际信号 $s(t)$ 的 Wigner-Ville 分布定义为

$$WVD(t,\omega)=\int_{-\infty}^{+\infty}x\left(t+\frac{\tau}{2}\right)x^{*}\left(t-\frac{\tau}{2}\right)\mathrm{e}^{-\mathrm{j}\omega\tau}\,\mathrm{d}t \tag{11-23}$$

式中，$x(t)$ 为 $s(t)$ 的解析信号，其离散形式为

$$WVD(n,k)=2\sum_{n=-(M-1)/2}^{(M-1)/2}W_M(m)x(n+m)x^{*}(n-m) \tag{11-24}$$

其中，n、k 和 m 分别为对应于连续变量 t、ω 和 τ 的离散变量，$W_M(m)$ 为奇数长度 M 的正实窗函数 $W_M(m)=\mathrm{e}^{-\mathrm{j}2km}$。在所有具有能量化解释的二次时频表示中，Wigner-Ville 分布满足大多数性质。但用于多元信号的分析时，会出现交叉项。例如两信号 s_1、s_2 分布位于时频平面的（t_1,ω_1），（t_2,ω_2），则交叉项会出现在$\left(\frac{t_1+t_2}{2},\ \frac{\omega_1+\omega_2}{2}\right)$。因此，在分析像心音这样复杂的信号时，会产生明显的交叉项。在 Wigner-Ville 分布中使用解析信号 $x(t)$ 而不是实际信号 $s(t)$ 的优点在于：第一，解析信号的处理中只采用频谱的正半部分，因此不存在由正频率项和负频率项产生的交叉项；第二，实用解析信号不需要经过采样，同时可避免不必要的畸变影响。

3. Hilbert 变换与瞬时频率　对于非平稳信号，“瞬时”的概念显然有其重要的意义，分析瞬时的时频信息可以得到更好的生理学意义。瞬时频率的定义可以利用 Hilbert 变换来确定。对任意时间序列 $x(t)$，可得到它的 Hilbert 变换

$$y(t)=\frac{1}{\pi}P\int\frac{x(t')}{t-t'}\mathrm{d}t' \tag{11-25}$$

由此定义，$x(t)$ 与 $y(t)$ 形成一个复共轭对，从而得到一个解析信号 $z(t)$。

$$z(t)=x(t)+\mathrm{j}y(t)=a(t)\mathrm{e}^{\mathrm{j}\theta(t)} \tag{11-26}$$

其中

$$a(t)=[x^2(t)+y^2(t)]^{\frac{1}{2}}\ \theta(t)=\arctan\frac{y(t)}{x(t)} \tag{11-27}$$

定义瞬时频率为

$$\omega(t)=\frac{\mathrm{d}\theta(t)}{\mathrm{d}t} \tag{11-28}$$

定义了瞬时频率，就可以得到信号各个时间点的频率变化情况。比起小波分析等方法，这种计算频率的方法不再受限于不确定性原理。然而需要指出的是，瞬时频率是时间的单值函数，因而在任意给定时刻只有一个频率值，也就是说它只能描述一种成分。对于单成分的信号，它才能够给出比小波分析更为精确的时频描述。

实际上不可能存在某种对于任何一种应用都十分理想的时频分布。在实际应用中，时频分析方法的选择依赖于被分析信号的性质和所要应用的分析方法的特点。在生物医学信号处理领域，生物系统生理状态相关的有用信息的提取对于系统状态的辨识和诊断有重要意义。所用方法的有效性完全取决于对信号中隐含信息的提取能力，寻找有效的方法是要综合信号特征和处理方法的特征。

4. 一维小波分析　小波分析是近 20 年发展起来的优良的时频信号分析工具。小波分析是傅里叶分析发表 180 多年来对其最辉煌的继承、总结和发展，对分析工具起承前启后、继往开来的重要作用，并取得了许多传统分析方法难以实现的显著应用效应。小波分析包括小波变换、小波基的构造以及小波的应用一系列的知识。有大量的医学信号是一维信号，这里着重介绍一维小波

分析。小波变换指信号与局部化特性良好的小波函数的内积。

(1) 连续小波变换：设信号 $f(t)\in L^2(R)$，$\phi(t)$ 为母小波函数，$\phi_{a,b}(t)=|a|^{\frac{1}{2}}\phi\left(\frac{t-b}{a}\right)$，$a$ 是非零实数，b 是实数。那么 $f(t)$ 的小波变换为

$$Wf(a,b)=CWT(a,b)=\langle f(t),\phi_{a,b}(t)\rangle=\int f(t)\mid a\mid^{-\frac{1}{2}}\phi\left(\frac{t-b}{a}\right)\mathrm{d}t \tag{11-29}$$

如果 $\phi(t)$ 为实函数，那么上式变成

$$Wf(a,b)=CWT(a,b)=\langle f(t),\phi_{a,b}(t)\rangle=\mid a\mid^{-\frac{1}{2}}\phi\left(\frac{t-b}{a}\right)\mathrm{d}t \tag{11-30}$$

假定 $\phi(t)$、$\hat{\phi}(\omega)$ 的窗函数的中心与半径分别为 (t^*,Δ_ϕ)，$(\omega^*,\Delta_{\hat{\phi}})$，则 $\phi\left(\frac{t-b}{a}\right)$ 及其傅里叶变换的窗函数中心与半径分别为 $(b+at^*,a\Delta_\phi)$，$\left(\frac{\omega^*}{a},\frac{1}{a}\Delta_{\hat{\phi}}\right)$，于是连续小波变换就变成了对时间 t 和频率 ω 能同时局部化的时间-频率窗：

$$[b+at^*-a\Delta_\phi,b+at^*]\times\left[\frac{\omega}{a}-\frac{1}{a}\Delta_{\hat{\phi}},\frac{\omega}{a}+\frac{1}{a}\Delta_{\hat{\phi}}\right] \tag{11-31}$$

这就是著名的连续小波变换时间-频率窗。正因为如此，小波变换可以在时频 (t,ω) 两相定位，而被誉为数学的显微镜。

原信号 $f(t)$ 也可以通过逆连续小波变换公式重构。

$$f(t)=\frac{1}{C_\phi}\int_0^{+\infty}\left(\left\{\int_{-\infty}^{+\infty}Wf(a,b)\left[\mid a\mid^{-\frac{1}{2}}\phi\left(\frac{t-b}{a}\right)\right]\right\}\mathrm{d}b\right)\frac{\mathrm{d}a}{a^2} \tag{11-32}$$

(2) 离散小波变换：设信号 $f(t)$ 取离散值 $f(k)$，$f(k)$ 为有限能量信号，$\phi(t)$ 为母小波函数，$\phi_{m,n}(t)=2^{\frac{m}{2}}\phi(2^mt-n)$，则离散式 $\phi_{m,n}(k)=2^{\frac{m}{2}}\phi(2^mk-n)$，那么离散小波变换为

$$DWTf=FWT(m,n)=2^{\frac{m}{2}}\sum_m f(k)\phi(2^mk-n) \tag{11-33}$$

逆离散小波变换公式为

$$f(k)=\sum_m\sum_n DWT(m,n)\phi_{m,n}(k) \tag{11-34}$$

11.3.4 非线性动力学方法

近几十年来，随着混沌理论的发展和对自然界各种混沌现象的深入研究，逐渐形成了一套非线性动力学的数值分析方法，用于分析非线性系统的动力学性质。非线性动力学方法主要包括计算有限长时间序列信号的广义维数（包括 Hausdorf 维数 D 0、信息维数 D 1、关联维数 D 2 等）、Lyapunov 指数、测度熵以及多种复杂性测度等。这些方法为我们理解和描述像生物体这样复杂的系统提供了一种全新的方法和手段。在确定系统的状态、区分随机的白“噪声”和确定性的“类随机”混沌信号上，这些非线性动力学方法比传统线性分析方法显得更有力。一个确定性的混沌动力学系统在相空间图中经长时间演化后常常收敛到一个奇怪吸引子上，刻画吸引子的一个重要的定量化指标是它的分形维数，在众多的维数的定义与测量方法中，关联维因简便易算，在实践中获得了广泛的应用，成为应用最广、最有效的维数之一。这些方法目前有以下两个方面的主要应用。

1. 心脏非线性动力学研究 在心脏的非线性动力学研究中，多数研究者的工作集中于已有临床价值和明确解释的心率变异性（heart rate variability，HRV），但是由于以下两方面的原因，它

在临床上的应用遇到了巨大的困难：首先，估算非线性动力学参数需要长的数据集，这意味着需要患者或受试者一动不动地躺在床上数小时，这在临床上几乎是不可能的事情；其次，即便可以从动态心电图获取 RR 间期的长时间记录，在数小时的时间内，很难保证患者的生理、病理状态不发生变化，而估算 D2 等非线性动力学特征参数的前提条件是系统处于稳态或准稳态。

2. 自发脑电 Alpha 节律的非线性动力学研究 脑电节律的研究一直是脑电研究中的重要内容，更是临床诊断中的有力工具。近年来，随着非线性动力学理论的发展，对脑电节律的非线性研究也越来越多。自从 Hans Berger 发现清醒状态下正常人脑电信号中占据主导地位的节律是 alpha 节律以来，为了理解其生理学起源以及它们和脑功能之间的关系，大量的研究者对其振荡活动特性进行了研究，alpha 节律是一种可以代表大脑状态的有特色的节律波。通过对三种 alpha 信号进行非线性检验，验证非线性的自发脑电的 alpha 节律是否具备非线性的特征，即：① alpha 节律占主导地位的 EEG 信号，即大脑左后顶叶处的脑电信号（P3 导联）；② 研究信号的频率范围严格控制在 8～13Hz 内。这种信号是 P3 处信号经过 FIR 带通滤波器后获取的；③ 通过小波分解对原始信号滤波，得到频率范围在 8～13Hz 内的节律波信号。

本章小结

通过本章学习，可以了解生物医学信号的采集和处理过程，掌握生物医学传感器的具体分类，能够针对不同的生理信号，选择合适的传感器类型，并对传感器进行校准和标定，掌握传感器系统的构成。同时，使用数据采集系统，通过传感器采集生理信号，了解数据采集系统的软件和硬件的组成，能够设计简单的采集系统，并以嵌入式数据采集系统为例子，分析系统的特点以及发展趋势。可以通过生物无线传感网络，将采集到的信号进行传输。通过时域、频域和时频域分析方法，对数据信号进行分析。阅读本章后，可以了解生物医学信号的采集和处理过程，对以后有关实际问题的分析提供有效的解决方案，有利于更进一步地理解医学信号处理的相关知识。

课后习题

1. 人体有哪些生理信号？这些生理信号正常范围是多少？
2. 如何标定生物传感器？
3. 什么是数据采集系统？它的特点有哪些？画出微机控制的数据采集系统框图。
4. 连续模拟信号转换成离散数字信号的步骤有哪些？
5. 简述无线传感器网络的关键技术。
6. 令 $x(n)=\sin(\omega n)$，其周期为 N，求 $x(n)$ 的自相关函数 $R_x(m)$。
7. 一个线性时不变系统的差分方程为 $y(n)=x(n)-4x(n-1)+x(n-2)$，请写出线性系统的传递函数 $H(z)$。
8. 请写出离散时间傅里叶变换的公式。
9. 已知序列 $x(n)=\cos(n\pi/6)$，其中 $n=0,1,\cdots,N-1,N=12$。求 $x(n)$ 的离散傅里叶变换级数 $X(k)$。

第12章 临床决策支持系统

学习目的

1. 了解临床决策支持系统的概念。
2. 理解产生式、概率推理及可信度等表示知识的方法。
3. 掌握临床决策支持方法。

引　言

医学知识迅速增长，医师难以及时掌握所有与疾病相关的信息。另一方面，临床医师面临高重复性的、消耗精力的日常临床决策，不能将更多的时间和精力投入到接触患者、掌握新知识及积极思考当中。医学专家的丰富知识和经验与计算机大容量存储及高速推理能力相结合，利用计算机辅助临床决策，可以极大减轻临床医师的负担，提高工作效率，降低治疗成本，并显著减少医疗差错。临床决策支持系统能够帮助医师做出准确诊断，正确回答问题，并在整个治疗和处理过程中测试初步的临床决策，防止医疗过错的发生，同时也能够在错误发生之后及时制止，具有重要的临床应用价值。

本章将介绍临床决策支持系统的概念、理论基础、系统结构及特征等，学习设计高性能的临床决策支持系统的一些原则。

12.1 临床决策支持系统概述

临床决策支持系统（clinical decision support system，CDSS）是指辅助临床工作人员、患者以及其他潜在用户智能化地获取或筛选临床医学数据和知识，进行专项问题的辅助判断，以达到改善医疗服务和提高医疗质量目的的系统，而在患者诊断过程中为临床医师提供不同程度的知识和辅助作用的计算机系统，被称为临床诊断决策支持系统（clinical diagnostic decision support system，CDDSS）。

12.1.1 专家系统与智能决策支持系统

人工智能（artificial intelligence，AI）是一门前沿学科，新思想、新观念、新理论、新技术不断出现，它是在计算机科学、控制论、信息论、哲学、心理学等多学科交叉的基础上发展起来的。人工智能的主要研究领域有专家系统、机器学习、模式识别、自然语言理解、自动定量证明、自动程序设计、机器人学、博弈、数据挖掘与知识发现、智能决策支持系统、人工神经网络等。

智能就是在巨大的搜索空间中迅速找到一个满意解的能力，它具有如下特征：

1）具有感知能力；

2）具有记忆和思维能力；

3）具有学习能力及自适应能力；

4）具有行为能力。

人工智能是一门研究如何构造智能机器或智能系统，使它能模拟、延伸、扩展人类智能的学科。1968年美国斯坦福大学的费根鲍姆（E. A. Feigenbaum）领导的研究小组研制出专家系统DENDRAL，它能够根据质谱仪的实验，通过分析推理出化合物的分子结构，其分析能力已经接近甚至超过有关化学专家的水平。该专家系统的研制成功不仅为人们提供了一个实用的智能系统，而且对知识的表示、存储、获取、推理和利用等技术进行了积极有益的探索，对人工智能发展产生了深刻的影响。1976年费根鲍姆小组又开发成功MYCIN医疗专家系统，用于抗生素药物治疗。1977年他又提出知识工程（knowledge engineering）的概念。在研究专家系统的过程中，人们认识到人工智能系统是一个知识处理系统，而知识表示、知识利用和知识获取则成为人工智能的三个基本问题。

1. 专家系统 专家系统（expert system）是一种具有特定领域内大量知识与经验的程序系统，它应用人工智能技术、模拟人类专家求解问题的思维过程求解领域内的各种问题，其水平可以达到甚至超过人类专家的水平。

专家系统的基本结构与功能如下：

1）知识库：该库存放被系统化组织的某一领域的知识及专家经验，计算机能够访问并以此进行推理判断，其具有存储、检索、修改、删除、扩充等功能。

2）推理机：它能够利用医学知识库，按照推理方法解决所遇到的问题。

3）咨询解释器：即人机接口，它能将用户提出的问题，转换为推理机可以理解的信息，并将推理结论及依据转达给用户。

4）知识获取机构：指专家系统和人类专家之间的界面，它将专家知识通过人工移植或机器学习的方法输入到知识库中。

专家系统的特点：

1）启发性：专家系统能够运用专家的知识与经验进行推理、判断与决策。

2）透明性：专家系统能够解释本身的推理过程并回答用户提出的问题，使用户了解推理过程，提高对专家系统的信赖感。

3）灵活性：专家系统能不断增长知识，修改原有知识，不断更新。

专家系统的优点：

1）专家系统解决实际问题时不受周围环境限制，能够高效、准确和不知疲倦地工作。

2）专家的专长将不受时间和空间的限制，便于珍贵稀缺的专家知识和经验的推广。

3）专家的专业知识和经验在专家系统中得到总结、精练，能够广泛而有力地传播，促进各领域的快速发展。

4）专家系统能够集成多领域专家的知识和经验，从而拥有更渊博的知识、更丰富的经验和更强的解决问题的能力。

专家系统的类型：

按求解问题的类型划分，专家系统可以分为以下几种类型：诊断型、解释型、预测型、设计型、规划型、控制型、监测型、维修型、教育型、调试型等。

诊断型专家系统的任务是根据观察到的情况（数据）来推断某个对象机能失常的原因。诊断型专家系统具有以下特点：

1）充分理解被诊断对象各组成部分的特性及其相互关系。

2）能够区分一种现象及其所掩盖的另一种现象。

3）能够向用户提出测量数据，并从不确切信息中得出尽可能正确的诊断。

例如，用于机械电子检测、软件故障分析、材料失效和医疗诊断等的专家系统都属于诊断型专家系统。比较著名的医疗诊断专家系统有用于抗生素治疗的 MYCIN、肝功能检验的 PUFF、青光眼治疗的 CASNET、内科疾病诊断的 INTERNIST-Ⅰ等。

2. 智能决策支持系统 决策知识系统是一个具有以下特征的计算机管理系统：

1）能对诸如计划、管理、方案选优等需要决策的问题进行辅助决策。

2）只能辅助和支持决策者进行决策，而不能代替决策者，即它所提供的功能是支持性的，而不是替代性的。

3）它所解决的问题一般是半结构化的。

4）它是通过数据和决策模型实现决策支持的。

5）着重于改善决策的效益，而不是决策的效率。

6）以交互方式进行工作。

智能决策支持系统是在 20 世纪 80 年代提出来的，是决策支持系统与人工智能技术，特别是专家系统相结合的产物，它既充分发挥了专家系统中知识表示及知识处理的特长，也充分发挥了传统决策支持系统中数值分析的优势，既可以进行定量分析，有可以进行定性分析，能有效解决半结构化及非结构化问题，扩大了决策支持系统的应用范围，提高了系统求解问题的能力。同时，随着信息技术的发展，数据库和数据仓库（data warehouse）的出现，数据挖掘（data mining）技术应运而生，极大地促进了智能决策支持系统的发展与应用。

12.1.2 知识的表示与推理

产生式系统（production system）因波斯特（Post）1943 年提出产生式规则（production rule）而得名。产生式规则以“如果满足这个条件，那么采取某些操作”形式表示语句，基本形式如下：

IF 条件 THEN 结论

例如，

IF ① 要求治疗的是脑膜炎，且

② 在染色的培养物中未发现微生物，且

③ 感染类型是细菌，且

④ 患者没有头部损伤缺损，且

⑤ 患者年龄在 15 岁到 55 岁之间。

THEN 可能引起感染的微生物是肺炎链球菌和奈瑟脑膜炎球菌。

斯坦福大学利用产生式系统结构设计出第一个专家系统 DENDRAL。在产生式系统中，论域的知识分为两部分：用事实表示静态知识，用产生式规则表示推理过程和行为。产生式系统的知识库主要用来存储规则，所以这种系统也称为基于规则的系统。

产生式系统由三部分组成：总数据库、产生式规则和控制策略，如图 12-1 所示。

总数据库用于存放求解过程中当前信息的数据结构，如问题的初始状态、事实或证据、中间推理结论和最后结果。

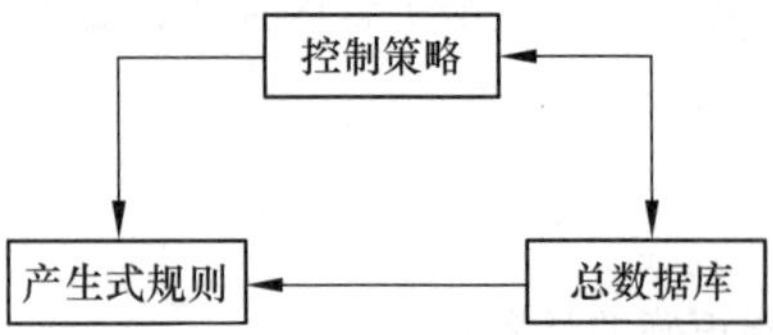

图 12-1　产生式系统组成

产生式规则是一个规则库，用于存放与求解问题有关的某个领域知识的规则集合及其交换规则。规则库知识的完整性、一致性、准确性、灵活性以及知识组织的合理性，对产生式系统的运行效率和工作性能有重要影响。

控制策略是一组由程序组成的推理机构，用来控制产生式系统的运行，决定问题求解过程的推理线路，实现对问题的求解。

运行过程如下：当产生式规则中某条规则的前提与总数据库中的某个事实相匹配时，该规则被激活，并把其结论作为新的事实存入总数据库。控制策略决定如何运用规则，通常把选择规则的执行分为三步：匹配、冲突解决和操作。

匹配：把当前数据库与规则的条件部分进行匹配，如果两者完全匹配，那么，把这条规则称为触发规则。当按规则的操作部分去执行时，称这条规则为启用规则。由于可能多条规则的条件部分被满足，被触发的规则不一定总是启用规则，这需要解决冲突。

冲突：当有一条以上规则的条件部分和当前数据库相匹配时，就需要决定首先使用哪一条规则，这称为冲突解决。冲突策略包括专一性排序、规则排序、数据排序、规模排序和就近排序等。

操作：操作就是执行规则的操作部分，经过操作后，当前数据库将被修改，然后有可能使用其他规则。

产生式系统表达直观自然，易于推理，可以进行模块化处理，设计和检验方法灵活，不足是无法表示结构性知识，不适于求解复杂系统。

1. 概率推理　如 p 为随机事件 A 的概率，则记作

$$P(A)=p$$

任何事件 A 的概率满足

$$0\leqslant p\leqslant 1$$

必然事件 U 的概率为 1，不可能事件 V 的概率为 0。随机事件的所有可能结果称为样本空间或结果空间，记为 S；样本空间内的每一个事件被称为基本事件，基本事件被称为样本空间内的基本元素。

事件间的基本关系如下：

(1) 包含：若事件 A 的发生必然导致事件 B 的发生，则称 B 包含 A（或称 A 包含于 B 中），记作 $A\subset B$。

(2) 事件的和：事件 A 和事件 B 中至少有一个发生，则这样的事件称为事件 A 和事件 B 的和，记作 $A+B$（或 $A\cup B$）。

(3) 事件的差：事件 A 发生且事件 B 不发生，则这样的事件称为事件 A 和事件 B 的差，记作 $A-B$。

(4) 事件的积：事件 A 和事件 B 同时发生，则这样的事件称为事件 A 和事件 B 的积，记作 AB 或 $A\cap B$。

(5) 互不相容事件：若事件 A 和事件 B 不可能同时发生，则称这两个事件为互不相容事件，记为 $A\cap B=\varnothing$，或 $AB=\varnothing$。

(6) 事件的逆：对于任一事件 A，有 $P(\overline{A})=1-P(A)$，$\overline{A}$ 表示事件 A 的逆。

概率的运算如下：

(1) 概率的加法：若 A、B 是两个互不相容的事件，则它们的和事件的概率等于各事件的概

率之和，即

$$P(A+B)=P(A)+P(B) \tag{12-1}$$

（2）条件概率和概率的乘法：在事件 A 发生的条件下，事件 B 发生的概率叫做条件概率，记作 $P(B \mid A)$。

概率的乘法公式为

$$P(AB)=P(A)P(B \mid A), \quad \text{或} \quad P(AB)=P(B)P(A \mid B) \tag{12-2}$$

（3）事件独立的条件：一事件的发生并不影响另一事件的发生，则称两事件相互独立。如用公式表示则记为

$$P(B \mid A)=P(B) \tag{12-3}$$

表示事件 A 发生与否不影响事件 B 的发生。

（4）全概率公式：如果事件 A 的发生每次都必与互不相容的 n 个事件 $B_1, B_2, \cdots, B_n$ 之一同时发生，则事件 A 发生的概率为

$$P(A)=\sum_{i=1}^{n} P(B_i)P(A \mid B_i) \tag{12-4}$$

（5）贝叶斯公式：如果事件 A 的发生每次都必与互不相容的 n 个事件 $B_1, B_2, \cdots, B_n$ 之一同时发生，则在事件 A 发生的条件下，事件 B_j 发生的概率为

$$P(B_j \mid A)=\frac{P(B_j)P(A \mid B_j)}{\sum_{i=1}^{n} P(B_i)P(A \mid B_i)} \tag{12-5}$$

贝叶斯公式也称为逆概率公式或后验概率公式。

概率推理方法主要基于贝叶斯公式。

设有如下产生式规则：

IF　E　THEN　H

则证据（或前提条件）E 不确定性的概率为 $P(E)$，概率方法不精确推理的目的就是计算在证据 E 下结论 H 的发生概率 $P(H \mid E)$。

把贝叶斯方法用于不精确推理的一个原始条件是：已知前提 E 的概率 $P(E)$ 和 H 的先验概率 $P(H)$，并已知 H 成立时 E 出现的条件概率 $P(E \mid H)$，则根据贝叶斯公式可以计算出 H 的后验概率 $P(H \mid E)$。

概率推理方法具有较强的理论基础和较好的数学描述。当证据和结论彼此独立时，计算并不复杂。但是应用这种方法时要求给出结论 H 的先验概率及证据 E 的条件概率，而要获得这些概率数据是相当困难的。此外，贝叶斯公式的应用条件相当严格，即要求各事件彼此独立。如果证据间存在依赖关系，那么就不能直接采用这种方法。

2. 可信度方法　可信度方法是肖特里菲（Shortliffe）等人在确定性理论基础上结合概率论等理论提出的一种不精确推理（inexact reasoning）模型，它对许多实际应用都是一个合理而有效的推理模式，在专家系统里得到广泛的应用。

1）基于可信度的不确定性表示：根据经验判定一个事物或现象为真的（相信）程度称为可信度。在 MYCIN 专家系统中，不确定性用可信度表示，知识用产生式规则表示。每条规则和每个证据都具有一个可信度。

（1）知识不确定性的表示：在可信度方法中，不精确推理的规则的一般形式为

IF　E　THEN　H　（CF（H，E））

其中，CF(H，E) 是该规则的可信度，称为可信度因子或规则强度。CF(H，E) 的作用域为

[−1, 1]。CF(H, E)>0，则表示该证据增加了结论为真的程度，且CF(H, E)的值越大，结论H越真。若CF(H, E) =1，则表示该证据使结论为真。反之，若CF(H, E)<0，则表示该证据增加了结论为假的程度，且CF(H, E)的值越小，结论H越假。CF(H, E)=−1，表示该证据使结论为假。CF(H, E)=0，表示证据和结论H没有关系。例如：

$$R_1: \text{IF} \quad E_1 \quad \text{THEN } H \ (0.8)$$

$$R_2: \text{IF} \quad E_2 \quad \text{THEN } H \ (-0.4)$$

（2）证据不确定性的表示：在可信度方法中，证据E的不确定性用证据的可信度CF(E)表示。初始证据的可信度由用户在系统运行时提供，中间结果的可信度由不精确推理算法求得。

证据E的可信度CF(E)的取值范围与CF(H, E)相同，即$-1 \leqslant \text{CF}(E) \leqslant 1$。当证据以某种程度为真时，CF($E$)>0；当证据肯定为真时，CF($E$)=1；当证据以某种程度为假时，CF($E$)<0；当证据肯定为假时，CF($E$)=−1；当证据无关时，CF($E$)=0。

2）可信度方法的推理算法：下面给出可信度方法推理的一些基本算法。

（1）组合证据的不确定算法

① 合取证据：当组合证据为多个单一证据的合取时：

$$E=E_1 \text{ AND } E_2 \text{ AND} \cdots \text{AND } E_n$$

若已知CF(E_1),CF(E_2),…,CF(E_n)，则有：

$$\text{CF}(E)=\min\{\text{CF}(E_1),\text{CF}(E_2),\cdots,\text{CF}(E_n)\}$$

即对于多个证据合取的信任度，取其可信度最小的那个证据的CF值作为组合证据的可信度。

② 析取证据：当组合证据为多个单一证据的析取时：

$$E=E_1 \text{ OR } E_2 \text{ OR} \cdots \text{OR } E_n$$

若已知CF(E_1),CF(E_2),…,CF(E_n)，则有：

$$\text{CF}(E)=\max\{\text{CF}(E_1),\text{CF}(E_2),\cdots,\text{CF}(E_n)\}$$

即对于多个证据析取的信任度，取其可信度最大的那个证据的CF值作为组合证据的可信度。

（2）不确定性的传递算法：不确定性的传递算法就是根据证据和规则的可信度求其结论的可信度。若已知规则为

$$\text{IF} \quad E \quad \text{THEN} \quad H \quad (\text{CF}(H, E))$$

且证据E的可信度为CF(E)，则结论H的可信度CF(H)为

$$\text{CF}(H)= \text{CF}(H, E)\times \max\{0, \text{CF}(E)\}$$

当CF(E)>0，即证据以某种程度为真时，则CF(H)=CF(H, E)×CF(E)。若CF(E)=1，则证据为真，则CF(H)=CF(H, E)。这说明E为真，结论H的可信度为规则的可信度。当CF(E)<0，则证据以某种程度为假，规则不能使用时，则CF(H)=0。可见，在可信度方法的不精确推理中，并没有考虑证据为假对结论H所产生的影响。

多个独立证据推出同一假设的合成算法如下所示：

如果两条不同规则推出同一结论，但是可信度各不相同，则可用合成算法计算综合可信度。已知如下两条规则：

$$R_1: \text{IF} \quad E_1 \quad \text{THEN} \quad H \quad (\text{CF}(H, E_1))$$

$$R_2: \text{IF} \quad E_2 \quad \text{THEN} \quad H \quad (\text{CF}(H, E_2))$$

其结论H的综合可信度可按如下步骤求得：

首先计算$\text{CF}_1(H)$和$\text{CF}_2(H)$：

$\text{CF}_1(H)=\text{CH}(H, E_1)\times\max\{0, \text{CF}(E_1)\}$

$CF_2(H)=CH(H, E_2)\times \max\{0, CF(E_2)\}$

然后求出 E_1 和 E_2 对 H 的综合影响所形成的可信度 $CF_{1,2}(H)$：

当 $CF_1(H)\geqslant 0$，$CF_2(H)\geqslant 0$ 时，$CF_{1,2}(H)=CF_1(H)+CF_2(H)-CF_1(H)\times CF_2(H)$

当 $CF_1(H)<0$，$CF_2(H)<0$ 时，$CF_{1,2}(H)=CF_1(H)+CF_2(H)+CF_1(H)\times CF_2(H)$

当 $CF_1(H)\times CF_2(H)<0$ 时，$CF_{1,2}(H)=CF_1(H)+CF_2(H)$

当组合两个以上独立证据时，可首先组合其中的两个，在将其组合结果与第三个证据进行组合，如此进行组合，直至组合完成为止。

12.1.3 临床决策支持系统的意义与种类

临床决策支持系统旨在帮助医疗保健专业人士做出临床决策，提高医疗质量、减少医疗差错和提高医疗效益。表现在通过改善用药和检查顺序、降低药物差错和不良反应，提高患者医疗安全，以及利用计算机智能辅助技术，采用决策理论和成本效益分析，通过数值方法，实现逻辑推理，对临床诊断和治疗进行智能决策，以不断提高医疗质量。

按工作方式分类，临床决策支持系统可以分为被动式、半自动式和主动式三类。

1. 被动式 大多数临床决策支持系统属于被动式，医师根据患者状况描述和检查信息，向系统提出明确的问题，系统根据信息与用户需求对患者诊断并给出治疗建议，或对医师提出的治疗方案进行评估。

2. 半自动式 在临床应用中一旦触发条件发生，半自动式系统自动激活，主要用于规范操作，避免潜在的错误。半自动临床决策支持系统可以标志异常值或提醒医师可能发生的药物相互作用，是帮助医务人员集中注意力的有力工具，能够提醒用户关注可能被忽略的诊断或其他问题。

3. 主动式 在临床应用中，主动式系统不需要医师干预，根据患者的数据集合自动激活，提出诊断和治疗建议。例如，根据医疗常规提出额外检查的建议，对心脏起搏器或透析监视器等实现智能监督等。

12.2 临床决策支持系统的系统结构与主要特征

临床决策支持系统是一个基于数据库的综合、复杂的人工智能系统，各组成部分相互协调完成决策支持功能，通常基于对其特征的分析，实现有效性评估。

12.2.1 临床决策支持系统的系统结构

决策支持系统一般包括数据库、模型库、知识库、方法库及人机接口系统5个基本构件，针对不同应用目标，可对这些构件及功能进行不同取舍或不同组合，它们构成不同的临床决策支持系统。

在结构模型中，根据用户需求及应用环境，可以采取不同设计方案，常用的有多库并列型及知识主导型，如图12-2和图12-3所示。在多库并列型中，各库地位平等，不分主次。多库协同系统负责协同调度、相互通信、总体控制及资源共享等。在知识主动型中，以知识库为主导，对数据库、模型库、方法库进行调度管理，实现多库协同。

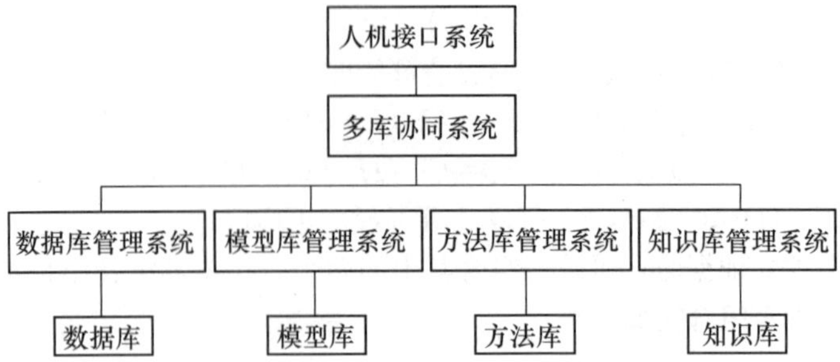

图 12-2　决策支持系统多库并列型

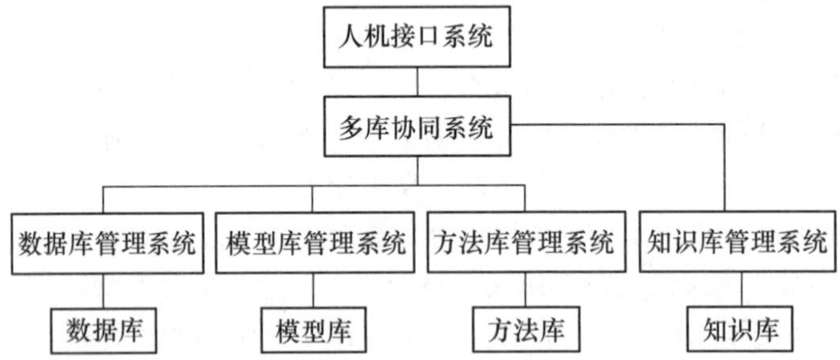

图 12-3　决策支持系统知识主导型

12.2.2　临床决策支持系统的主要特征

评估临床决策工具的有效性，通常分析其 5 个特征，即系统功能、提供建议模式、通信风格、决策方法及人机交互方式。

1. 系统功能　决策支持系统提供的方案可以分为两类：一类是帮助医疗保健人员确定患者的真实情况；另一类是协助医师决定对患者采取措施，通常是决定做何种类型的检验、是否治疗或采取何种方案。

2. 提供建议模式　大多数决策支持系统在给临床医师提供建议时，其处于被动角色。在这种被动模型中，医师确定何时建议是有用的，然后主动访问计算机程序，通过输入数据描述案例，获得诊断或治疗建议，并进行评估。

另外一种是主动模型，系统不等医师提出具体求助要求，而是主动监测或管理数据活动，及时提出警告或建议。它将决策逻辑、疾病治疗原则与患者信息整合在一起，不需要医务人员费力地录入数据即可得到临床建议，因而具有很强的吸引力。正确处理“假阳性”报告是该系统面临的挑战之一。

3. 通信风格　决策支持系统往往采取两种互动方式：咨询模型和评判模型。在咨询模型中，该程序作为顾问，接收患者数据，可能提出一些问题与用户交互，然后产生诊断建议。在评判模型中，临床医师对患者治疗具有自己的方案，为了验证自己的计划是否合理，在付诸实施前通过计算机程序评判其合理性。

4. 决策方法　目前，主要的决策方法是贝叶斯建模、决策分析、人工神经网络和人工智能。

贝叶斯建模方法是基于对患者参数的观察，以及掌握疾病与病因的统计关系而提出的。大批贝叶斯诊断程序已经被开发出来，这些程序为选择患者疾病状况提供了可能的解释，而且被证明正确的。

在医学中作出的大部分决定需要权衡诊断或管理患者疾病的成本和效益，研究人员开发了源自决策分析方法的工具。当采用贝叶斯推理进行决策分析时，综合考虑了决策所产生的各种结果。决策树或信念网络也是经常使用的决策模型。

人工神经网络经常用于分类。它是一个多层节点构成的网络模型，节点间的权值经过学习而自动调整。学习的方法分为有监督的学习和无监督的学习，通过对样本及其分类的学习，人工神经网络获得分类功能。在应用中，将描述一给定病例的临床数据集作为输入，以产生一组数据作为输出，而每个输出对应于对疾病解释的一个特定分类。该方法的不足是观察者无法直接理解人工神经网络为什么能得出某种结论。

20世纪70年代以来，人工智能技术广泛应用于诊断和治疗管理系统。传统的人工智能与心理学规律以及计算机对逻辑的建模是密切相关的。研究医学专家解决问题的心理学已对医学人工智能领域产生了很大影响。目前，决策支持系统已经成为人工智能研究的一个分支。临床决策中的推理是不确定或称非精确推理，研究精确描述不确定性知识及确立不确定推理的规则对智能决策支持具有重要意义。

5. 人机交互 临床决策支持系统作出正确的诊断或提出类似于专家给出的治疗意见，仅仅是系统成功的一部分。良好的人机接口将使用户提前预测他们行动的结果，并能根据需要，避免某些行为的后果。将决策支持成分嵌入到一些较大的计算机系统中，将极大方便用户对决策系统的学习和使用。基于语言、姿势、虚拟现实的新型人机接口技术为医护人员提供了与决策支持系统交互的新方式。

12.3 临床决策支持方法

临床决策支持的方法有多种，如基于规则的推理、基于案例的推理及基于概率的推理等。这里主要介绍基于概率的推理。

12.3.1 医学实验结果分类

在一个由健康人口构成的总体中，绝大多数生物学计量是持续变量，表现为不同个体有不同的数值。数值的分布通常接近正态分布曲线。也就是说总体的95%是落在均数的两个标准差之间。总体的大约2.5%将超出由分布曲线每端的均数算起的两个标准差。有病个体的数值分布也可能是正态分布。两个分布常常有重叠，如图12-4所示。

如何将一个试验结果判断为不正常？绝大多数临床实验室界定一个“正常上限”，通常将这个“正常上限”界定为超过均数的两个标准差。这样大于均数以上两个标准差的实验就报告为不正常（或阳性），小于截断值的试验结果就报告为正常（或阴性）。图12-4所示即表示截断值左侧为正常，右侧为不正常。但健康总体的正态分布曲线有一部分越过了截断值，落入不正常范围；而有病总体也有一部分越过了截断值，落入正常范围。

理想的医学试验是有患者群和无患者群分布不重叠，也就是说如果这个截断值设置合适，所有健康个体的试验都是正常的，而所有有病的个体都是不正常的。但是，几乎很少有试验满足这个标准。因此需要将试验对象的真阳性、真阴性、假阳性和假阴性区分开来。

真阳性（true positive，TP），从患者身上获得的阳性试验结果（试验结果正确地将患者分在有病的一组中）。

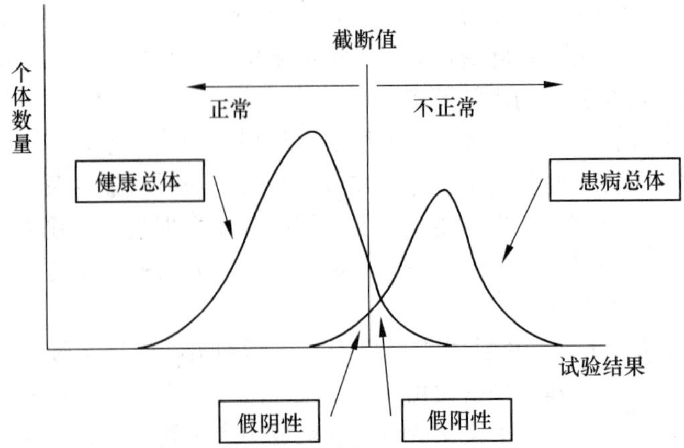

图 12-4 健康和有病两个总体的分布曲线图（其假阳性和假阴性随截断值而变化）

真阴性（true negative，TN），从没有该病的患者身上获得的阴性试验结果（试验结果正确的将患者分在没病的一组中）。

假阳性（false positive，FP），从没有该病的患者身上获得的阳性试验结果（试验结果不正确的将无患者群分到有病的一组中）。

假阴性（false negative，FN），从有该病的患者身上获得的阴性试验结果（试验结果不正确的将有患者群分到无病的一组中）。

一旦选定了截断值，可用表 12-1 将以上所列四种试验结果区别开来。

表 12-1 试验结果分类

检验结果	患病	未患病	总数
阳性结果	*TP*	*FP*	*TP*+*FP*
阴性结果	*FN*	*TN*	*FN*+*TN*
总数	*TP*+*FN*	*FP*+*TN*	

如何衡量一项试验的性能？无论是筛查试验或诊断试验，衡量它的性能应有两方面的标准：真实性（validity）和可靠性（reliability）。

真实性指测量值和实际值符合的程度，评价真实性用两个指标：敏感性是试验结果检出有病的人（即阳性）占患者总数的比例，即真阳性率，而特异性是试验结果检出无病的人（即阴性）占无病者总数的比例，即真阴性率。

可靠性是指在相同条件下，重复试验获得相同结果的稳定程度，其影响因素有受试者对象个体变异，实验方法或仪器本身的变异，以及观察者的变异。可用如下指标全面衡量一项试验的性能：

(1) 真阳性率（true positive rate，TPR）又称敏感性，是某个有病的人得出阳性试验结果的可能性。如用条件概率表示，敏感性就是在疾病出现时阳性试验的概率：

$$P\,[\text{阳性试验结果} \mid \text{有病}]$$

TPR 的另一种表示方式就是比值。有病的人产生阳性试验结果的可能性，是用阳性结果的患者与所有有患者数的比来表示的：

$$TPR = TP/(TP + FN) \tag{12-6}$$

真阳性率反映患病者得到阳性检验结果的似然估计。

(2) 真阴性率（true negative rate，TNR）又称特异性，是没有病的人得出阴性试验结果的可能性。用条件概率来说，特异性是没病时阴性试验结果的概率：

$$P\,[\text{阴性试验结果} \mid \text{没病}]$$

如用比值表示，TNR 是阴性试验结果又没病的人数被没病的总人数相除：

$$TNR = TN/(TN + FP) \tag{12-7}$$

真阴性率反映未患病者得到阴性检验结果的似然估计。

(3) 假阴性率（false negative rate，FNR）是有病的人产生阴性试验结果的可能性，用比值来表示即：

$$FNR = FN/(FN + TP) \tag{12-8}$$

假阴性率反映患病者得到阴性检验结果的似然估计。

(4) 假阳性率（false positive rate，FPR）则是没有病的人产生阳性试验结果的可能性，用比值表示即：

$$FPR = FP/(FP + TN) \tag{12-9}$$

假阳性率反映未患病者得到阳性检验结果的似然估计。

对于一项试验是提高其敏感性还是提高其特异性，取决于所研究的疾病和试验的目的。

(1) 如疾病的预后差，对漏检患者可能带来严重后果，而且目前该病又有可靠的治疗方法，则诊断试验的截断值可向左移，以提高其敏感性，以便尽可能多地发现人群中的可疑患者，但这会使假阳性增加；

(2) 如果疾病的预后不严重，而现有的诊疗方法又不理想，截断值可右移，以降低敏感性增加特异性，以尽可能将无病的人鉴别出来，但这会增加试验的假阴性；

(3) 如果假阳性者进一步诊断的费用太高，为节约起见，可将诊断试验阳性结果的截断值右移，以减少假阳性；

(4) 如果诊断试验的敏感性和特异性都很重要，可将诊断试验阳性结果的截断值定在健康总体和有病总体的交界处。

12.3.2 基于贝叶斯定理的预测

一般来说，人们想要知道在检验结果呈阳性的条件下疾病出现的概率。用 D 表示疾病出现，不出现记为 $-D$，检验结果记为 R，疾病的验前概率记为 $P\,[D]$。给定检验结果的条件下疾病的概率记为 $P\,[D \mid R]$：

$$P[D \mid R] = \frac{P[D] \times P[R \mid D]}{P[D] \times P[R \mid D] + P[-D] \times P[R \mid -D]} \tag{12-10}$$

在阳性结果（+）下改写这个一般方程，用 $P\,[D \mid +]$ 替代 $P\,[D \mid R]$，用 $P\,[+ \mid D]$ 替代 $P\,[R \mid D]$，用 $P\,[+ \mid -D]$ 替代 $P\,[R \mid -D]$，用 $1-P\,[D]$ 替代 $P\,[-D]$。其中：$P\,[+ \mid D] = TPR$，$P\,[+ \mid -D] = FPR$。

阳性检验的贝叶斯定理

$$P[D \mid +] = \frac{P[D] \times TPR}{P[D] \times TRP + (1 - P[D]) \times FPR} \tag{12-11}$$

阴性检验的贝叶斯定理

$$P[D \mid -] = \frac{P[D] \times FNR}{P[D] \times FNR + (1 - P[D]) \times TNR} \tag{12-12}$$

例 1 王先生今年 60 岁，设患心脏病的概率是 0.75，接受运动负荷检查，记录他的心电图，结果异常呈阳性。根据有心脏病典型症状人的患病率和有心脏病家族史的患病率，假设运动检验的 *TPR* 和 *FPR* 分别是 0.65 和 0.05。计算王先生阳性检查结果的心脏病患病概率。

$$P[D\mid+]=0.75\times0.65/(0.75\times0.65+0.25\times0.20)=0.91$$

这样，阳性检验把后验概率从验前的 0.75 提高至 0.91。

12.3.3 基于期望的预测

疾病的各种治疗方案可能导致不同结果，医师需要进行选择。如果治疗结果可以用存活时间、幸福感觉或货币单位来衡量，那么某项治疗措施可以通过带给患者的期望存活时间、期望幸福感和期望货币成本来描述。决策树（decision tree）是一种直观的、以概率为基础的决策方法，经常用于期望值决策。

决策树是用由决策节点、机会节点和从机会节点发出的线条组成，形似树枝。该方法用小方块表示决策节点，这是决策人可控制的；以圆圈表示机会节点，这是决策人无法控制的。从机会节点发出若干条线，每条线代表一种可能的结果，与每条线相关的是结果出现的概率。对某个患者而言，仅有一个结果出现。

在期望值决策中，通常分四步进行决策分析：① 创建决策树；② 计算每种备选方案的期望值；③ 选择有最高预期值的决策；④ 用敏感性分析去检验决策分析的结论。

例 2 患者单先生是一位 66 岁的老年男性，双膝患有严重的关节炎，可以借助双拐在室内走动，否则必须使用轮椅，另外他患有肺气肿，呼吸困难。他在轮椅上可以舒服地呼吸，但是拄拐杖所耗费的力气使他剧烈喘气，很不舒服。几年前，他仔细考虑了膝关节置换手术，但是决定不做，主治医师告诉他，他的肺病使他可能下不了手术台。但是，最近他的妻子中风并且身体局部瘫痪。她现在需要的帮助是单先生现在的运动状态所无法提供的，他告诉主治医师他重新考虑手术。该患者是选择膝关节置换术，还是维持现状？

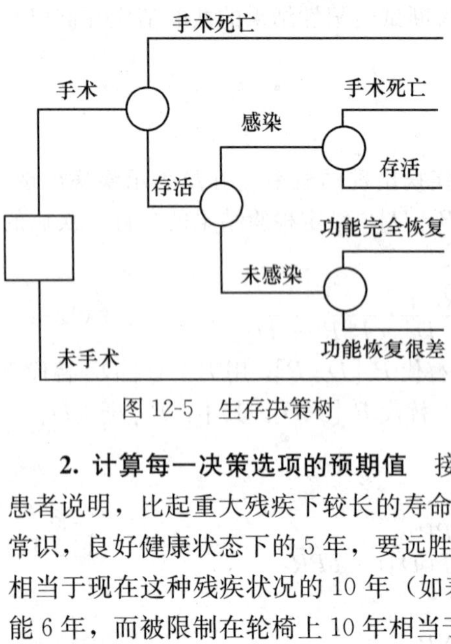

图 12-5 生存决策树

1. 生成决策树 按决策分析的方法，该患者的主治医师勾画了如下的决策树，如图 12-5 所示，其中方框表示决策节点，由决策节点发出的每条线代表了可采取的行动；圆圈代表机会节点。

根据期望值决策方法，主治医师首先必须赋予每个机会节点的每个分支一个概率。为完成这项任务，主治医师询问若干矫形外科医师后，获得患者手术后功能完全恢复的机会（*P*［完全恢复］=0.6）和置换关节时发生感染的机会（*P*［感染］=0.05），并做出手术中或手术后患者马上死亡概率的主观估计（*P*［手术死亡］=0.05）。

2. 计算每一决策选项的预期值 接下来，经治医师必须对每个结果分配一个值。其方法要求患者说明，比起重大残疾下较长的寿命，他能接受的良好健康状况下最短的存活期限。因为根据常识，良好健康状态下的 5 年，要远胜过健康极差的 10 年。患者要回答认为正常功能下活多少年相当于现在这种残疾状况的 10 年（如表 12-2 所示）。患者认定，活动受限制 10 年相当于正常功能 6 年，而被限制在轮椅上 10 年相当于功能完全恢复 3 年。

表 12-2 依据患者的回答计算出每一个决策选项的预期值

存活年限/年	功能状态	同结果相当的功能完全恢复的年限
10	功能完全恢复（手术成功）	10
10	功能很差（维持现状或手术不成功）	6
10	限制在轮椅上（假如第二次手术必须进行的结果）	3
0	死亡	0

为将寿命和生活质量统一起来考虑，需要有一种单一度量，即良好健康状态下的存活年限，这个度量通常称为质量调整寿命（quality-adjusted life year，QALY）。

3. 选择有最高预期值的选项 经治医师的第二个任务就是计算手术或不手术情况下能健康存活的期望值（从右到左即从树梢到树根计算每个机会节点的期望值，如图 12-6 所示）。

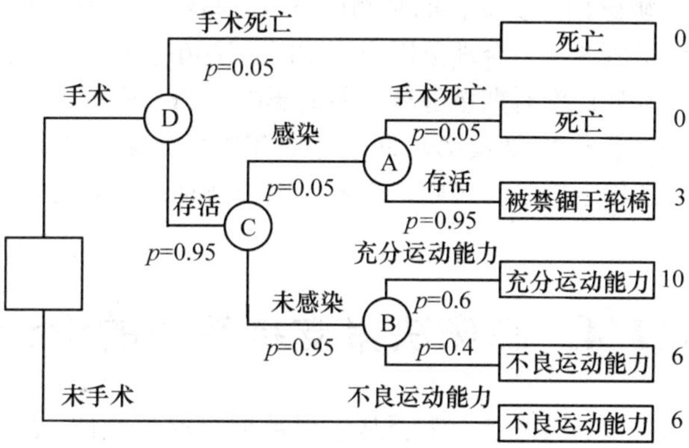

图 12-6 决策树中机会节点的期望值

现以机会节点 A 为例，考虑一下去除感染人工关节手术结果在该节点的预期值。共分三步计算：

(1) 计算去除感染假体手术死亡的预期值。用结果的 QALY（死亡，0 年）去乘手术死亡概率（0.05）：0.05×0=0QALY。

(2) 计算手术后存活的预期值。用相当于限制在轮椅上生活 10 年的完全健康的年限（3 年）去乘存活概率（0.95）：0.95×3=2.85QALYs。

(3) 将第一步和第二步的计算结果相加，得到置入人工关节后感染的预期值：0+2.85=2.85QALYs。

同理，机会节点 B 的预期值为：(0.6×10)+(0.4×6)=8.4QALYs。

关节置换术后（机会节点 C）存活的预期值可按如下步骤计算：

(1) 用置入人工关节后感染的预期值（已计算为 2.85QALYs）乘以人工关节将会被感染的概率（0.05）：2.85×0.05=0.143QALYs。

(2) 人工关节绝不会被感染的预期值（已计算为 8.4QALYs）乘以人工关节将不会被感染的概率（0.95）：8.4×0.95=7.98QALYs。

(3) 将第一步和第二步的计算结果相加，得到置换人工关节后存活的预期值 0.143+7.98=8.123QALYs。

为计算机会节点 D 的预期值，可从树梢往回计算到树根，直到外科手术的预期值被计算出，分析结果是以患者具有完全正常功能的年限来衡量，该患者的平均预期寿命为 7.7 年。这个数值不意味着患者如接受手术，就保证可自如活动并存活 7.7 年。看一下决策树就知道，某些患者死于手术，某些患者接受手术后发生了感染，某些人手术后活动能力没有任何改进。因此，任何单个患者的结果是无法保证的。该值的意义在于，如果医师有 100 个相似的患者接受这种外科手术，他们的平均能活动的年限为 7.7 年。所以从患者角度看，这个数值仅仅是用来帮他检验选择方案。

如不手术，以正常活动年限来衡量，平均寿命是 6 年。该患者认为它相当于持续活动能力很差的 10 年。当然，不是所有的患者都会经历这种结果，有些活动能力很差的患者活的时间会比这更长些，而另一些要比 10 年还短。然而，以正常活动年限计算，不手术的平均寿命是 6 年。一般来讲，手术的结果会为该患者提供更好的生存价值，因此，经治医师建议进行手术。

这样例子告诉人们，期望值决策的关键思想是，在某个患者身上存在难以预测的结果时，要为他选择能给他带来（较之在类似患者中）最好结果的方法。

4. 进行敏感性分析　敏感性分析的目的是测试决策分析结论的真实性。敏感性分析要回答的问题是，当概率和结果效用值在一个合理范围内变动时，决策分析的结论会不会变。

可以通过计算获得手术死亡率对期望健康年限的影响，当手术死亡率超过 25%，手术期望存活较低。同样可以计算功能完全恢复概率对期望健康年限的影响，当功能完全恢复的概率超过 20%，手术带来的健康存活年限较长。否则，当死亡率较高时，应采取非手术治疗。

12.4 临床决策支持系统的设计

构建有效实用的临床决策支持系统，需要从患者数据获取与验证、医学知识建模、医学知识导出、医学知识表示和推理以及系统性能验证五个方面着手。

12.4.1 患者数据的获取与验证

输入到临床决策支持系统的数据，应该是准确、完整而有效的。目前缺乏标准的计算机可以理解的、能够表达大多数临床情况的方法。虽然已经出现了标准医学词汇系统，但是并没有准确描述患者疾病细微变化的控制性术语，也没有任何编码系统可以精确反映医护人员的病程记录。在设计临床决策支持系统时，输入准确并经过验证过的患者数据，是一个有效决策支持系统的基础。

12.4.2 医学知识的建模

创建决策支持系统需要大量建模：确定何种临床治疗方案与患者数据相关，在决策任务中识别概念和关系，并确定使用临床知识以得到结论所需的解决问题策略。不论底层的决策方法如何，任何决策系统的建设都需要开发临床知识模型。

12.4.3 医学知识的导出

医学知识库的开发和维护是一个非常重要的问题。研究者已经开发出通过与专家直接互动的方式为决策支持系统获取知识库的计算机程序，从而避免计算机程序员承担的翻译和中介工作，尽量减少知识导出环节中的信息失真。在这些方法中，系统分析员必须首先和专家一起工作，以对相关的应用领域建模。

12.4.4 医学知识的表示和推理

以计算机能够识别的方式表示的医学知识与实际专家理解和应用的医学知识有很大的差距，人类可以通过疾病的发展或者疾病对过去治疗的反应等方面的数据，对疾病随时间的变化作出预测，而让计算机具有人类这样的能力，就需要研究建立精确的数学模型。

12.4.5 系统性能的验证

临床知识库是不断更新的，为了与决策支持系统同步发展，专业组织或其他的国家机构应该承担保持海量临床知识库最新性和完整性的责任。在系统性能评估中，治疗建议的金标准不易定义，所以参照领域专家的建议是有益的。

12.5 案例：MYCIN

MYCIN是帮助医师诊治细菌感染性疾病的专家系统，由斯坦福大学的爱德华·肖特里菲（Edward Shortliffe）于1974年开发完成。MYCIN的取名来自多种治疗药物的后缀如氯洁霉素（clindamycin）、红霉素（erythromycin）等。作为一个帮助诊断细菌感染疾病和提供治疗咨询的决策支持系统，它能识别某些导致重度感染的菌群，如脑膜炎球菌，推荐有针对性的抗生素种类和剂量。

MYCIN专家系统是决策支持系统的代表，很多专家系统都是在其基础上研制而成的。该系统不但具有较高的性能，而且具有解释功能和知识获取功能，可以用英语与用户对话，回答用户提出的问题，并在专家指导下学习医疗知识。它还使用了知识库的概念和不精确推理技术，对智能决策支持的理论和实践，都有较大的贡献。

MYCIN由规则库、数据库和控制系统三个部分组成。规则库是总结医学专家经验的知识库，是系统的核心内容，包含了数百套规则，每套规则用产生式表示法归纳了一条医学专家总结出的知识。例如，047号规则表示为：

如果：1）培养物取自血液，且

2）病原体的身份未鉴别，且

3）病原体的染色是革兰阴性，且

4）病原体的形态为杆状，且

5）患者被烧伤。

那么：该病原体的身份应鉴别为假单胞细菌，且可信度为0.4。

数据库用以保存问题求解的原始证据（初始状态）和中间结果。由于当时尚未出现视窗（windows）技术，用户界面只提供基于文本的问答过程和结果显示。

数据库和控制系统联合形成推理机，根据可信度方法进行不精确推理。采用后向链推理，从问题求解的目标出发，搜寻原始证据以支持目标成立。推理过程如下：

1）由MYCIN决定使用哪些规则以及如何关联这些规则。

2）这些规则会对MYCIN的推理进行连贯解释，并向用户提出相应问题。

3）根据问题答案，诊断结果会按照概率高低的顺序依次排列，概率数字和推理可靠程度显示在结果之后。

MYCIN在临床应用中，大致遵循以下四个步骤：

1）判断所发现的细菌是否引起了疾病。

2）判断疾病可能是由哪种病菌引起的。

3）判断哪些药物对抑制这种病菌可能有效。

4）根据患者的情况，选择最适合的药物和剂量。

研究表明，MYCIN诊断的有效性可以达到69%，甚至超过了某些感染疾病专家的水平。但是，当时计算机诊断和医疗被认为会带来法律和伦理方面的问题，使得MYCIN最终没能应用于临床治疗。不过许多早期的医学专家系统，都参照了MYCIN系统的技术，如知识表现、不确定推理、推理解释、知识获取等。

本章小结

医学决策通常意味着做出诊断和选择适当的治疗方案，医院中很多医疗事故是由于决策失误造成的，建立临床决策支持系统，对于提高医疗质量、减少医疗事故，具有不可替代的作用。本章介绍了临床决策支持系统的概念、系统结构和主要特征，对基于概率推理的临床决策方法进行分析，论述了构建良好决策支持系统的主要因素，最后结合产生式系统介绍了经典的临床决策支持系统——MYCIN。

课后习题

1. 设H_1、H_2、H_3为三个结论，E是支持这些结论的证据，且已知：

$P(H_1)=0.2$，$P(H_2)=0.4$，$P(H_3)=0.6$，

$P(E|H_1)=0.5$，$P(E|H_2)=0.4$，$P(E|H_3)=0.3$，

求$P(H_1|E)$、$P(H_2|E)$和$P(H_3|E)$的值。

2. 已知如下规则：

R_1：IF E_1 THEN H（0.8）；

R_2：IF E_2 THEN H（0.6）；

R_3：IF E_3 THEN H（−0.5）；

R_4：IF E_4 AND E_5 OR E_6 THEN E_1（0.7）；

R_5：IF E_7 AND E_8 THEN E_3（0.9）。

从用户处得知：

$CF(E_2)=0.8$，$CF(E_4)=0.5$，$CF(E_5)=0.6$。

$CF(E_6)=0.7$，$CF(E_7)=0.6$，$CF(E_8)=0.9$。

求H的综合可信度$CF(H)$。

3. 根据习题表12-1计算TPR。

习题表12-1　某病毒抗体的检验结果

检验结果	有抗体	无抗体	总数
阳性EIA	98	3	101
阴性EIA	2	297	299
总数	100	300	

根据阳性检验的贝叶斯定理

$$P(D|+)=\frac{P[D]\times TPR}{P[D]\times TPR+(1-P[D])\times FPR}$$

当 P [0]=0.6 和 0.9 时，根据习题表 12-1 得到的 TPR 和 FPR，计算相应的 P [D|+]。

4. 根据习题表 12-2 进行期望决策。

习题表 12-2　两种治疗方案及其生存概率

治疗后的生存年限	A 方案的生存率	B 方案的生存率
1	0.20	0.05
2	0.40	0.15
3	0.30	0.45
4	0.10	0.35

哪个治疗方案更好些？

5. 简述临床决策支持系统工作方式。

6. 设计临床决策支持系统时，需要注意哪些方面？

第 13 章 远程医疗

学习目的

1. 理解远程医疗的概念。
2. 掌握远程医疗系统的组成与功能、组织管理的内容。
3. 了解远程医疗的应用。

引 言

随着经济的发展、社会的进步，人们对医疗保健的需求不断提高。目前，医疗资源分配不均，大中城市集中了较多的高端医疗设备及医疗专家，小城市、偏远地区、高海拔地区等条件较差。自 20 世纪 90 年代以来，计算机技术、通信技术、网络技术及多媒体技术迅速发展，远程医疗（telemedicine）应运而生，打破了医疗活动的空间限制，实现医疗资源共享，极大地提高健康服务效率和质量。日常医疗活动（包括医疗咨询、诊断、治疗及监护等），军队战时救治，灾难救援（地震、海啸、洪灾、雪灾等）以及公共卫生事件突发等都可以发挥远程医疗的优势。

本章将介绍远程医疗的概念、远程医疗组成与功能、远程医疗组织管理、远程医疗应用及发展趋势等内容。

13.1 远程医疗系统的概念

远程医疗扩展了传统医学的服务范围，远程医学概念和内涵也在不断演变，远程医学的发展将促进医疗资源合理使用，提高医疗健康服务的质量和效率。

13.1.1 远程医疗的定义

1992 年勃兰斯敦最早将远程医学定义如下：“远程医学是利用远程通信技术，以双向传送数据、语音、图像的方式开展的远程医学活动。”

世界卫生组织于 1997 年 12 月 11 日—16 日在瑞士日内瓦召开了“21 世纪远程医疗与全球卫生发展战略会议”，给远程医学系统以如下定义：远程医学系统是通过信息和通信技术从事远距离健康活动和服务的系统，其目的是促进全球健康、疾病控制、患者保健、医学教育、卫生管理以及相关的研究。

在国内，2011 年卫生部颁布的《远程医疗服务管理办法（试行）（征求意见稿）》规定：本办法所称远程医疗服务包括一般远程医疗服务和特殊远程医疗服务。一般远程医疗服务是指医疗机构之间利用通信技术、计算机及网络技术，开展异地交互式的检查、诊断、指导治疗等医疗会诊活动。特殊远程医疗服务是指医疗机构之间通过通信、网络或卫星精确制导系统，在本地使用相关设备，控制异地的仪器设备（如手术机器人）直接为患者进行实时检查、手术、治疗、护理、监护等服务的医疗活动。

远程医疗包括如下一些范畴与概念。

1）远程会诊（remote consultation）：医疗机构之间利用远程医疗信息系统平台，采用离线或在线交互方式，对患者及其病史、检查等进行分析，完成病情诊断，确定进一步诊疗方案的医疗行为，包括远程专家会诊、远程心电诊断、远程影像诊断、远程病理诊断、远程重症监护等医疗服务。

2）远程会诊专家（experts of remote consultation）：能够提供远程会诊服务的专家库成员，需具有副高以上专业技术职称，并有五年（含）以上临床专业经验，近三年未发生过医疗事故；经本人申请，单位初审后报上级卫生主管部门审核批准，分为省级远程会诊专家和部级远程会诊专家。

3）远程心电诊断（remote electrocardiograph diagnose）：基于远程医疗会诊系统由基层医疗机构向上级医疗机构提出申请并提供患者临床资料和心电数据，由上级医疗机构出具会诊意见及报告，包含高端远程实时心电监护。

4）远程影像诊断（remote medical image diagnose）：通过远程医疗会诊系统由基层医疗机构向上级医疗机构提出申请并提供患者临床资料和影像资料，包括放射影像资料、B超影像资料以及视频资料，由上级医疗机构出具会诊意见及报告。

5）远程重症监护（remote intense care）：通过远程医疗会诊系统由基层医疗机构向上级医疗机构提出申请并提供重症患者临床资料，包括实时在线的监护信息、放射影像资料、B超影像资料以及视频资料等，由上级医疗机构出具会诊意见及治疗指导意见。

6）远程病理诊断（remote pathology diagnose）：通过远程医疗会诊系统由基层医疗机构向上级医疗机构提出申请并提供患者临床资料和病理资料，由上级医疗机构出具会诊意见及诊断报告。

7）远程手术示教（remote surgery demonstration）：通过远程医疗信息系统的远程会诊技术和视频技术，对临床诊断或者手术现场的画面影像进行全程实时记录和远程传输，使之用于远程教学、远程观摩、远程诊断等。

8）远程医疗申请单（application for telemedical service）：包括申请方医师姓名、职称、单位名称、医院等级、所属行政区域、申请目的与要求以及患者的症状、体征、主诉、实验室检查、影像学检查等资料。

9）患者、居民和个人（patient，resident，person）：通过医疗卫生服务体系获取和接受服务的个体。

10）远程教育（distance education）：在远程医疗信息会诊系统上，授课专家通过音、视频和课件等方式为基层医师提供业务培训、教学以及技术支持。

11）远程医学数字资源（remote medical digital resource）：上级医院收集整理的有典型意义的病例、案例分析、手术录像等资料和与基层医疗机构共享的医学图书情报资源。

12）视频会议（video conference）：两个或两个以上医疗机构，通过远程医疗信息系统的音频、视频传输和交互功能，达到即时且互动的沟通，以完成会议。

13）远程预约（remote booking）：通过远程会诊系统远程预约功能，基层医疗机构的工作人员向上级医疗机构专家库成员提出预约申请，上级医疗机构处理预约申请，确定会诊时间的过程。

14）双向转诊（the two-way referral）：医务人员根据患者病情治疗的需要，在上级和下级医疗机构之间实现转院的过程，基层医疗机构不具备患者病情治疗所需的技术和设备时，可以通过远程医疗信息会诊系统向上级医疗机构提出转院申请；上级医疗机构根据患者病情的治疗进展，认为无须在上级医疗机构继续治疗，可以将患者转到患者所在基层医疗机构继续治疗。

13.1.2 远程医疗的内涵

远程医疗突破了医疗活动的空间限制，总体而言，涵盖了以下四个方面的内容：

1）远程诊疗：远程诊断、远程会诊、远程手术、远程护理等。

2）保健咨询：远程保健、远程健康咨询。

3）医疗教育：远程医疗教育、远程医疗学术交流、远程技能培训。

4）数据共享：远程医疗数据交流、远程卫生信息交互。

随着物联网、云计算等技术的发展，远程医学专家通过“云端”接收病患资料，实现异地患者病情诊断，帮助分析病情并指导手术，不断丰富远程医疗的内涵。

13.1.3 远程医疗的目的

远程医疗减少患者接受医疗的空间障碍，地理上的隔绝不再是医疗上不可克服的障碍。总体上，远程医疗可以实现以下目的：

1）拓宽医疗服务范围，减少医疗卫生资源差异造成的医疗水平不平衡，提高偏远地区医疗质量及医疗服务水平。

2）远程医疗可以极大地降低医师出诊和患者去医院就诊所需的时间和费用。

3）对特殊患者（精神病患者、监狱囚犯、传染病患者）或医疗专家不易到达的特殊场合（宇宙飞船、极地和远洋等），远程医疗具有不可替代的作用。

4）远程医疗在灾难发生和意外伤害时能够提供及时的诊断和治疗，为抢救生命争取时间，如地质灾害现场救援、战争中受伤战士的抢救、流行病扩散的预防等。

5）医师突破地理范围的限制，共享患者的病历和诊断照片，有利于临床研究的发展。对于偏远地区的医务人员，远程医疗能够提供更好的医学教育。

13.1.4 远程医疗的发展历程

远程医疗的出现最早可追溯至19世纪，并在20世纪获得较大发展，现在逐渐成熟，总体上经历了四个发展阶段。

1）萌芽阶段：通过电报、电话等传输文字、语音信息，为异地患者提供远程医疗咨询。

2）模拟可视阶段：采用模拟电子技术实现信息获取、传输及重现。

3）数字可视阶段：将图像、视频、音频等数字化数据，经由公共电话网、综合服务数字网、卫星通信网等数字化线路传输，进行远程医疗服务。

4）集成多媒体阶段：将医院信息系统、电子病历、医学影像存储和传输系统、放射科管理系统等信息系统整合，远程医疗进入集成发展阶段。

13.2 远程医疗系统的组成与功能

远程医疗是多方参与的交互式开放系统，涉及医院、医师、患者及服务网络等，其功能包括基本功能（如远程会诊、双向转诊及远程影像诊断等）、高端服务功能（如远程监护、远程病理诊断及远程示教等）和数据管理功能。

13.2.1 远程医疗系统的组成

远程医疗是一个开放的分布式系统，利用多媒体通信技术为远程多点患者提供医疗服务，将涉及医疗健康的各种信息，包括文字、影像、声音、数据等，采用数字传输方式，提供给医疗专家，实现异地医患信息交流，完成诊断、治疗与护理等医疗活动。

远程医疗系统由以下三部分组成：

1）远程医疗服务邀请方：一般是诊断和治疗能力较弱的小型医疗机构，医师在患者的同意下，提出远程医疗申请，将患者资料上传至远程会诊中心。随着网络技术及生命电子监护技术的发展，医师和患者将能够直接与远程会诊中心交互。

2）远程医疗服务受邀方：医疗服务源所在地，一般称为会诊中心，包括具有丰富医疗资源的机构和医疗专家。

3）通信系统：包括通信网络，如电话网、互联网、无线通信网和卫星通信网等，实现双向交互的多媒体设备。

医疗服务邀请方完成医疗信息的获取。信息获取是将图像、视频、音频、生理、病理信息等通过模拟/数字信号转换，成为计算机可以识别、保存、传输的数据。文字信息可以直接录入计算机。图像信息包括静态图像与动态图像。动态图像的空间分辨率决定图像质量，时间分辨率决定传输速度，一般不应低于 25 帧/秒，否则图像输出不稳定。对于医疗设备采集的静态数字图像，可以直接传输。模拟图像或纸质文件可以通过数码相机、扫描仪数字化后再处理。对于远程监护、远程中医等应用，对患者的生理、病理信息，如脉搏波、心跳、血糖等，需要通过各种生物医学电子设备采集并传输。

通过通信系统，医疗服务申请方上传需要远程诊断的信息。信息传输是将数字化信息通过通信介质或计算机网络传送到终端计算机。信息传输速度与通信或网络带宽密切相关。远程医疗系统根据实际需要以及信息和网络的吞吐能力，选择合适的带宽。采用数字压缩技术可以减少传输的信息量。数据压缩可分为有损压缩与无损压缩，医学影像数据量大，压缩以不影响图像质量为准则。对于诊断用图像，为了保证诊断的准确性，应该采用无损压缩。静态图像通常采用 JPEG（join photography expert group）压缩格式，而动态图像压缩则通常采用 MPEG（moving picture expert group）格式。

医疗服务受邀方接收通信系统传输的医疗信息，并在会诊中心显示。信息显示指被传输的数字化信息到达终端计算机后，将信息还原并显示在显示器上。用于诊断的医学图像质量显示时与显示器的性能密切相关，性能较差或设置不正确都可能影响视觉效果，进而影响专家对疾病的诊断。在远程医疗前，应调整显示器的色调、亮度和对比度，达到医学图像诊断的要求。在实际应用中，可以根据需要采取监视器、投影机、电视机/墙等显示实时图像。通过画中画方式，同时显示远端与本端场景。

结合具体应用，可以提出不同的远程医疗系统组成，例如某远程医疗建设方案如图 13-1 所示。

13.2.2 远程医疗系统的功能

远程医疗信息系统是在统一的数据中心基础上构建的应用服务系统，其应用服务功能包括远程会诊、远程预约、双向转诊、远程专科诊断、远程监护和远程手术示教等功能，其数据中心基本功能包括医疗单位管理、专家资源库管理、患者资料管理、用户管理、费用管理以及数据字

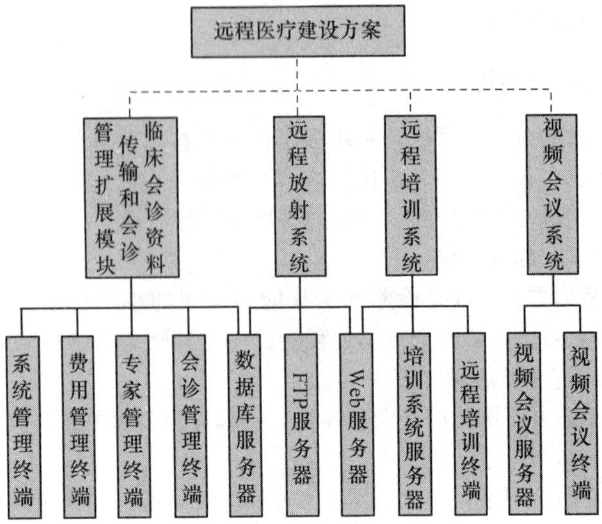

图 13-1　一种远程医疗建设方案

典管理等服务，可以通过接口与临床信息系统（clinical information system，CIS）、医院信息系统（hospital information system，HIS）、医院检验系统（laboratory information management system，LIS）、放射信息系统（radiology information system/picture archiving and communication systems，RIS/PACS）和基层卫生服务系统（pediatric healthy service system，PHSS）等系统进行信息共享，整个功能结构如图 13-2 所示。

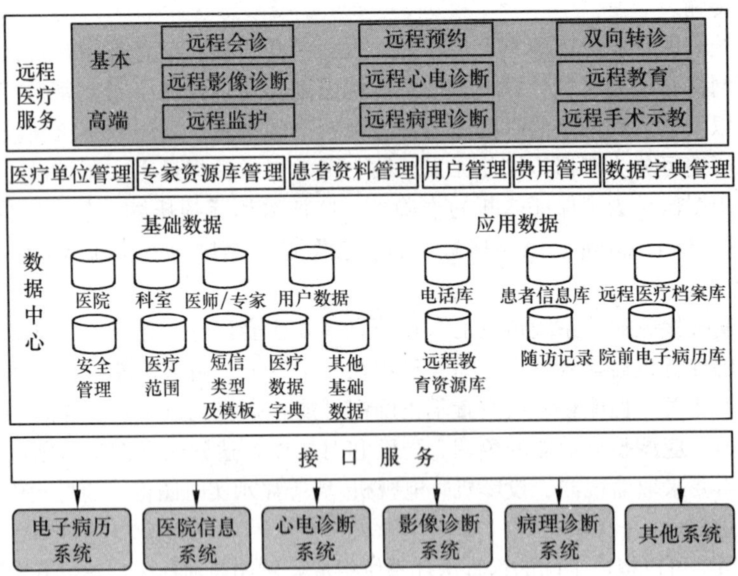

图 13-2　远程医疗信息系统功能架构图

1. 远程医疗基本功能

1）远程会诊：适用于基层医务人员或医疗机构向上级医务人员或医疗机构提出的会诊请求，专科医院和综合性医院之间提出的相互会诊请求。

其基本功能包括：

（1）会诊申请：会诊申请单的填写、会诊申请提交与修改、专家库信息查询、患者病历资料提交与查询、会诊申请的查询、会诊报告的查询等；

（2）会诊管理：会诊流程管理、病历资料管理、会诊报告浏览、随访管理等；

（3）专家会诊：病历资料浏览（医学影像、心电、病理图片等）、会诊报告编写、修改与发布、会诊报告模板管理、会诊服务评价等。

2）远程预约：适用于基层医院完成预约挂号、预约检查等操作；支持上级医院完成相关申请受理及信息反馈。

其基本功能包括：

（1）预约机构和排班表的管理：对远程预约的医疗机构进行管理登记、建立远程预约协议；

（2）预约申请：预约申请单的填写、排班表查询和号源选择、预约申请提交与修改、患者病历资料的提交、预约单的浏览和打印等；

（3）预约管理：预约过程管理、预约过程提醒、预约记录查询、预约流程管理、病例资料管理等。

3）双向转诊：适用于基层医疗卫生服务机构对转入、转出患者的管理过程。

其基本功能包括：

（1）转诊定点机构管理：对各类疾病的转诊医疗机构进行管理登记，签订转诊协议；

（2）转诊申请：响应全科诊疗、其他服务组件或系统模块的转诊请求，向定点转诊机构提出转诊申请。具备转诊申请单的填写、转诊申请单的提交与修改、接诊机构的查询、转诊申请单的查询等功能；

（3）转诊管理：分为送转管理和接诊管理，支持送转方进行取消送转、打印转诊单、重新转出操作；支持接诊方进行接诊或拒绝接诊操作，具备转诊过程管理、病例资料管理、转诊过程提醒、转诊记录查询等功能；

（4）自动转诊：出院患者信息都可从医院的 HIS 系统中自动获取；根据转诊记录信息自动转回原送转机构，或根据患者地址信息转回该患者被管辖的社区医疗机构；

（5）随访功能：包括随访记录和随访计划、随访记录查询和随访提醒等。通过双向转诊，社区卫生服务机构能实时知晓所辖地区内的所有出院患者信息，并进行主动随访与院后管理，指导患者用药和康复，引导患者就地复查复诊，控制病情复发。

4）远程影像诊断：适用于基层医务人员或医疗机构向上级医务人员或医疗机构发出远程影像诊断申请，以及区域内多家医疗机构联网组成影像中心，集中存储和管理影像资料。

其基本功能包括：

（1）权限管理：要求对多家医院的用户权限进行严格多级设置管理；支持对多个医院的权限进行授权分配；支持对医院的不同影像检查的诊断与浏览等权限的分配；支持对不同影像检查的报告书写、审核、修订及浏览等权限的分配，所有密码必须加密保存和传输；诊断报告的撰写和浏览。

（2）集中存储：所有接入医院的患者检查信息、检查申请单信息、相应的检查证据文本等集中存储到区域检查数据仓库，统一调阅，统一管理，实现检查数据共享。支持患者基本信息与检查信息的采集录入、病例类型归档、备注信息；支持灵活多样的检索方式；支持病理自动追踪与病理诊断报告查阅；支持上传与调阅扫描申请单或电子申请单等。

（3）集中质控：建立影像读片资料库；建立各医院的阅片质量追踪数据库；统一的传染病统计和报卡服务。应实现的基本功能包括：影像质量统计、技师评片、集体评片、报告书写质量统计、技师的影像总体质量统计、诊断报告诊断质量统计、疾病智能报卡与统计等；

（4）病例学习：为医师提供一个学习提高的平台，特别是一些进修医师与实习生，可以对其关心的报告进行查询、浏览并进行对比、学习与收藏。

5）远程心电诊断：适用于基层医务人员或医疗机构向上级医务人员或医疗机构提出远程心电诊断申请。

其基本功能包括：

（1）登记：接受患者的预约登记和检查登记，以及对患者检查信息的登记，申请单扫描和简单查询统计（如患者列表、个人工作量、检查人次和收费金额等），并分发患者的检查报告。具备为患者分配预约时间、查询指定时间段内的预约、登记患者列表、纸介质申请单的扫描和拍摄、与 HIS 系统无缝对接等功能；

（2）采集：采用数字心电图接口技术，将心电图机数据转换成标准通用心电图数据，发送到心电中心服务器，实现全院医师临床 Web 浏览，支持心电图采集、存储、回放与传输功能；

（3）分析、诊断：专业心电医师根据心电设备采集的数据进行专业分析、诊断，具备心电检查数据到达即时提醒、心电图分析、报告编写和打印、病例管理等功能；

（4）心电管理：主要是区域心电信息系统的人员管理和基础数据字典的管理；

（5）报告浏览：给临床医师提供浏览心电图报告及心电波形的工具，可将医师端浏览工作站嵌入门诊医师工作站、住院医师工作站和电子病历系统中，支持医师端浏览工作站，可进行在线波形分析、处理、测量。

6）远程教育：适用于医院、专家通过音频、视频和课件等方式为基层医师提供业务培训、教学、病案讨论以及技术支持。

其基本功能包括：

（1）课程查询：具备课程视频查询、视频点播、实时培训等功能；

（2）课程学习：具备学习计划制作、课程培训记录、学习进度查询等功能；

（3）课程管理：具备视频管理、课件管理、视频共享等功能；

（4）学分管理：具备申请学分、学分证打印等功能。

2. 高端远程医疗服务

1）远程监护：通过远程医疗信息系统，远程监护申请经会诊中心同意后，基层医院的危重患者在病床上实时接受远程专家的监护服务，支持床边呼吸机、监护仪等生命体征数据的实时采集和传输，实现对患者病情的 24h 不间断的连续、动态观察。远程监护是远程医学的重要组成部分。远程监护是在远程会诊基础上，在专家方和申请方之间开展持续 3 天以上监护、交班、治疗等医疗活动。

其基本功能包括：

（1）具备实时采集、传输床边呼吸机、监护仪等生命体征参数功能，对患者进行持续动态监护；

（2）具备进行 24h 不间断的连续动态观察，向专家方提供患者实时持续的监护数据（心率、血压等），并对异常情况发出预警和警报的作用；

（3）具备生命体征参数的存储、管理等常规功能，也包括数据记录、管理、查询、统计的功能；

（4）具备在患者床边召开视频会议的功能；

（5）具备专家远程实时控制视频平台的功能，对患者进行多角度观察，可快速切换画面；

（6）申请方可以进行远程会诊、查房、病例讨论等医疗行为。

2）远程病理诊断：基层医疗卫生机构由于设备条件落后或不具备该技术，可以通过远程医疗信息系统向上级医疗机构提出远程病理诊断请求，上级医疗专家根据申请内容和申请医师提供的病理资料进行会诊，并做出会诊意见，对下级医疗卫生机构给予技术支持。

其基本功能包括：

（1）具备病理切片数字化扫描功能，能将病理切片转换成数字切片；

（2）具备虚拟数字切片的放大、缩小、标记等后处理功能；

（3）具备病理图文报告的书写、发布、保存以及记录、查询等功能；

（4）具备患者信息上传、报告下载等功能。

3）远程手术示教：通过远程医疗信息系统的远程会诊技术和视频技术，对临床诊断或者手术现场的画面影像进行全程实时记录和远程传输，使之用于远程教学、远程观摩、远程诊断等。

其基本功能包括：

（1）具备一个手术室可以支持多个远程教室同时观看手术过程的功能；

（2）具备医学专家可以在局域网任意点连接同一个手术室或连接多个手术室，进行手术指导和讨论的功能；

（3）具备对手术影像和场景视频进行全程实时记录功能；

（4）具备对手术过程静态拍照和动态录像的功能；

（5）具备存储、回放和管理手术过程高质量音频和视频等功能；

（6）具备手术实况音频和视频信息实时直播、刻录的功能；

（7）具备手术室和医学专家实时交互的音频和视频通话的功能；

（8）具备术野图像监看高清电视或LED电视；

（9）具备术野摄像机远程微控功能；

（10）具备术野摄像机和手术室内其他摄像机远程控制功能。

3. 数据管理 数据管理包括基础数据和应用数据，是对各级医疗机构、医务人员以及患者信息资源进行统一管理，并与其他各个功能子系统对接，实现基础数据和应用数据的存储、交换、更新、共享以及备份等功能，实现远程医疗服务。

其基本功能包括：

1）医疗卫生机构数据管理：建立远程医疗信息系统的医疗卫生机构信息库，其基本功能包括：

（1）具备医疗卫生机构的注册功能；

（2）具备医疗卫生机构的信息浏览功能；

（3）具备医疗卫生机构的信息删除功能；

（4）具备医疗卫生机构等级管理功能；

（5）具备医疗卫生机构类型管理功能。

2）科室数据管理：建立远程医疗信息系统的科室信息库，其基本功能包括：

（1）具备科室的注册功能；

（2）具备科室的信息浏览功能；

（3）具备科室关联功能；

（4）具备医院学科管理功能；

（5）具备重点科室类型管理功能。

3）专家数据管理：建立远程医疗信息系统的医院信息库，其基本功能包括：

（1）具备专家的注册功能；

（2）具备专家的信息列表浏览功能；

（3）具备专家资料的管理功能；

（4）具备专家临床职称管理功能；

（5）具备专家教学职称管理功能；

（6）具备专家其他职称管理功能；

（7）具备专家学历管理功能；

（8）具备专家证件管理功能。

4）病历数据采集：采集患者病历信息，其基本功能包括：

（1）模拟信号处理：患者的胶片及纸质病历、化验单、图文报告等通过扫描方式实现数字化；支持扫描文件的传输、存储和阅读，支持病历资料的手工录入。

（2）数字信号处理：支持借助DICOM（digital imaging and communications in medicine）网关从具有DICOM3接口的影像设备获取患者的影像资料，支持从PACS图文工作站导入DICOM3影像。支持与电子健康档案、电子病历、数据中心等系统互联互通。有条件的医院可以根据国家卫生和计划生育委员会已经颁布的有关电子病历的标准规范，导出患者病历信息，远程会诊系统支持针对导出信息的导入、传输、存储和阅读功能。

（3）实时生命体征信号的处理：支持床边呼吸机、监护仪等生命体征数据的实时采集与传输，实现对患者进行24h不间断的连续、动态观察。

5）随访数据服务：会诊中心根据会诊记录定期进行随访以提高会诊质量，其基本功能应包括：

（1）具备随访类型管理功能；

（2）具备随访方式管理功能。

6）统计分析：通过数据管理可以对日常数据进行报表统计和查询，基本功能应包括：

（1）远程会诊申请、患者病历、专家信息、意见与随访记录的查询功能和会诊数量、专家工作量的统计功能；

（2）远程预约情况以及响应其他服务组件、功能模块的查询统计功能；

（3）双向转诊信息的查询、调阅、使用与转接诊数据的统计功能，以及响应其他服务组件、功能模块要求的查询、统计功能；

（4）具备向各医疗机构和管理人员提供影像资料、患者病历、影像会诊情况的查询和统计功能；

（5）具备向各医疗机构和管理人员提供心电资料、患者病历、心电会诊情况以及阳性率、检查费用、会诊工作量的查询和统计功能；

（6）具备远程教育不同类型视频、视频名称模糊搜索以及个人培训视频记录的查询功能和视频类型、点播次数及系统课程的统计功能。

7）财务管理：财务管理模块具备以下基本功能：

（1）具备收款通知与确认管理功能；

（2）具备医院对账单管理功能；

（3）具备专家费用支出签收单据管理功能；

（4）具备根据不同省市级别设置收费标准功能；

（5）具备费用结算清单管理功能，包括医院费用、申请医师费用、会诊专家费用计算等；

（6）具备申请医师、专家费用和运营费用比例设置功能；

（7）具备制作费用统计报表功能，包括省份、地级市、县区级和医院级别的统计功能；

（8）具备制作收款和支付费用月、年度报表功能，包括省份、地级市、县区级和医院级别的年度统计功能。

8）功能协作与数据交互：具备与电子病历、HIS系统、区域卫生信息系统、视频会议系统等其他医疗信息化系统协作完成患者病历资料、远程会诊结果、转诊预约、影像心电资料、视频调用浏览的相互查询、记录和使用等功能。

通过与医院HIS、EMR、社区EHR、视频会议系统、医保系统、区域卫生信息平台等系统的接口，实现其数据交互，接口功能包括：病历资料获取、会诊结果导入、预约申请登记、预约结果反馈、转诊申请登记、转诊接收、视频点播、信息浏览等。

13.3 远程医疗的组织管理

远程医疗指发生在不同地理位置上的不同医疗机构之间的医疗活动，医疗机构及医师资质需要有关管理部门认证，远程医疗流程具有严格规范。

13.3.1 远程医疗机构管理

卫生与计划生育委员会《远程医疗服务管理办法（试行）（征求意见稿）》中明文规定远程医疗的资格申请与审核，如“第六条　任何单位、机构和个人未取得《医疗机构执业许可证》不得提供远程医疗服务”和“第八条　医疗机构之间开展远程医疗服务合作，应当签订远程医疗服务合作协议，明确双方权利、义务，保障双方权益”。对一般远程医疗服务提出硬件要求：“有与开展远程医疗服务相适应的设备、设施和其他辅助条件；远程医疗服务系统能够满足图像、声音、图片、文字以及诊疗所需其他医疗信息的实时传输，图像清晰，数据准确。”规定了管理机构，“卫生部负责全国远程医疗服务的监督、管理工作，县级以上地方卫生行政部门负责本辖区内医疗机构远程医疗服务的监督、管理工作。”同时规定了医疗机构被卫生行政管理部门责令停止远程医疗服务的情形。

13.3.2 远程医疗专家管理

远程医疗服务受邀方为了组织高质量的远程会诊，需要广泛搜集大中型医疗机构的专家资源，建立远程医疗会诊专家库。参加远程会诊的专家必须具有高级技术职称，经推荐和资格审查后，方可进入专家库。

13.3.3 远程医疗会诊流程管理

医疗机构在远程医疗服务过程中应严格遵守相关法律、法规和规章的规定；定期检测、维护远程医疗服务仪器、设备，确保远程医疗服务系统处于正常运行状态，满足远程医疗服务需要，确保医疗质量和安全。

1. 会诊申请与接收　邀请远程医疗服务的医疗机构（以下称邀请方）应根据患者的病情和意愿组织远程医疗服务。邀请方医师应当向患者说明远程医疗服务内容、费用等情况，并征得患者书面同意，签署远程医疗服务知情同意书。不宜向患者说明病情的，应征得其监护人或近亲属书面同意。

邀请方应以传真或其他方式向被邀请医疗机构（以下称受邀方）发出加盖本机构公章的书面邀请函，原件自行保存归档。书面邀请函至少应当包括以下内容：①邀请事由、目的、时间安排等；②患者相关病历摘要；③拟邀请医师的专业及技术职务任职资格；④其他远程医疗服务所需资料。

受邀方接到远程医疗服务书面邀请函后，应当及时告知邀请方并做好准备工作；对不接受邀请的，应当及时告知邀请方并说明理由。

2. 会诊安排与实施 受邀方应当安排具有相应专业技术职称及技术水平、资质的医师为患者提供远程医疗服务；邀请方应当根据会诊需要配备相应人员、仪器、设备等；双方应当保障远程医疗服务所需通信、网络畅通，仪器、设备完好；受邀方应当根据患者的病情，完成相应的远程会诊工作；邀请方应当配合做好会诊组织工作。

3. 会诊后处理 完成一般远程医疗服务活动后，受邀方应当及时将会诊意见告知邀请方，并出具由相关医师签名的书面会诊报告，报告原件由受邀方保存归档。双方医疗机构应按照《医疗机构病历管理规定》妥善保管远程医疗服务相关病历资料，包括远程医疗服务邀请函、会诊报告、录音和录像资料等。邀请方医师应在病历中详细记录远程医疗服务的相关情况。

13.3.4 远程医疗的隐私保护

在远程医疗服务中，相关各方应该遵守《执业医师法》、《医疗机构管理条例》、《护士条例》等有关法律、法规和规章，确保医疗质量和安全，维护患者合法权益，保护患者隐私。

13.4 远程医疗的应用

多媒体技术、网络技术和通信技术使远程医疗迅速发展，在日常保健、自然灾难和突发公共卫生事件中得到普遍应用，发挥着越来越重要的作用。

13.4.1 远程医学诊断

远程医学诊断是利用计算机网络技术、多媒体技术、通信技术及现代医学新技术，将小医院或家庭与大型医院（医学会诊中心）连接起来，将远程患者的医学影像、检查和检验结果经网络传输给会诊中心，由医学中心转发给相关专家或组织多部门专家会诊，由这些专家对患者资料、医学图像和相关数据进行分析，做出诊断。远程诊断可以采用同步交互方式，需要较高的带宽支持实时交互图像传输，一般用于需要对伤者实施紧急救助的情况，例如灾难发生时或战争中对受伤士兵的诊断、治疗。异步式远程诊断运作的核心是会诊中心，将资料上传到会诊中心，然后转交相关专家，通常用于非紧急救助，如偏远地区慢性病的诊断。

远程放射学直接用远程放射系统来读取CT、磁共振、DR等医学成像设备输出的图像，不需重读原始图片，也可以通过音频和视频传输，实时将专家的诊断意见反馈给另一方。远程放射系统还可用来在晚间或周末服务，或填补实际工作中计划内的或意外的空余时间。

远程病理学指为了满足诊断、会诊、研究和教育的需要，借助交互式远程病理学系统对静态或动态病理图像实时传输，通过显微镜上的摄像机实现远程观察病理组织切片图像。远程皮肤病学获取和传输的是患者的皮肤图像，在原理上与远程病理学类似。远程病理学的目标是：为缺乏病理学医师的医院提供诊断服务；为非病理学医师请求会诊专家提供直接服务；为病理学医师请求会诊专家提供第二诊断意见；为出席远程病理学讨论、教育和实践提供机会。病理诊断具有特殊性，远程会诊可以充分利用专家的丰富经验和知识，对疑难切片进行会诊和指导，提高中小医院的病理诊断水平和弥补非专科医院的病理医师经验的不足，对于缓解医疗资源不平衡，提高各种病理诊断的准确率具有积极意义。

远程心脏病学是利用远程医疗传输心脏图像，或利用B超输出视频序列动态心动图，由远程专家实时观察，指导放置超声传感器，并做出诊断。远程内镜学是医师远程操控内镜到感兴趣区，实时观察视频图像，并做出或提出诊断意见。

13.4.2 远程医学治疗

远程医学治疗是运用远程控制技术和虚拟现实技术，由远程医学治疗中心的医学专家通过遥控远端医疗设备对异地患者进行治疗。主要方式有两种：

（1）远程出席（telepresent）：远端现场的医护人员佩戴特殊头盔，上面安装有摄像头、麦克风、耳机和微型屏幕。中心医院的专家通过网络传输，看到对远程现场患者的检查，并实现与远地医护人员的交流，指导正在进行的检查。

（2）远程手术（telesurgery）：运用遥感和机器人技术，中心医学专家直接观察手术现场，控制远程机器人或机器手动作，对远程患者进行手术。

13.4.3 远程监护

患者监护可以定义为对患者、患者的生理功能及生命支持设备的功能进行重复或连续的观察或测量，目的是指导管理决策，包括何时进行治疗干预，以及对这些干预方法进行评估。远程监护是通过通信网络将远端患者的生理信号，如心率、心律、呼吸频率、血压、血氧饱和度、血糖、胆固醇等传输到监护中心进行分析，远程监护中心给出诊断意见。监护对象可以家居、旅行或社区诊所；监测既可以由患者自行完成，也可由医护人员完成；监测结果既可以在本地存储，离线传输，也可以实时传输，并与远程专家进行讨论。远程监护有助于病情恶化的早期预报，并当恶化突发时向远程监护中心报警以获得及时救助。远程监护包括医院内重症远程监护和家庭远程监护。

医院内重症远程监护主要用于重症监护病房、新生儿监护室、冠心病监护病房等。家庭监护主要面向慢性病患者（高血压、糖尿病、肥胖症患者等）、依靠技术维持生命的人（事故致残人员、先天性病症患者等）、绝症晚期患者、特殊的健康人群（新生儿、孕妇等）以及正常人群的健康管理。

13.5 远程医疗发展趋势

远程医疗具有如下发展趋势：

1）虚拟医院。远程医疗把医院医疗方式外延到社区和家庭，革新传统医疗和保健模式。

2）个人健康档案。应用无线技术、物联网、云计算等建立个人终生健康和医疗记录，并可在接入网络服务的地方随时调取，实现个性化医疗服务。

3）大规模远程医疗网络。国家中长期科技发展规划（2006—2020）提出“疾病防治重心前移，坚持预防为主，促进健康和防治疾病相结合”。建成大规模远程医疗网络将有利于优化医疗卫生资源配置、促进资源有效利用，满足城乡居民基本医疗和公共卫生服务需求，实现常见病和多发病的监控、预防、诊疗和康复。

4）国际远程医疗网络兴起。目前，我国有些医院已经与国外医院建立起远程医疗服务网，随着中国经济的发展和人民生活水平的不断提高，跨国远程医疗获得较快发展。

13.6 案例：辽宁省甲型H1N1流感远程医疗会诊系统

2009年11月，辽宁省甲型H1N1流感远程医疗会诊系统在中国医科大学附属第一医院远程会诊中心正式启动。为了充分利用优质医疗资源，提高辽宁省甲型H1N1流感重症病例的救治能力，辽宁省卫生厅启动了以中国医科大学附属第一医院为龙头的全省甲型H1N1流感远程会诊网络系统，中国医科大学附属第一医院作为全省远程医疗会诊中心，负责组建遍布全省14个市的甲型H1N1流感远程会诊系统。

2009年11月18日下午，远程会议中心为阜新市当地一名甲型H1N1流感重症患者进行了远程医疗会诊。中国医科大学附属医院的呼吸疾病专家通过远程会诊网络系统，听取了200公里之外阜新市中心医院医师关于患者病况的汇报，在线接收患者的CT影像资料，确诊为重症甲型H1N1流感患者，并提出下一步治疗和处置意见。

利用通信技术和网络技术开展的远程医疗网络，不仅能在最大程度上、最短时间内解决医学资源不足和分配不均的问题，也能够快捷、便利、高效地应对突发的公共卫生事件。

本章小结

远程医疗实现跨地理空间限制的医疗诊治，对于解决医疗资源分配不平衡，提高偏远地区医疗诊治水平具有重要意义。远程医疗在健康咨询、疾病诊断、手术治疗、患者监护各方面得到应用。随着互联网及通信技术的不断发展，物联网、云计算、医用电子学的应用，远程医疗将不断提升服务水平，并覆盖更加广阔的范围。

课后习题

1. 远程医疗的含义是什么？
2. 简述远程医疗的基本流程。
3. 在深空、远洋和极地探测中，远程医疗需要加强哪些技术？

第 14 章 生物信息学

学习目的

1. 了解生物信息学的概念、研究范畴。
2. 掌握生物信息数据库。
3. 理解生物信息学在医学领域的应用。

引　言

随着后基因组时代的到来，生物信息学将成为一个热门的研究领域，越来越多的数学家、计算机学家、生物信息学家都投身到生物信息学的研究中来。本章将对生物信息学定义、研究内容、生物信息数据库及生物信息学在医学领域中的应用做一简单介绍。

14.1 生物信息学概述

生物信息学（bioinformatics）是存储、修复、分析和整合生物数据的一门学科，它是分子生物学与信息技术的结合体。生物信息学的研究工具是网络和计算机，研究材料和结果是各种生物学数据。生物信息学是现代生物学研究的核心。

狭义的生物信息学是生物分子信息的获取、存储、分析和利用，即应用信息科学的理论、方法和技术来管理、分析和利用生物分子数据。广义的生物信息学是应用信息科学的方法和技术，研究生物体系和生物过程中信息的存储、信息的传递和信息的表达，研究和分析生物体细胞、组织、器官的生理、病理、药理过程中的各种生物信息。生物信息学也可以说是生命科学中的信息科学。

14.1.1 生物信息学的定义

现在，生物信息学还没有一个标准的定义。首先，该学科是一门处于高速发展的学科，学科知识每天都在发生着细微的变化，这样使得科学家难以给出一个长久不被动摇的定义；另一方面，生物信息学是一门多学科交叉的新生学科，不同学科的科学家对生物信息学有着不同的侧重点，给出的定义也有不同的局限性，且这种学科的交叉极有可能会随着生物信息学发展的需要而进一步升级。

美国国家卫生研究院（The National Institutes of Health，NIH）的定义：研究、开发及应用相应的计算工具，这些工具能用于处理分析生物学、医学、行为或健康方面的数据，包括获取、储存、组织、归档、分析这些数据并将它们可视化。《牛津词典》的定义：生物信息学是正在概念化的基于分子（从物理化学角度而言）的生物学。它应用信息学技术（信息技术由应用数学、计算机科学及统计学分化而来）在大规模的水平上理解、组织与这些分子相关的信息。简言之，生物信息学是一门管理分子生物学信息的学科，它有许多实际应用。

综上所述，生物信息学是应用计算机技术和信息论方法研究各种生物信息的储存、检索、分析和解读的科学，是现代生命科学与信息科学、计算机科学、数学、统计学、物理学和化学等相互渗透而形成的交叉学科。简言之，生物信息学是一门管理分子生物学信息的学科。它是当今生命科学和自然科学的重大前沿领域之一，同时也将是 21 世纪自然科学的核心领域之一。

14.1.2 生物信息学的兴起与发展

生物信息学是建立在分子生物学基础上的，因此，要了解生物信息学，就必须先对分子生物学的发展有一个简单的了解。

研究生物细胞的生物大分子的结构与功能很早就已经开始，1866 年，孟德尔从实验上提出了假设：基因是以生物成分存在的。1871 年，Miescher 从死的白细胞核中分离出脱氧核糖核酸（deoxyribonucleic acid，DNA），但是在 Avery 和 McCarty 于 1944 年证明了 DNA 是主要的遗传物质以前，人们仍然认为染色体蛋白质携带基因，DNA 是一个次要的角色。1944 年 Chargaff 发现了著名的 Chargaff 规律，即 DNA 中鸟嘌呤的量与胞嘧啶的量总是相等，腺嘌呤与胸腺嘧啶的量相等。与此同时，Wilkins 与 Franklin 用 X 射线衍射技术测定了 DNA 纤维的结构。1953 年 James Watson 和 Francis Crick 在英国生物学家富兰克林等人研究结果的基础上，首先提出了 DNA 的双螺旋结构模型。DNA 以磷酸糖链形成双股螺旋，脱氧核糖上的碱基按 Chargaff 规律构成双股磷酸糖链之间的碱基对。这个模型表明 DNA 具有自身互补的结构，根据碱基配对原则，DNA 中储存的遗传信息可以精确地进行复制。他们的理论奠定了分子生物学的基础。DNA 双螺旋模型已经预示出了 DNA 复制的规则，Kornberg 于 1956 年从大肠杆菌（*E. coli*）中分离出 DNA 聚合酶Ⅰ（DNA polymeraseⅠ），能使 4 种 dNTP 连接成 DNA。DNA 的复制需要一个 DNA 作为模板。Meselson 与 Stahl（1958）用实验方法证明了 DNA 复制是一种半保留复制。Crick 于 1954 年提出了遗传信息传递的规律，DNA 是合成 RNA 的模板，RNA 又是合成蛋白质的模板，称之为中心法则（Central dogma），这一中心法则对以后分子生物学和生物信息学的发展都起到了极其重要的指导作用。经过 Nirenberg 和 Matthai（1963）的努力研究，编码 20 氨基酸的遗传密码得到了破译。限制性内切酶的发现和重组 DNA 的克隆（clone）奠定了基因工程的技术基础。正是由于分子生物学的研究对生命科学的发展有巨大的推动作用，生物信息学的出现也就成了一种必然。

随着人类基因组测序工作的完成，生物科学研究进入后基因组时代，基因组学研究的重心由基因组的结构向基因的功能转移。由于 DNA 自动测序技术的快速发展，DNA 数据库每天都有海量的数据产生。毫无疑问，我们正从一个积累数据向解释数据的时代转变，数据量的巨大积累往往蕴含着潜在突破性发现的可能，“生物信息学”正是在这一前提下产生的一门交叉学科。

粗略地说，该领域的核心内容是研究如何通过对 DNA 序列的统计计算分析，更加深入地理解 DNA 序列、结构、演化及其与生物功能之间的关系，其研究课题涉及分子生物学、分子演化及结构生物学、统计学及计算机科学等许多领域。生物信息学是内涵非常丰富的学科，其核心是基因组信息学，包括基因组信息的获取、处理、存储、分配和解释。基因组信息学的关键是“读懂”基因组的核苷酸顺序，即全部基因在染色体上的确切位置以及各 DNA 片段的功能；同时在发现了新基因信息之后进行蛋白质空间结构模拟和预测，然后依据特定蛋白质的功能进行药物设计。了解基因表达的调控机制也是生物信息学的重要内容，根据生物分子在基因调控中的作用，描述人类疾病的诊断、治疗内在规律。它的研究目标是揭示“基因组信息结构的复杂性及遗传语言的根本规律”，探索生命的遗传语言。生物信息学已成为整个生命科学发展的重要组成部分，成为生命科学研究的前沿。

14.2 生物信息学的研究范畴

在短短十几年间，生物信息学已经形成了多个研究方向，以下简要介绍其一些主要的研究内容。

14.2.1 生物信息数据库

生物信息数据库储存生物信息学研究的原始数据，是生物信息学存在和发展的基础。生物信息数据库主要探讨生物数据的收集、存储与管理，包括建立国际基本生物信息库和生物信息传输的国际互联网系统，建立生物信息数据质量的评估与检测系统，生物信息工具开发和在线服务，生物信息可视化和专家系统。比较著名的与生物有关的数据资源有 NCBI（National Center of Biotechnology Information，NCBI）、EMBL（the European Molecular Biology Laboratory）、PIR（the protein information resource）、Uniprot（universal protein resource）等。

NCBI（National Center of Biotechnology Information，美国国家生物技术信息中心）建立于 1988 年 11 月 4 日，隶属于美国国立卫生研究院的美国国立医学图书馆，主要任务是引导计算生物学、基因组及数据分析方面的软件开发，同时发布各类生物医学信息。到目前为止，NCBI 已经成为世界级的生物信息资源中心，为生物医学及生命科学研究提供了大量的数据和众多的分析工具和平台。例如，PubMed、Genbank、BLAST 等都是 NCBI 中最常用的数据库和分析工具。

14.2.2 序列比对（sequence alignment）

生物信息学最基本的操作对象是核酸序列和氨基酸序列。序列比对是按一定的标准对齐符号序列。它是生物信息学的基本操作，应用于生物信息学的大部分内容中。序列比对既比较序列形式的差异，又给不同的序列找联系。

序列比对指将两个或多个序列排列在一起，标明其相似之处。序列中可以插入间隔（通常用短横线“-”表示）。对应的相同或相似的符号（在核酸中是 A、T（或 U）、C、G，在蛋白质中的氨基酸残基用单字母表示）排列在同一列上。图 14-1 为 9 个物种 ASPM 蛋白序列的比对的结果。

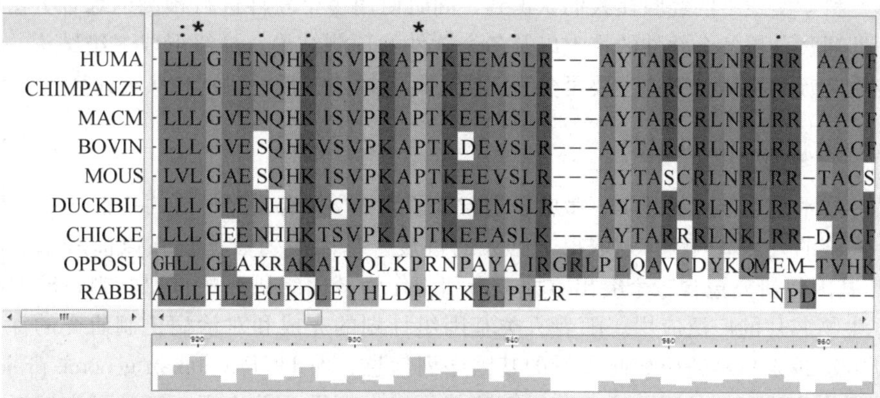

图 14-1 ASPM 蛋白序列比对的结果

序列比对的理论基础是进化学说。如果两个序列之间具有足够的相似性，就推测二者可能由共同的进化祖先，经过序列内残基的替换、残基或序列片段的缺失、序列重组等遗传变异过程分别演化而来。在生物信息学中，序列的比较是将两个或多个核酸序列或蛋白质序列进行比对，通过比对未知序列与已知序列之间的相似性，得到它们的同源性，进而预测未知序列的功能。序列比对的目的是发现相似的序列，得到保守的区域，它们可能有功能、结构或进化上的关系。目前已开发了很多的算法，其中 BLAST（basic local alignment search tool）或 FASTA（fast alignment）都是不错的算法。

14.2.3 比较基因组（comparative genomics）和系统发育分析

人类基因组计划及各种模式生物基因组测序任务的陆续完成，为从整个基因组的角度来研究分子进化提供了条件。比较基因组学的核心是识别和建立不同生物体的基因或其他基因组特征的联系。其研究的内容包括：序列的保守与差异、基因组的结构、非编码 DNA 的数量和种类差异等。不同物种间的差异可以最终理解为核酸序列和蛋白质序列的差异。根据各种生物间在分子水平上的进化关系，可以建立分子进化的系统发育树，估测物种间的亲缘关系，直观地阐明物种间的进化历程。

14.2.4 蛋白质结构预测

蛋白质结构预测指从蛋白质的氨基酸序列预测出其三维空间结构。由于蛋白质的生物学功能在很大程度上依赖于其空间结构，因而进行蛋白质的结构预测对理解蛋白质结构与功能的关系，并在此基础上进行蛋白质复性、突变体设计以及基于结构的药物设计具有重要意义。目前测定蛋白质结构的实验手段主要是依靠 X 射线晶体衍射与核磁共振方法。这两种方法只能测定有特定性质蛋白质的结构，并且测定周期较长，远跟不上核酸序列的测定速度。因此，蛋白质结构预测技术已经成为生物信息学研究的热点。

蛋白质二级结构预测开始于 20 世纪 60 年代中期，迄今为止，已经提出几十种预测方法，但它们的预测准确率都不超过 70%。然而，虽然二级结构预测的准确性有待提高，其预测结果仍然提供了许多结构信息，并为蛋白质结构和功能关系的研究提供参考。二级结构的预测是蛋白质结构预测的基础，它能很好地反映局部序列片段的结构倾向性。蛋白质二级结构预测常用方法有 Chou-Fasman 方法、GOR（garnier-osguthorpe-robson）方法、Cohen 方法、神经网络方法、模式识别方法等。科学实践中的经验让人们认识到，同时使用多个软件进行预测的综合方法是切实可行的策略，即通过分析各个软件的特点以及各个软件的预测结果，最终形成二级结构一致的预测结果。蛋白质三级结构预测方法主要可分为三类：同源模建、折叠识别和从头计算。

14.2.5 生物芯片（biochip）

生物芯片技术是近年来物理学、微电子学与分子生物学综合交叉形成的高新技术。20 世纪 90 年代初开始实施的人类基因组计划取得了巨大的进展。基因序列数据正在以前所未有的速度膨胀。2000 年基因组研究包含三个突出方面：干细胞作为基因组研究的重要材料；SNP 研究的国际大协作；生物芯片的广泛应用。随着人类基因组计划的完成和对治病机制研究的深入，传统的基因诊断方法越来越难适应如此大量的基因序列信息，而 HGP（human genome project）的研究成果必须在疾病诊断、基因治疗、药物筛选等领域发挥重要的作用。于是可实现对大量基因信息进行平行分析的生物芯片技术诞生了。生物芯片技术是生物信息学研究领域的重要应用之一。生物芯片技术将为上述研究提供最基本和必要的信息，将成为基因组信息学研究的主要支撑技术。

狭义的生物芯片也称微阵列芯片，主要包括 cDNA 微阵列、寡核苷酸微阵列、蛋白质微阵列和小分子化合物微阵列。这些固定的生物大分子通常被称作探针，其主要用途是检测生物样本中的生物大分子靶标的信息。广义的生物芯片指能对生物成分或生物分子进行快速处理和分析的固体薄型器件，将微阵列技术与生物微机电技术相结合，通过微加工技术和微电子技术在固体芯片表面构建的微型生物化学分析系统，以实现对细胞、蛋白质、核酸以及其他生物组分的准确、快速、大信息量的检测。

14.3 生物信息数据库

人类基因组计划主要目标的实现对生物学与生物医学研究产生了深远的影响。为了提高和加快研究的水平与速度，在生物信息学者们的努力下，人类基因组序列数据连同其他多种模式生物的序列数据及各自相应的基因结构与功能信息皆可供众多生物学家们免费使用，从而为他们更好地设计和解释实验提供丰富的背景知识。

本节重点讲述核酸数据库和蛋白质数据库。

14.3.1 核酸数据库

GenBank、EMBL 和 DDBJ 是国际上三个大型的核酸序列数据库。美国国家健康研究院（National Institurte of Health，NIH）于 20 世纪 80 年代初委托洛斯·阿拉莫斯（Los Alamos）国家实验室建立 GenBank，后移交给国家生物技术信息中心 NCBI，隶属于 NIH 下设的国家医学图书馆（National Library of Medicine，NLM）。EMBL 是由欧洲分子生物学实验室（the European Molecular Biology Laboratory）于 1982 年创建的，其名称也由此而来，目前由欧洲生物信息学研究所负责管理。DDBJ 是 DNA Data Bank of Japan 的简称，创建于 1986 年，由日本国家遗传学研究所负责管理。1988 年，GenBank、EMBL 与 DDBJ 共同成立了国际核酸序列联合数据库中心，建立了合作关系。根据协议，这三个数据中心各自搜集世界各国有关实验室和测序机构所发布的序列数据，并通过计算机网络每天交换新数据，以保证这三个数据库序列信息的全面和完整。

1. GenBank GenBank 是国际上最著名的核酸数据库，是美国国立卫生研究院维护的基因序列数据库，汇集并注释了所有公开的核酸序列。GenBank 的网址为 http://www.ncbi.nlm.nih.gov/genbank/。该数据库主页见图 14-2。

完整的 GenBank 数据库包括序列文件、索引文件以及其他有关文件。

GenBank 数据库的基本单位是序列条形码，包括核苷酸碱基排列顺序和注释两部分。序列条目由字段组成，每个字段由标识字起始，后面为该字段的具体说明。有些字段又分为若干次字段，以次标识字或特征表说明符开始。每个序列条目以双斜杠“//”作结束标记。

序列条目的关键字包括 LOCUS（代码）、DEFINITION（说明）、ACCESSION（编号）、VERSION（序列版本号）、KEYWORDS（关键词）、SOURCE（数据来源）、ORGANISM（序列来源的物种学名和分类学位置）、REFERENCE（文献）、AUTHORS（文献作者）、TITLE（文献题目）、JOURNAL（文献期刊名）、PUBMED（文献 PUBMED 引文代码）、FEATURES（特性表）及 ORIGIN（碱基排列顺序）。GenBank 数据可用文本检索系统和 Entrez 高级检索系统进行检索。GenBank

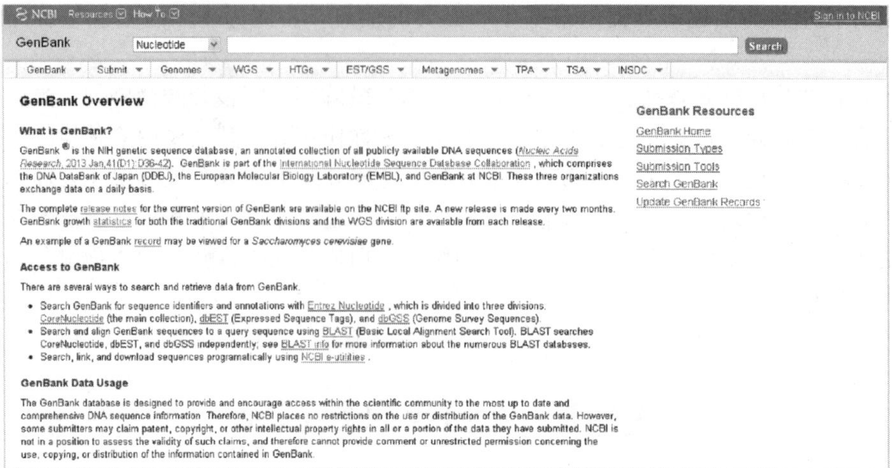

图 14-2　GenBank 数据库主页

数据递交方式有 BankIt 和 Sequin。

2. EMBL（the European Molecular Biology Laboratory）　EMBL 是 1974 年由几乎全部西欧国家及以色列等 16 个国家资助在德国海德堡建立的国际研究学院网络，致力于分子生物学研究，分别在德国、英国、法国、意大利设立 5 个分支机构。1982 年建立了世界上第一个核酸序列数据库即 EMBL 核酸序列数据库。其数据来源主要有：① 由序列发现者直接提交。大部分国际权威生物学杂志都要求作者在文章发表前提交其测定的序列给 GenBank、EMBL 或 DDBJ，拿到数据库管理系统签发的序列代码。② 从生物医学期刊上收录已发布的序列信息。对于每个序列，相关数据包括序列名称、序列位点、关键字、来源、物种、注释、参考文献。EMBL 的网址为：http://www.ebi.ac.uk/ena/。由于具有开放和创新的良好学术氛围，EMBL 已发展成欧洲最重要和最核心的分子生物学基础研究和教育培训机构。该数据库主页见图 14-3。

图 14-3　EMBL 数据库主页

3. DDBJ　日本 DNA 数据库 DDBJ（the DNA DataBank of Japan），于 1984 年建立，是世界三大 DNA 数据库之一，与 NCBI 的 GenBank、EBI 的 EMBL 数据库共同组成国际 DNA 数据库，每

日都交换更新数据和信息，并主持两个国际年会——国际DNA数据库咨询会议和国际DNA数据库协作会议，互相交换信息，因此三个库的数据实际上是相同的。DDBJ的网址为：http://www.ddbj.nig.ac.jp/。

DDBJ数据库主页（图14-4）除了数据库检索功能外，还有数据提交、数据分析等功能。

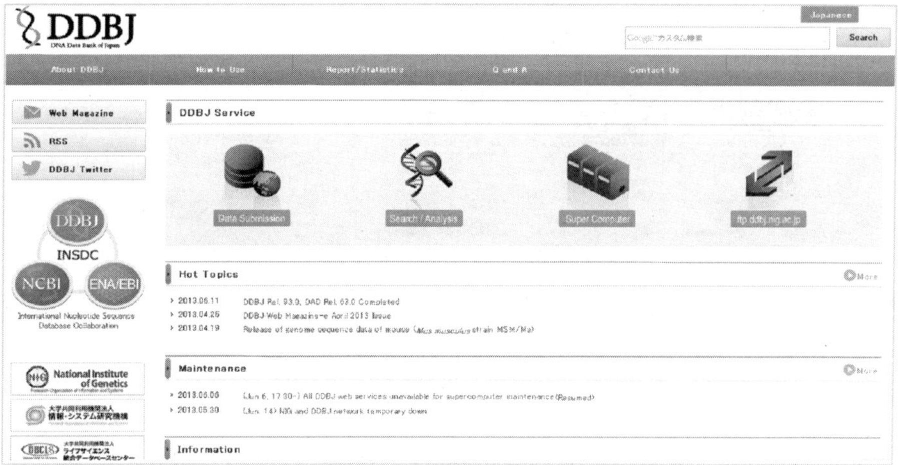

图14-4　DDBJ数据库主页

14.3.2　蛋白质数据库

由于蛋白质序列测定技术先于DNA序列测定技术问世，蛋白质序列的搜集也早于DNA序列。蛋白质序列数据库的雏形可以追溯到20世纪60年代。20世纪60年代中期到80年代初，美国国家生物医学研究基金会（National Biomedical Research Foundation，NBRF）研究组将搜集到的蛋白质序列和结构信息以“蛋白质序列和结构地图集”（atlas of protein sequence and structure）的形式发表，主要用来研究蛋白质的进化关系。1984年，“蛋白质信息资源”（protein information resource，PIR）计划正式启动，蛋白质序列数据库PIR也因此而诞生。与核酸序列数据库的国际合作相呼应，1988年，美国的NBRF、日本的国际蛋白质信息数据库（Japanese International Protein Information Database，JIPID）和德国的慕尼黑蛋白质序列信息中心（Munich Information Center for Protein Sequences，MIPS）合作成立了国际蛋白质信息中心（PIR-International），共同收集和维护蛋白质序列数据库PIR。

1. PIR　PIR全称The Protein Information Resource，是一个集成了蛋白质功能预测数据的公共资源的数据库，其目的是支持基因组/蛋白质组研究。PIR与MIPS（the Munich Information Center for Protein Sequences）、JIPID（the Japan International Protein Information Database）合作，共同构成了PIR-国际蛋白质序列数据库（PSD）——一个主要的已预测的蛋白质数据库，包括250 000个蛋白质。为了提高蛋白质预测和实验数据之间的相互吻合程度，PIR建立了一套系统，允许研究者们递交、分类、提取文献信息。PIR提供了在超家族、域和模体水平上的对蛋白质的分类。PIR同时提供了蛋白质的结构和功能信息，并给出了与其他40个数据库之间的相互参考。PIR还提供了一个非冗余的蛋白质数据库，包括从PIR-PSD、SWISS-PROT、TrEMBL（translation of EMBL）、GenPept、RefSeq、PDB收集来的约800 000条序列，对每条序列给出了一个相符的名称和相关文献。为了提高数据库的协同工作能力，PIR采用开发的数据库框架，利用XML技术进行数据发布。在PIR的站点上（http://pir.georgetown.edu/）也提供了常规的生物信息学工具，以进行数据发掘。PIR 数据库主页如图 14-5 所示。

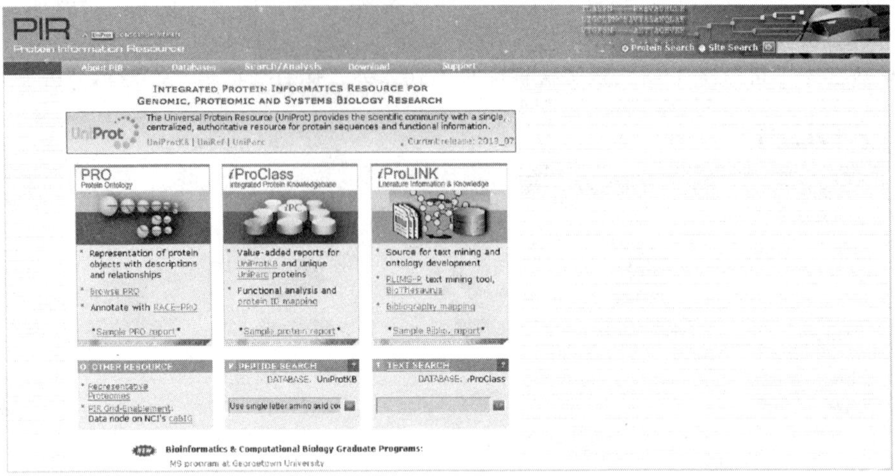

图 14-5　PIR 数据库主页

2. Uniprot　Uniprot（universal protein resource）是统一了 PIR、SwissPort 和 TrEMBL 三家数据库的综合性、经过注释的蛋白质序列数据库。Uniprot 数据库包括 Uniprot 知识库（Uniprot-KB，Uniprot Knowledgebase），Uniprot 参照簇（UniRef，Uniprot Non-redundant Reference）和 Uniprot 存档（UniParc，Uniprot Archive）。Uniprot Metagenomic 和环境序列 UniMES 数据库专门用来存储 Metagenomic 和环境数据。Uniprot 的网址为 http://www. uniprot. org/，Uniprot 数据库主页见图 14-6。

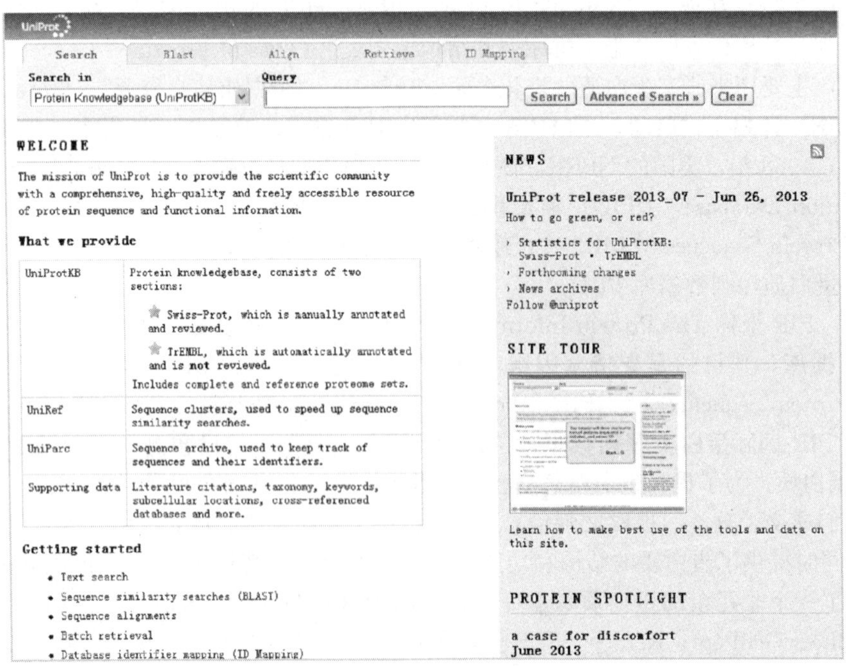

图 14-6　Uniprot 数据库主页

14.4 生物信息学在医学领域的应用

生物信息学研究重点主要体现在基因组学和蛋白质组学两方面，具体地说，就是从核酸和蛋白质序列出发，分析序列中表达的结构功能的生物信息。随着生物信息学研究的深入与发展，它已不断渗透到医学领域的不同学科研究中。目前，生物信息学在医学中已被广泛应用，对促进基础医学、临床医学及药学等学科的发展起到了不可估量的推动作用。

14.4.1 新基因的发现

在人们研究生物基因的过程中，不断有新的基因被发现，但传统的方法带有一定的偶然性和盲目性，而随着生物信息学的发展，根据基因组 DNA 预测新基因成为发现新基因的另一个重要途径。主要方法有：①依据同源性与含已知基因的数据库进行比较；②基于编码区所具有的独特信号，如起始密码子、终止密码子等；③基于编码区的碱基组成。后两种方法的本质是识别基因组 DNA 中的外显子、内含子和剪接位点。

14.4.2 疾病的诊断与预防

疾病发生和转归的本质是遗传信息在一定环境条件下的外在表达。诺贝尔生理学或医学奖获得者利根川指出："人类的一切疾病都与基因受损有关"。因此，如果对疾病发生和转归追根寻源，即会最终追溯到与疾病相关的基因和基因群，因而利用生物信息学相关知识对基因异常及基因突变的明确诊断——基因诊断就显得尤为重要。

近年来，国际上已出现了与疾病相关的数据库。随着基因组信息学的深入研究，在掌握了全部人类基因在染色体上的位置和序列特征以及它们的表达规律和产物以后，通过比较序列库中的序列同源性，可以得到序列之间的进化关系，建立基因序列结构和功能的关系，就可有效地判定各种分子疾患。

通过基因诊断，例如能对妊娠早期和中期（甚至胚胎期）有遗传病危险的胎儿进行产前诊断，为遗传病的防治和优生提供了有效途径。基因诊断技术还可广泛应用于感染性疾病和肿瘤的诊断以及法医鉴定，应用于组织工程领域，如器官移植、组织、细胞移植的供受者检测等多个领域。

因此，通过生物信息学对比人体基因密码，可以预测相关疾病的风险性，做到早检测、早预防、早治疗，从而使人类更好地了解疾病的发病机制，找到更好的疾病诊断及分型手段，为探索人类疾病机制提供参考，进而发展相应的治疗手段。

14.4.3 疾病相关生物信息学数据库的建立

随着对人类疾病基因研究的深入，一些与疾病有关的生物信息学数据库相继建立。如蛋白质疾病数据库（protein disease database，PDD）、蛋白质突变数据库（protein mutant database，PMD）、转基因/靶基因突变数据库（transgenic/targeted mutation database，TBASE）、孟德尔人类遗传学数据库（online Mendelian inheritance in man，OMIM）等。这些生物信息学数据库对疾病的预防、诊断和治疗可以提供有益的帮助。例如，孟德尔人类遗传学数据库提供了人类遗传病的临床及其表型等信息，描述各种遗传病的基因及其基因产物、基因的表达和定位。OMIM 在遗传病的鉴别诊断方面特别有用，通过检索词和词组能产生一系列含有该词和词组的条目，此法用于某特定家系中的遗传病的诊断。准确诊断对遗传病的正确处理与咨询非常重要。

14.4.4 药物的研究与开发

传统药物开发时间长、成本高。随着基因组研究的发展，可利用的数据和信息日益庞大，生物信息学可以快速地分析、选择，帮助人们从海量数据中发现和确定新的药物靶点，并通过计算机构建各种模型，方便快捷地验证各种设想，指导生物活性筛选，从而设计或发现更为安全高效的药物。

21世纪是生命科学大发展的时代，以人类基因组计划为序幕的生物信息学研究是全面认识生命及其过程的重要手段。未来医学的突破性进展不仅取决于生物学家与医学家的努力，甚至更大程度上取决于数学、物理、化学、计算机技术等的发展以及生物学和医学的交叉和结合。生物信息学作为一门综合性学科，可发挥其独特的桥梁作用和整合作用。

应用生物信息学研究方法分析生物数据，提出与疾病发生、发展相关的基因或基因群，再进行实验验证，是一条高效的研究途径。生物信息学已广泛地渗透到医学的各个研究领域中，在疾病相关基因的发现、疾病临床诊断、疾病的个体化治疗、新的药物分子靶点的发现、创新药物设计以及基因芯片的设计与数据处理等医学应用研究方面将发挥重要作用。

生物信息学的研究结果不仅具有重要的理论价值，也可直接应用到医疗实践当中去。因此，生物信息学相关的分析与应用算法、软件和数据库，都具有重要的经济价值，最终都会转化为商品，获得经济和社会效益。

本章小结

生物信息学是应用计算机技术和信息论方法研究各种生物信息的储存、检索、分析和解读的科学，是现代生命科学与信息科学、计算机科学、数学、统计学、物理学和化学等学科相互渗透而形成的交叉学科。

生物信息学的研究范畴包括生物信息数据库、序列比对、比较基因组和系统发育分析、蛋白质结构预测、生物芯片等。常用的生物信息数据库包括核酸数据库和蛋白质数据库。

生物信息学在医学领域的应用包括新基因的发现、疾病的诊断与预防、疾病相关生物信息学数据库的建立、药物的研发等。

课后习题

1. 生物信息学的定义是什么？
2. 生物信息学的主要研究内容有哪些？
3. 生物信息学在医学领域的应用有哪些？
4. 生物制药的优点有哪些？
5. 从蛋白质序列数据库中查询一条杆状病毒（Baculovirus）DNA聚合酶（DNA polymerase）的完整序列，写出序列名称、登录号及来源物种的分类情况，然后用Blast（注意：写出所用程序及所搜索的数据库名称）搜索数据库中和它相似程度较高的10条序列（写出这些序列的名称和登录号及来源物种的分类情况）。

6. 下面是Genbank中的一条记录，试解释其主要含义。

```
LOCUS   AJ627251   159930 bp   DNA   circular PLN 15-APR-2005
DEFINITION Nymphaea alba chloroplast, complete genome.
ACCESSION AJ627251
VERSION AJ627251.1 GI: 50250306
KEYWORDS complete genome.
SOURCE chloroplast Nymphaea alba
REFERENCE 1
AUTHORS Goremykin, V.V., Hirsch-Ernst, K.I., Wolfl, S. and Hellwig, F.H.
TITLE The chloroplast genome of Nymphaea alba: whole-genome analyses and
the problem of identifying the most basal angiosperm
JOURNAL Mol.Biol.Evol.21 (7), 1445- 1454 (2004)
PUBMED 15084683
FEATURES Location/Qualifiers
source1..159930
/organism= " Nymphaea alba"
/organelle= " plastid: chloroplast"
/mol_ type= " genomic DNA"
/db_ xref= " taxon: 34301" exon 159465..159895
/gene= " rpl2"
/number= 2
ORIGIN
1 atgggcgaac gacgggaatt gaacccgcga atggtggatt cacaatccac taccttaatc
61 cacttggcta catccgcccc tactctgact caattaagag tcatgtcata tttcgtttta
……
159841 gagtaggaaa aggaataaat atagtgatat ttttattctt cgtcgccgta agtaaataga
159901 aagagaaata ataaataatg aatgatgtga
//
```

7. 用PubMed搜索出与食用菌（mushroom或edible fungi）多糖（polysaccharide）抗氧化相关的文章至少10篇，列出题目、作者、文献出处等相关信息。

第 15 章 医学信息学的未来

学习目的

1. 了解医学信息学的发展现状及目前生物医学信息学的相关研究热点及瓶颈。
2. 了解医学信息学未来发展趋势。

引　言

医学信息学是一门集医学、信息科学和管理学于一身的新兴交叉学科。医学信息学研究涉及领域广泛，发展较快，有很好的发展前景。随着我国医学信息化进程的加快，特别是在2003 年“非典”以后，医院信息化的建设迅速发展，信息技术在医疗机构正日益受到重视，并得到广泛应用。如何利用信息技术更好地为医院的医疗、科研和教学服务，已越来越为人们所关注。

本章主要论述了医学信息学目前的研究现状、热点及所面临的挑战，同时，深度剖析了医学信息学研究的目标、机遇以及未来发展趋势。

15.1 医学信息学的现状及挑战

我国的医学信息学研究开始于 20 世纪 70 年代，起步于医学图书情报管理，目前主要涵盖临床信息学、生物信息学、公共卫生信息学、数字医学、卫生信息管理学等领域，教学研究体系正在完善。随着医学信息学在全球范围的蓬勃发展，我国的医学信息学研究在深度和广度上也得到了拓展，但发展水平与现实需求差距较大。

使用医学信息系统的不同部门对医学信息的要求不同，这是对医学信息系统最大的挑战。例如，信息系统用户可分为基本用户和二级用户，基本用户包括医师和其他护理人员；二级用户则包括医疗保险公司、政府医疗保险机构等。不同用户需要的信息不同，导致信息管理的复杂性。同时，如何有效地利用不同的信息系统解决不同的医疗管理也日益成为人们重视的课题。要使中国的医学信息学的发展尽快与国际接轨，适应现代社会发展的需要，必须加快培养一支医学信息学专业的人才队伍，加强国际和国内合作交流，重点开展一些医学信息学基础理论和应用研究，建立和完善一系列的相关标准和规范。

在中国，医学信息系统（hospital information system，HIS）建设已有十多年，以人、财、物管理为基础的医院管理信息系统（hospital management information system，HMIS）取得了长足的进展，但在前两年才有少数的有识之士开始关注提高医疗质量和临床工作效率的临床信息系统（clinical information system，CIS），以致国内现有的 HIS 基本上多数只有 HMIS 而没有 CIS 的跛腿现象，特别是在非典型肺炎（severe acute respiratory syndromes，SARS）考验面前，暴露出不少弊端。其主要有：① HIS应用范围和普及程度还很不够，几乎没有哪个医院实现了完整的患者信息管理；② 医院之间由于缺乏标准化而无法实现患者信息的交换和共享；③ 医院与卫生管理部门和疾病控制部门之间缺乏有效的电子化信息传递手段。

就目前来说，通过医学信息学的方法来改善和提高医疗卫生的质量，是医学信息学面临的最大挑战。如现在尚无一个基于标准的、完整的、带有临床决策支持功能的电子病案系统，如何将大量的医学经验抽象成为方便和容易使用的形式，为临床工作提供方便和可靠的决策信息，并符合伦理和法律的要求。同时，我国的医学信息机构正经历着经费和人员改革的挑战，我国当前信息网络覆盖面小，医疗救治系统信息不灵，疫情报告和疾病监测时效性差，卫生执法监管信息系统建设滞后，信息整合能力落后，国家公共卫生信息系统的基础建设已迫在眉睫。

15.1.1 医学信息学的研究热点

1. 区域卫生系统 区域卫生信息系统是在一定区域范围内，为卫生机构、卫生管理机构、居民、支付方及医药产品供应商等机构提供数字化形式的搜索、传递、存储、处理卫生行业数据业务和技术平台，以支持医疗卫生服务、公共卫生服务及卫生行政管理的工作过程，最终实现卫生信息资源的共享，以达到提高卫生工作质量和效率，节省有限卫生资源，更好地服务民众的目的（图15-1）。

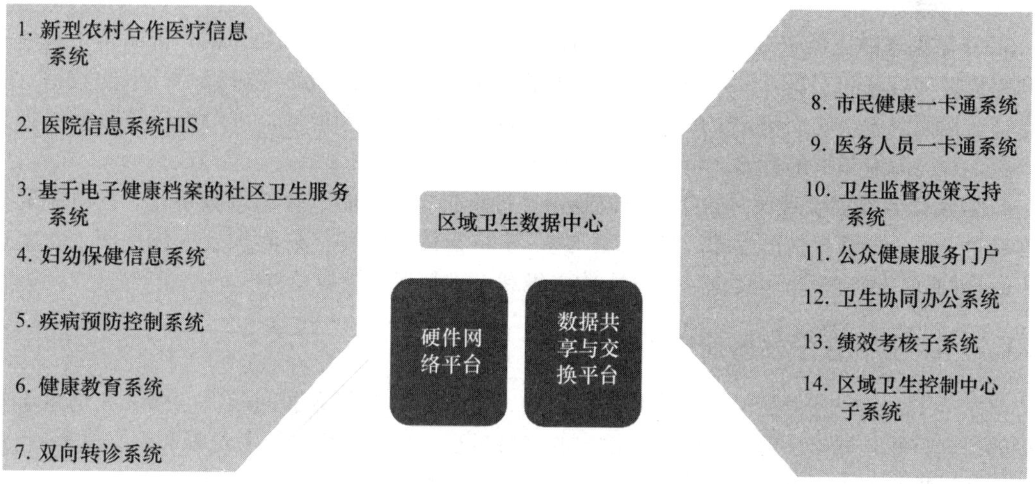

图15-1 区域卫生系统示意图

区域卫生信息化是一个工作量大，涉及业务面广的系统工程，需要充分考虑医疗卫生的各种管理要素和技术要素，才能够有计划、有步骤地逐步实现我国的区域卫生信息化。随着“新医改”的深入推进，我国区域卫生信息系统建设步伐将会加快。

2. 远程医疗 自从1998年远程医疗系统的概念被提出后，许多研究和实践的结果都证明了远程医疗的可行性和实用性，如东软集团的远程医疗会诊咨询系统（图15-2）。国外20世纪80年代后期至90年代后期，通过卫星和综合业务数据网，提高了远程医疗的信息传递效果，在远程咨询、会诊医学图像的远距离传输有了很大的进展。现在的远程医疗主要是通过公众通信网提供服务，可以提供从客户端到桌面的医疗服务。

由于我国地域环境和经济条件的差异，有些地区医疗水平明显较低，特别在广大农村和边远地区，远程医疗能够提高整体医疗水平，但目前在信息技术、政策法规、制度建设等方面还需要

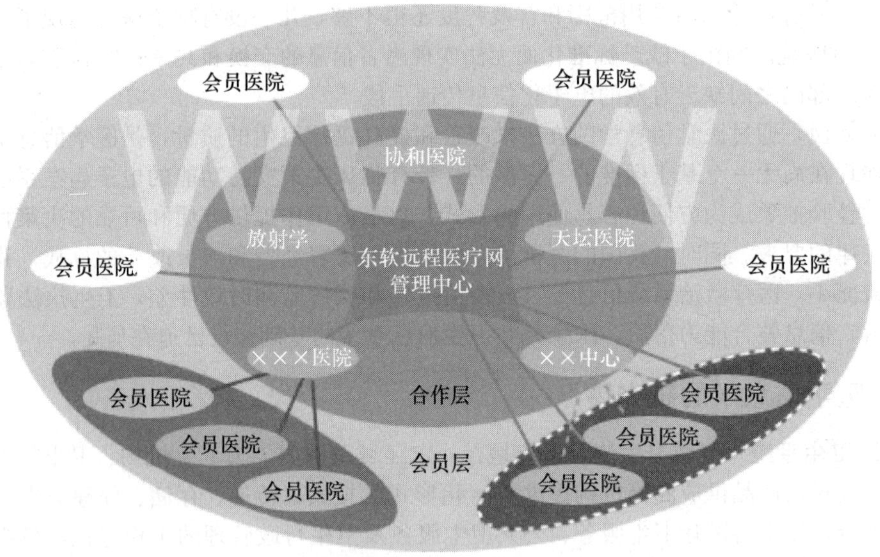

图 15-2　东软集团远程医疗会诊咨询系统示意图

做出更多的努力。

3. 转化医学的应用研究　在转化医学中，应用医学信息学的方法和理论，帮助转化医学研究者利用情报学方法和工具，发现他们需要的数据，存储和分析其在研究过程中产生的数据。医学信息学在转化医学中的应用，应致力于解决如下问题：应对基因组学，蛋白组学等数据的指数增长问题，解决海量数据的存储、传输与处理问题。

4. 数字化人体模型建设　数字人研究是通过计算机技术，将人体结果数字化，在电脑屏幕上显现看得见的、能够调控的虚拟人体形态，进一步将人体功能性信息附加到人体框架上，实现数字人海量数据三维建模与可视化，建立人体二维和三维数据集。

15.1.2　医学信息学发展面临的挑战

信息学主要是研究信息的记录、存储、使用、交付和解释等方面问题的学科。在信息学中常使用的研究方法是建模。但对于健康保健中的主要过程（疾病过程、思考过程和组织过程），只能模拟这些过程的行为而不能直接建模。

信息技术发展迅猛，在民众中的普及程度飞速提高。在医学信息应用领域，医学信息系统的用户，包括医护人员（医师、护士等）、患者及健康人、公共卫生管理及决策人员等，对信息质量的要求也随之快速提高。总的来说，用户要求医学信息系统可以完成海量数据处理，满足个性化需求，提供公共卫生管理，优化成本控制等基本任务。当今的医学信息系统研究者及生产商们都在努力满足用户的各种需求，为了更好地推进本学科的发展，美国得克萨斯大学休斯敦医疗中心 Dean F. Sittig 教授曾在 1994 年提出了九个医学信息学所面临的具体挑战。本节我们对这九个挑战进行较为详细的探讨。需要注意的是，这九个挑战并不是医学信息学发展的全部问题，随着科技的进步，其他方面的挑战也会应运而生，另外政策层面的考验也会对医学信息学的发展起到很大的影响。

Sittig 教授提出的九大挑战既是独立的科技难题又互相依赖，例如完整的数据库可以作为资源库以实现区域性资源共享，电子病历系统以及自动的纯文本信息编码系统都需要统一受控医学词汇库的支持。当代医学的一个重要发展方向是为患者提供高质量、便捷且灵活的医疗服务。这样一个看似简单的过程就需要这九大挑战中的多项研究成果来协同实现。下面逐个介绍这九大挑战。

1. 统一受控医学词汇库 统一的受控的医学词汇库是一切医学信息系统的基础。能否成功建立一个这样的词汇库决定了医学信息能否在各种系统间畅通无阻，也决定了医学信息能否由计算机来进行自动处理。目前已经开发并投入使用的主流医学词汇库有 ICD、LONIC、CPT、SNOMED、GO、UMLS 等。但是每一种词汇库的应用都有其局限性，因为每种词汇库都是建立在医学信息的不同时代、不同层面或不同方面的抽象模型上。目前还没有一个词汇库拥有对所有医学信息及其逻辑关系进行编码的能力。例如，ICD 只适用于对诊断进行编码；LONIC 则适用于对与化验相关的事务进行编码；而 CPT 则着眼于对医疗器械及费用的编码。目前这种每一个词汇库只专长于某一方面的情况，使得医学信息系统开发者在应用时要使用不同的词汇库。学习和维护这些不同的词汇库对系统开发者是一个大的负担。

2. 完整的电子病历系统 完整的电子病历系统，可以作为区域性、国家性、跨国家性的资源库，并且允许系统间进行信息的交互。电子病历在很多方面优于传统病历，其中之一就是允许病历信息较为自由地交互。例如公共卫生监控、远程会诊、病例分析研究等需要对大量病历信息进行分析，或需要在多地点同时分析病历信息。阻碍这种资源库发展的因素，除了电子病历的普及程度以外，就是电子病历接口的标准化程度限制。

不同医院会根据自己的需求选择不同开发者提供的系统，如果这些系统没有标准化的信息接口，将会为各个系统间的交互和汇总带来大的问题。由于这些要求，医学信息行业的标准化组织也就应运而生了。目前医学信息行业所采用的标准包括某一特殊领域的标准，如影像领域的 DICOM 标准，也有涵盖整个医学领域信息交互的 HL7 标准。

3. 对纯文本格式的报告、病史、出院摘要等进行自动编码 即便在计算机化医嘱录入系统（computerized physician order entry，CPOE）中大力推广可以直接得到编码信息的结构化数据录入（structured data entry，SDE），但就目前来讲，纯文本录入更符合用户录入数据的习惯，所以大部分病历数据还是以纯文本的形式存在着。纯文本形式的信息虽然符合人类的读写习惯，但是计算机系统很难处理纯文本信息。只有将纯文本信息编码后，才能将其内容和逻辑关系转化为计算机系统能够处理的信息。该编码过程可以由专门的工作人员完成，但是由于需要处理的信息量过于庞大，手动编码过程的成本难以承受，这样我们就需要有能够自动将纯文本信息编码的计算机系统。自然语言处理（natural language manipulation，NLM）方面研究的突破将是这种自动编码系统的基础。

如何从纯文本的自然语言中提取有意义的词汇及词汇之间的逻辑关系，并将提取出的信息根据统一受控词汇表进行编码、校验，最终生成计算机可以处理的结构化数据是医学信息学的一个研究方向。

4. 对病历进行自动分析 我们期望能够从病历的自动分析中得到：① 支持某一诊断的临床表现、病程演变以及临床差异；② 导致需求资源异同的原因（包括诊断、治疗方案、临床转归、患病地点以及患者的不同等）。

医学信息化的一大优点就是可以较轻松地利用信息技术所提供的各种便利功能，对已有病历信息进行自动分析，从而进行回顾性研究。电子病历记录着患者从入院到出院的一切信息，我们可以基于相应的临床逻辑关系，结合数据挖掘技术，按需筛选海量数据中有意义的部分，进行比较研究。我们所面临的问题就是如何将上述逻辑关系精确地与数据挖掘技术集成，以避免筛选出冗余的数据或是遗漏重要的数据。这些逻辑关系可以来自于统一受控词汇表，亦可以来自针对某一研究而特别建立的相关领域的本体模型（ontology），以提高对某一研究数据挖掘的效果。由此可见，对病历进行自动分析并进行回顾性研究涉及从词汇表到本体建模的一系列问题。

5. 统一、直观且有前瞻性的用户界面 医学信息系统同其他领域的信息系统一样，也需要通过用户界面来与医师、护士、收银员甚至患者等用户进行交流。普通信息系统用户界面会影响工作效率。而在医学这一性命攸关的领域，如果医学信息系统的用户界面设计不良，导致医务工作者对患者的误操作，就可能引发致命的医疗事故，从而使原本为提高医疗质量、降低医疗事故发生率而设置的医学信息系统产生负面作用。

那么，什么样的用户界面才是合格的呢？一个合格的用户界面首先要具有亲和力，也就是界面设计和操作风格应该保持统一。根据分布性认知理论（distributed cognition theory），用户界面分为内在界面及外在界面，内在界面是用户对他所面对的任务的内在理解，而外在界面就是通常所说的用户界面。一个好的外在界面应当做到：① 辅助短时和长时记忆；② 提供不需要分析就可以直接理解并使用的信息；③ 提供用户不具备的知识和技能；④ 提供易于识别的系统功能；⑤ 提供与用户认知模式相符的信息显示；⑥ 不改变任务的本质；⑦ 控制时间的长短；⑧ 避免用户进行过多的抽象，从而辅助用户处理任务；⑨ 制定优化精确的决策计划，并能降低成本。由此看来，用户界面设计不是简单的计算机方面的技术或美术问题，更重要的是用户的体验。然而现实中，系统开发者们对用户界面的关注程度远低于对信息技术的关注程度。阻碍系统开发者关注用户界面设计的原因是缺少一个系统的架构来指导用户界面的设计。如何建立一个完整的体系来分析医学信息系统用户界面设计的方方面面，进而统一所得到的分析结果，并将结果应用到用户界面的设计中，是医学信息学中一个亟待解决的难题。

6. 人类基因组计划以及各类医学信息数据库的整合 人类基因组计划从 20 世纪末启动，于 21 世纪初完成对人类全部基因组的测序。人类基因组本身是一个庞大的数据库，在完成了测序后，我们只是得到了元数据（核酸序列），至于如何理解这些数据（如测定功能区等）还需要做很多工作。基因决定人体的生长发育，由基因突变而引起的遗传性疾病则是人类生存的一大威胁。研究者建立了专门的数据库，如 OMIM 数据库（online Mendelian inheritance in man，OMIM），以便于研究这类疾病。如果电子病历系统可以整合患者基因层面的数据，并与 OMIM 等数据库进行互动，就能在遗传性疾病的诊断过程中起到积极的作用。而人类基因组与 OMIM 等数据库的互动则有可能辅助研究者测定正常人类基因组的各个功能基因。更进一步整合了患者基因数据的电子病历系统，可以对比患者的基因与正常的基因，从而发现未知的遗传性疾病。

7. 人体完整的数字模型 医学信息学的一个巨大潜力就是通过信息技术来重建完整的动态人体数字模型。这种模型可以作为医学教学的教具，如帮助认识解剖结构，进行模拟手术，甚至进行新药的实验等。另外，数字模型还可以为研制人工器官等提供参照。美国国家医学图书馆（National Library of Medicine，NLM）的可视人体工程（visible human project，VHP）通过对有代表性的男性和女性尸体进行 CT、核磁共振、切片照相而得到了人体完整的图像和结构模型。用户可以通过多种渠道查看 VHP 所提供的人体结构模型。虽然 VHP 通过数字化 3D 影像展现了人体，但该模型并不能模拟人体的生理功能。目前，致力于模拟人体的生理功能的虚拟生理人（virtual physiological human，VPH）研究还处于萌芽期，可以预见 VPH 模型将会是一个从基因到人体的多层面模型，而如何完整地了解人体的所有层面，进而抽象为可以模拟人体生理功能的模型，则还需要一代甚至几代各相关学科研究者的不懈努力。

8. 信息系统与医疗组织机构的集成 如何使新的信息管理系统易于集成到医疗组织机构中，

以便在诊疗现场或研究中起作用？

研究报道中出现过这样的有趣现象，同一个电子病历系统被两家不同的医院A和B采用，经过一段时间的使用后，医院A的死亡率有所下降，而医院B的死亡率有所上升。这个例子体现了医学信息系统的一个不能忽视的环节——如何将系统整合到组织结构中。

目前，并没有系统的研究来指导医学信息系统的集成，鉴于医学领域的"危险性"指导系统集成进入工作流的框架是必要的。然而，由于医学的复杂性，每个医院甚至每位医师都拥有自己的一套工作流程，所以，这种框架的研究也就成为一项挑战。

9. 综合完整的临床决策支持系统 医学信息系统的最重要的任务之一就是避免医疗事故并提高医疗质量。为了完成这个任务，一套完整的临床决策支持系统是必不可少的。目前的临床决策支持系统已经可以处理包括警告医师药物相互作用及患者过敏史在内的很多任务。而综合完整的临床决策支持系统则需要能够对从生物信息到公共卫生信息的各个层面的医学信息做出反应，可以辅助医师完成包括患者病情监视、公共卫生监督、遗传性疾病诊断、影像分析等任务。

完整的临床决策支持系统是建立在临床数据之上，其中各个层面产生的医学信息可以由信息系统进行自动处理，并且各个层面的信息可以自由交互的基础上的。这就需要专注于各层面研究的医学信息学专家共同努力来搭建这样一个系统。此外，我们还要考虑如何定位临床决策支持系统在临床医疗服务中的角色。试想，若医师由于遵循决策支持系统的错误决策而导致了医疗事故，那么是由医师来承担责任还是由决策支持系统的开发者来承担责任？这种问题不是科技层面的问题，而是医学信息系统在医疗环境中要遵循怎样的规则，并承担怎样的责任的政策层面的问题。由于医学信息学还是新兴学科，医学信息系统也还处于发展阶段，相关法律、法规还不健全。

以上单独讨论了医学信息学所面临的科技层面的挑战，由于是分别讨论的，所以读者可能会认为这些挑战是互相独立的研究方向。但事实上每一个研究方向都与其他研究方向有着千丝万缕的联系，我们需要将医学信息学作为一个整体来考虑。例如，我们需要一个统一受控的医学词汇库才能使医师识别纯文本格式的报告、既往病史、出院摘要等信息，同时，使电子病历系统能够进行自动编码，从而让电子病历系统更加完整。一个统一的医学词汇库也可以使系统更加自如地对病历进行自动分析，不存在任何理解分析上的障碍。一个统一的、直观且有前瞻性的用户界面，也可以使电子病历系统更有利于使用。通过各类医学信息数据库的整合，才能构架出人体完整的数字模型。信息系统与医疗组织机构的集成，以及综合完整的临床决策支持系统，有利于医学信息系统的发展。

15.2 医学信息学研究的目标、机遇与未来

医学信息学是应用系统分析工具这一新技术（算法）来研究医学的管理、过程控制、决策和对医学知识科学分析的科学，是计算机科学、信息科学与医学的交叉学科，应用性强又不乏自身基础理论的研究。医学信息学研究对象的特点在于：不确定性、难以度量以及复杂成分之间相互作用。医学信息学随着计算机技术的兴起而发展，在半个多世纪的发展中渗透到医疗领域的方方面面：电子病历、生物信号分析、医学图像处理、临床支持系统、医学决策系统、医院信息管理系统、卫生信息资源等。医学信息学为提高医疗效果、效率并降低医疗支出、合理配置医疗资源做出了杰出的贡献。

从我国的国情来说，新一轮的医改方案明确提出要建立高效统一、系统整合、互联互通和实

用共享的医药卫生系统，这是“新医改”的重要支撑，为我国医学信息学的发展提供了历史性的机遇。从临床信息学角度来看，我国医学信息学也应进一步明确研究对象，拓展研究领域，探索医学信息学的基本规律和原理；融合相关的科学方法，加强研究机构的队伍建设并建立良好的学术交流渠道，进一步促进我国医学信息学教育的发展。

15.2.1 医学信息学研究的目标

医学信息学是一个交叉学科，信息处理的质量对其有影响。如果缺乏足够数量和质量的医学信息，那么它将影响医学研究、教育和患者治疗。

医学信息学的研究目标有两个：

1）提供关于数据、信息和知识处理的问题解决方案；

2）研究在医学和健康保健中处理数据、信息和知识的普遍原则。

这个定义强调医学信息学的起源是医学和健康保健。医学信息学最终的目的应该是提高医疗卫生的质量，促进医学以及健康科学的研究与教育。

医学研究具有高度的复杂性，有效的系统整合是医学科技发展的内在要求。传统的条块分割、各自为战的研究模式，严重制约着医学科技的发展。要加强医学科技工作的统筹协调，促进全社会医学科技资源优化配置、综合集成和高效利用；要注重学科领域整合，以交叉学科研究的方式促进医学科技的快速发展；要重视研究力量整合，促进医、产、学、研的有机结合，推动临床/转化医学研究中心、技术创新联盟等建设；要重视研究资源整合，加快临床研究协同创新网络平台及相关资源库、信息库的建设；要重视医疗服务整合，加快推进数字化医疗、远程医疗、移动医疗等技术发展，优化建立不同层级医疗机构间协同医疗、整合服务的新模式，实现医疗服务资源的高效利用。

15.2.2 医学信息学研究面临的机遇与未来

2009 年 4 月，“新医改”方案出台，明确将实用、共享的医药卫生信息系统作为深化医药卫生体制改革“四梁八柱”的八柱之一。这种以中央政策性文件部署卫生信息化工作的情况尚不多见，这无疑为我国医学信息学发展带来了历史性机遇。在完成我国医疗卫生体制改革的艰巨任务中，医疗卫生信息化和信息系统的建设是其中的重要组成部分，如图 15-3 所示。

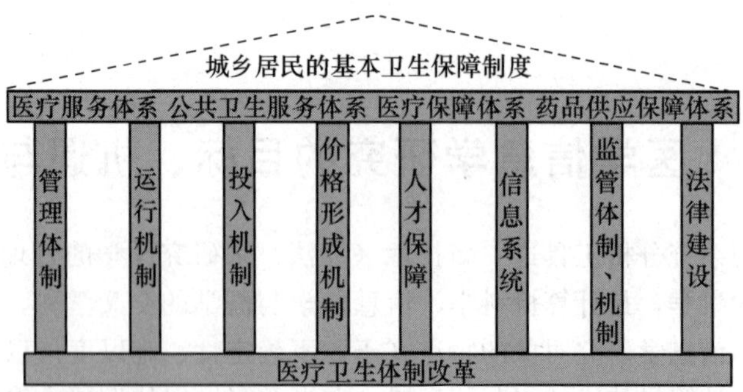

图 15-3 医疗卫生体制改革中的信息化和信息系统的建设

新医改方案明确提出，要大力推进医药卫生信息化建设。以公共卫生、医疗、医保等信息化建设为着力点，进一步完善公共卫生信息系统，以居民健康档案为重点构建乡村和社区卫生信息网络平台，以医院管理和电子病历为重点，推进医院信息化建设等。要顺利实现这些目标，就要求转变观念，加强政府宏观指导和统一规划，建立国家级卫生信息化工作委员会，统筹相关建设，加大投入力度，加快人才培养及学科体系建设。相信在不远的将来，医学信息学将会在疾病防治、医学科研教学、卫生事业管理等领域发挥不可替代的引领作用，从而带动整个医药卫生事业的革新。

21 世纪的卫生保健应该是以质量为重点、以患者为中心、以证据为基础的个性化卫生保健。这样的卫生保健对消费者来说必须是安全、高效、经济和便捷的。因此这种卫生保健不能仅重视治疗，必须同时重视预防、治疗、康复和日常的健康教育。

医学信息学的未来很难预测，但它必将成为各个国家医疗卫生建设的重要组成部分，根据当前国际医学信息学发展的现状，我们应该适时出台相应的政策。首先，我们要加快专业人才的培养，建立健全医学信息学专业的规范教育体系，培养高素质的医学信息学专门人才，尽快改变医学信息学研究机构的现有用人体制，吸引有志于医学信息学的复合人才。其次，要建立健全医学信息学研究体制，结合国内实际开展相应的研究，编制医学信息学发展的长远规划，确定不同时期医学信息学的研究重点，重点开展一些医学信息学的基础理论和标准化研究。最后，我们要加强国际和国内合作，开展国际合作和交流，选派专业人才出国进修和考察或进行项目合作，引进先进的观念和技术，避免重复的投入，在新的起点上开展研究，缩小与发达国家的差距，加强与医学信息技术公司、医院信息部门和中国电子学会医药信息分会的联合与协作，扩大国内的医学信息学专业研究队伍，开展适合国情的医学信息学应用研究。

尖端技术的普遍应用也带来了更多新的研究方法和研究方向。例如，利用射频定位系统（radio frequency identification device，RFID）和多因子模拟技术（multi-agent simulation）加强医院中的医师、护士、患者等之间的交流互动行为。信息技术的不断进步也使得很多新的研究方法被应用到医学信息领域，如本体建模、语义网、面向对象的分析和设计等。总而言之，医学信息学的未来发展空间很大。随着医学信息学科的不断成熟、相关基础学科的不断进步、政策支持的不断加强，医学信息学发展面临难得的机遇。

目前，我国的医疗体制面临着新的改革，政府越来越重视如何利用信息技术解决我国各地区医疗发展水平不均，医疗资源不足，医疗资源分配不均，老百姓“看病难、看病贵”等问题。这表明在新一轮医改中，我国医学信息学发展以及医院信息化发展将会面临新的机遇。抓住这个机遇，将有助于营造成熟的医学信息学学术氛围，实施完善的医学信息相关法律、法规，改善医疗流程，推广、普及优化的医学信息系统。

我国医学信息学研究起步较晚也并非劣势，只要能够科学地汲取发达国家的研究经验及成果，我国医学信息学的发展便可以避免很多弯路。至于我国传统医学的信息化研究，则可以为中医标准化以及将中医推广到全世界提供一个前所未有的发展机遇。我国政府领导的、专业学术团体主持的医学信息学组织以及专家成员人数正在逐年增加，成员的专业教育水平在逐年提高，医学信息产业的从业人员的专业背景也在逐渐趋于多元化，医学信息方面的从业人员资格证书考试也已经在全国范围展开，我国医学信息学的发展正在逐步走向繁荣。

可以预见在中国医疗改革的推动下，建立成熟完善的医学信息学学术环境，研究符合中国特色的医学信息系统，建设高质量低成本的医疗卫生信息系统，乃至为 13 亿人民提供公平、优质的医疗服务是一定能够实现的。

本章小结

本章集中论述了医学系信息学的发展现状、研究热点以及面临的问题。目前，医学信息学在全球范围蓬勃发展，我国的医学信息学研究在深度和广度上也得到了拓展。医学信息学的研究热点主要集中在区域卫生系统、远程医疗、转化医学、数字化人体模型这几个方面。医学信息学主要问题是信息的记录、存储、使用、交付和解释。其中电子病历记录系统是研究的前端。另外，本章深度剖析了医学信息学研究的目标、机遇以及未来。研究目标为：提供关于数据、信息和知识处理的问题解决和研究在医学和健康保健中处理数据、信息和知识的普遍原则。目前，我国的医疗体制面临着新的改革，政府越来越重视如何利用信息技术问题。在新一轮医改中，我国医学信息学以及医院信息化发展将会面临新的机遇。抓住这个机遇，我们将建立成熟的医学信息学学术环境，实施完善的医学信息相关法律、法规，改善医疗流程，推广、普及优化的医学信息系统。

课后习题

1. 医学信息学最本质的问题是什么？

2. 用一个具体的医学信息系统来分析医学信息学面临的九大挑战。

3. 信息爆炸是医学信息学的挑战还是机遇？用一个例子来阐述你的观点。

4. 如果你是一个医院的院长，在病历电子化过程中，你应该注意哪些问题？

5. 结合我国国情以及文献报告，讨论信息化对医疗服务可能产生的潜在的负面影响以及解决的办法。

习题答案

第1章　生物医学信息学概论

1. 医学信息学现阶段所面临的主要挑战有哪些？

答：软件缺乏标准化以及互操作性；软件开发缺乏统一的架构；医院管理理念陈旧、管理模式老化，影响了软件开发的水平和质量。

2. 何谓假说驱动、数据驱动以及理论驱动？三者的优、缺点各是什么？

答：假说驱动（hypothesis-driven）的策略即事先提出某种经过推敲的问题或假说，之后通过实验获取数据来验证。生物组学的研究策略则无须事先提出某种问题，而是应用组学技术直接采集基因组或蛋白质组数据，之后再通过分析来提出并验证某种问题（即数据驱动，data-driven）。由于大多数医学实验均具有孤立、片面等缺点，对其结果的解读容易失之偏颇。通过计算机分析寻找规律，则容易因为数据不完整而造成误判。因此，结合已有的生物学理论或推测来判断数据的支持度（即理论驱动，theory-driven）将更为合理。

第2章　医学信息标准化

1. 什么是标准？

答：国家标准GB/T 20000.1—2002给“标准”下的定义是：“为了在一定的范围内获得最佳秩序，经协商一致制定并由公认机构批准，共同使用和重复使用的一种规范化文件。”在此定义后有一条附注：“标准宜以科学、技术和经验的综合成果为基础，以促进最佳共同效益为目的。”

2. 简述分类与编码的基本原则。

答：对信息进行分类和编码时应遵循以下原则：

（1）科学性：要以当代先进的医学科学水平为基准，分类目的有科学依据，分类轴心要体现对象的本质特性，编码有科学意义。

（2）系统性：分类的对象必须按照其内在的特性和规律进行排序，并形成一个科学严谨、结构合理、层次分明的分类体系。

（3）准确性：分类的类目应独立明确、相互排斥、互不包括。类目下的亚目从属关系清楚，层次分明。代码确切有序，不要随意空码、跳码。

（4）惟一性：应确定统一的代码元素集，严格做到一码一义，避免一码多义或一义多码，使整个分类编码系统井然有序，精确无误。

（5）冗余性：一个分类编码系统除了应包括现有的所有对象外，还应预留一定的空项，以适应发展中不断涌现出来的新对象。这些预留的空项又必须依据分类编码原理和内在属性关系而定，新的对象将参照与原有对象的属性关系填充到相应的预留空项中，而不是简单堆放在原系统之后。

（6）结构化：代码与对象的特性以及内涵应有结构化的对应关系，代码的不同位置标识了对象的特性以及它与周围的层次关系。

（7）实用性：分类和代码都要有实用价值，符合实际需要。它不能过于简单而失去准确性，又不能过于烦琐而应用困难。

(8) 可操作性：分类编码应力求简单明了，易于学习掌握，同时要便于计算机输入。

3. 简述国际疾病分类的方法及应用。

答：(1) ICD (International Classification of Disease) 是世界卫生组织 (WHO) 制定的疾病分类方法，是疾病分类的国际统一标准。

(2) ICD已有110多年的历史，经过10次更新。

(3) ICD分类依据疾病的四个主要特征：病因、部位、病理、临床表现。

(4) ICD分类编码方法：类目、亚目、细目。

(5) 类目：三位数编码，包括1个字母和2位数字，如S82表示小腿骨折。

(6) 亚目：四位数编码，包括1个字母、3位数字和一个小数点，如S82.0表示髌骨骨折。

(7) 细目：五位数编码，包括1个字母、4位数字和一个小数点，如S82.01表示髌骨开放性骨折。

ICD应用情况如下所述：

(1) 为医疗机构的医、研、教服务。85%的临床论文来源于病案的统计与分析。

(2) 为医疗机构的管理服务。评估医疗质量与医疗效率；评估医疗管理效率；设计临床路径方案；设计临床准入方案。

4. 什么是HL7?

答：HL7 (health level 7) 是一种医疗卫生信息交换标准，它是基于开放式系统互联网 (open system interconnection, OSI) 通信模式第七层 (应用层) 的医学信息交换协议。HL7标准为一个系列标准，它提供了支持临床医护和医疗保健服务 (管理、传递和评估) 的数据交换、数据管理和集成的标准。

第3章 数据库与信息系统

1. 什么是数据、信息和数据处理?

答：数据 (data) 是描述事物的符号记录，是数据库中存储的基本对象，也是数据库管理系统处理的基本对象，主要包括数字、文字、符号、图形、图像、声音、视频等多种表现形式。信息 (information) 是现实世界事物的存在状态或运动方式的反映，是经过处理的、能够反映现实世界状态及物理特性的数据。数据处理 (data processing) 是对数据进行采集、存储、检索、加工、传播和应用等处理的过程。

2. 简述数据管理的三个发展阶段及各个阶段的对比。

答：随着计算机硬件和软件的发展，应用中的数据管理需求逐步发生着转变，数据管理技术的发展也经历了人工管理、文件系统和数据库系统三个主要阶段。

(1) 人工管理阶段 (20世纪50年代中期以前)：此时的计算机主要用于科学计算，对数据保存的需求尚不迫切。

(2) 文件系统阶段 (20世纪50年代后期至60年代中期)：此时的计算机已经不仅局限于科学计算，还大量地应用于信息管理。该阶段是利用计算机进行数据管理的初始阶段，已经出现了对大量数据进行存储、检索和维护的需求。

(3) 数据库系统阶段 (20世纪60年代后期开始)：此时的计算机已经广泛地应用于规模更加庞大，且数量急剧增长的信息管理。在这一阶段中，出现了统一管理数据的专门软件系统，即数据库管理系统 (database management system, DBMS)。

数据管理技术发展的三个阶段是数据库技术从无到有的发展过程，三个阶段各自的特点如习题表 3-1 所示。

习题表 3-1　数据管理三个阶段的对比

人工管理	文件系统	数据库系统
数据不保存在机器中	数据可长期保存在磁盘上	数据结构化
没有管理数据的软件	文件系统管理数据	数据由 DBMS 统一控制
数据无共享	数据共享性差，冗余大	高共享，低冗余
数据不具有独立性	数据独立性差	数据独立性高

3. 简述关系型数据库的优、缺点。

答：关系型数据库的主要优点包括：① 建立在严格的数学概念基础之上，将关系代数作为语言模型，将关系理论作为理论基础；② 模型概念单一、规范化，数据结构简单、清晰，易懂易用；③ 存取路径对用户透明，具有更高的数据独立性和更好的安全性，也便于维护，简化了程序员的工作，提高了开发的效率。主要缺点包括：① 路径透明导致了查询效率相对较低；② 为了提高性能，需要进行查询优化，增加了编程难度。

4. 简述数据库系统的开发流程。

答：概括来说，数据库应用系统的开发流程可分为系统规划、需求分析、概念设计、逻辑设计、物理设计、系统编码及调试和系统运行及维护等 7 个阶段，各阶段间相互联接，而且常常需要回溯修正。

（1）系统规划阶段：系统规划的任务是分析应用系统开发的必要性和可行性。

（2）需求分析阶段：需求分析的任务是分析系统用户的实际应用需求，了解用户业务状况，根据用户的实际需求给出恰当设计。需求分析的过程大致可分成三步：需求信息的收集、需求信息的分析整理和需求信息的评审。

（3）概念设计阶段：概念模型设计的任务是在需求分析结果的基础上，对用户的需求进行综合、归纳与抽象，形成一个数据库的概念模型，并给出描述。

（4）逻辑设计阶段：逻辑设计的任务是将概念模型转换为计算机中 DBMS 所支持的数据模型，如关系模型或对象模型等。

（5）物理设计阶段：物理设计的任务是在逻辑数据模型的基础上，为应用系统选取一个最合适的物理结构，包括物理数据库结构、存储记录格式、存储记录位置分配及访问方法等。

（6）系统编码及调试阶段：系统编码及调试的任务是建立数据库并编制系统应用程序代码，先进行系统的初步调试，再进行系统的联合调试。系统通过联合调试后，进行数据库应用系统的试运行。

（7）系统运行及维护阶段：数据库应用系统经过系统调试和成功试运行后，即可开始投入正式运行。主要工作包括：数据库性能监视、数据库分析和改进、数据库备份和恢复、数据库安全性和完整性控制以及数据库结构的重新构造等工作，使应用系统能为用户更好地提供服务。

5. 简述信息系统及其开发方法。

答：信息系统（information system，IS）可以看作是由计算机硬件、网络和通信设备、计算机软件、信息资源、用户和规章制度共同组成的、以处理信息流为目的的人机一体化系统。信息系统也可以看作是一系列相互关联的可以收集（输入）、操作和存储（处理）、传播（输出）信息并提供反馈机制（反馈）以实现其目标的元素的集合。

常用的信息系统开发方法包括结构化方法（structured method）、原型法（prototyping method）和面向对象方法（object-oriented method）。

（1）结构化方法：结构化方法是应用最为广泛的一种开发方法。该方法把整个系统的开发过程划分为若干阶段，然后一步一步地依次进行，前一阶段是后一阶段的工作依据；每个阶段又划分详细的工作步骤，顺序作业。每个阶段和步骤都有明确详尽的文档编制要求，各个阶段和各个步骤的向下转移都是通过各自的软件文档和对关键阶段和步骤进行审核及控制实现的。

（2）原型法：原型法的基本思想与结构化方法完全不同，原型法认为在很难一下子全面、准确地提出用户需求的情况下，不要求一定要先对系统做详细的调查与分析，而是本着开发人员对用户需求的初步理解，先快速开发一个原型系统，然后通过反复修改来实现用户的最终需求。

（3）面向对象的方法：面向对象的方法的基本思想包括：① 客观事物是由对象组成的，对象是对原事物的抽象；② 对象由属性和操作组成，属性反映了对象的数据信息特征，操作用来定义改变对象属性状态的各种操作方式；③ 对象之间的联系通过消息传递机制实现，消息传递的方式是通过消息传递模式和方法所定义的操作过程来完成的；④ 对象可以按属性来归类，借助类的层次结构，子类可以通过继承机制获得其父类的特性；⑤ 对象具有封装的特性，一个对象就构成一个严格模块化的实体，在系统开发中可被共享和重复引用，达到软件（程序和模块）复用的目的。

6. 什么是数据、信息和数据处理？

答：数据（data）是描述事物的符号记录，是数据库中存储的基本对象，也是数据库管理系统处理的基本对象，主要包括数字、文字、符号、图形、图像、声音、视频等多种表现形式。信息（information）：是现实世界事物的存在状态或运动方式的反映，是经过处理的、能够反映现实世界状态及物理特性的数据。数据处理（data processing）是对数据进行采集、存储、检索、加工、传播和应用等处理的过程。

第 4 章　医院信息系统

1. 什么是医院、信息系统及医院信息系统？

答：医院是对群众或特定的人群进行治病、防病的场所，备有一定数量的病床设施、相应的医务人员和必要的设备，通过医务人员的集体协作达到对住院或门诊患者进行科学、正确诊疗的目的的医疗事业机构。信息系统是以提供信息服务为主要目的的数据密集型、人机交互的计算机应用系统。医院信息系统指利用计算机软、硬件技术和网络通信技术等现代化手段，对医院及其所属各部门的人流、物流和财流进行综合管理，对在医疗活动各阶段中产生的数据进行采集、存储、处理、提取、传输和汇总，并加工生成各种信息，从而为医院的整体运行提供全面的、自动化的管理及各种服务的信息系统。

2. 简述三层体系结构的医院信息系统。

答：习题图 4-1 表示一个具有三层体系结构的医院信息管理系统结构示意图。第一层为数据层，是由数据库管理节点组成。第二层为逻辑层，也叫中间层，它的主要任务是处理商业逻辑或与应用有关的计算。中间层既是第一层的客户端，也是第三层的服务器端，因此，该图所示的三层医院信息管理系统也可以说是具有两对客户端/服务器结构。第三层是用户界面层，负责完成与用户之间的交互和计算。它要求具有高效易用的用户界面，以及在系统中能够方便连通。系统中可有多种客户端，供不同的身份的用户使用，而它们必须仅能共用同一个中间逻辑层。中间逻辑层通常包含多个部件，各负责提供各自特定的服务，例如搜索、事件处理等。在这些部件之中，则含有商业对象以及具体处理程序逻辑法则，并向第一层提取数据或调用运算。

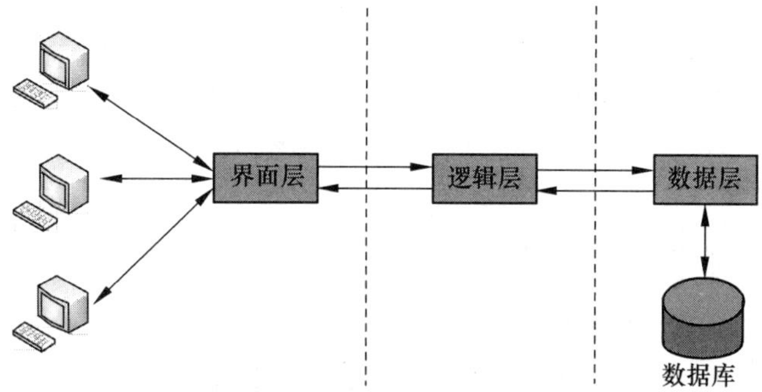

习题图 4-1　三层医院信息系统结构

3. 简述医院信息系统六大子系统的主要功能。

答：一般来说，一个医院信息系统大体由六个子系统组成，分别是门诊管理子系统、药品管理子系统、住院管理子系统、人力资源管理子系统、后勤管理子系统和系统管理子系统。各个子系统既具备各自特殊的功能，又相互依存，都在医院信息系统中扮演各自重要的角色。下面简要介绍各个子系统的主要功能：

（1）门诊管理子系统：门诊管理子系统由门诊挂号管理、门诊划价收费、门诊药房管理统一组成，三者相互关联，坚持“以患者为中心，为患者服务”的理念，实现了门诊业务的流畅运营以及合理分配，解决了门诊患者长时间等待等问题。

（2）药品管理子系统：药品管理子系统主要包括药房管理子系统和药库管理子系统。药品流通是医院日常工作必不可少的环节，贯穿了医院的整个业务流程。药品管理子系统的主要功能是建立医院所用药品的进、销、存的统计信息，提供医院正常运营所需的全部药品信息。

（3）住院管理子系统：住院管理子系统是医院信息系统的重要组成部分，主要由住院处管理、住院划价收费、病房管理组成，它们相互联系，协同工作，为患者提供优质快捷的服务，提高了医务人员的工作效率。

（4）人力资源管理子系统：人力资源管理子系统实现人事业务规范化管理，主要包括招聘录用管理、教育培训管理、绩效考核管理和薪酬管理。

（5）后勤管理子系统：后勤管理子系统实现医院后勤规范化管理，主要包括财务管理、设备管理和物资管理等。

（6）系统管理子系统：系统管理子系统主要为系统管理员提供管理系统的功能，并为以后系统的扩展提供一定的接口。

4. 简述药品管理子系统的组成和主要功能。

答：医院信息系统中的药品管理子系统主要包括药房管理子系统和药库管理子系统，药品管理系统与住院系统、门诊系统等互联，做到整个医院信息系统资源共享，并定期对药品、制剂进行综合测评，实现全院药品价格的中央控制。药房管理子系统又分为门诊药房管理和住院药房管理，通过对功能模块的操作实现药品、制剂的入库，出库，调价，盘点，退药，退库，报损，单据审核，查询与统计等功能。药库管理子系统主要用于中、西药库药品管理，建立整个医院信息系统共享的药品字典、目录，药品入库，药品出库，药房退药，药品退库，药品计划，库房盘点，有效期查询管理，药品信息查询，统计报表等功能。

第5章　医学图像信息系统

1. DR与CR相比有何改进？

答：DR采用先进的探测器技术，将X射线光子直接或间接地转换为电信号，并经A/D转化为数字化图像。DR系统的采样矩阵可达4096×4096像素，灰度分辨率可达12比特，采样速度可达64帧/秒。DR将实现上述功能所需器件高度集成在一块平板探测器上，从而取代了CR中的IP和屏片系统中的胶片，因此极大的简化了X射线摄影流程。

2. 四大医学影像设备指的是哪些？简述它们各自的特点。

答：四大医学影像设备是指CT、磁共振、超声和PET。

CT以X射线在人体内的衰减系数为基础，通过投影图像重建，计算出衰减系数在人体某断面上的二维分布，从而建立人体断层图像。与传统X射线相比，CT获得的是高分辨率的断层图像，并能准确测量各组织的X射线吸收衰减值，用于医学定量分析。

磁共振检查时，受检者置于匀强磁场中，当射频线圈发射无线电波时，氢质子吸收能量，产生磁共振现象。当终止射频脉冲时，氢质子释放所吸收的能量，恢复到原来的平衡状态，这个恢复过程称为弛豫时间。在弛豫过程中，氢质子释放能量，发出磁共振信号，通过检测系统收集及计算机处理后，形成磁共振图像。磁共振成像是基于氢原子核的自旋，人体的软组织大部分由水组成，不同组织氢的含量不同，即使同一组织，正常与病变状态氢质子的分布也不相同，所以磁共振适用于对软组织成像。

超声的原理是声波在遇到不同组织的分界面时会反射部分能量形成反射波。如果将这些反射波用一个时间函数来表示，并已知波在该介质中的波速，则可获得该组织各个位置的信息。超声可以显示器官形态和解剖结构，还可以通过测量血流速度和心肌速度进行功能成像，具有无创、便宜、轻便、实时等特点。

PET成像过程中，将某种放射性核素标记在药物上形成放射性药物，然后引入生物体体内。由于生物体不同组织和器官对放射性药物具有选择性吸收的特点，体内各部位吸收放射性药物并形成辐射源。体外的核子探测装置对体内核素发出的射线进行跟踪，可得到某些器官、组织的解剖结构。更重要的是，通过体外测定放射性核素在某些脏器和组织中的摄取速度、滞留时间、代谢快慢等信息就可得到有关脏器功能及相关的生理、生化信息。

3. 简述PACS的主要功能。

答：(1) 采集医学图像。通过网络与医疗器械通信，获得数字化医学图像。

(2) 存储医学图像。将采集的数字化医学图像有序地组织起来，存储到持久介质（如硬盘、光盘、磁带等）上。

(3) 检索医学图像。通过某些特定信息（如患者姓名、医院ID等）检索到患者某次检查所产生的医学图像。

(4) 再现医学图像。医学图像有特定的格式，除了包含图像本身像素的信息外，并且有许多与图像相关的信息，需要进行转换后再现在特定的显示设备上，供临床医师诊断使用。

(5) 图像后处理。可以对单幅或者多幅平面图像进行后处理，包括测量、标注、变换、3D重建等。

4. 医学图像DICOM标准是否支持有损压缩？如果支持，压缩比是多少？是否对诊断造成影响？

答：DICOM支持有损压缩。

DICOM标准中运用的压缩标准主要是JPEG标准。目前的DICOM标准图像压缩格式主要有

3种：① 无损压缩；② 标准压缩比的有损压缩；③ 高压缩比的有损压缩。从DICOM原始图像到DICOM无损压缩图像的压缩比为3∶1，标准压缩比的DICOM有损压缩图像的压缩比为10∶1，高压缩比的DICOM有损压缩图像的压缩比为20∶1。

DICOM标准有损压缩的图像质量与DICOM无损压缩的图像质量无统计学差异，不会影响临床诊断，而且DICOM有损压缩图像在储存空间及网络传输速度上与无损压缩的图像相比具有较大的优势。不仅减少了PACS图像的在线储存空间和降低了在线储存费用，而且也能为临床诊断提供优质的DICOM在线图像，供临床医师随时调用。一般认为，PACS在线数据库保存3个月以上到12个月内的图像采用的是标准压缩比（10∶1）的有损压缩格式。

同时，为了确保临床医疗质量和医学影像报告的准确性，在医学影像科内部进行影像学诊断和供临床医师近期在线调阅DICOM图像，多采用保存在PACS在线数据库中3个月以内的DICOM无损压缩（3∶1）格式的图像。

另外，CT、MR、DSA、DR、数字胃肠等数字化医学图像传送DICOM原始图像到激光相机必须使用无损压缩（3∶1）格式，以获取高质量的照片。永久性保存的医学图像采用压缩比为3∶1的无损压缩DICOM图像格式，可用DVD-R光盘存储。

对于远程医疗会诊时传输的医学图像，可根据远程医疗网络带宽的实际情况选择采用高压缩比（20∶1）有损压缩格式的DICOM图像或标准压缩比（10∶1）有损压缩格式的DICOM图像。而现代远程医学教育传输的医学图像则可选择采用高压缩比（20∶1）有损压缩格式的DICOM图像。

第6章　实验室信息系统

1. 简述实验室信息系统的定义。

答：实验室信息系统（laboratory information system，LIS）指利用计算机技术及计算机网络，实现临床实验室的信息采集、存储、处理、传输、查询，并提供分析及诊断支持的计算机软件系统。

LIS实质上是把实验室各种检验仪器设备通过计算机连接组成的专业局域网络，是实现实验室网络化管理的基础。作为医院信息系统（HIS）的组成部分，LIS与HIS间可无缝链接，实现对医嘱生成、标本采集、运送和接收、计费、检测以及发布结果等过程的监控。

实验室信息系统（HIS）是临床实验室自动化发展的高级阶段和必然趋势，是实现实验室管理科学化、规范化、流程化、电子化、网络化、现代化和实时动态化的重要手段，是实验室认证（accreditation）的重要技术基础。

2. 实验室信息系统的发展包括哪几个阶段？

答：（1）第一代：单机运行模式。

（2）第二代：简单的数据库操作模式。

（3）第三代：开放式数据库结构、高效的C/S架构的管理模式。

（4）第四代：Internet和Web技术的新一代B/S架构的管理模式。

3. LIS与HIS之间的接口方式有哪些？

答：LIS与HIS间主要有三种接口方式（interface），即中间表模式、存储过程模式和封装COM组件模式。其中，中间表模式不涉及复杂的编程过程，实现过程较快，成本较低，数据独立，责任明确，是一种比较好的接口方式。

4. LIS的主要作用是什么？

答：LIS是将实验室的分析仪通过计算机网络连接起来，采用科学的管理思想和先进的数据库技术，实现以实验室为核心的整体环境的全面管理。它集样品管理、资源管理、事务管理、网络管理、数据管理（采集、传输、处理、输出、发布）、报表管理等诸多模块为一体，组成一套完整的实验室综合管理和检测质量监控体系，既能满足实验室日常管理要求，又保证各种实验分析数据的严格管理和控制。

5. LIS与HIS的关系是什么？通过了解医院检验科的工作流程，分析LIS应具有哪些基本功能？

答：LIS系统应该是HIS系统的延伸和补充，LIS系统接收HIS系统的检验申请，并把检验结果传送给HIS系统。LIS系统能科学有效地帮助实验室对实验数据进行筛选，加工处理报告，如果目前医院已有了HIS系统，并与LIS链接，那么就诊患者的信息就能直接调入LIS系统，检验实验室将最大化地利用现有这些资源，为诊断提供依据。当LIS与HIS共同运行于医院的同一个局域网中，它们之间相互关联，数据共享。LIS需要从HIS获取患者的基本信息、申请信息、收费信息；同时向HIS发布结果状态、检验报告、确认收费等。这对于减轻医务人员工作量，提高医疗质量和提高医院工作效率起了极大作用。LIS是HIS系统的一个重要组成部分，其主要功能是将实验仪器传出的检验数据经分析后，生成检验报告，通过网络存储在数据库中，使医师能够方便、及时地看到患者的检验结果，从现在的应用来看，LIS已经成为医院现代化管理必不可少的一部分。

第7章　护理信息系统

1. 什么是护理学？护理程序包括哪些主要内容？

答：护理学是研究维护人类身心健康的护理理论、知识、技能及其发展规律的综合性应用科学，是一门在自然科学与社会科学理论指导下的综合性应用学科，是研究有关预防保健与疾病防治过程中护理理论与技术的科学。

护理程序包括5方面内容：护理评估、护理诊断、提出护理计划、执行护理措施和护理结果评价。

2. 什么是护理信息学？简要概括护理信息学的标准。

答：护理信息学是以护理学理论为基础，运用计算机技术和计算机系统来加工和交流护理服务和管理领域的资料和数据，将研究资源及成果和护理实践联系起来，并将教育资源运用于护理教育，以护理管理模式和流程为规范，以医疗护理信息为处理对象，以护理信息的相关关系和内在运动规律为主要研究内容，以计算机为工具，以护理专业领域的信息功能特别是智力功能为主要研究目标的一门新兴边缘学科。

护理信息学的标准主要包括以下三部分内容：

（1）护理管理标准。护理部管理的质量标准、病房管理的质量标准、门诊护理工作的质量标准、手术室质量标准、供应室质量标准、地段保健工作的质量标准九个部分。

（2）护理技术操作标准。包括基础护理技术操作标准和专科护理技术操作标准，无论哪种技术操作，总标准都是“三查七对”；正确、及时、安全、节力、省时、省物；无菌操作，动作熟练。

（3）护理文件书写标准。书写总的标准为：字迹端正、清晰、无错别字；内容翔实，记录及时，病情描述确切简要，重点突出，层次分明，运用医学术语；体温绘制点圆线直，不间断，无漏项；医嘱抄写正确，字迹合乎规范，时间准确，并签全名。

3. 什么是护理信息系统？护理信息的特点有哪些？

答：护理信息系统指利用计算机软、硬件技术和网络通信技术，支持护士对患者信息进行采集、管理，为患者提供全方位护理服务的信息系统。

护理信息的特点：

(1) 生物医学属性。医院的护理信息都是在患者的肌体上获得的，是以生物医学信息为基础的。

(2) 相关性护理。信息大多是一些具有若干相关的信息变量的信息群，如临床特别护理天数、一级护理患者质量合格率、抢救器材完好率、褥疮发生率等。护理输出模式通过以上信息变量相互作用下才能确定的。护理病历也是一种较大的护理信息群。

(3) 准确性。护理信息都要求有正确的数值或准确的定性。

(4) 重复性。医院护理工作的特点是惯性运行、常规作业，故重复性的业务信息较多。

(5) 大量性。医院的护理、管理和科技信息的数量很大。

(6) 分散性。科技信息和护理信息大多分散在各科室的各层工作人员的手中，不易集中化。由于基础信息（护理信息）具有分散性特点，管理信息也随之有一定的分散性。

4. 详细介绍移动护理信息系统的设计原则。

答：(1) 可靠性原则。采集和传输系统的可靠性是实用性的前提。

(2) 实用性原则。充分考虑各业务层次、各管理环节数据处理的实用性，把满足用户生产和管理业务作为第一要素进行考虑。用户接口和操作界面应尽可能考虑人体结构特征及视觉特征，界面力求美观大方，操作力求简便实用；建立统一的数据平台，满足未来数据利用以及原有数据的继承，为数据的再利用提供保障。

(3) 先进性原则。在技术上采用业界先进、成熟的软件开发技术，面向对象的设计方法，可视化的、面向对象的开发工具；在数据传输上，支持 Internet/Intranet 网络环境下的分布式应用；在网络计算模式上，采用客户层/服务器组件/资源管理器三层体系结构与浏览器/服务器体系结构相结合的先进的模式。

(4) 灵活性和可维护性原则。具有良好的灵活性和可维护性。软件设计尽可能模块化、组件化，并提供配置模块和客户化工具，使系统配置灵活，适应不同的情况。数据库的设计尽可能考虑到将来的需要。系统可灵活地扩充业务功能，无缝链接其他业务系统，提供必要的系统外联接口和丰富的设备接口，能方便地进行软件客户化定制与维护。

(5) 安全、可靠性原则。安全性一直是网络及系统管理的薄弱环节之一，而用户对网络安全的要求又相当高，因此安全性原则非常重要。应用系统做统一的身份认证和权限管理。实现单点登录，多项访问；有限操作，保存痕迹；应用层与基础数据层均有访问限制，做到安全可靠，防止非法用户的入侵。

(6) 标准化原则。采用 XML、HL7、ICD10、SNOMED、IHE 等工业标准，软件的数据字典遵循国际和国家数据字典的规范和准则。

(7) 产品化原则。产品设计能以最短的开发周期、最经济的解决方案满足不同地区及不同医院的需求，同时便于系统的升级。

(8) 保护医院投资原则。采用标准的 TCP/IP、HTTP 协议，与医院现有信息资源能够很好的结合。

5. 简要概述移动护理信息系统的操作过程。

答：护理信息系统的操作过程如下所述：①患者身份识别。②生命体征采集。③医嘱查询和执行。④护士排班。⑤护理工作量管理。⑥护理质量控制。⑦差错分析。⑧护士技术档案。⑨控制用户安全。

第8章　社区卫生信息系统

1. 社区卫生信息系统是怎样定义的？它的目标是什么？

答：社区卫生信息系统（community health information system，CHIS）指以计算机、网络技术、医学和公共卫生学知识为基础，以居民为中心，对社区卫生信息进行采集、加工、存储、共享，并提出决策支持的管理系统。因此，社区卫生信息系统是新的信息系统，它与众多的相关学科相联系，例如计算机科学、电子工程学、临床医学、公共卫生学、医院管理学、系统论等。作为一个新的应用系统，对它的理论和实践正在探索和发展中。

社区卫生信息系统的目标：

（1）以社区居民为中心，以家庭为单位，以社区医师为主体，融医疗、预防、保健、康复、计划生育指导、健康教育、卫生监督于一体，实施长久有效、经济便捷的社区卫生服务，实现“人人享有健康保健”。

（2）以经济活动为轴线，通过自动划价，出具明细账等方法，支持城镇职工社会医疗保险、公费医疗的严格经费管理，支持社区医疗机构的成本核算及经济管理。

（3）以行政管理为基础，通过对社区医疗机构的人员、物质、财务等信息化管理，促进社区医院的现代化管理。

（4）通过对社区卫生信息资源进行统计处理和智能分析，对整个社区居民的健康水平作出评估，向政府及卫生行政部门提供决策支持依据，提高全体居民的健康水平。

2. 社区医疗信息的特点是什么？

答：（1）社区医疗是医院临床医疗的“简化版”和“初级版”，它所包含的医疗信息类型与中心医院和专科医院相似，但种类单纯，数量减少，技术层面低。例如，药品种类较少，适用于常见病、多发病；药品价格便宜，使用方法简单。

（2）由于社区医疗的患者随时存在与中心医院和专科医院的双向转诊问题，所以对患者的医疗信息流通需求更迫切，对区域性的社区卫生信息网需求更迫切。

（3）由于社区医疗主要面向常见病、多发病，治疗内容较为简单、规范，更容易实现和推广电子病历。

3. 社区妇幼保健的功能是什么？它有什么特点？

答：（1）社区妇幼保健的功能：社区妇幼保健功能指根据妇女与儿童生理特点、主要易患疾病及影响因素采取保健措施，促进妇女、儿童身心健康。例如孕期保健的定期检查包括血压、心率、体重的测量、胎心监护以及血、尿、白带等常规检查。婴幼儿保健的定期检查包括身长、体重、囟门检查以及发育营养状况评估，母乳或人工喂养指导等。

（2）社区妇幼保健信息特点：

① 作为社区两个特殊的居民群体，首先要全面准确掌握各个妇女、儿童的基本信息。以一个5万人的虚拟社区为例，按照我国目前12.5‰出生率，该社区每年大约有625位孕妇及相近的婴儿，因此，信息面广量大。

② 含有相应的时间信息，例如妇女保健可分为青春期保健、孕产期保健、产褥期保健、更年期保健。各期有不同的保健信息，对每一期间的同一信息还要跟踪其变化，例如，孕期的血压监测可防止妊娠子痫，体重可反映胎儿发育情况等。

③ 对一些内容广泛、可变因素复杂的信息处理，不仅需建立相应的管理模块，而且要有智能分析，例如儿童的计划免疫接种。

4. 突发公共卫生事件分类和等级有哪些?

答:(1)突发公共卫生事件分类:可以分为传染病爆发流行、食物中毒、职业中毒、农药中毒、环境卫生事件、群体性不明原因疾病、群体性免疫接种、药物不良反应事件、放射卫生事件、菌毒种丢失事件、医院内感染事件、流感样病例爆发、其他化学中毒、其他突发公共卫生事件等。

(2)突发公共卫生事件等级:根据突发公共卫生事件性质、危害程度、涉及范围,将突发公共卫生事件划分为特别重大(Ⅰ级)、重大(Ⅱ级)、较大(Ⅲ级)和一般(Ⅳ级)四级。

其中特别重大(Ⅰ级)在事件列表中用红色表示;重大(Ⅱ级)用棕色表示;较大(Ⅲ级)用黄色表示;一般(Ⅳ级)用蓝色表示。

5. 突发公共卫生事件应急指挥信息系统主要功能有哪些?

答:(1)"平时"(事前):系统在接到日常监测和传染病直报信息后对信息评估、过滤,完成对突发公共卫生事件的监控与预测。

(2)"战时"(事中):系统在确认突发公共卫生事件发生后,启动应急预案管理流程,实现对资源的调配、对各相关卫生单位下达任务、对处置现场的支持和处置进展情况的监控,同时实现对外信息发布功能。

(3)事件结束(事后):系统实现对突发公共卫生事件的总结、评估。

(4)辅助决策:利用决策分析、知识管理和会商协同等各种手段实现对系统的支撑。

第9章 区域卫生信息平台

1. 为什么要提出区域卫生信息化的概念?

答:通过区域卫生平台,能够达到卫生信息共享,从而提高医疗服务效率、提高医疗服务质量、提高医疗服务可及性、降低医疗成本以及降低医疗风险。建设和完善区域卫生信息平台在解决"看病难、看病贵、看病乱"问题中的作用正逐步被大家所认识,它必将带来全新的医疗服务、公共卫生和综合管理模式。

2. 区域卫生信息系统的概念是什么?它的设计目标是什么?

答:区域化卫生信息系统包括电子政务、医保互通、社区服务、双向转诊、居民健康档案、远程医疗、网络健康教育与咨询,实现预防保健、医疗服务和卫生管理一体化的信息化应用系统。

区域卫生信息系统建设的目的是在区域内实现不同医疗卫生服务和管理机构之间共享医疗卫生信息。实现区域内各个卫生系统信息网上交换、区域内医疗卫生信息集中存储与管理、资源共享的卫生信息化区域。

3. 区域卫生信息系统的总体设计思路包括哪些内容?

答:系统总体架构分为两个层次:区域卫生管理层和辖区卫生机构层。

应用该区域卫生信息系统和数据资源的部署方式有集中、分散和混合三种类型。

区域卫生信息平台的主要功能及服务类型如下:① 区域卫生基础平台;② 公共卫生应用平台;③ 新农合管理信息平台;④ 医院信息管理平台;⑤ 社区卫生服务平台;⑥ 公众健康服务门户。

4. 为什么说电子健康档案是区域卫生信息系统的中心?

答:电子健康档案的建立能够最大限度地保证公民的医疗质量和安全性,以提升整体医疗服务质量、提高医疗服务可及性、降低医疗费用、减少医疗风险。因此,越来越多的国家已经认识到开展国家级及地方级的区域卫生信息共享的核心内容是居民健康档案。

5. 区域卫生信息系统的标准与规范有哪些?有何重要性?

答:区域卫生信息系统的标准与规范有《基于健康档案的区域卫生信息平台建设技术解决方

案》、《基于健康档案的区域卫生信息平台建设指南》、《卫生综合管理信息平台建设指南（试行）》。

数据标准不统一、不规范，区域内难以共享、交换和整合利用，信息孤岛、数据烟囱会大量存在。统一规范的信息化标准是实现互联互通的重要基础，我国亟待建立和完善统一的数据标准、技术标准、管理标准和业务标准，明确规范所有医疗机构的信息系统建设。

第10章 电子病历

1. 什么是病历？什么是电子病历？

答：病历（medical record）是记录患者疾病和健康状况的档案，是患者在医院诊断、治疗全过程的原始记录。一般包含有首页、病程记录、检验和检查结果；还有医嘱、手术记录、处置记录和护理记录等有关患者治病的全部信息，经过归纳、分析、整理记录于病历。此外，病历还作为一种法律文件被用作医疗纠纷的处理和医疗费用补偿的依据。病历不但对患者的治病过程及查询很重要，而且在医师、护师、技师、药师、器材、供应保障和统计管理等医院各个部门和人员之间起重要的传递信息和媒介作用，在医疗科研、教学和医院间起提供数据和决策依据的重要作用。

电子病历是医学专用软件。医院通过电子病历以电子化方式记录患者就诊的信息，它包括首页、病程记录、检查和检验结果、医嘱、手术记录、护理记录等，其中既有结构化信息，也有非结构化的自由文本，还有图形、图像信息。2003年国际标准组织中负责卫生信息领域标准的技术委员会对于广义的电子病历给出了完整的定义："一个计算机可以处理、安全存储和传输，能被多个授权用户访问，覆盖过去、现在和将来，与个体健康相关的信息库，具备独立于应用系统的标准化模型，目的是支持连续、高效、高质量的综合医疗保健。"

2. 电子病历具有哪些优势？

答：电子病历具有以下优势：① 信息的易获取性。由于电子病历是储存在医院信息系统中的，所有能够访问医院信息系统的医护人员在经过许可后都可以获取患者的病历资料，而且不仅在医院，即使在医师家里，通过网络也可以获取病历资料，便于多科会诊，节省会诊医师等待纸质病历的时间，提高了医师的工作效率。电子病历字迹清晰，克服了部分医师在纸质病历中书写不工整、字体难以辨认的缺点。

② 信息的准确性。电子病历以印刷体替代了手写体记录，使得阅读更方便、准确；以标准化的病历模型替代了手写的文本格式，内容更完整、组织更规范。由于是利用计算机将数据录入到标准化病历模型中，所以系统应用程序能够自动检测这些数据是否正确与完整，并对录入错误予以警示，例如检验结果超越参考范围的提示，要求补充疾病资料和诊断依据等。

③ 信息形式的多样性。计算机技术可以不同的形式展示所储存资料，因此，医师可以根据对某些临床资料的不同需求，以图表、流程图等不同形式对病历资料进行浏览、回顾，观察数据的动态变化和变化趋势，提高了资料的利用效率，而这在纸质病历上是无法做到的。

④ 信息的共享性。通过应用标准化的数据和标准化的信息交换协议，病历信息不仅可以使被授权的不同医师在同一时间共享；也可以跨越不同科室、部门共享；还可以跨越不同医院、不同地域被所有授权机构所共享。所有能够访问医院信息系统的医护人员在经过许可后都可以获取患者的病历资料，克服了纸质病历在同一时间和地点仅允许一人使用的缺点，提高医师的工作效率。

3. 一个完备的电子病历系统通常包括哪几部分？

答：电子病历的优势只有建立在相应的功能与内容实现的基础上。电子病历应包括的内容有：① 纸病历的所有内容；② 图片、影像、声音等有关患者的多媒体信息；③ 医学文献等。具备以下五个功能的电子病历系统才能称为一个完整的电子病历系统：① 用户登录功能；② 病历信息录入功能；③病历调用与显示功能；④病历数据存储和检索功能；⑤病历的安全管理功能。

4. 简述电子病历生成过程。

答：病历界面生成如习题图 10-1 所示。

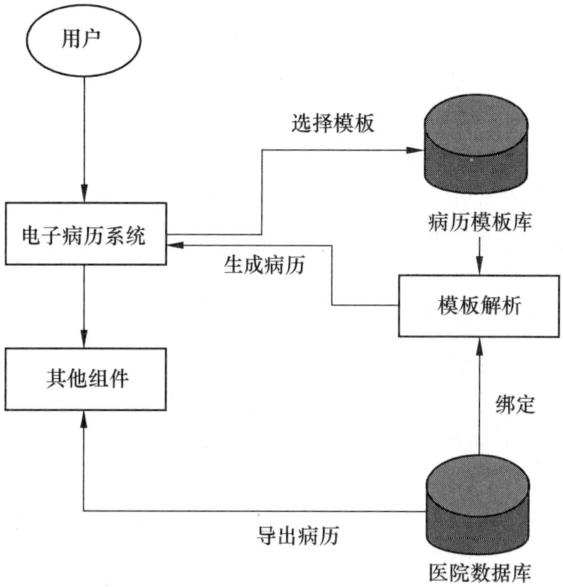

习题图 10-1　电子病历生成模型图

在上面的模型中，用户（医师、护士等）在使用医疗信息系统过程中，根据患者情况、个人喜好等需要从模板库选择合适的病历模板，通过病历模板解析控件解析出用户界面绑定在系统中进行应用。其中模板库中存放有完整的病历模板，模板库中的模板用 XML 语言进行描述，这些模板是由许多界面的基本元素构成的，模板中的每种元素代表一种元素对象，同时模板中还包含元素对象的事件响应。

5. 简述 XML 的查询、处理过程。

答：基于关系数据库的 XML 查询过程如习题图 10-2 所示。

在该查询处理过程中，用户通过 XML-QL 进行查询。XML-QL 是 XML 的查询语言。该处理过程的各个模块功能简单介绍如下：

（1）查询分析模块对 XML-QL 请求进行语法和语义的检查，判断是否符合 XML-QL 查询语言的语法，请求的 XML 数据是否存在。

（2）查询执行模块对 XML 文档库进行查询，如果 XML 文档库中没有找到符合条件的数据，该模块要把 XML-QL 查询请求传给查询分解模块，并产生 XML 模板。如果在 XML 文档库中找到符合条件的 XML 文档，则直接返回给用户。

（3）查询分解模块根据全局 XML 视图把 XML-QL 分解、翻译为针对局部处理数据源的查询请求。

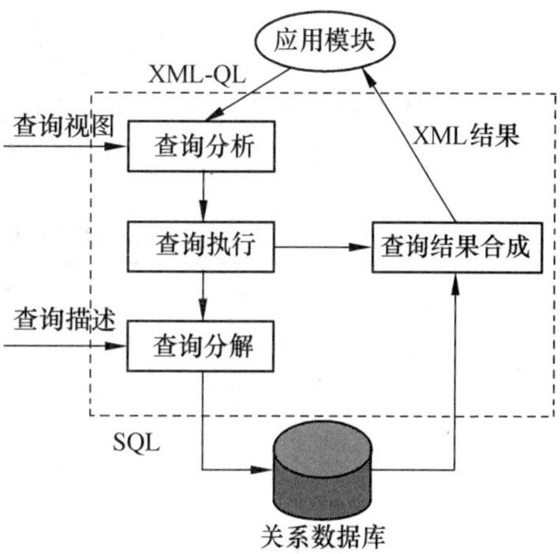

习题图 10-2　XML 查询的处理过程图

(4) 查询视图和资源描述模块能够屏蔽异构数据源的异构性。在系统中用 XML 的 DTD 数据模式作为全局 XML 视图来描述各个异构数据源中的数据，并存储在全局 XML 视图中。全局 XML 视图屏蔽了异构数据源的异构性，呈现给用户统一的数据形式，这样用户就只需理解 XML 文档形式的数据，对 XML 中的数据进行访问。在全局 XML 视图中还要有数据源的物理存储空间，如数据库表是在哪一个具体的数据库中，文本文件在哪一个数据源中。

查询结果生成模块合成各个数据源的查询结果，查询返回的结果是从各个节点数据库上查询得到的，它们之间的数据类型是有差异的。因而需要将它们转化为统一的格式。在这里，统一的格式是 XML 文档。我们将各种格式的查询结果通过类型转换模块与 XML 之间进行类型转换，并将查询结果存储在服务器上的 XML 文档中，然后由数据显示模块将其展现在客户端。

6. 简述中医电子病历的主要作用。

答：中医电子病历的主要作用大致如下：

(1) 提高中医临床医疗工作效率。中医电子病历为中医院医师、护士的日常工作提供了有力支持。通过方便的编辑工具、典型病历模板，可以极大地提高病历书写效率，将医师从中医繁重的医疗文书书写中解放出来，把时间交给患者，真正做到以患者为中心。计算机自动处理医嘱，同时也相应减少护士不必要的传抄工作，检查、检验申请及结果的无纸化传递，加快了信息传递速度。

(2) 推进中医诊断的现代化。由于电子病历不仅能保存文字数值，还能储存图像、声音等媒体，因此可以开发出一些具有实用价值的望、闻、问、切中医诊断仪器，使得脉象的波形、舌苔的颜色、舌体的形状等信息可以客观地保存到病历中。电子病历还可在网络中实时传送，因而可以进行远程诊断、远程教学实习等，为临床诊断、研究、教学提供了有利支持。

(3) 对中医名家的继承和发展。中医治病的基本原则是“辨证论治”，从方法上看是一种对评判对象进行多因素综合评判的方法。这种方法很复杂，因此继承名老中医的诊治经验就显得很重要，但是由于没有客观的量化评价标准，因而记录的资料往往有缺损或不全，这样就造成了无法对他们的经验进行归纳、总结。使用中医电子病历不仅可以规范患者每次治疗记录的资料，而且还可以利用诊疗支援系统功能在电子病历输入时通过对中医信息数据库的搜索，对一些不规范症状和语言描述、多重含义的诊断用语、中药和异种名等问题进行自动处理和纠正，有助于继承和发展中医事业，推动中医现代化的发展。

第 11 章　医学数据获取与医学信号处理

1. 人体有哪些生理信号？这些生理信号正常范围是多少？

答：人体生理信号及其正常范围详见习题表 11-1。

习题表 11-1　人体被测信号幅值和频率范围

被测信号	幅值范围
心电（皮肤电极）	50μV～5mV
脑电（头皮电极）	10μV～300μV
肌电	20μV～10mV
细胞电位	－100μV～＋200μV
视网膜电位	0～1mV
眼电	0.05mV～5mV

续表

被测信号	幅值范围
肾电位	10μV～80mV
心磁	10^{-10}T 量级
脑磁	10^{-12}T 量级
眼磁	10^{-11}T 量级
肺磁	10^{-8}T 量级

被测信号	频率范围（Hz）
心电	0.01～250
脑电	0～150
肌电	0～10000
眼电/视网膜电	0～50
胃电	0.05～20
血流量	0～30
动脉血压	0～100
静脉血压	0～50
脉搏波	0.1～50
心音	2～2000
呼吸频率	0.1～10

2. 如何标定生物传感器?

答：标定的基本方法是：将由标准设备产生的大小已知的模拟生理量（如压力、温度等）作为传感器的输入，然后测量传感器的输出，它可能是电压、电流，也可能是电表、记录仪或示波器上显示的幅度。根据传感器的类型和用途，标定可以是静态的，也可以是动态的。由于要得到一个已知的动态信号源是很困难的，因此，动态标定常常建立在静态标定的基础上。如果传感器的输出及显示系统与输入信号之间是线性关系，则单点标定就足够了，但若传感器给出的是非线性结果，则需要进行多点标定，以获得一组标定曲线，使显示幅度与待测生理量一一对应。但是，通常不论系统是线性的还是非线性的，都应绘制出其响应曲线。动态标定还需要绘出其频率响应曲线以及阶跃响应曲线。

3. 什么是数据采集系统？它的特点有哪些？画出微机控制的数据采集系统框图。

答：数据采集就是将要获取的信息通过传感器转换为信号，并经过信号调理、采样、量化、编码和传输等步骤，最后送到计算机系统中进行处理、分析、存储和显示的系统。

数据采集系统特点：

（1）现代数据采集系统一般都内含有计算机系统，使得数据采集的质量和效率大为提高，同时显著节省了硬件资源。

（2）软件在数据采集中的作用越来越大，增加了系统设计的灵活性和功能。

（3）数据采集与数据处理相互结合得日益紧密，形成数据采集与处理相互融合的系统，可实现从数据采集、处理到控制的全部工作。

（4）速度快，数据采集过程一般都具有实时特性。一般希望通用数据采集系统有尽可能快的速度，以满足更多的应用环境。

(5) 随着微电子技术的发展、电路集成度的提高，数据采集系统的体积越来越小，可靠性越来越高，甚至出现了单片数据采集系统。

(6) 数据通信总线在数据采集系统中的应用越来越广泛，总线技术对数据采集系统结构的发展起着重要作用。微机控制的数据采集系统框图见习题图 11-1。

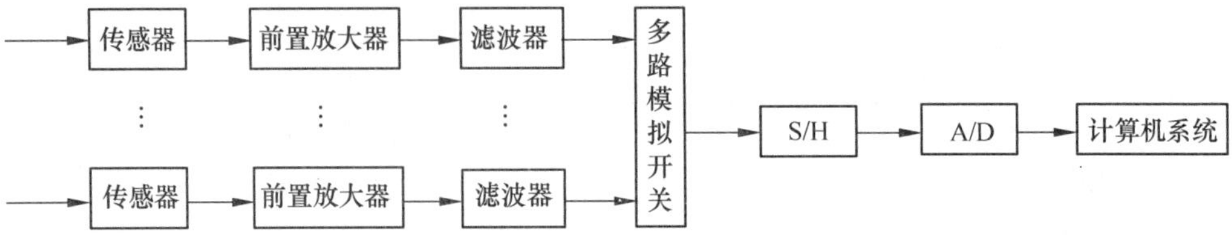

习题图 11-1　微机控制的数据采集系统框图

4. 连续模拟信号转换成离散数字信号的步骤有哪些？

答：模拟信号转换为数字信号一般经过采样、量化和编码三个过程。

5. 简述无线传感器网络的关键技术。

答：无线传感器网络的关键技术有路由协议、MAC 协议、拓扑控制、定位技术、时间同步、安全技术和数据融合等。

(1) 路由协议：路由协议负责将数据分组，从源节点通过网络转发到目的节点。它主要包括两方面的功能：寻找源节点和目的节点间的优化路径，将数据分组沿着优化路径正确转发。路由协议可有不同的分类方法，包括平面路由和层次路由；主动路由、按需路由和混合路由；基于位置的路由和非基于位置的路由；基于 Qos 的路由和不基于 Qos 的路由；基于数据融合的路由和非基于数据融合的路由；能量感知路由协议和非能量感知路由协议；查询驱动和非查询驱动路由；单路径和多路径路由；安全路由与非安全路由。

(2) MAC 协议：在无线传感器网络中，介质访问控制（MAC）协议决定无线信道的使用方式，在传感器节点之间分配有限的无线通信资源，用来构建传感器网络系统的底层基础结构。MAC 协议处于传感器网络协议的底层部分，对传感器网络的性能有较大影响，是保证无线传感器网络高效通信的关键网络协议之一。

(3) 拓扑控制：传感器网络的拓扑控制技术主要研究的问题是：在满足网络覆盖度和连通度的前提下，通过功率控制和骨干网节点选择，剔除节点之间不必要的通信链路，形成一个数据转发的优化网络结构。具体地讲，传感器网络中的拓扑控制按照研究方向可以分为两类：节点功率控制和层次型拓扑结构组织。

(4) 定位技术：对于大多数应用，不知道传感器位置而感知的数据是没有意义的。传感器节点必须明确自身位置才能详细说明“在什么位置或区域发生了特定事件”。实现对外部目标的定位和追踪；另外，了解传感器节点位置信息还可以提高路由效率，为网络提供命名空间，向部署者报告网络的覆盖质量，实现网络的负载均衡以及网络拓扑的自配置。

(5) 时间同步技术：无线传感器网络系统中，单个节点的能力非常有限，整个系统所要实现的功能需要网络内所有节点相互配合共同完成。时间同步在无线传感器网络系统中起着非常重要的作用，国内外的研究者已经提出了多种无线传感器网络的时间同步算法。

(6) 安全技术：与其他无线网络一样。安全问题是无线传感器网络的一个重要问题。由于采用的是无线传输信道，传感器网络存在窃听、恶意路由、消息篡改等安全问题；同时，无线传感器网络的有限能量和有限处理、存储能力使安全问题的解决更加复杂化了。在无线传感器网络的某些应用中，如居民小区的无线安全防护网络。军事上在敌控区监视对方军事部署的无线传感器网络等，安全问题显得尤为重要。

（7）数据融合技术：由于大多数无线传感器网络应用都是由大量传感器节点构成的，共同完成信息收集、目标监视和环境感知的任务。在信息采集的过程中，采用各个节点单独传输数据到聚节点的方法显然是不合适的。通过数据融合技术，能将多份数据或信息进行处理，组合出更高效、更符合用户需求的数据。

6. 令 $x(n)=\sin(\omega n)$，其周期为 N，求 $x(n)$ 的自相关函数 $R_x(m)$。

解：

$$R_x(m) = \frac{1}{N}\sum_{n=0}^{N-1}\sin(\omega n)\sin(\omega n+\omega m)$$

$$= \cos(\omega m)\frac{1}{N}\sum_{n=0}^{N-1}\sin^2(\omega n)+\sin(\omega m)\frac{1}{N}\sum_{n=0}^{N-1}\sin(\omega n)\cos(\omega n)$$

由于在一个周期内〈sin（ωn），cos（ωn）〉=0，所以上式右边第二项为零。第一项中

$$\sum_{n=0}^{N-1}\sin^2(\omega n) = \frac{1}{2}\sum_{n=0}^{N-1}[1-\cos(2\omega n)] = N/2$$

所以
$$R_x(m)=\frac{1}{2}\cos(\omega n)$$

即正弦信号的自相关函数为同频率的余弦函数。

7. 一个线性时不变系统的差分方程为 $y(n)=x(n)-4x(n-1)+x(n-2)$，请写出线性系统的传递函数 $H(z)$。

解：对原差分方程等式两边都进行 Z 变换，得

$$Y(z)=X(z)-4z^{-1}X(z)+z^{-2}X(z)$$

由于 $H(z)=\dfrac{Y(z)}{X(z)}$，则等式两边同时除以 $X(z)$ 得

$$H(z)=1-4z^{-1}+z^{-2}。$$

8. 请写出离散时间傅里叶变换的公式。

解：设离散时间信号为 $x(n)$，其傅里叶变换结果为 $X(k)$。可得如下的离散时间傅里叶变换对

$$X(k) = \sum_{n=0}^{N-1}x(n)\exp\left(-j\frac{2\pi}{N}nk\right), k=0,1,\cdots,N-1(离散傅里叶正变换)$$

$$x(n) = \frac{1}{N}\sum_{k=0}^{N-1}X(k)\exp\left(j\frac{2\pi}{N}nk\right), n=0,1,\cdots,N-1(离散傅里叶反变换)。$$

9. 已知序列 $x(n)=\cos(n\pi/6)$，其中 $n=0,1,\cdots,N-1,N=12$。求 $x(n)$ 的离散傅里叶变换级数 $X(k)$。

解：因为 $x(n)=\cos(n\pi/6)$，同时 $N=12$，所以将 $x(n)$ 的表达式代入离散时间傅里叶变换的表达式中，得 $X(k)=\sum\limits_{n=0}^{N-1}\cos(n\pi/6)\exp\left(-\mathrm{j}\frac{2\pi}{N}nk\right)$

又因为 $\cos(n\pi/6)=\dfrac{\exp\left(\mathrm{j}\frac{n\pi}{6}\right)+\exp\left(-\mathrm{j}\frac{n\pi}{6}\right)}{2}$，则将其代入 $X(k)$ 的表达式中，得：

$$X(k)=\sum_{n=0}^{N-1}\frac{\exp\left(\mathrm{j}\frac{n\pi}{6}\right)+\exp\left(-\mathrm{j}\frac{n\pi}{6}\right)}{2}\times\exp\left(-\mathrm{j}\frac{2\pi}{N}nk\right)$$
$$=\frac{1}{2}\sum_{n=0}^{N-1}\exp\left[-\mathrm{j}\frac{\pi}{6}(k-1)n\right]+\frac{1}{2}\sum_{n=0}^{N-1}\exp\left[-\mathrm{j}\frac{\pi}{6}(k+1)n\right]$$

再利用指数序列的性质（正交性质）。

可以得到 $X(k)=\begin{cases}6, & k=1\\ 0, & k=11\end{cases}$。

第 12 章　临床决策支持系统

1. 设 H_1、H_2、H_3 为三个结论，E 是支持这些结论的证据，且已知：

$P(H_1)=0.2$，$P(H_2)=0.4$，$P(H_3)=0.6$，

$P(E\mid H_1)=0.5$，$P(E\mid H_2)=0.4$，$P(E\mid H_3)=0.3$，

求 $P(H_1\mid E)$、$P(H_2\mid E)$ 和 $P(H_3\mid E)$ 的值。

答：根据贝叶斯公式可得

$P(H_1\mid E)=[P(H_1)\times P(E\mid H_1)]/[P(H_1)\times P(E\mid H_1)+P(H_2)\times P(E\mid H_2)+P(H_3)\times P(E\mid H_3)]$

$=0.10/(0.10+0.16+0.18)$

$=0.23$

根据同一公式可得：$P(H_2\mid E)=0.36$，$P(H_3\mid E)=0.41$。

2. 已知如下规则：

R_1：IF E_1 THEN $H(0.8)$；

R_2：IF E_2 THEN $H(0.6)$；

R_3：IF E_3 THEN $H(-0.5)$；

R_4：IF E_4 AND E_5 OR E_6 THEN $E_1(0.7)$；

R_5：IF E_7 AND E_8 THEN $E_3(0.9)$。

从用户处得知：

$CF(E_2)=0.8$，$CF(E_4)=0.5$，$CF(E_5)=0.6$。

$CF(E_6)=0.7$，$CF(E_7)=0.6$，$CF(E_8)=0.9$。

求：H 的综合可信度 $CF(H)$。

解：由已知规则形成的推理网络如习题图 12-1 所示。

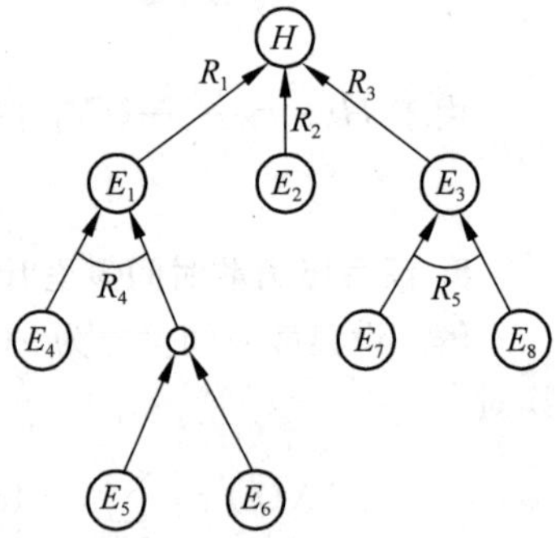

习题图 12-1

其推理过程如下：

(1) 求证据 E_4，E_5，E_6 逻辑组合的可信度。

$CF(E_4\text{ AND }(E_5\text{ OR }E_6))=\min\{CF(E_4),\max(CF(E_5),CF(E_6))\}$

$=\min\{0.5,\max(0.6,0.7)\}$

$=0.5$

(2) 根据规则 R_4 求 $CF(E_1)$。

$$CF(E_1)=0.7\times\max\{0,CF(E_4\text{ AND}(E_5\text{ OR }E_6))\}=0.7\times0.5=0.35$$

(3) 求证据 E_7、E_8 逻辑组合的可信度。

$$CF(E_7\text{ AND }E_8)=\min\{CF(E_7),CF(E_8)\}=\min\{0.6,0.9\}=0.6$$

(4) 根据规则 R_5 求 $CF(E_3)$

$$CF(E_3)=0.9\times\max\{0,CF(E_7 \text{ AND } E_8)\}=0.9\times0.6=0.54$$

(5) 根据规则 R_1 求 $CF_1(H)$

$$CF_1(H)=0.8\times\max\{0,CF(E_1)\}=0.8\times0.35=0.28$$

(6) 根据规则 R_2 求 $CF_2(H)$

$$CF_2(H)=0.6\times\max\{0,CF(E_2)\}=0.6\times0.8=0.48$$

(7) 根据规则 R_3 求 $CF_3(H)$

$$CF_3(H)=-0.5\times\max\{0,CF(E_3)\}=-0.5\times\max\{0,\ 0.54\}=-0.5\times0.54=-0.27$$

(8) 由独立证据导出的假设 H 的可信度求 H 的综合可信度。

$$\begin{aligned}CF_{1,2}(H)&=CF_1(H)+CF_2(H)-CF_1(H)\cdot CF_2(H)\\&=0.28+0.48-0.28\times0.48\\&=0.63\end{aligned}$$

$$CF_{1,2,3}(H)=CF_{1,2}(H)+CF_3(H)=0.63-0.27=0.36$$

3. 根据习题表 12-1 计算 *TPR*。

习题表 12-1　某病毒抗体的检验结果

检验结果	有抗体	无抗体	总数
阳性 EIA	98	3	101
阴性 EIA	2	297	299
总数	100	300	

根据阳性检验的贝叶斯定理

$$P(D|+)=\frac{P[D]\times TPR}{P[D]\times TPR+(1-P[D])\times FPR}$$

当 $P[D]=0.6$ 和 0.9 时，根据习题表 12-1 的 TPR 和 FPR，计算相应的 $P\ [D|+]$。

答：

$$TPR=TP/(TP+FN)=98/100=98\%$$

$$FPR=FP/(FP+TN)=3/300=1\%$$

当 $P[D]=0.6$ 时，$P\ [D|+]=86.5\%$

当 $P[D]=0.9$ 时，$P\ [D|+]=98.9\%$

4. 根据习题表 12-2 进行期望决策。

习题表 12-2　两种治疗方案及其生存概率

治疗后的生存年限	A 方案的生存率	B 方案的生存率
1	0.20	0.05
2	0.40	0.15
3	0.30	0.45
4	0.10	0.35

哪个治疗方案更好些？

答：方案 B 更好些，具体计算如下。

方案 A：$0.20\times1+0.4\times2+0.3\times3+0.1\times4=2.3$

方案 B：0.05×1+0.15×2+0.45×3+0.35×4=3.1

5. 简述临床决策支持系统工作方式。

答：临床决策支持系统可以按工作方式分为被动式、半自动式和主动式三类。

（1）被动式：大多数临床决策支持系统属于被动式，医师根据患者状况描述和检查信息，向系统提出明确的问题，系统根据信息与用户需求对患者诊断和给出治疗建议，或对医师提出的治疗方案进行评估。

（2）半自动式：半自动系统在临床应用中根据实际情况，一旦触发条件发生，系统自动激活，主要用于规范操作，避免潜在的错误。半自动临床决策支持系统可以标志异常值或提醒医师可能发生的药物相互作用，是帮助集中注意力的有力工具，能够提醒用户关注可能被忽略的诊断或其他问题。

（3）主动式：主动式系统在临床应用中不需要医师干预，根据患者的数据集合自动激活，提出诊断和治疗建议。例如，根据医疗常规提出额外检查的建议，对心脏起搏器或透析监视器等实现智能监督等。

6. 设计临床决策支持系统时，需要注意哪些方面？

答：构建有效实用的临床决策支持系统，需要从患者数据获取与验证、医学知识建模、医学知识导出、医学知识表示和推理以及系统性能验证五个方面着手。

（1）患者数据的获取与验证：输入到临床决策支持系统的数据，应该是准确、完整而有效的。目前缺乏标准的计算机可以理解的、能够表达大多数临床情况的方法。虽然已经出现了标准医学词汇系统，但是并没有准确描述患者疾病细微变化的控制性术语，也没有任何编码系统可以精确反映医护人员的病程记录。在设计临床决策支持系统时，输入准确并经过验证过的患者数据是有效决策支持系统的基础。

（2）医学知识的建模：创建决策支持系统需要大量建模工作，包括决定怎样的临床差别与患者数据相关，在决策任务所带的概念中识别概念和关系，并确定使用临床知识以得到结论所需的解决问题策略。不论底层的决策方法如何，任何决策系统的建设都需要开发临床知识模型。

（3）医学知识的导出：医学知识库的开发和维护是一个非常重要的问题。研究者已经开发出可通过与专家直接互动的方式为决策支持系统获取知识库的计算机程序，从而避免计算机程序员承担翻译和中介工作，尽量减少知识导出环节中的信息失真。在这些方法中，系统分析员必须首先和专家一起工作，以对相关的应用领域建模。

（4）医学知识的表示和推理：以计算机能够理解的方式表示医学知识和推理与实际的专家对知识的理解和运用具有很大差距。人类具有非凡的能力解释数据随时间的变化、评估时间上的趋势和开发反映疾病进展或疾病对过去治疗反应的模型，而让计算机具备同样的能力，需要通过研究建立精确的数学模型。

（5）系统性能的验证：临床知识库是不断更新的，为了决策支持系统的同步发展，专业组织或其他国家机构应该承担保持海量临床知识库最新性和完整性的责任。在系统性能评估中，治疗建议的金标准不易定义，所以参照领域专家的建议是有益的。

第 13 章　远 程 医 疗

1. 远程医疗的含义是什么？

答：远程医疗服务包括一般远程医疗服务和特殊远程医疗服务。一般远程医疗服务是指医疗机构之间利用通讯技术、计算机及网络技术，开展异地交互式的指导检查、协助诊断、指导治疗等医疗会诊活动。特殊远程医疗服务是指医疗机构之间通过通信、网络或卫星精确制导系统，在本地使用相关设备，控制异地的仪器设备（如手术机器人）直接为患者进行实时检查、手术、治疗、护理、监护等服务的医疗活动。

2. 简述远程医疗的基本流程。

答：会诊申请与接收；会诊安排与实施；会诊后处理。

（1）会诊申请与接收：邀请远程医疗服务的医疗机构（以下称邀请方）应根据患者的病情和意愿组织远程医疗服务。邀请方医师应当向患者说明远程医疗服务内容、费用等情况，并征得患者书面同意，签署远程医疗服务知情同意书。邀请方应以传真或其他方式向被邀请医疗机构（以下称受邀方）发出加盖本机构公章的书面邀请函，原件自行保存归档。受邀方接到远程医疗服务书面邀请函后，应当及时告知邀请方并做好准备工作；对不接受邀请的，应当及时告知邀请方并说明理由。

（2）会诊安排与实施：受邀方应当安排具有相应专业技术职称及技术水平、资质的医师为患者提供远程医疗服务；邀请方应当根据会诊需要配备相应人员、仪器、设备等；双方应当保障远程医疗服务所需通信设备、网络畅通，仪器、设备完好；受邀方应当根据患者的病情，完成相应的远程会诊工作；邀请方应当配合做好会诊组织工作。

（3）会诊后处理：完成一般远程医疗服务活动后，受邀方应当及时将会诊意见告知邀请方，并出具由相关医师签名的书面会诊报告，报告原件由受邀方保存归档。双方医疗机构应按照《医疗机构病历管理规定》妥善保管远程医疗服务相关病历资料，包括远程医疗服务邀请函、会诊报告、录音录像资料等。邀请方医师应在病历中详细记录远程医疗服务的相关情况。

3. 在深空、远洋和极地探测中，远程医疗需要加强哪些技术？

答：在深空、远洋和极地探测中，条件较为极端，高质量的通信技术、在极端条件下可以正常工作的诊疗设备是需要加强的技术。

第 14 章　生物信息学

1. 生物信息学的定义是什么？

答：狭义的生物信息学指生物分子信息的获取、存储、分析和利用，也就是说应用信息科学的理论、方法和技术，管理、分析和利用生物分子数据。广义的生物信息学指应用信息科学的方法和技术，研究生物体系和生物过程中信息的存储、信息的传递和信息的表达。研究和分析生物体细胞、组织、器官的生理、病理、药理过程中的各种生物信息。或者也可以说是生命科学中的信息科学。

2. 生物信息学的主要研究内容有哪些？

答：（1）生物信息学数据库：生物信息学数据库储存生物信息学研究的原始数据，是生物信息学存在和发展的基础。生物信息学数据库主要探讨生物数据的收集、存储与管理。包括建立国际基本生物信息库和生物信息传输的国际互联网系统；建立生物信息数据质量的评估与检测系统；生物信息工具开发和在线服务；生物信息可视化和专家系统。

（2）序列比对：生物信息学最基本的操作对象是核酸序列和氨基酸序列。序列比对是符号序列按一定的标准对齐。它是生物信息学的基本操作，应用于生物信息学的大部分内容中。序列比对既比较序列形式的差异，又给不同的序列找联系。

（3）比较基因组和系统发育分析：人类基因组计划及各种模式生物基因组测序任务的陆续完成，为从整个基因组的角度来研究分子进化提供了条件。比较基因组学的核心课题是识别和建立不同生物体的基因和其他基因组特征的联系。其研究的内容包括：序列的保守与差异、基因组的结构、非编码 DNA 的数量和种类差异等。不同物种间的差异可以最终理解为核酸序列和蛋白质序列的差异。根据各种生物在分子水平上的进化关系，可以建立分子进化的系统发育树，估测物种间的亲缘关系，直观地阐明物种间的进化历程。

（4）蛋白质结构预测：蛋白质结构预测指从蛋白质的氨基酸序列预测出其三维空间结构。由于蛋白质的生物学功能在很大程度上依赖于其空间结构，因而进行蛋白质的结构预测对于理解蛋白质结构与功能的关系，并在此基础上进行蛋白质复性、突变体设计以及基于结构的药物设计具有重要意义。目前测定蛋白质结构的实验手段主要依靠 X 射线晶体衍射与核磁共振方法。

（5）生物芯片：生物芯片技术是近年来物理学、微电子学与分子生物学综合交叉形成的高新技术。20 世纪 90 年代初开始实施的人类基因组计划取得了巨大的进展。基因序列数据正在以前所未有的速度膨胀。2000 年基因组研究包括三个突出方面：干细胞作为基因组研究的重要选材；SNP 研究的国际大协作；DNA 芯片的广泛应用。随着人类基因组计划的完成和对治病机制研究的深入，传统的基因诊断方法越来越难适应大量的基因序列信息，而 HGP 的研究成果将在疾病诊断、基因治疗、药物筛选等领域发挥重要的作用。于是可对大量基因信息进行平行分析的基因芯片技术诞生了。基因芯片技术是生物信息学研究领域的重要应用之一。生物芯片技术将为上述研究提供最基本和必要的信息，将成为基因组信息学研究的主要支撑技术。

（6）分子设计及药物设计：用计算机对核酸特别是蛋白质的空间三维结构进行预测；根据人们意愿设计蛋白质分子，包括 RNA（核糖核酸）结构模拟和反义 RNA 分子设计；蛋白质空间结构模拟和分子设计；具有不同功能域的复合蛋白质以及连接肽的设计；生物活性分子的电子结构计算和设计；纳米生物材料的结构模拟与设计；基于酶和功能蛋白质结构、细胞表面受体结构的药物设计。基于 DNA 结构的药物设计等，都依赖生物信息学的发展。

3. 生物信息学在医学领域的应用有哪些？

答：生物信息学在医学领域的应用有：① 新基因的发现；② 疾病的诊断与预防；③ 疾病相关生物信息学数据库的建立；④ 药物的研发。

4. 生物制药的优点有哪些？

答：传统药物研发时间长、成本高。随着基因组研究的发展，可利用的数据和信息日益庞大，生物信息学可以快速地分析、选择，帮助人们从海量数据中发现和确定新的药物靶点，并通过计算机构建各种模型，方便快捷地验证各种设想，指导生物活性筛选，从而设计或发现更为安全高效的药物。

21 世纪是生命科学大发展的时代，以人类基因组计划为序幕的生物信息学研究，是全面认识生命及其过程的重要手段。未来医学的突破性进展不仅取决于生物学家与医学家的努力，甚至更大程度上取决于数学、物理、化学、计算机技术等的发展以及生物学和医学的交叉和结合。生物信息学作为一门综合系统科学，可发挥其独特的桥梁作用和整合作用。

应用生物信息学研究方法分析生物数据，提出与疾病发生、发展相关的基因或基因群，再进行实验验证，是一条高效的研究途径。生物信息学已广泛地渗透到医学的各个研究领域中，在疾病相关基因的发现、疾病临床诊断、疾病的个体化治疗、新的药物分子靶点的发现、创新药物设计以及基因芯片的设计与数据处理等医学应用研究方面将发挥重要作用。

5. 从蛋白质序列数据库中查询一条杆状病毒（Baculovirus）DNA 聚合酶（DNA polymerase）的完整序列，写出序列名称、登录号及来源物种的分类情况，然后用 Blast（注意：写出所用程序及所搜索的数据库名称）从数据库中搜索和它相似程度较高的 10 条序列（写出这些序列的名称和登录号及来源物种的分类情况）。

答：（1）从蛋白质序列数据库中查询一条杆状病毒（Baculovirus）DNA 聚合酶（DNA polymerase）的完整序列如下：

完整序列（ORIGIN）：

```
  1 mastdsldtr tfdyasdssf eviiitnaph dydgyielga aarllapfqk nisalwtnaa
 61 pshkltrnnk nylhvfglfk ylqnynlntk khppeyytik svicdlmmga qgktfdplce
121 iktqlcaiqe slneaivtln ghaaadpapr tearelvesl hseyskkltf atdtildhvk
181 sikdlvclnk
```

序列名称：capsid protein [Choristoneura fumiferana MNPV]。

即：云杉卷叶蛾（虎尾松卷叶蛾）颗粒体病毒。

具体信息：LOCUS NP _ 848433 190aa linear VRL 06-MAY-2009。

登录号（ACCESSION）： NP _ 848433。

来源物种的分类情况：

```
SOURCE      Choristoneura fumiferana MNPV
ORGANISM    Choristoneura fumiferana MNPV
            Viruses; dsDNA viruses, no RNA stage; Baculoviridae;
            Alphabaculovirus.
FEATURES              Location/Qualifiers
     source           1..190
                      /organism= " Choristoneura fumiferana MNPV"
                      /db_ xref= " taxon: 208973"
                      /country= " Ireland"
```

（2）然后用Blast搜索和它相似程度较高的10条序列如下：

所用程序：blosum62。

所搜索的数据库名称：swissprot。

数据库中和它相似程度较高的10条序列：

① RecName：Full=Capsid protein p24。

名称：RecName：Full=Capsid protein p24

LOCUS VP24 _ NPVOP 192aa linear VRL 11-JAN-2011

登录号：P24078。

来源物种的分类情况：

```
SOURCE      Orgyia pseudotsugata MNPV
  ORGANISM  Orgyia pseudotsugata MNPV
            Viruses; dsDNA viruses, no RNA stage; Baculoviridae;
            Alphabaculovirus.
FEATURES              Location/Qualifiers
     source           1..192
                      /organism= " Orgyia pseudotsugata MNPV"
                      /host= " Orgyia pseudotsugata (Douglas fir tussock moth)"
                      /db_ xref= " taxon: 262177"
```

② RecName：Full=Capsid protein p24。

名称：RecName：Full=Capsid protein p24

LOCUS VP24 _ NPVAC 198 aa linear VRL 11-JAN-2011

登录号：P41678。

来源物种的分类情况：

```
SOURCE       Autographa californica nucleopolyhedrovirus
  ORGANISM  Autographa californica nucleopolyhedrovirus
          Viruses; dsDNA viruses, no RNA stage; Baculoviridae;
          Alphabaculovirus.
FEATURES                Location/Qualifiers
     source            1..198
                       /organism= " Autographa californica nucleopolyhedrovirus"
                       /host= " Lepidoptera (butterflies and moths)"
                       /db_ xref= " taxon: 46015"
```

③ RecName：Full=Flagellar motor switch phosphatase FliY；AltName：Full=CheY-P phosphatase FliY；AltName：Full=Flagellar motor switch protein FliY。

名称：RecName：Full=Flagellar motor switch phosphatase FliY；AltName：Full=CheY-P phosphatase FliY；AltName：Full=Flagellar motor switch protein FliY

LOCUS FLIY _ BACSU 378 aa linear BCT 08-FEB-2011

登录号：P24073。

来源物种的分类情况：

```
SOURCE       Bacillus subtilis
  ORGANISM  Bacillus subtilis
          Bacteria; Firmicutes; Bacillales; Bacillaceae; Bacillus.
FEATURES                Location/Qualifiers
     source            1..378
                       /organism= " Bacillus subtilis"
                       /db_ xref= " taxon: 1423"
```

④ RecName：Full=Uncharacterized protein YjeA。

名称：RecName：Full=Uncharacterized protein YjeA

LOCUS YJEA _ HAEGA 322 aa linear BCT 30-NOV-2010

登录号：Q9ZIY0。

来源物种的分类情况：

```
SOURCE       Avibacterium paragallinarum
  ORGANISM  Avibacterium paragallinarum
          Bacteria; Proteobacteria; Gammaproteobacteria; Pasteurellales;
          Pasteurellaceae; Avibacterium.
FEATURES                Location/Qualifiers
     source            1..322
                       /organism= " Avibacterium paragallinarum"
                       /db_ xref= " taxon: 728"
```

⑤ RecName：Full=Protein YOP1。

名称：RecName：Full=Protein YOP1。

LOCUS YOP1 _ USTMA 172 aa linear PLN 08-MAR-2011

登录号：Q4P0H0。

来源物种的分类情况：

```
SOURCE       Ustilago maydis
  ORGANISM   Ustilago maydis
             Eukaryota; Fungi; Dikarya; Basidiomycota; Ustilaginomycotina;
             Ustilaginomycetes; Ustilaginales; Ustilaginaceae; Ustilago.
FEATURES               Location/Qualifiers
     source            1..172
                       /organism=" Ustilago maydis"
                       /db_xref=" taxon: 5270"
```

⑥ RecName：Full=Protein anon-37Cs。

名称：RecName：Full=Protein anon-37Cs

LOCUS　　A37C_DROLE　　544 aa　　linear　　INV 10-AUG-2010

登录号：O96570。

来源物种的分类情况：

```
SOURCE       Scaptodrosophila lebanonensis
  ORGANISM   Scaptodrosophila lebanonensis
             Eukaryota; Metazoa; Arthropoda; Hexapoda; Insecta; Pterygota;
             Neoptera; Endopterygota; Diptera; Brachycera; Muscomorpha;
             Ephydroidea; Drosophilidae; Scaptodrosophila.
FEATURES               Location/Qualifiers
     source            1..544
                       /organism=" Scaptodrosophila lebanonensis"
                       /db_xref=" taxon: 7225"
```

⑦ RecName：Full=Photosystem I P700 chlorophyll a apoprotein A1；Short=PsaA。

名称：RecName：Full=Photosystem I P700 chlorophyll a apoprotein A1；Short=PsaA

LOCUS　　PSAA_SYNPW　　767 aa　　linear　　BCT 08-FEB-2011

登录号：Q9R6U0。

来源物种的分类情况：

```
SOURCE       Synechococcus sp. WH 7803
  ORGANISM   Synechococcus sp. WH 7803
             Bacteria; Cyanobacteria; Chroococcales; Synechococcus.
FEATURES               Location/Qualifiers
     source            1..767
                       /organism=" Synechococcus sp. WH 7803"
                       /db_xref=" taxon: 32051"
```

⑧ RecName：Full=UDP-N-acetylenolpyruvoylglucosamine reductase；AltName：Full=UDP-N-acetylmuramate dehydrogenase

名称：RecName：Full=UDP-N-acetylenolpyruvoylglucosamine reductase；AltName：Full=UDP-N-acetylmuramate dehydrogenase

LOCUS　　MURB_CAMJE　　258 aa　　linear　　BCT 08-FEB-2011

登录号：Q9PM01。

来源物种的分类情况：

```
SOURCE      Campylobacter jejuni
  ORGANISM  Campylobacter jejuni
            Bacteria; Proteobacteria; Epsilonproteobacteria; Campylobacterales;
            Campylobacteraceae; Campylobacter.
FEATURES             Location/Qualifiers
     source          1..258
                     /organism= " Campylobacter jejuni"
                     /db_ xref= " taxon: 197"
```

⑨ RecName：Full＝UDP-N-acetylenolpyruvoylglucosamine reductase；AltName：Full＝UDP-N-acetylmuramate dehydrogenase

名称：RecName：Full＝UDP-N-acetylenolpyruvoylglucosamine reductase；AltName：Full＝UDP-N-acetylmuramate dehydrogenase

LOCUS MURB_CAMJR 258 aa linear BCT 08-FEB-2011

登录号：Q5HSB7。

来源物种的分类情况：

```
SOURCE      Campylobacter jejuni RM1221
  ORGANISM  Campylobacter jejuni RM1221
            Bacteria; Proteobacteria; Epsilonproteobacteria; Campylobacterales;
            Campylobacteraceae; Campylobacter.
FEATURES             Location/Qualifiers
     source          1..258
                     /organism= " Campylobacter jejuni RM1221"
```

⑩ RecName：Full＝Probable molybdopterin-guanine dinucleotide biosynthesis protein A

名称：RecName：Full＝Probable molybdopterin-guanine dinucleotide biosynthesis protein A

LOCUS MOBA_METAC 225 aa linear BCT 03-MAY-2011

登录号：Q8TPD6。

来源物种的分类情况：

```
SOURCE      Methanosarcina acetivorans C2A
  ORGANISM  Methanosarcina acetivorans C2A
            Archaea; Euryarchaeota; Methanomicrobia; Methanosarcinales;
            Methanosarcinaceae; Methanosarcina.
FEATURES             Location/Qualifiers
     source          1..225
                     /organism= " Methanosarcina acetivorans C2A"
                     /db_ xref= " taxon: 188937"
```

6. 下面是 Genbank 中的一条记录，试解释其主要含义。

```
LOCUS   AJ627251   159930 bp   DNA   circular PLN 15-APR-2005
DEFINITION Nymphaea alba chloroplast, complete genome.
ACCESSION AJ627251
VERSION AJ627251.1 GI: 50250306
KEYWORDS complete genome.
SOURCE chloroplast Nymphaea alba
```

```
REFERENCE 1
AUTHORS Goremykin, V.V., Hirsch-Ernst, K.I., Wolfl, S.and Hellwig, F.H.
TITLE The chloroplast genome of Nymphaea alba: whole-genome analyses and
the problem of identifying the most basal angiosperm
JOURNAL Mol.Biol.Evol.21 (7), 1445-1454 (2004)
PUBMED 15084683
FEATURES Location/Qualifiers
source 1..159930
/organism= " Nymphaea alba"
/organelle= " plastid: chloroplast"
/mol_ type= " genomic DNA"
/db_ xref= " taxon: 34301" exon 159465..159895
/gene= " rpl2"
/number= 2
ORIGIN
1 atgggcgaac gacgggaatt gaacccgcga atggtggatt cacaatccac taccttaatc
61 cacttggcta catccgcccc tactctgact caattaagag tcatgtcata tttcgtttta
......
159841 gagtaggaaa aggaataaat atagtgatat ttttattctt cgtcgccgta agtaaataga
159901 aagagaaata ataaataatg aatgatgtga
//
```

答：序列识别码：AJ627251，长度159930bp，环状DNA分子，植物类，2005年4月15日建立。睡莲叶绿体全基因组。

参考文献显示作者、论文标题、期刊年卷期页等信息基于Pubmed链接。

外显子位于159465-159895，基因名rpl2。

详细DNA序列顺序。

7. 用PubMed搜索出与食用菌(mushroom或edible fungi)多糖(polysaccharide)抗氧化相关的文章至少10篇，列出题目、作者、文献出处等相关信息。

答：用PubMed搜索出以下10篇与食用菌、多糖、抗氧化相关的文章。

(1) 文章题目：Guyanagaster，a new wood-decaying sequestrate fungal genus related to Armillaria (Physalacriaceae，Agaricales，Basidiomycota).

作者：Henkel T.W.，Smith M.E.，Aime M.C.

文献出处：Department of Biological Sciences，Humboldt State University，Arcata，California 95521 USA.

(2) 文章题目：Isolation of a polysaccharide with antiproliferative，hypoglycemic，antioxidant and HIV-1 reverse transcriptase inhibitory activities from the fruiting bodies of the abalone mushroom Pleurotus abalonus.

作者：Wang C.R.，Ng T.B.，Li L.，Fang J.C.，Jiang Y.，Wen T.Y.，Qiao W.T.，Li N.，Liu F.

文献出处：Center for AIDS Research，Department of Microbiology，Nankai University，Tianjin School of Biomedical Sciences，Faculty of Medicine，The Chinese University of Hong Kong，Shatin, New Territories, Hong Kong Research Center of Fishery Production Standard & Quality, Chinese Academy of Fishery Sciences Key Laboratory of Systems Microbial Biotechnology, Institute of Microbiology, Chinese Academy of Sciences, Beijing, China.

(3) 文章题目：Crude Extracts of Agaricus brasiliensis Induce Apoptosis in Human Oral Cancer CAL 27 Cells through a Mitochondria-dependent Pathway.

作者：Fan M. J., Lin Y. C., Shih H. D., Yang J. S., Liu K. C., Yang S. T., Lin C. Y., Wu R. S., Yu C. S., Ko Y. C., Chung J. G.

文献出处：Department of Biological Science and Technology, China Medical University, No. 91, Hsueh-Shih Road, Taichung 40402, China Taiwan, R. O. C. jgchung@mail. cmu. edu. tw.

(4) 文章题目：Fermentation of β-Glucans Derived from Different

文献出处：s by Bifidobacteria: Evaluation of Their Bifidogenic Effect.

作者：Zhao J., Cheung P. C.

文献出处：Department of Biology, The Chinese University of Hong Kong, Shatin, New Territories, Hong Kong, China.

(5) 文章题目：Crystallization and preliminary X-ray crystallographic analysis of tyrosinase from the mushroom Agaricus bisporus.

作者：Ismaya W. T., Rozeboom H. J., Schurink M., Boeriu C. G., Wichers H., Dijkstra B. W.

文献出处：Laboratory of Biophysical Chemistry, University of Groningen, Nijenborgh 7, 9747 AG Groningen, The Netherlands.

(6) 文章题目：Dance type and flight parameters are associated with different mushroom body neural activities in worker honeybee brains.

作者：Kiya T., Kubo T.

文献出处：Graduate School of Science, Department of Biological Sciences, The University of Tokyo, Tokyo, Japan.

(7) 文章题目：A pair of inhibitory neurons are required to sustain labile memory in the Drosophila mushroom body.

作者：Pitman J. L., Huetteroth W., Burke C. J., Krashes M. J., Lai S. L., Lee T., Waddell S.

文献出处：Department of Neurobiology, University of Massachusetts Medical School, 364 Plantation Street, Worcester, MA 01605, USA.

(8) 文章题目：Cellular site and molecular mode of synapsin action in associative learning.

作者：Michels B., Chen Y. C., Saumweber T., Mishra D., Tanimoto H., Schmid B., Engmann O., Gerber B.

文献出处：Universität Würzburg, Biozentrum, Neurobiologie und Genetik, 97074 Würzburg, Germany.

(9) 文章题目：Cytokine signaling through the JAK/STAT pathway is required for long-term memory in Drosophila.

作者：Copf T., Goguel V., Lampin-Saint-Amaux A., Scaplehorn N., Preat T.

文献出处：Genes and Dynamics of Memory Systems, Neurobiology Unit, École Supérieure de Physique et de Chimie Industrielles, Centre National de la Recherche Scientifique, 75005 Paris,

France.

（10）文章题目：Cellular site and molecular mode of synapsin action in associative learning.

作者：Michels B.，Chen Y. C.，Saumweber T.，Mishra D.，Tanimoto H.，Schmid B.，Engmann O.，Gerber B.

文献出处：Universität Würzburg，Biozentrum，Neurobiologie und Genetik，97074 Würzburg，Germany.

第15章　医学信息学的未来

1. 医学信息学最本质的问题是什么？

答：医学信息学最本质问题是信息的记录、存储、使用、交付和解释。

2. 用一个具体的医学信息系统来分析医学信息学面临的九大挑战。

答：以HIS系统为例，统一的医学词汇库是HIS系统的基础；作为一个医学信息系统，需要拥有完整的电子病历系统，以及区域性、国家性、国际性的资料库，并且允许系统间进行信息的交互；一个完整的医学信息系统，需要对纯文本格式的报告、患者病史、出院摘要等进行自动编码，将其内容和逻辑关系转化为计算机系统能够处理的信息；需要对病历进行自动分析，从而进行回顾性研究；HIS系统拥有统一、直观且有前瞻性的用户界面，提高了工作效率；并且集成了新的信息管理系统，在诊疗现场和研究中起帮助作用；HIS系统是一个综合完整的临床决策支持系统，提高了医疗质量并且避免了一些医疗事故；在未来，HIS系统还可以进行人类基因组计划以及各类医学信息数据库的整合，建立人体完整的数字模型，提高人类健康水平。

3. 信息爆炸是医学信息学的挑战还是机遇？用一个例子来阐述你的观点。

答：既是机遇，也是挑战。以电子病历为例，目前区域性、国家性、国际性的资源库越来越多，而传统病历在信息交互上非常困难。而电子病历则允许病历信息较为自由地交互。一个区域、一个国家乃至世界范围，如果电子病历的普及程度达到很高水平，那么该区域、国家甚至世界范围的病历信息交互、病历资源共享就是可能的。这种规模的资源共享可以使得很多在纸质病历时代无法或难以实现的任务变为可能或易于实现。但是也面临着挑战，不同医院会根据自己的需求选择不同开发者提供的系统，如果这些系统没有标准化的信息接口，那么各个系统间的交互和汇总就会成为很大的问题，并需要开发者重新编写对应其他系统的接口。所以，医学信息行业的标准化是其一大挑战。

4. 如果你是一个医院的院长，在病历电子化过程中，你应该注意哪些问题？

答：针对区域性、国家性、跨国家性的资源库，允许系统间进行信息的交互；采用医学信息行业统一的标准；健全词汇表，并提高其普及度。

5. 结合我国国情以及文献报告，讨论信息化对医疗服务可能产生的潜在的负面影响以及解决的办法。

答：信息安全意识差，导致黑客攻击事件与数据丢失案例频发；产品急于求成，令信息系统的使用者抱怨连连；产业结构不成熟，移动医疗运行容易盈利难等。针对这些隐患，要注重信息安全，加强市场监管力度，并且加强政策方面支持，创造盈利点。

参 考 文 献

[1] 安迎丹. 移动护士工作站在临床护理工作中应用 [J]. 中国中医药现代远程教育，2011，9 (4)：82-83.

[2] 中华人民共和国科学技术部. 北京数据分类与编码的基本原则与方法 [S]. 北京：中华人民共和国科学技术部，2006：5-14.

[3] 蔡宏伟，王秉康，蒋昆，等. 推动医学信息学在中国发展的关键 [J]. 中国现代实用医学杂志，2008，7 (6)：84-86.

[4] 蔡自兴，徐光祐. 人工智能及其应用 [M]. 3 版. 北京：清华大学出版社，2004.

[5] 曹东，易珺. 基于中间件技术的医院管理信息系统探索 [J]. 中国医疗设备，2008，23 (10)：46-48.

[6] 陈丹，郑增威，李际军. 无线传感器网络研究综述 [J]. 计算机测量与控制，2004，12 (8)：701-704.

[7] 陈德芳. 关于“医学信息学”立类、列类的构想 [J]. 中华医学图书情报杂志，2009 (6)：49-51.

[8] 陈浩，王敏，刘彤. 新技术在电子病历中的应用 [J]. 中国医药卫生信息，2002，1：256-259.

[9] 陈剑伟，管孝君. 浅谈远程医疗系统的建设与管理 [J]. 中华医院管理杂志，1999，15 (6)：328-331.

[10] 陈杰. 手持设备（PDA）在医院信息系统中的应用 [J]. 医疗设备信息，2005，19 (12)：26-28.

[11] 陈铭. 生物信息学 [M]. 北京：科学出版社，2012：6-9，12-13，57-64.

[12] 陈绮. 生物信息学中计算机技术应用 [M]. 北京：电子工业出版社，2010：2-7.

[13] 崔红伟，王全哲. 医学实验室信息管理系统的功能探讨 [J]. 包头医学，2008，32 (3)：186-188.

[14] 崔雷. 医学数据挖掘 [M]. 北京：高等教育出版社，2006.

[15] 代涛. 医学信息学的发展与思考 [J]. 医学信息学杂志，2011，32 (6)：2～14.

[16] 丁宝芬. 实用医学信息学 [M]. 南京：东南大学出版社，2003.

[17] 丁宝芬. 医学信息学 [M]. 南京：东南大学出版社，2009：206-220.

[18] 董建成. 医学信息学概论 [M]. 北京：人民卫生出版社，2010.

[19] 董建华. 走向互操作的中国医疗信息网络——如何借鉴美国经验加快发展过程 [J]. 中国数字学，2007，2 (7)：9-20.

[20] 樊小玲. 医院信息化建设与应用管理 [M]. 北京：人民军医出版社，2000：48-57.

[21] 范德兰，付云霞. 论护理信息学研究的必要性 [J]. 山西护理杂志，2000，14 (2)：47-48.

[22] 方仕文. 医改目标下区域卫生信息系统的建设 [J]. 科技创新导报，2009 (31)：249-249.

[23] 傅征. 医院信息系统建设与应用 [M]，北京：人民军医出版社，2002.

[24] 高岚. 医学信息学 [M]. 北京：科学出版社，2007：24-33，216-220.

[25] 高小文，汤进. 实验室信息系统在实际工作中的应用 [J]. 检验医学与临床，2011，8 (7)：890-891.

[26] 高铁浪. 基于 XDS-I 的异构区域 PACS 间信息共享的研究 [D]. 沈阳：东北大学，2013.

[27] 顾本立，万遂人，赵兴群. 医学成像原理 [M]. 北京：科学出版社，2012.

[28] 顾骏，张志美. 从文献计量分析看医学信息学的发展 [J]. 电脑与电信，2008 (7)：94-95.

[29] 顾泰来. 区域卫生信息平台方案研究 [J]. 中国数字医学，2009，4 (3)：10-13.

[30] 侯云峰，刘睿，杨正洪. 三层 Client/Server 应用开发指南 [M]. 北京：电子工业出版社，2002.

[31] 胡晓军. 数据采集与分析技术 [M]. 2 版. 西安：电子科技大学出版社，2010.

[32] 胡兆娟. 医院信息系统与实验室信息系统互连的设计与实现 [J]. 武警医学，2012，23 (5)：454-455.

[33] 黄力宇. 医学成像的基本原理 [M]. 北京：电子工业出版社，2009.

[34] 金英. 护理信息系统应用现状与发展趋势 [J]. 中国航天科工集团公司第一届航天医院管理论坛论文汇编 [C]. 北京：中国航天科工集团公司，2007：3.

[35] 金中朝. 基于嵌入式 Linux 的数据采集系统的设计与实现 [D]. 太原：中北大学，2008.

[36] 来茂德. 医学科学研究中的生物信息学应用 [J]. 浙江大学学报，2004，33 (2)：91-94.

[37] 李包罗. 医院管理学 [M]. 北京：人民卫生出版社，2003.

[38] 李彬. 电子病历的应用现状及发展对策初探 [J]. 医学与社会，2005，18 (6)：46-49.

[39] 李继平. 护理管理学 [M]. 北京：人民卫生出版社，2007.

[40] 李岭. 从 DNA 到中医 [M]. 北京：科学出版社，2012.

[41] 李钦辉，黄宗斌. 医保与医院信息管理系统接口软件的探讨 [J]. 中华医院管理杂志，1999，15 (11)：241-243.

[42] 李松，王英. 生物信息学在生命科学研究中的应用 [J]. 热带医学杂志，2009，9 (10)：1218.

[43] 李素红，任爱玲，薛晓英，等. PDA 与移动护士工作站在临床护理工作的应用与发展 [J]. 护理学杂志，2009，24 (1)：87-90.

[44] 李巍. 生物信息学导论 [M]. 郑州：郑州大学出版社，2004.

[45] 李学京. 标准化综述 [M]. 北京：中国标准出版社，2008.

[46] 李亿红，徐韧，程祥圣，等. 基于 XML 和 WebService 的数据库审计系统 [J]. 计算机应用与软件，2010，27 (1)：198-200.

[47] 栗文靖，许培扬. 近年来国际上有关医学信息学学科发展的一些探讨 [J]. 医学信息学杂志，2011，32 (10)：7-11.

[48] 刘朝杰. 中国社区卫生信息系统建设面临的挑战 [J]. 中国全科医学，2009 (3)：180-183.

[49] 刘贺. PACS 存储归档备份管理系统的设计与实现 [D]. 沈阳：东北大学，2013.

[50] 刘加林，石应康. 简明医学信息学 [M]. 成都：四川大学出版社，2008.

[51] 刘立捷，欧庆. 临床护理管理信息系统的设计与应用 [J]. 中华现代护理学杂志，2011，8 (1)：1-2.

[52] 刘晓华. SQLServer 2000 数据库应用开发 [M]. 北京：电子工业出版社，2001：29-32.

[53] 卢铭，张其鹏，姚蓬英. 21 世纪医学信息学研究、教学与传播 [J]. 中国卫生信息管理杂志，2005，2 (2)：88-93.

[54] 卢樱，旭玮，刘晓东. 浅谈电子病历的发展和在我院的应用 [J]. 中国医疗设备，2010，25 (1)：83-84.

[55] 吕文格，敖以玲，薛军霞. 护理管理学 [M]. 北京：科学出版社，2010.

[56] 罗忠. 无线体域网 (WBAN) 技术介绍 [J]. 中国多媒体通信，2007 (4)：43-47.

[57] 骆文俊，黄上腾. 基于 MTS 构建分布式医疗信息系统 [J]. 计算机工程，2000，26 (5)：23.

[58] 马祖长，孙怡宁，梅涛. 无线传感器网络综述 [J]. 通信学报，2004，25 (4)：114.

[59] 彭承琳，侯文生，杨军，等. 生物医学传感器原理与应用 [M]. 2 版. 重庆：重庆大学出版社，2011.

[60] 邱骏，顾国浩，周正康，等. 临床实验室信息管理系统功能指南（讨论稿） [J]. 临床检验杂志，2009，26 (6)：405-407.

[61] 任淑敏，张健. 医学信息学发展态势分析与研究（一） [J]. 中华医学信息导报，2008，23 (4)：19-20.

[62] 任淑敏，张健，王峰. 医学信息学发展态势分析与研究（二） [J]. 中华医学信息导报，2009，23 (5)：18.

[63] 尚彤. 常用医学生物信息学数据库 [M]. 北京：北京大学医学出版社，2003.

[64] 沈剑波，潘金贵. 基于角色的面向对象建模 [J]. 计算机应用与软件，2002，19 (6)：19-23.

[65] 石德光，王景明，李永中，等. 电子病历在数字化医院中的应用 [J]. 解放军医院管理杂志，2010 (2)：140-141.

[66] 史忠植. 知识发现 [M]. 2 版. 北京：清华大学出版社，2011.

[67] 宋晓梁，刘东生. 中间件及其在三层客户机/服务器模型中的应用 [J]. 计算机应用，1999，19 (7)：35-38.

[68] 孙波璇，龙二木. 社区卫生信息系统建设的实践与探讨 [J]. 中国数字医学，2007，2 (10)：16-17.

[69] 孙红，殷作群，孙妍，等. 生物信息学在医药学领域中的应用 [J]. 医学信息，2011，24 (17)：5604-5606.
[70] 孙健武，王培昌，李秀玉. 实验室信息系统功能特点及常见问题分析 [J]. 中国医学装备，2011，8 (8)：98-99.
[71] 孙振球. 医学科学研究与设计 [M]. 北京：人民卫生出版社，2008.
[72] 唐明军，杨润贤. 嵌入式数据采集系统的设计 [J]. 自动化技术与应用，2009，28 (10)：100-102.
[73] 田捷. 医学成像与医学图像处理教程 [M]. 北京：清华大学出版社，2013.
[74] 王继中. 医学信息学与医疗信息化走向 [J]. 中国卫生信息管理杂志，2007，6 (1)：23-27.
[75] 王万军，茆灿泉. 生物信息学实践基础教程 [M]. 成都：西南交通大学出版社，2009：120-130.
[76] 王伟，牟冬梅，曹锦丹，等. 基于 Internet 的社区卫生信息系统标准化建设研究 [J]. 医学与社会，2005，18 (4)：55-57.
[77] 王翔. 数据库技术 [J]. 程序员，2006，6 (8)：12-13.
[78] 王小芳，吕振强. 条形码技术在临床实验室信息系统中的作用 [J]. 检验医学与临床，2012，9 (8)：96.
[79] 王小合，郭清. 构建社区卫生信息系统实现社区卫生事业管理现代化 [J]. 中国初级卫生保健，2002，16 (10)：6-7.
[80] 王永庆. 人工智能原理与方法 [M]. 西安：西安交通大学出版社，2000.
[81] 王玉，尹小青. 病案管理信息系统的关键技术探讨与应用 [J]. 西北国防医学杂志，2006，27 (1)：77-78.
[82] 王玉芳. 浅谈医院信息系统与社区卫生信息系统的资源共享 [J]. 情报探索，2007 (10)：35-37.
[83] 吴静，饶克勤，吴凡，等. 以标准化健康档案为核心的社区卫生信息系统模式 [J]. 中国卫生经济，2009，28 (1)：49-51.
[84] 吴万春，梁珂. 基于 XML 的电子病历存储系统研究 [J]. 医学信息学杂志，2010 (5)：12-14.
[85] 吴卫国，王尚生. 实验室信息系统 (LIS) 设计与功能 [J]. 医疗设备信息，2007，22 (3)：39-41.
[86] [美] 肖特利弗. 生物医学信息学 [M]. 罗述谦，译. 北京：科学出版社，2011.
[87] 谢红珍. 计算机在我国护理工作中的运用与发展趋势 [J]. 实用护理杂志，2001，17 (9)：40-42.
[88] 许忠能. 生物信息学 [M]. 北京：清华大学出版社，2008：1-8.
[89] 薛华成. 管理信息系统 [M]. 北京：清华大学出版社，1999.
[90] 薛万国. 我国电子病历研究进展 [J]. 中国医院管理，2005，25 (2)：17-19.
[91] 严静东，刘立捷，江舢，等. 一体化临床护理管理信息系统的研究与实现 [J]. 医疗卫生装备，2011，32 (2)：47-49.
[92] 杨汝，田蕾. 实验室信息系统的应用与体会 [J]. 国际检验医学杂志，2011，32 (2)：276-277.
[93] 杨英华，李继坪. 护理管理学 [M]. 北京：人民卫生出版社，1999：243-247.
[94] 杨咏梅，曲迅，曹玉美. 生物信息学在医学研究中的应用进展 [J]. 医学综述，2007，13 (22)：1681-1683.
[95] 杨玉星. 生物医学传感器与检测技术 [M]. 北京：化学工业出版社，2005.
[96] 叶子弘. 生物信息学 [M]. 杭州：浙江大学出版社，2011：77-90.
[97] 余向阳. 无线传感器网络研究综述 [J]. 单片机与嵌入式系统应用，2008，8 (8)：8-12.
[98] 张承江. 医学数据仓库与数据挖掘 [M]. 北京：中国中医药出版社，2008.
[99] 张德阳. 生物信息学 [M]. 北京：科学出版社，2012：1-8.
[100] 张海藩. 软件工程导论 [M]. 北京：清华大学出版社，1996：73-77.
[101] 张宏森，朱征宇. 基于数据分片技术的数据访问权限控制 [J]. 计算机工程与应用，2002，38 (12)：204-206.

[102] 张升平，陆渝. 用 Delphi 开发安全强固的多层分布式数据库应用系统 [J]. 重庆工商大学学报，2003，20 (1)：41-43.

[103] 张文超，蒋清健，杨婷婷. 基于 XML 的电子病历的实现与研究 [J]. 科技信息，2010 (15)：73.

[104] 张晓祥，吴超，兰顺碧，等. 基于数据仓库的医院辅助决策系统研究与应用 [J]. 中国卫生信息管理，2008，4 (5)：40-44.

[105] 章毓晋. 图像分析 [M]. 3 版. 北京：清华大学出版社，2012.

[106] 周倩. 移动护士工作站在临床护理工作中的应用和作用 [J]. 医学信息，2010，23 (12)：31-31.

[107] 周三多，陈传明，鲁明泓. 管理学：原理与方法 [M]. 上海：复旦大学出版社，2009.

[108] 周怡. 医学信息决策与支持系统 [M]. 北京：人民卫生出版社，2009.

[109] 周玉彬，吴锋，成起明，等. 基于 CDMA 的患者无线远程监护系统的研制 [J]. 医疗卫生装备，2008，29 (10)：21-23.

[110] 朱秀珍. 电子病案管理存在的问题与改进措施 [J]. 首都医药，2010，17 (12)：13-14.

[111] ASH J S，GORMAN P N，SESHADRI V，et al. Computerized physician order entry in US hospitals：results of a 2002 survey [J]. Journal of the American Medical Informatics Association，2004，11 (2)：95-99.

[112] BARROWS R C，CLAYTON P D. Privacy，confidentiality and electronic medical records [J]. Journal of the American Medical Informatics Association，1996，3 (2)：139-148.

[113] BATES D W，TEICH J M，LEE J，et al. The impact of computerized physician order entry on medication error prevention [J]. Journal of the American Medical Informatics Association，1999，6 (4)：313-321.

[114] BOŠNACKI D，ODENBRETT M R，WIJS A，et al. Efficient reconstruction of biological networks via transitive reduction on general purpose graphics processors [J]. BMC Bioinformatics，2012，13 (1)：281.

[115] CHIN-FENG LIN. Mobile telemedicine：a survey study [J]. Journal of Medical Systems，2012，36：511-520.

[116] EDWARD J. SZEWCZAK. The national health information network and the future of medical information privacy [J]. US Communications of the IIMA. 2007，6 (4)：33-37.

[117] HAUX R. Medical informatics：past，present，future [J]. International Journal of Medical Informatics，2010，79 (9)：599-610.

[118] HERSH W R，HICKAM D H，SEVERANCE S M，et al. Diagnosis，access and outcomes：update of a systematic review of telemedicine services [J]. Journal of Telemedicine and Telecare，2006，12 (2)：3-31.

[119] [美] 理查德 D 马里奥，麦克莱伦. 医疗机构信息管理 [M]. 王昕，符莹莹，译. 北京：北京大学出版社，2004.

[120] JETHA S A，BASHOUR M. Electronic medical records in ophthalmology：an insight to the future of vision care [J]. Techniques in Ophthalmology，2005，3 (1)：43-53.

[121] JIAWEI HAN，MICHELINE KAMBER，JIAN PEI. 数据挖掘 [M]. 范明，孟小峰，译. 3 版. 北京：机械工业出版社，2012.

[122] JWIDOM. Data management for XML research directions [J]. IEEE Data Engineering Bulletin，2002，22 (3)：44-52.

[123] KUPERMAN G J，GIBSON R F. Computer physician order entry：benefits，costs and issues [J]. Annals of Internal Medicine，2003，139 (1)：31-39.

[124] LENHART J G，HONESS K，COVINGTON D，et al. An analysis of trends，perceptions，and use

patterns of electronic medical records among US family practice residency programs [J]. Fam Med, 2000, 32 (2): 109-114.

[125] LOANE M, WOOTTON R. A review of guidelines and standards for telemedicine [J]. Journal of Telemedicine and Telecare, 2002, 8 (2): 63-71.

[126] MAKOUL G, CURRY R H, TANG P C. The use of electronic medical records communication patterns in outpatient encounters [J]. Journal of the American Medical Informatics Association, 2001, 8 (6): 610-615.

[127] MILAN SONKA, VACLAV HLAVAC, ROGER BOYLE. 数字图像处理、分析与机器视觉 [M]. 艾海舟，苏延超，译. 3版. 北京：清华大学出版社，2011.

[128] MILLER R H, SIM I. Physicians' use of electronic medical records: barriers and solutions [J]. Health affairs, 2004, 23 (2): 116-126.

[129] OHMANN C, KUCHINKE W. Future developments of medical informatics from the viewpoint of networked clinical research [J]. Methods Inf Med, 2009, 48 (1): 45-54.

[130] PATEL V L, KUSHNIRUK A W, YANG S, et al. Impact of a computer-based patient record system on data collection, knowledge organization, and reasoning [J]. Journal of the American Medical Informatics Association, 2000, 7 (6): 569-585.

[131] PFEIFFER K P. Future development of medical informatics from the viewpoint of health telematics [J]. Methods of Information in Medicine, 2009, 48 (1): 55.

[132] POISSANT L, PEREIRA J, TAMBLYN R, et al. The impact of electronic health records on time efficiency of physicians and nurses: a systematic review [J]. Journal of the American Medical Informatics Association, 2005, 12 (5): 505-516.

[133] PORCHERET M, HUGHES R, EVANS D, et al. Data quality of general practice electronic health records: the impact of a program of assessments, feedback, and training [J]. Journal of the American Medical Informatics Association, 2004, 11 (1): 78-86.

[134] PROKOSCH H U, GANSLANDT T. Perspectives for medical informatics [J]. Methods Inf Med, 2009, 48 (1): 38-44.

[135] RAFAEL C GONZALEZ, RICHARD E Woods. 数字图像处理 [M]. 阮秋琦，阮宇智，译. 3版. 北京：电子工业出版社，2010.

[136] SHOLOMM. WEISS, NITININDURKHYA, TONG ZHANG. 预测性文本挖掘基础 [M]. 赵仲孟，侯迪，译. 西安：西安交通大学出版社，2012.

[137] SMITH T F, WATERMAN M S. Identification of common molecular subsequences [J]. Journal of Molecular Biology, 1981, 147 (1): 195-197.

[138] TEICH J M, MERCHIA P R, SCHMIZ J L, et al. Effects of computerized physician order entry on prescribing practices [J]. Archives of Internal Medicine, 2000, 160 (18): 2741-2747.

[139] WINTER A. The future of medical informatics [J]. Methods Inf Med, 2009, 48: 62-65.

[140] YAMAMOTO L G, KHANAN G A. Challenges of electronic medical record implementation in the emergency department [J]. Pediatric Emergency Care, 2006, 22 (3): 184-191.

[141] YANG X, LIU H, WANG B. ALAE: accelerating local alignment with affine gap exactly in biosequence databases [J]. Proceedings of the VLDB Endowment, 2012, 5 (11): 1507-1518.

[142] ZHANG Y P, LI Q. Performance of UWB impulse radio with planar monopoles over on-human-body propagation channel for wireless body area networks [J]. IEEE Transactions on Antennas and Propagation, 2007, 55 (10): 2907-2914.

中英文词汇索引

(按照英文字母顺序排列)

D